MANUAL DE EDUCAÇÃO INFANTIL

B711 Bondioli, Anna
Manual de educação infantil: de 0 a 3 anos — uma abordagem reflexiva / Anna Bondioli e Susanna Mantovani ; tradução Rosana Severino Di Leone e Alba Olmi — 9. ed. — Porto Alegre : Artmed, 1998.

ISBN 978-85-7307-377-5

1. Educação infantil - Manual. I. Mantovani, Susanna. II. Título.

CDU 37.04-053.2

Catalogação na publicação: Mônica Ballejo Canto - CRB 10/1023

MANUAL DE EDUCAÇÃO INFANTIL

De 0 a 3 anos
Uma abordagem reflexiva
9ª edição

Anna Bondioli
Susanna Mantovani

Tradução:
Rosana Severino Di Leone
Alba Olmi

Consultoria, supervisão e revisão técnica desta edição:
Maria Carmen S. Barbosa
*Professora assistente da Faculdade de Educação da UFRGS.
Mestre em Educação pela UFRGS.
Doutoranda em Educação pela UNICAMP.*

Reimpressão 2010

1998

Obra originalmente publicada sob o título
Manuale Critico dell´Asilo Nido

© Franco Angeli s.r.l., Milano, Italy, 1995.
ISBN: 88-204-8721-7

Capa: *Mário Röhnelt*

Preparação do original: *Alba Olmi, Sandro W. Andretta*

Supervisão editorial: *Letícia Bispo de Lima*

Editoração eletrônica: *Laser House - m.q.o.f*

Reservados todos os direitos de publicação, em língua portuguesa, à
ARTMED® EDITORA S.A.
Av. Jerônimo de Ornelas, 670 - Santana
90040-340 Porto Alegre RS
Fone (51) 3027-7000 Fax (51) 3027-7070

É proibida a duplicação ou reprodução deste volume, no todo ou em parte,
sob quaisquer formas ou por quaisquer meios (eletrônico, mecânico, gravação,
fotocópia, distribuição na Web e outros), sem permissão expressa da Editora.

SÃO PAULO
Av. Embaixador Macedo Soares, 10.735 - Pavilhão 5 - Cond. Espace Center
Vila Anastácio 05095-035 São Paulo SP
Fone (11) 3665-1100 Fax (11) 3667-1333
SAC 0800 703-3444

IMPRESSO NO BRASIL
PRINTED IN BRAZIL
Impresso sob demanda na Meta Brasil a pedido de Grupo A Educação.

Autores

Adriano Bonomi è psicologo e collabora all'iniziativa il Tempo per le famiglie a Milano.

Anna Bondioli è ricercatrice di pedagogia presso la sezione di teoria dell'educazione e della personalità del Dipartimento di filosofia dell'Università di Pavia.

Annalise Isamberf è ricercatrice al Cresas, Parigi.

Augusta Foni, pedagogista, collabora con il Gruppo nazionale di lavoro e di studio sugli asili nido.

Carla Antoniotti, psicologa. È collaboratrice dell'Istituto di Psicologia della Facoltà di medicina dell'Università di Milano.

Francesca Emiliani è associata di psicologia sociale nella Facoltà di magistero dell'Università di Bologna.

Laura Cipollone è pedagogista ricercatrice presso il Servizio aggiornamento permanente operatori scolastici e sperimentazione (Saposs) di Terni.

Laura Restuccia Saitta è direttrice responsabile del servizio asili nido del comune di Modena.

Luisa Molinari è dottoranda in psicologia all'Università di Bologna.

Luigi Anolli insegna psicologia sociale nella Facoltà di lettere e filosofia dell'Università Statale di Milano.

Marco Ingrosso è ricercatore di sociologia nella Facoltà di magistero dell'Università di Parma.

Mina Verba è ricercatrice presso il laboratorio di ricerca sullo sviluppo e l'educazione del bambino, Cnrs, Università di Parigi, V°.

Nice Terzi è coordinatrice responsabile degli asili nido del comune di Parma.

Ottavia Albanese è ricercatrice di psicologia nella Facoltà di medicina dell'Università di Milano.

Paola Molina, psicologa, è dirigente di Scuola materna del comune di Milano.

Patrizia Ghedini è responsabile dei servizi per l'infanzia della regione Emilia e Romagna.

Renate Siebert è associato di psicologia della famiglia presso il Dipartimento di scienze dell'educazione dell'Università della Calabria.

Sergio Spaggiari è direttore delle scuole comunali dell'infanzia e degli asili nido del comune di Reggio Emilia.

Susanna Mantovani è professore associato di Pedagogia sperimentale nella Facoltà di lettere e filosofia dell'Università statale di Milano.

Tullia Musatti è ricercatrice all'Istituto di psicologia del Cnr.

Apresentação à Edição Brasileira

Felizmente, realizou-se a tradução de um livro sobre as creches e a educação das crianças italianas de 0 a 3 anos. Já conhecíamos através de outras publicações[1] algo sobre a educação infantil da Itália, mas este é de fato o primeiro livro completo traduzido sobre o país que, através da rede pública, melhor cuida e educa suas crianças pequenas. Embora exista creche italiana desde os meados do século passado e a primeira (ainda embrionária) proposta de rede nacional não-episódica-filantrópica date de 1925, as referidas "creches de novo tipo", isto é, as creches como serviço público, existem desde 1971. A presente publicação (composta de uma série de artigos escritos por diversos especialistas[2]) surge 15 anos depois com o objetivo de rever a trajetória percorrida, já que, sem uma tradição pedagógica, como afirma Mantovani na Introdução, durante esse período criou-se uma cultura sobre a educação da primeira infância e daí ser esta a oportunidade de definir alguns de seus múltiplos aspectos. Apesar dos 10 anos já passados, a atualidade dos textos vem preencher no Brasil a lacuna existente em relação à enorme produção italiana na área.

Esta coletânea foi organizada por duas grandes pesquisadoras da educação infantil: Anna Bondioli e Susanna Mantovani. Em 1992, tive o privilégio de ter esta última como uma das minhas orientadoras durante minha bolsa doutorado-sanduíche do CNPq usufruída na Universidade estatal de Milão[3], quando pude verificar de perto a qualidade

---

[1] Sobre creches: Ghedini, Patrizia , "Entre a experiência e os novos projetos: a situação da creche na Itália", e Faria, Ana Lúcia G.,"Impressões sobre as creches no norte da Itália: bambini si diventa", ambos os artigos publicados na coletânea *Creches e pré-escolas no hemisfério norte*, organizada por Fulvia Rosemberg e Maria Malta Campos (SP: Cortez Editora e Fundação Carlos Chagas, 1994).
Sobre pré-escola: Bellotti, Elena G., "As instituições escolares: a escola infantil, elementar e média" (capítulo IV) em *Educar para a submissão*, SP: Vozes, 1975, e Faria, Ana Lúcia G., "Da escola materna à escola da infância: a pré-escola na Itália hoje" (com As novas orientações para uma nova escola da infância, de 1991, traduzida do italiano por Carlo Alberto Dastoli) em Faria, Ana Lúcia G. (org.), *Cadernos Cedes*, n.37 (Grandes Políticas para os pequenos), Campinas: Papirus, 1995.

[2] Duas pesquisadoras francesas e todos os outros italianos.

[3] Minha outra orientadora, autora de um dos artigos desta coletânea, foi Francesca Emiliani, da Universidade de Estudos de Bolonha. Aproveito a oportunidade para agradecer mais uma vez às duas brilhantes professoras e ao CNPq.

da educação oferecida nas creches, correspondendo ao conteúdo dos textos aqui encontrados. Aliás, foi por meio da sua leitura (ainda em italiano, emprestado por Fúlvia Rosemberg, a quem mais uma vez agradeço) que pude fazer a feliz escolha de morar um ano no norte da Itália para aprofundar meus estudos de doutorado em Educação Infantil.

Os artigos mostram algumas características importantíssimas da política social voltada à infância e aos *piccolissimi* em particular: a diversidade de ofertas de acordo com a demanda e suas especificidades regionais, culturais e políticas; a valorização da criança como sujeito de direitos e produtora de cultura; o confronto permanente entre os adultos, sejam eles pais, mães, profissionais, pesquisadores, e suas respectivas contribuições para a educação em creches como um serviço público. Embora iniciada sem uma tradição pedagógica, como já mencionado, agora podemos notar em andamento a construção de uma pedagogia não-escolar para as creches, superando o assistencialismo, integrando educação e cuidado, envolvendo as crianças e os adultos, contemplando as famílias, organizando o espaço, observando, elaborando projetos ao invés de trabalhar com disciplinas curriculares, garantindo a construção da cultura infantil principalmente através do convívio entre pares; enfim, a creche como um lugar privilegiado para os adultos conhecerem as crianças e, portanto, também como um local de educação de adultos, uma instituição formadora.

Dessa forma, confronta-se também a teoria e a prática, o saber dos pesquisadores e o saber dos profissionais. A Itália está construindo uma nova instituição de educação, ampliando (e não substituindo – como me disse a própria Mantovani: *di più e non invece*) suas modalidades de oferta e construindo novos conhecimentos sobre a infância e divulgando-os. O fato de ainda não ter uma orientação nacional (como existe para a pré-escola) não significa uma fragilidade, mas um momento da trajetória da constituição desta jovem instituição educacional não-escolar. Os dois últimos capítulos são uma prova concreta disso na medida em que relatam experiências diversas que demonstram tanto a força como as dificuldades para se criar uma identidade oficialmente reconhecida; no entanto, já se pode notar a existência de pontos comuns que esta coletânea tem o mérito de mostrar *provvisoria sì, ma possibile*.

Outro mérito desta publicação é a sua bibliografia: enorme! Apresenta uma enorme quantidade de trabalhos italianos, ainda desconhecidos para nós, que nos deixam com água na boca, seja para lê-los, seja para nos inspirarmos... Traz também autores não-italianos conhecidos e outros desconhecidos.

A Editora Artes Médicas está de parabéns! Neste momento em que a educação infantil brasileira está deixando de ser uma preocupação apenas das feministas, "criancistas" e "criançólogas" e já começa a fazer parte dos grandes debates da política social e ao mesmo tempo correndo riscos de retrocesso no interior da política educacional da qual já deveria estar contemplada desde a Constituição de 1988, que garantiu pela primeira vez na história do Brasil o direito à educação em creches e pré-escolas para as crianças de 0 a 6 anos, a publicação deste livro é imprescindível. Contribuirá principalmente para a educação dos adultos educadores, pesquisadores e todos aqueles que, de alguma forma, estão preocupados com a infância brasileira. Seja através da extensa bibliografia, seja através dos vários temas abordados sobre a educação dos pequenos, muitas vezes com enfoques originais, produto de pesquisas inovadoras no campo educacional, os italianos mostram-se os mais avançados nesta área do conhecimento.

Espero que os leitores possam concordar comigo sobre a importância desta obra e que sintam o mesmo entusiasmo que senti por ela, para podermos fazer o mesmo com nossas crianças brasileiras.

Ana Lúcia Goulart de Faria
Docente do Departamento de Ciências Sociais Aplicadas à Educação da
Faculdade de Educação da UNICAMP

Sumário

Apresentação à Edição Brasileira vii
Ana Lúcia Goulart de Faria

Introdução 13
Anna Bondioli e Susanna Mantovani

Parte I

A Creche como Serviço

1 Creches entre dinâmicas político-institucionais, legislativas, sociais e culturais 43
Patrizia Ghedini

2 Serviços para a infância e para as famílias entre regulamentação e inovação 58
Marco Ingrosso

Parte II

Os Adultos

3 O adulto frente à criança: ao mesmo tempo igual e diferente 77
Renate Siebert

4 Os comportamentos parentais em relação à criança e à instituição 88
Francesca Emiliani e Luisa Molinari

5 Considerações críticas e experiências de gestão social 96
Sergio Spaggiari

6 Coordenação pedagógica e trabalho em grupo 114
Laura Restuccia Saitta

7 A atualização permanente nas creches 121
Laura Cipollone

8 A programação 140
Augusta Foni

9 O relacionamento entre educadores e pais 161
Adriano Bonomi

10 A inserção 173
Susanna Mantovani e Nice Terzi

Parte III
As Crianças

11 Modalidades e problemas do processo de socialização entre crianças na creche 189
Tullia Musatti

12 O desenvolvimento da linguagem 202
Ottavia Albanese e Carla Antoniotti

13 A dimensão lúdica na criança de 0 a 3 anos e na creche 212
Anna Bondioli

14 "Aquele sou eu": a criança frente ao espelho — relação com o outro e exploração
      cognitiva 228
Paola Molina

15 A construção dos conhecimentos através das trocas entre crianças: estatuto
      e papel dos "mais velhos" no interior do grupo 245
Mina Verba e Annalise Isambert

PARTE IV
Alternativas à Creche

16 Em direção a um serviço para a faixa etária de 0 a 6 anos: uma experiência de continuidade 263
Anna Bondioli

17 Além da creche: o tempo para as famílias 277
Luigi Anolli e Susanna Mantovani

PARTE V
As Características de algumas Realidades

18 As creches em Milão: um longo caminho desde o assistencialismo à educação 307

19 As creches em Turim: a caminho de um projeto para a faixa etária de 0 a 6 anos 310

20 As creches em Bolonha: após o momento "político", a busca de um projeto pedagógico 312

21 As creches de Gênova: a reorganização do serviço como premissa para um novo planejamento 318

22 O modelo de Reggio Emília: estreita integração entre creche pública e família em uma cultura compartilhada dos serviços e do trabalho 323

23 As creches de Parma: a pedagogia do bem-estar 329

24 As creches em Pistóia: a qualidade de uma intervenção feita sob medida para a criança 331

25 As creches na Região da Úmbria 336

Referências Bibliográficas 339

Introdução

Anna Bondioli e Susanna Mantovani[1]

1. QUAL A RAZÃO DESTE LIVRO?

Quais são as razões que nos levam a discutir sobre creche neste exato momento?
Diferentemente de todas as outras instituições educativas, atualmente a creche é colocada em discussão na sua própria existência, embora seja a única instituição a registrar — juntamente com, e mais do que a escola superior — um excesso de demanda nos grandes centros urbanos. É considerada — pelo Estado e por várias administrações que devem garantir sua existência — um serviço não-essencial e dispendioso que poderia ser substituído, de modo eficaz, por medidas "privadas" mantidas pela família[2]. Na Itália, a creche surgiu em 1971 como serviço público, sem uma tradição pedagógica de suporte, pesadamente condicionada por preconceitos ideológicos, tanto por parte de quem era contra quanto por quem era a seu favor. Quem trabalhou nessas instituições percebeu o sentido de precariedade e inferioridade presente na creche, a freqüente timidez dos educadores, técnicos e administradores em mantê-la, ou, pelo menos, percebeu o clima de desencontro — pró ou contra a creche — que caracterizou toda iniciativa pública que lhe dissesse respeito. Todavia, nestes anos, desenvolveu-se uma cultura sobre a educação da primeira infância e parece ter chegado o momento de tentar definir alguns de seus múltiplos aspectos.

Um traço que chama a atenção — no panorama italiano — é a ausência de levantamentos e dados globais sobre os quais apoiar os argumentos a favor ou contra a creche. Em outros países — por exemplo, nos Estados Unidos, Canadá, Grã-Bretanha, Alemanha e nos países escandinavos — são disponíveis numerosas pesqui-

---

1 Os subtítulos 2, 4, 5 e 5.1 são de autoria de Anna Bondioli; os subtítulos 1, 3 e 5.2 são de autoria de Susanna Mantovani.
2 As próprias comunicações oficiais do Ministério da Saúde — registradas em mensagens telefônicas acessíveis a todos os cidadãos que discam o número 116-233.25 (Itália) sob o verbete creches — convidam a utilizar este serviço somente em caso de extrema necessidade, por exemplo, no caso de "a mãe trabalhar fora", e concluem convidando a escutar também a palavra "afeto".

sas demográficas, sociológicas e psicopedagógicas, por um lado sobre a família e, por outro, sobre os efeitos longitudinais dos "programas de intervenção" ou das instituições para a primeira e segunda infância.

Freqüentemente essas pesquisas possuem aspectos metodológicos discutíveis: antes de tudo, a insuficiente *descritividade* da realidade concreta, da "qualidade de vida" nas famílias e nas instituições, do clima relacional, das atitudes da família ou dos educadores em relação à família e à criança: organizam, com procedimentos estatísticos mais ou menos sofisticados, "programas de intervenção" descritos sumariamente, ou então a freqüência regular em instituições pré-escolares, com dados de curto e longo prazo sobre variáveis globais, tais como a adaptação social e o rendimento escolar, ou mais analíticas, tais como os comportamentos em relação às figuras que representam vínculos de apego e em relação aos colegas (Beller, 1979; Bronfenbrenner, 1986 a, b : Lazar, 1984). Se é possível discutir-se os limites descritivos de tais pesquisas e a imprecisa definição das variáveis analisadas — uma das possíveis causas de êxito, às vezes contraditórias —, é de qualquer modo um sinal importante o fato de que tais pesquisas foram conduzidas com um elevado emprego de meios fornecidos pelos governos e pelos ministérios: os órgãos de decisão tentaram ao menos documentar-se antes de favorecer ou limitar a existência de projetos educativos para a infância.

Os resultados dessas pesquisas — já amplamente convergentes — também esvaziaram definitivamente o campo de alarmismos bem como de triunfalismos em relação à creche.

Infelizmente, na Itália e na França, as críticas, que também compartilhamos, em relação à metodologia e à credibilidade de tais pesquisas quantitativas e longitudinais, e a preferência dada a estudos qualitativos, possuem a responsabilidade de ter contribuído a inibir o delinear-se de um programa de conhecimento global — embora sumário — sobre a qualidade de vida da família e da infância, sobre os serviços existentes, sobre os comportamentos de crianças e de famílias que puderam usufruir de experiências precoces de socialização. As fontes limitam-se a alguns ótimos mas sumários documentos globais (por exemplo, o relatório Censis) e a algumas pesquisas valiosas, porém limitadas a específicas realidades urbanas ou a algumas regiões. Faltam pesquisas nacionais e informações sobre os pequenos centros e sobre a realidade rural e semi-rural. Além disso, a "necessidade", quando realmente definida, é sempre baseada nas exigências práticas das famílias e não em termos de "necessidade educativa", por exemplo, no caso de crianças que vivem em locais isolados ou virtualmente menos privilegiados, de populações para as quais em outros países nasceram os principais programas de intervenção precoce. Pelo contrário, nos Estados Unidos, no Canadá e na Austrália havia-se dado relevância à potencial desvantagem cultural de alguns grupos sociais e de certas camadas da população infantil para a qual se previa um futuro insucesso escolar; é exatamente a partir disso que nasce a intenção de compensar e de precisar "programas"; ou, vice-versa, o desejo de potencializar mais as competências de crianças bem dotadas. O andamento dos programas era conduzido em "centros-piloto" que mais tarde, eventualmente, encontrariam alguma difusão (Kamermann & Kahn, 1981).

A necessidade de instrução foi a mola propulsora dessas iniciativas que não por acaso são chamadas de "programas de intervenção". Com bastante freqüência esses projetos não preenchem o turno integral (e esta é a razão pela qual jamais se tornaram uma "rede" de serviços), mas também requerem a presença das crianças e, nos casos mais bem-sucedidos, também a presença dos pais somente por duas ou três horas por dia. A idéia de uma intervenção compensatória e, sobretudo, a idéia de uma intervenção intensiva para os dotados não é cogitada (e nesta última com boas razões) pelas instituições italianas que têm como referência a pedagogia "clássica", em que — também no caso do método montessoriano que prevê materiais graduados e estruturados, mas sempre escolhidos pelas crianças, segundo seu próprio ritmo — a instituição infantil é vista como "lugar de vida". É também oportuno lembrar que muitos programas aceitáveis, no caso dos desprivilegiados (por exemplo, o Doman ou o programa Karnes), transformaram-se em discutíveis intervenções avançadas para os assim chamados superdotados.

A compreensível desconfiança quanto a intervenções que não consideram o ritmo natural de desenvolvimento da criança não foi porém acompanhada, na Itália, durante muitos anos, pela montagem de um projeto educativo alternativo mais global. Por essa razão assistiu-se a uma programação ingênua ou a nenhuma programação: nem um projeto definido para todos, nem a previsão de intervenções mais dirigidas a crianças menos privilegiadas.

Repensando os primeiros anos da década de 70 — quando surgiram as creches* — parece até que a conscientização das necessidades educativas da criança de 0 a 3 anos fosse completamente ausente: na Lei 1044, que determina o modo de funcionamento das creches, fala-se somente que a "creche tem por objetivo prover a temporária custódia da criança, para facilitar o ingresso da mulher no mercado de trabalho" (art. 2): a criança não é mencionada. É útil lembrar que a Lei 1044 foi aprovada contemporaneamente com a lei sobre a tutela da maternidade, levando em consideração os problemas da mulher, mas não de sua criança. No artigo 6, onde se trata das condições para a definição dos regulamentos municipais, fala-se em localização, em modalidade de funcionamento, para ir ao encontro das necessidades da família: "as creches" — se diz — "devem ser dotadas de pessoal suficiente e idôneo à *"assistência sanitária"* e *"psicopedagógica"* da criança (frase por nós destacada). Esta é a única vez no texto da lei em que a palavra "pedagógico" ("educativo" ou "formativo" são completamente ausentes) aparece, e ocorre como sufixo do termo "psico".

De resto, as idéias sobre a educação da primeira infância eram bastante confusas, tratava-se, quando muito, de uma utopia pedagógica, a "socialização" entendida como experiência coletiva não diferenciada, e não de um concreto e preciso conhecimento das potencialidades cognitivas, sociais e relacionais da criança em grupo e dos recursos necessários para consentir a sua manifestação.

Mas isso, de qualquer modo, não é surpreendente.

Naqueles anos (1969), já com extrema lentidão e dificuldade, haviam sido aprovadas as *Orientações* da escola materna. A batalha pela escola materna estatal, como conquista educativa, era muito recente e levava nas costas uma crise de governo — 1961 —, muitas polêmicas e um pesado compromisso para cada palavra das Orientações: basta lembrar o parágrafo sobre a educação religiosa, o atrito entre a descrição dada no século XIX para a "personalidade da educadora" e o último articulado e ainda atual parágrafo da *"individualização e atividade de grupo"* onde se afirma que *"individualização e socialização* são dois processos estritamente complementares em que um favorece o outro" e ainda "alguns (grupos) podem ser formados de maneira espontânea e não planejada, para permitir às crianças a satisfação das necessidades de caráter prevalentemente afetivo... todavia grupos deste tipo também

---

* N. de R.T.: A Educação Infantil italiana divide-se em duas etapas: o *asilo-nido* e a *scuola dell'infanzia*. O *asilo nido* atende crianças de 0-3 anos e tem como correspondente no Brasil as creches (LDB/1996) e a *scuola dell'infanzia* ou anteriormente a *scuola materna* equivalem à pré-escola que atende a crianças de 3/4-6 anos. Neste livro utilizaremos a denominação brasileira para as instituições.

já tornam possível uma gradual tomada de consciência da condição de socialização... outros grupos... podem ser constituídos pelas crianças... também para satisfazer interesses comuns ou para a obtenção de *objetivos comuns* (palavras por nós destacadas)": palavras que fazem referência aos conceitos difundidos nos anos seguintes, nas pesquisas sobre as interações entre crianças. (*Orientações da atividade educativa*, 1969, pp. 58-59). Além disso, está havendo uma certa conscientização a respeito da relação com o adulto como *ponte* para uma experiência social mais ampla.

Já a escola materna estatal, porém, e as suas orientações, haviam sido uma iniciativa contestada e tampouco nos autores sobre a pedagogia da infância, à qual tradicionalmente se fazia referência, havia muitos dados sobre os pequeninos. As informações e as reflexões a serem transformadas em propostas educativas partiam, antes de tudo, da psicologia: naqueles anos, na Itália, conhecia-se, por um lado, sobretudo Piaget; por outro, a psicanálise e os estudos recém-traduzidos sobre as carências maternas e sobre o apego afetivo que contribuíam, quando muito, a alimentar desconfianças quanto às instituições para a primeira infância.

A literatura sobre o desenvolvimento sócio-cognitivo precoce, sobre a linguagem e sobre as trocas entre pequeninos, de recente produção americana e européia, não era absolutamente conhecida por legisladores e pedagogos e, de qualquer modo, a transposição das pesquisas psicológicas em programas educativos é sempre um trabalho delicado e que leva muito tempo. A pedagogia italiana, portanto, não era nem sensível nem preparada para pensar nos primeiros anos de vida como um espaço possível para uma intervenção organizada.

A pediatria tinha como princípio ser contrária às creches — embora criadas pelo Ministério da Saúde (e esta é uma peculiaridade toda italiana que, provavelmente, se deve ao fato de não haver um Ministério da Assistência Social). A psicologia era não-informada ou extremamente desconfiada: a desconfiança em relação à creche verifica-se ainda hoje em muitos ambientes psicanalíticos onde, por outro lado, formou-se a maior parte dos psicólogos que na Itália se ocuparam da primeira infância.

Os pontos de referência existentes — falando em primeira infância — eram as instituições totais (Burlingham & Freud, 1944), experiências muito particulares tais como o Kibbutz (Bettelheim, 1967) ou informações esquematizadas provenientes de manuais do Leste europeu (Vários, 1969). A existência e as condições das antigas creches ex-Onmi (*Opera Nazionale Maternità e Infanzia*, uma criação de Benito Mussolini, a partir de 1925), fortemente medicalizadas, assépticas, com uma total ausência de laços afetivos com a família, uma relação numérica adulto-criança muito desfavorável (às vezes superior a 1-20) e a não-continuidade dos cuidados no período dos três anos (os educadores eram da "sala" berçário ou da "sala" desmame e não acompanhavam as crianças nas novas seções) induziam a uma comparação incorreta, mas compreensível, entre creche e orfanato, ou creche e hospital, com as situações portanto estudadas pela literatura bem conhecida sobre os "traumas" da separação, da hospitalização ou da carência de cuidados maternos (Spitz, 1958; Bowlby, 1969; Robertson, 1962).

Por outro lado, naqueles anos estavam difundindo-se experiências "alternativas": sistemas cooperativos análogos aos *Kinderläden* berlinenses com uma administração de pais e professores, fortemente ideologizados, creches com base na psicanálise de linha reichiana (W.Reich), sendo algumas ligadas a grupos maoístas (Becchi, Tambini & Doughty, 1975).

Experiências às vezes muito dinâmicas e merecedoras de grande interesse, mas extremamente "partidárias" e portanto ignoradas ou vistas com desconfiança pela maioria.

Definir naqueles anos uma "pedagogia da creche", legitimando-a, assim como as Orientações haviam de fato legitimado a escola materna, era portanto impossível e, de qualquer maneira, *ninguém* sentiu ou expressou a sua necessidade: será preciso chegarmos ao ano de 1981, a dez anos da Lei 1044, para que se comece a identificar um movimento pedagógico, ainda que articulado, coagulado ao redor de algumas revistas, de alguns municípios, de alguns institutos universitários ou de pesquisa, e a encontrar as raízes da exigência de uma "Lei Constitucional" pedagógica sobre a creche[3].

Faltavam idéias precisas até sobre a realização concreta, sobre o tipo de construção: além de um modelo isolado como a creche Olivetti, as únicas referências eram as escolas maternas ou as creches Onmi. Com bastante freqüência os arquitetos atiraram-se a soluções que, mais tarde, resultaram em grande parte errôneas, tais como espaços muito grandes e vazios, nenhuma proteção dos ruídos, paredes móveis: resumindo, um ambiente amplo, aberto, colorido, mutável. Atualmente sabemos muito bem quanto a criança tenha necessidade de locais acolhedores e íntimos, de ângulos macios e protegidos, de uma ajuda para reconhecer com clareza os espaços e suas funções. Sabemos quanto é difícil e dispendioso remediar estruturas completamente inadequadas.

Nesse clima de não-consciência e de incerteza aparecem diversas publicações alarmísticas onde se compara a creche às instituições totais e salientam-se seus riscos para a criança e para a família (Spini, 1976; Antinori, 1977). Isso aumentava o "complexo de inferioridade" da creche e levava à oscilação — como às vezes acontece ainda hoje — entre a ausência absoluta de um projeto educativo (em muitas cidades as creches eram confiadas a funcionários administrativos sem *nenhuma* habilitação/ competência ou direcionamento pedagógico), ou a cópia precipitada de modelos e atividades da escola materna (até houve o aparecimento de cartazes com as letras do alfabeto e as primeiras palavras nas paredes do berçário!).

Nesse quadro nacional tão confuso — extraordinariamente confuso — nascem e se desenvolvem experiências municipais de grande interesse que começam a criar creches educativas, pedra sobre pedra, preenchendo de conteúdos concretos os frouxíssimos e freqüentemente ausentes espaços da Lei 1044: Reggio Emília, Pistóia, Módena, Parma, a Úmbria e a Ligúria. Alguns municípios criam uma estrutura pedagógica de apoio, inicialmente bastante eletiva, depois, pouco a pouco, mais estável; realizam a "gestão social" prevista pela lei e a transformam na gestão característica, típica da creche, de relação com a família como parte integrante do trabalho educativo; coligam-se a centros de pesquisa para enfrentar, de um lado, os problemas e as dúvidas que tornavam a creche "incerta" e, por outro lado, a formação de bases e a atualização dos educadores de modo rigoroso e problemático.

A falta de uma conceituação pedagógica codificada abre espaços positivos imprevistos: vivacidade e variedade de experiências, interdisciplinaridade, extrema flexibilidade da creche ao criar uma variedade de tipologias, de modelos, de soluções administrativas e organizacionais. A pesquisa movimenta-se e aproxima-se da creche, encontrando uma enorme disponibilidade para a colaboração ativa nos educadores (Mantovani, 1983; Musatti, 1983; Musatti & Mantovani, 1983; Musatti, 1986; Mantovani, 1986).

---

3 Em 1980 se constitui, em Reggio Emília, o Grupo nacional de trabalho e estudo sobre a creche que, nesses anos, através de vários convênios, contribuiu na definição de propostas de linhas pedagógicas para a creche. Assim como as principais revistas, *Infanzia e Zerosei* (hoje transformada em *Bambini*) e autores entre os quais, sobretudo, Piero Bertolini, Franco Frabboni e Loris Malaguzzi.

Este panorama tão variado e interdisciplinar, tão "descentralizado", isto é, peculiar e diferente de cidade para cidade, é a força e a fraqueza da creche: garantia de vitalidade, mas obstáculo para criar uma *identidade* própria e oficialmente reconhecida. Entretanto, nas diversas experiências, encontram-se percursos e etapas comuns, e uma síntese parece atualmente provisória, sim, mas possível.

O discurso sobre a creche articulou-se em planos diferentes que deveriam andar interligados. Uma primeira perspectiva, do tipo político-social, considera a creche essencialmente como *serviço* cuja problemática entra no quadro mais amplo das "políticas para a infância" e das instituições a ela destinadas.

Uma segunda perspectiva possui prevalentemente objetivos de reconhecimento: a creche é um observatório privilegiado onde é possível colher elementos inéditos sobre o desenvolvimento infantil.

Enfim, uma terceira perspectiva salienta o caráter de instituição formadora da creche, de agência de socialização cujas práticas educativas subentendem uma pedagogia que, mesmo embrionária, deve ser reconhecida e sustentada. No interior desta pedagogia particular adquirem destaque as figuras adultas — e as funções a elas atribuíveis — que acompanham as crianças dentro e fora da creche.

As páginas que seguem — assim como de resto o livro no seu todo — tratam desses diferentes pontos de observação do fenômeno creche e tentam fazer emergir, em uma visão circular, as peculiaridades e os problemas desta jovem instituição.

2. AS FUNÇÕES SOCIAIS DA CRECHE: UM SERVIÇO PARA QUEM?

O discurso sobre a creche, enquanto serviço social, coloca-se no interior daquele discurso mais geral, dos modelos de *welfare state,* isto é, no interior de projetos de política social que tendem a garantir a todos os cidadãos um nível mínimo de assistência através da oferta da prestação de serviços. Partindo desse ponto de vista, a creche "moderna" (para distingui-la da creche assistencial que possuía como referente a família necessitada) nasce como serviço em resposta às necessidades e aos direitos da mulher que trabalha, como garantia de ocupação extradoméstica, cuja tendência é eliminar a discriminação da mulher, enquanto mãe, e a sua conseqüente possível exclusão ou marginalização do mercado de trabalho. Não foi por acaso que na Itália a questão das creches foi levantada e sustentada pelo movimento das mulheres e pelos sindicatos (cf. Ghedini, neste volume). A creche configura-se assim como serviço que garante o trabalho feminino e tem como referente primeiro a família enquanto lugar onde se coloca a mulher trabalhadora e, ao mesmo tempo, mãe.

Ultimamente, porém, tem-se difundido a idéia de que a creche, enquanto agência educativa, seja um direito não só para a mãe como também para a criança e que, portanto, ela seja potencialmente voltada a todas as crianças de 0 a 3 anos. Esta mudança de ótica, todavia, não desmente a idéia básica de que a creche, como serviço, tem como referente a família, enquanto instituição capaz não apenas de fornecer ela mesma serviços, mas também de mediar e redistribuir prestações provenientes do "poder público". É realmente uma abstração pensar nas necessidades da criança como aspectos separados da realidade social na qual se encontra inserida e, portanto, das necessidades da própria família. Chiara Saraceno (1978), a este respeito, observa que a familização é uma condição "normal" em nossa sociedade e que a criança usufruindo de um serviço como a creche só pode ser uma criança familizada. Partindo desse ponto de vista, a utilização da creche enquanto serviço social é constituída pela família, que resulta ser o local e o instrumento de mediação entre o indivíduo (neste caso a criança) e os recursos. Nesta perspectiva, o discurso relativo à creche entrelaça-se de maneira estreita e indissolúvel com o da família enquanto instituição à qual é socialmente delegada, entre outras, a tarefa do cuidado e da criação dos pequeninos, mas também — e esta função é freqüentemente desconsiderada — de canais de transmissão de desigualdades e de oportunidades sociais diferenciadas. A família não só fornece ela mesma um serviço, mas serve de canal de redistribuição de recursos fornecidos pelo poder público (cf. Ingrosso, neste volume).

A relação entre creche e família, nessa ótica de política social, articula-se então em uma dupla problemática. Por um lado existe um problema de definição nas linhas de tendências relativas às transformações da instituição familiar e de adequação do serviço em relação a tais tendências; por outro, trata-se de um problema de igualdade de oportunidades que as políticas de *welfare* procuram garantir, tendo presente o amplo leque das tipologias familiares. Tratar-se-ia, portanto, e é exatamente aí que está a dificuldade, de definir um modelo de serviço alinhado às mutações gerais da instituição familiar (cf. Istat, 1985) e, ao mesmo tempo, capaz de responder a necessidades diferenciadas de famílias socialmente estratificadas. Como observa Saraceno (1981, p.110), *"a família italiana não existe: através de um olhar atento a família aparece, na realidade, como expressão e local de múltiplas e combinadas diferenças"*. Nessa perspectiva igualitária, a articulação necessidades/demanda/oferta resulta ser um ponto crucial donde partir para melhor definir outros problemas particulares que foram objeto de debate e/ou de reconhecimento empírico, tais como os percentuais e os modos de utilização da creche, a propensão ou não de usá-la, as imagens e as expectativas em relação à mesma. De fato, por um lado a demanda de um serviço parece estar ligada não só à presença de uma necessidade, mas também à capacidade, culturalmente diferenciada, de especificá-la e articulá-la (cf. Saraceno, 1979 e Clas, 1981). Por outro lado, a oferta do serviço não constitui somente uma resposta às necessidades, mas tem também a função de evocá-las. Além disso, a utilização do serviço está correlacionada com sua acessibilidade, nem sempre é uma questão de escolha em relação a oportunidades alternativas. Analogamente, a propensão ou não de usar o serviço não está somente conectada à ideologia do usuário (preferência ou não por modelos de custódia exclusivamente ou parcialmente familiares, públicos ou privados), mas também ao seu nível de informação (cf. Sgritta, 1979).

A necessidade da creche é portanto uma questão delicada de se definir. Não se pode apelar a ela para justificar, por exemplo, a inadequada distribuição das creches em nível nacional, nem se justifica invocar como atenuante, para as carências de serviço em certas localidades, a falta de demanda interpretada sumariamente como falta de necessidade. Ao analisar as poucas pesquisas italianas relativas ao problema, emergem dados interessantes para as interpretações que levantam.

O estudo de Ciorli & Tosi (1982) mostra claramente que a variante territorial (segundo os dois eixos de área metropolitana *versus* o resto da região e de cidade/área, tradicionalmente urbana *versus* centros menores de recente urbanização) incide fortemente sobre a utilização do serviço: nos municípios menores, a utilização de modelos de custódia exclusivamente familiar resulta predominante, enquanto nas cidades maiores (em particular Milão) tem-se freqüentemente uma combinação de cuidados maternos e a utilização de serviços públicos extradomésticos. Os autores estão por isso propensos a concluir que a difusão irracional do serviço em nível nacional (que discrimina fortemente o Sul em relação ao Centro-Norte, e os centros médio-pequenos em relação às áreas metropolitanas) produz uma descontinuidade da demanda sem relação com a diferenciação das necessidades. Para discriminar a potencial utilização no uso do serviço contribuiriam também fatores de estratificação social e de condição ocupacional da mulher, como foi salientado por outros estudos, cujos resultados, porém, não são unívocos. Uma primeira pesquisa (Bianchi & Cacioppo, 1981) salienta que a família usuária da creche é prevalentemente nuclear, com mais de um filho, imigrada e de classe social médio-baixa. Em um segundo estudo (De Sandre, 1980) evidencia-se, pelo contrário, a correlação entre utilização da creche e altos níveis de classe social e escolarização. Enfim, a pesquisa conduzida para o IRER, por Barile & Zanuso (1980), mostra que as trabalhadoras de turno integral com filhos em idade pré-escolar são as que menos utilizam a creche, alegando como motivação custos muito elevados e carências organizacionais.

Ao interpretar esses resultados, a explicação em termos de "rigidez da oferta" resulta particularmente interessante e significativa. Segundo essa linha explicativa (Saraceno, 1981, p.41), a creche apresentaria um modelo organizacional demasiado rígido, funcional exclusivamente para certas tipologias familiares caracterizadas por alguma elasticidade no horário de trabalho (5 dias por semana, 8 horas diárias, das 8h às 17h, férias em agosto). Para tais interpretações convergem também Bianchi e Cacioppo (1981, p.33) quando afirmam que "o uso efetivo da creche parece mais condicionado pela existência de margens de compatibilidade entre a rigidez da oferta de serviço — em relação a horários, doenças da criança, etc. — e a rigidez própria da condição cotidiana da família, em particular das mães: "horário de trabalho, distância residência/creche/local de trabalho e relativos tempos de deslocamentos, etc.". Criar-se-ia, portanto, uma auto-seleção da utilização em contraste, às vezes, com as finalidades declaradas do serviço. Também Ciorli & Tosi (1982, p.106) concordam ao afirmar que a "escassez de oferta e a lógica organizacional da creche tendem a reduzir a sua utilização", acrescentando que "o uso escasso não significa de fato, por si só, ausência de demanda nesse setor, mas é mais um índice da rigidez da creche pública". Os modelos familiares de custódia, sobretudo no período pré-escolar, seriam portanto fortemente condicionados por uma "previsão institucional" em conexão com a história e com a definição cultural do serviço, mais do que por uma demanda autônoma da família em relação às supostas necessidades do filho (ib., p.55).

A hipótese da rigidez permitiria explicar, ao menos em parte, a contraditoriedade dos dados relativos às taxas de utilização em relação à estratificação social. A creche favoreceria tanto as famílias relativamente privilegiadas (médio-altas), capazes de adotar mais de uma solução para o cuidado das crianças (creche, avós, babá, etc.), ou seja, capazes de compensar, por conta própria, a rigidez do modelo, quanto os grupos médio-baixos urbanos, com um emprego estável e garantido (trabalhadores dependentes, sobretudo do nível terciário), que se encontram na condição de poder efetivamente beneficiar-se do serviço.

Junto a essas primeiras linhas interpretativas, coloca-se uma segunda que, através do estudo das representações sociais, relaciona a utilização do serviço a um sistema culturalmente definido de crenças, valores, atitudes dos indivíduos inscritos em uma rede familiar. Os resultados dessas pesquisas (cf. Emiliani & Molinari, neste volume) esclarecem a ambivalência de base quanto à creche como agência de cuidado extrafamiliar. Em geral, as famílias assumem um comportamento de cautela em relação a um serviço recente, ainda pouco difundido e, sobretudo, pouco legitimado. Pode-se então supor que exista tanto uma certa autonomia das representações sociais da creche, em relação a sua objetiva acessibilidade e funcionalidade, quanto alguns usuários privilegiados (famílias de classe média) capazes de definir e explicitar, mais do que outros, as próprias necessidades sociais e que se fazem promotores e mantenedores de uma cultura nova de serviços para a infância.

O interesse dessas pesquisas está, por um lado, no fato de ter assinalado os riscos que derivam da falta de percepção na distância entre demanda explícita e necessidades e, por outro lado, de ter salientado a improdutividade de um projeto de política social que tende a difundir modelos idênticos em resposta a situações e necessidades diversificadas. As necessidades podem ser evocadas, os usuários potenciais devem ser informados, a imagem da creche deve ser consolidada e difundida e, sobretudo, a creche precisa de maior flexibilidade e articulação devido a diferentes formas de organização da vida familiar e de culturas sociais igualmente diversificadas. É neste sentido que devem ser interpretadas tanto as experiências positivas relatadas nas fichas (cf. a última parte deste volume), quanto as propostas alternativas (cf., neste volume, as contribuições de Bondioli, Anolli, Mantovani) que se configuram mais como possíveis transformações, extensões, articulações da creche do que como a sua negação.

3. A PESQUISA PSICOLÓGICA SOBRE A PRIMEIRA INFÂNCIA E A PESQUISA NA CRECHE

Qual é a pesquisa sobre a primeira infância que podemos considerar mais relevante para a creche? E qual a pesquisa — na creche — que permite ter, ao mesmo tempo, informações sobre a qualidade da creche e sobre o desenvolvimento da criança? Não é certamente possível desenhar um panorama amplo e suficiente das inúmeras contribuições sobre a primeira infância surgidas nestes últimos anos. Nós nos deteremos sobre alguns aspectos.

3.1. *A competência precoce da criança nas relações sociais* e a raiz do desenvolvimento sócio-cognitivo e lingüístico nas primeiras trocas interativas com os parceiros adultos.

A pesquisa dos últimos anos na área sócio-cognitiva — que se iniciou com Bowlby e com os primeiros estudos de etologia humana (Blurton Jones, 1972; Mc Grew, 1972), utilizando instrumentos sempre mais sutis de observação do comportamento comunicativo e social (Schaffer, 1977) — coloca em evidência o modo pelo qual a criança, desde os primeiros dias de vida, deva ser considerada um parceiro ativo e competente no jogo interativo e relacional. Desde a predisposição à interação com o parceiro humano adulto, à precoce diferenciação das respostas (Shaffer, 1977), à criação de seqüências ritmadas de interações, pausas, interações, cada vez mais intencionais e chamadas pseudodiálogos, à articulação diferenciada de mecanismos comunicacionais, como o choro e o sorrir (Stern, 1977; Stroufe, 1979; Shaffer, 1979; Dunn, 1979), a criança apresenta-se como um indivíduo bem mais complexo do que a definição psicanalítica de Mahler (1975), de fase "autística normal" nas primeiras semanas e meses de vida, faria supor: entretanto, para coletar esses sinais, é de qualquer forma indispensável observar e estudar a criança *no contexto social e comunicativo* onde ela se encontra, atenção voltada às redes relacionais e interativas que se criam entre a criança e os vários parceiros adultos. Sabemos que o pequeno pelo menos responde de maneira diversa ao pai e à mãe (Brazelton, 1982); outras observações evidenciam a possibilidade de criar "rituais comunicativos" precoces personalizados (Kagan, 1979; Lézine & Stamback, 1959; Mantovani & Musatti, 1983); tudo indica a riqueza de possíveis perspectivas, ao estudar-se o desenvolvimento em um contexto social diversificado e ampliado que também garanta aquele tanto de *regularidade e previsibilidade* (Beller, 1985; Stroufe, 1979) necessário para que a criança tenha o *feedback* necessário a fim de orientar-se e que responda e aja, cada vez mais, de maneira menos casual e mais intencional.

Para além da teoria do apego é o subtítulo da versão italiana da já famosa obra de Shaffer (1977): *Estudos sobre a interação mãe-bebê*, própria para indicar, como de resto salientam as contribuições de autores como Kaye (1982) e o próprio Bowlby (1985), na mais recente revisão dos seus estudos sobre o apego, que, mesmo permanecendo essencial para o desenvolvimento de uma relação emotivamente "densa" — como a que se estabelece entre mãe ou pai e criança —, não se pode reduzir o desenvolvimento sócio-emotivo e sócio-cognitivo dos três primeiros anos ao mero estudo da relação de apego. O estudo da criança em interação com outros parceiros também pode ser precioso.

3.2. *As raízes do desenvolvimento lingüístico.* É este um dos setores em que a afirmação teórica, que diz ser importante estudar *contemporaneamente* a criança e seus parceiros, se concretizou. O estudo da linguagem tornou-se estudo da *comunicação* nos primeiros anos de vida (Camaioni, Volterra, Bates, 1976; Bruner, 1975; Camaioni, 1983; Kaye, 1982; Nelson, 1973; Snow, 1972) e levou a definir o "motherese", ou a "maternagem", como sendo aquela forma particular de comunicação mímico-gestual e verbal através da qual a mãe — mas na realidade qualquer adulto — se comunica com a criança que ainda não possui o instrumento verbal: é uma comunicação que acentua os tons, os aspectos expressivos, as intenções, as exclamações — simples e redundantes —, voltada a chamar a atenção, sustentá-la, a retomar, expandir e interpretar (freqüentemente a "supra-interpretar", atribuindo aos sinais da criança uma intencionalidade que, pouco a pouco, devido a esse procedimento, tornar-se-á realmente tal) qualquer sinal verbal e não-verbal emitido pelo pequenino. Nesta pragmática da comunicação se constrói a linguagem, e o adulto tem, ao mesmo tempo, a função de fornecer "prateleiras" (Bruner, 1975) ou "frames" (molduras), isto é, estruturas que levam (Kaye, 1982) ao comportamento comunicativo da criança e a *função* de responder de forma "contingente", isto é, no momento certo, aos seus sinais em qualquer situação interativa, seja ela tipicamente comunicativa (situação "olhos-nos-olhos") ou centrada nas atividades (momentos de rotina tais como a refeição e a troca de fraldas, a interação lúdica, etc.). A interação *durante o jogo* (Kagan, 1979; Phyfe-Perkins, 1982) é de fato outro importante momento, em termos de comunicação, de manter a atenção, de expandir as estruturas cada vez mais complexas do comportamento.

Torna-se evidente que o estudo de tais *ocasiões de desenvolvimento,* também na creche, pode fornecer idéias múltiplas e úteis informações (Beller, 1985; Mantovani & Musatti, 1983).

3.3. *A possibilidade de socialização precoce entre crianças* vista tanto nos seus aspectos mais tipicamente sócio-emotivos, como, por exemplo, nos estudos sobre a agressividade (McGrew, 1979) e sobre a amizade (Lewis & Rosemblum, 1975; Musatti & Mantovani, 1983), quanto nos aspectos de *potencialidades cognitivas* maiores, oferecidas pela troca entre coetâneos, para a descoberta de "soluções inteligentes". Essas parecem mais articuladas e complexas em grupo, se comparadas àquelas que a criança encontra sozinha (Stambak et al., 1983; Verba, neste volume) no jogo simbólico ou no jogo com objetos estruturados e semi-estruturados, sejam estes ou não destinados a favorecer a troca (Camaioni, 1979).

Assiste-se de fato a uma superação do conceito de *egocentrismo* (Piaget, 1923/ 45), e a pesquisa nos apresenta uma criança precocemente capaz de *adaptar* progressivamente o próprio comportamento àquele dos parceiros da mesma idade e assim como a própria linguagem (Camaioni, 1978).

Torna-se evidente, também nesse caso, que a creche fornece uma ocasião especial, que ela se apresenta como "laboratório natural" ideal para estudar e promover (Mantovani, 1983) as trocas articuladas e construtivas entre coetâneos. Muitas pesquisas têm sido conduzidas na própria creche, analisando a evolução de um relacionamento entre uma criança e outra, desde uma primeira fase de exploração do corpo do outro, como um novo objeto do ambiente, à descoberta das "reações particulares" deste novo objeto, ao jogo conduzido paralelamente (sem colaboração aparente, mas como fenômeno de imitação recíproca imediata ou adiada), ao início e ao desenvolvimento do jogo cooperativo (Lewis & Rosenblum; Stambak at al., 1983; Musatti & Mueller, 1983; Mantovani, 1978).

Na creche, idealmente a criança pode experimentar as mais variadas possibilidades de troca, de construção de planos de ação, de resoluções de conflitos em um ambiente protegido e pensado para ela.

3.4. *A possível autonomia da criança bem pequena.* Entendemos aqui "autonomia" ou "independência" no sentido de *capacidade de tomar e conduzir iniciativas próprias* para aquilo que diz respeito tanto ao controle do próprio corpo (comer, ir ao banheiro, vestir-se, adormecer), quanto às atividades motoras, cognitivas e lúdicas. Neste sentido, autonomia é sinal de bem-estar psico-físico e se acompanha de uma relação relaxada e sem ambivalências entre adulto e criança (ver, neste volume, as contribuições de Mantovani, Terzi & Anolli, Mantovani). O conceito de autonomia está relativamente ausente na literatura italiana sobre a infância: o encontramos, sobretudo, em alguns países do Norte da Europa ou do Leste (Weltzer, 1984; Appell & David, 1970; Pikler, 1969; Vários, 1969) e em algumas pesquisas anglo-americanas (Beckwith, 1979) centradas na análise da dependência/independência da criança em relação ao adulto, além de encontrá-lo com grande valor na pedagogia clássica montessoriana ("Ajuda-me a fazer por mim mesmo").

Autonomia não significa *separação*, significa, pelo contrário, *segurança da relação* e capacidade de modular, por parte da criança, as suas exigências de contato ou de controle a distância do adulto (Appell & David, 1965), não sendo distraída pelo medo de ser abandonada, ou pelo temor de ser interrompida, podendo assim dedicar-se com concentração e determinação às várias atividades: aspectos esses — ainda, uma vez mais muito próximos do conceito montessoriano de "normalização" — que freqüentemente parecem ausentes na vida escolar posterior.

Permitir que as crianças tomem iniciativas autônomas e que as conduzam até o fim, que se alimentem explorando o alimento e "fazendo sozinhas" (Chioetto & Mantovani, 1986; Maggiolini, 1983), que procurem o adulto quando tenham necessidade, favorece um comportamento mais maduro, mais estável, em que a motivação intrínseca àquilo que se faz é confirmada e reforçada (Mantovani, 1983; Lumbelli, 1983).

A creche, onde as relações entre adultos e crianças são projetadas com cuidado, com o objetivo de inserção*; onde o número de crianças não permite muitas *intromis-*

---

* N. de R. T.:"Inserimento" é a palavra utilizada para o procedimento que no Brasil chamamos de adaptação, isto é, tanto aquele período inicial do ingresso da criança na creche quanto aqueles constantes afastamento e retorno do bebê das creches.

sões por parte do adulto, mas, pelo contrário, torna necessariamente preferível um comportamento de observação participante, na qual os materiais são estimulantes e o ambiente é seguro, e se configura como um ginásio esportivo ideal para uma evolução precoce da autonomia, entendida como o prazer da criança de escolher e de estar com os outros ou de brincar, de pedir ajuda ao adulto ou de experimentar por si mesma (Mantovani & Musatti, 1983).

Sensibilizar também a família sobre esse problema — ajudando-a a observar e a escolher um estilo menos intrusivo e mais "contingente" (Beller, 1985; Snow, 972) — é uma das possíveis conseqüências de uma conscientização que se estabeleceu na creche também através da pesquisa.

3.5. *A possibilidade de criar várias relações significativas com os adultos*. Ela já é patrimônio da experiência da creche e é retomada nesta obra (Mantovani & Terzi): a pesquisa sobre apego e separação (Bowlby, 1969; Ainsworth & Bell, 1970; Main, 1973; Blehar, 1974; Clarke-Stewart, 1981) tornou-nos muito sensíveis a este aspecto e permitiu que se indagassem na creche os momentos cruciais que podem indicar o sucesso do processo de inserção-adaptação (Noziglia, 1985) nas suas fases mais importantes: a chegada, a separação da mãe, as amizades com outras crianças, a relação com a educadora, o reencontro (Mantovani, 1983; Benigni & Corda, 1983; Caccialupi & Stame, 1983; Barbieri, Angelini & Adorni, 1983; Maltempi, 1986).

Sob esse ângulo, a pesquisa na creche e ao seu redor permitiu que se fizesse luz, salientando com vivacidade a importância de todos os protagonistas desse período delicado do crescimento: os pais, os educadores, a criança, as outras crianças. Isso até indicar procedimentos e atitudes que já constituem um verdadeiro e próprio — e muito peculiar — repertório educativo cientificamente instituído.

3.6. *Os efeitos da creche sobre o desenvolvimento da criança*. Os estudos anglo-americanos, aos quais já nos referimos de modo crítico, de qualquer forma contribuíram para desdramatizar completamente os temores e os alarmismos. No início dos anos o 80, governo americano encomendou uma pesquisa e uma comparação, no espaço de mais de vinte anos, dos principais "programas de intervenção" precoce surgidos nos anos 60, no clima da assim chamada "guerra à pobreza" (Lazar, 1984; Beller, 1979). Os resultados são definitivamente encorajadores: os programas de desenvolvimento e a freqüência à creche seguidamente resultam, a curto prazo, bastante positivos, com algumas restrições a propósito de um apego mais ansioso que se formaria entre mãe e criança (Blehar, 1974) em situações onde, porém, parece não ter sido prestada particular atenção às modalidades de inserção. Resultados ainda mais positivos são relatados por Garland & White (1980), na Inglaterra, e por Beller (1986) e Erikson (1985) na Suécia. Todos esses estudos, entretanto, sublinham uma variável fundamental que confirma as hipóteses mais recentes de Bronfenbrenner (1986a): para que os efeitos da creche sejam positivos e perdurem no tempo é necessário um *envolvimento ativo da família*, seja nas práticas e nos programas educativos, seja na vida cotidiana da instituição. Do contrário, os resultados positivos de desenvolvimento, bem vistosos em nível imediato, se perdem e não perduram no tempo (Mueller, 1984; Fein, 1984).

O envolvimento da família, portanto, e provavelmente a modificação, a maior articulação, o desenvolvimento de estratégias educativas estáveis no seu interior (Beller, 1979; Mantovani, 1983) tornam-se assim *condição determinante da qualidade da instituição e conteúdo educativo real e verdadeiro*.

4. UMA PEDAGOGIA DOS PEQUENINOS

Para delinear uma "cultura" da creche contribuíram agentes diversos: educadores, pesquisadores, especialistas no assunto, administradores, pais, cada qual produzindo e contribuindo para difundir, através das próprias práticas, conteúdos, formas, níveis diferentes de saber sobre a primeiríssima infância, sobre as condições de possibilidade de uma educação precoce extradoméstica, sobre a praticabilidade de situações, experiências, projetos formativos com os pequeninos. Trata-se de um patrimônio muito rico de conhecimento, imagens mais ou menos compartilhadas, de competências, escassamente capitalizado e integrado, no qual convergem sem sistematicidade, e freqüentemente sem encaixes racionais, saberes científicos e competências práticas, cultura erudita e bom senso, vivências e reflexões, experiências e teoria. Desse ponto de vista, não se pode negar que exista — e a creche contribuiu amplamente para isso — uma cultura da infância; por outro lado, devido à fragmentação e à não-sistematicidade que a caracterizam, tal "cultura" ainda não se define na forma do modelo orgânico, e a pedagogia que nela se delineia é somente embrionária. Se de fato por pedagogia se entende um modelo formativo coerente, onde dialeticamente e organicamente se entrelaçam um saber científico e algumas experiências práticas, um saber-fazer guiado por — e que, reciprocamente guia — para a creche, pode-se falar somente de estado inicial da pedagogia, de pedagogia em seu nascedouro.

A pesquisa científica relativa à creche, se por um lado mostrou a especificidade e a complexidade dos primeiros comportamentos infantis, assinalando necessidades irrenunciáveis das crianças muito pequenas, evidenciando espaços oportunos de intervenção por parte das figuras adultas, por outro, pela sua marca tipicamente psicológico-recognitiva, raramente configurou-se como indagação pedagógica, isto é, voltada a controlar e verificar a eficácia de projetos particulares e/ou estratégias educativas. Portanto, ela funcionou essencialmente como filtro através do qual olhar-se a criança, e as suas possibilidades de crescimento, com olhos diversos em relação ao senso comum, desmantelando estereótipos ainda difundidos (a criança como objeto, ser puramente receptivo e necessitado, incapaz de intencionalidade comunicativa e de interação social) e reforçando novas imagens da infância. No plano tipicamente pedagógico, tal caracterização da pesquisa, mais no sentido de reconhecimento que de projeto, mais centrada na criança inserida em um contexto do que sobre o contexto, como elemento de formação da criança, não permitiu superar a fragmentação das intervenções educativas e freqüentemente induziu à adesão irrefletida a uma pedagogia da espontaneidade.

No panorama italiano, estamos diante de uma série de experiências educativas interessantes e significativas em situações que, por precisas escolhas políticas e circunstâncias favoráveis, se caracterizam pelo empenho dedicado ao desenvolvimento no sentido formativo da creche. Nestes casos (trata-se sobretudo de centros grandes e médios do Centro-Norte), a creche configurou-se como espaço a ser construído, projetado, inventado, tanto do ponto de vista organizacional e administrativo, quanto do ponto de vista tipicamente educativo. Dessa experiências emergiram significativos pontos de reflexão teórica sobre algumas temáticas, tais como conduzir a separação e o reencontro criança-mãe, ou a construção da identidade infantil em "relação a" e "frente a" interlocutores múltiplos; criaram-se procedimentos de intervenção eficazes (como as estratégias de inserção), inventaram-se situações didáticas adequadas aos bebês. Trata-se porém, de qualquer forma, de experiências educativas que, embora consolidadas, eficazes e produtivas, não constituem por si sós modelos de pedagogia da creche, nem do ponto de vista explicativo/interpretativo, nem do construtivo/projectual. A sua assistematicidade, o fato de jamais terem sido submetidas a procedimentos de controle e verificação, o seu nexo pouco explicitado com os fundamentos teóricos tornam essas experiências incapazes de propor-se tanto como instrumentos de leitura do processo de socialização dos pequeninos, em uma realidade extradoméstica, quanto como exemplos a serem imitados e realizados. Trata-se, entretanto, de "experiências-guia", exemplos de inovação, recursos aos quais atingir, para idéias e sugestões e, sobretudo, matéria-prima a ser sistematizada e sobre a qual refletir.

Enfim, para caracterizar a pedagogia da creche em processo, além dos estudos sobre crianças em situações extradomésticas e as já mencionadas experiências significativas, existem práticas pedagógicas difundidas, competências empiricamente fundadas, estilos de comportamento eficazes, rotinas e atividades que, mesmo caracterizando a creche em sentido educativo, ainda não se configuram como parte de um projeto coerente.

Existe portanto um grande patrimônio de saber sobre a creche, um capital de conhecimento e de práticas em via de sistematização, organização, legitimação. A nosso ver, isso significa que no estado atual ainda não existe um modelo formativo de creche, mas existe, por outro lado, um conjunto muito rico de práticas e de experiências formativas. A fragilidade do saber sobre a creche não reside, portanto, no ecletismo dos seus pontos de referência teórica (cf. Frabboni, 1985, pp.5-9), mas sim na sua atual incapacidade de fazer reagir, dialeticamente, o saber com o saber fazer. Posto que um saber pedagógico não se constrói traduzindo imediatamente em práticas alguns conhecimentos teóricos, acreditamos que para se garantir a "cientificidade" do modelo formativo da creche não seja suficiente a assunção, no seu interior, da totalidade dos saberes sobre a criança e dos seus entrelaçamentos. A pedagogia é também uma questão de objetivos, portanto de perspectivas, de marcos que jamais são passíveis de decisão científica e é também, ao mesmo tempo, uma questão de verificação e controle de práticas espontâneas e irrefletidas. É então usando operativamente os saberes disponíveis e sistematizados, controlando e submetendo a verificação as práticas mais significativas que se poderá iniciar o perfil de uma pedagogia da creche capaz de evitar seja as recaídas em contra-modelos, seja os contágios inadequados de pedagogias limítrofes.

4.1. Os contramodelos a serem evitados e as pedagogias de contágio

Nascida da eliminação dos institutos Onmi, a creche de "tipo novo" tende a distanciar-se o mais possível, desde os seus primórdios, dos modelos assistenciais de cuidados às crianças pequenas. A creche não deve mais ser nem um orfanato, nem uma *salle d'asyle* (escola materna), locais de vigilância e custódia de crianças consideradas tão pouco autônomas e tão pouco ativas que necessitam exclusivamente de cuidados fisiológicos. Não pode mais ser a sede onde se exercita uma política filantrópica em favor de famílias necessitadas. Deve, além disso, evitar o estilo asséptico das enfermarias pediátricas, a rigidez da obra de caridade, o fechamento, em relação ao social, da instituição total.

A conscientização do aspecto negativo de tais modelos orientou as propostas inovadoras da Lei 1044 e das leis regionais sucessivas, nas quais se configuravam novos objetivos, entre os quais, prioritário, o de caracterizar a creche em sentido educativo. Faltavam porém objetivos detalhados, estratégias definidas, itinerários testados.

Frente à falta de linhas programáticas precisas e à dificuldade de inventar projetos totalmente novos, a creche sofreu então contágios e contraiu premissas das instituições/agências a ela contíguas, em particular com a família, como local legitimamente destinado ao cuidado e à criação dos pequenos, e com a escola materna, enquanto agência educativa extradoméstica difundida para a faixa etária subseqüente. Trata-se de locais onde vigoram modelos pedagógicos "fortes", não apenas porque testados no tempo, mas também porque autorizados e legitimados socialmente.

É possível falar em pedagogia familiar enquanto modelo somente realizando uma abstração. No interior da família existem de fato — e existiram no passado — práticas e estratégias de socialização muito diversificadas. Falar em pedagogia familiar no singular, portanto, significa por um lado referir-se ao assim chamado "modelo materno", caracterizado na literatura clínico-etológica bowlbiana e, por outro, às características assumidas atualmente pelas relações parentais sob o impulso de fenômenos de privatização e nuclearização da instituição familiar. É portanto possível delinear algumas características de tal modelo por traços esquemáticos. Trata-se de uma pedagogia dispensada por um número de figuras educativas cada vez mais reduzido (cf. Istat, 1985), pouco sustentadas por trocas com o mundo exterior, que tendem a resolver de forma privada e autônoma os problemas da educação dos filhos. É um modelo educativo caracterizado por laço estreito e prolongado com a figura materna, cujos traços típicos são a simbiose e o apego. Enfim, é uma pedagogia "natural" enquanto instintiva, afetiva e não-planejada.

A partir desse paradigma, a creche tentou defender-se em busca de uma identidade própria, muitas vezes sem ter obtido sucesso, ou então a importou de maneira acrítica. O nó do problema era a relação com a família, uma vez que se tratava de identificar funções da creche que não fossem substitutas de carentes cuidados maternos e, ao mesmo tempo, de criar robustos fios de ligação entre o contexto extradoméstico e o familiar. O paradigma materno, de modelo no qual inspirar-se, devia tornar-se, pelo contrário, um modelo com o qual seria necessário comparar-se e interagir, para tornar o mais possível "continuadas" as primeiras experiências dos bebês.

Inicialmente, também a pré-escola foi, para a creche, um ponto de referência convidativo. Configurando-se como "primeira escola" e "local de socialização", a escola materna declara, e parece realizar na prática, objetivos formativos precisos, por um lado solicitando e organizando o desenvolvimento de habilidades cognitivas e lingüísticas e, por outro, favorecendo o crescimento de comportamentos de autonomia e cooperação. Igualmente claras aparecem as estratégias realizadas para conseguir tais objetivos que privilegiam, no viés cognitivo, a aprendizagem através do jogo, acompanhada pela explicação e repetição e, no viés socializante, a imitação e o sentido de responsabilidade.

Uma pedagogia de contornos nítidos, portanto, a da escola materna, freqüentemente correlacionada a uma didática (da música, do desenho, da atividade lingüística) e a uma típica organização do trabalho (divisão ritual de atividades cotidianas, subdivisão das crianças, mais referência, por parte da educadora, ao grupo do que à criança única), um modelo convidativo pelo seu valor "institucional", pela clareza da sua organização, pela insubstituibilidade no sentido socializante a ela atribuída pela família, pela tangibilidade de seus êxitos (as habilidades adquiridas pelas crianças parecem verificáveis e controláveis).

Também em relação à pedagogia da "primeira escola" a creche contraiu com freqüência compromissos mútuos ditados mais pela insatisfação que a fragilidade do trabalho com as crianças pequenas pode acarretar do que por escolhas conscientes. A necessidade de tais empréstimos resulta, mesmo assim, da exigência de se delinear, também para a creche, protegendo todavia a sua especificidade, objetivos formativos, esquemas organizacionais e fórmulas didáticas.

4.2. Uma nova imagem de infância

Junto às pedagogias de contágio, ao esboço de um modelo formativo de creche, contribuíram novos saberes. Tratou-se de conhecimentos provenientes de campos teóricos freqüentemente distantes (é o caso da teoria do apego que surgiu da fusão entre psicanálise e etologia), de hipóteses teóricas revistas à luz de experiências e observações conduzidas sobre as crianças pequenas em contextos extrafamiliares, de campos anteriormente inexplorados, ou até considerados não-observáveis (paradigmáticos, a este propósito, os estudos sobre *mothering*, a "maternagem").

O ambiente creche colocava ao estudo científico perguntas relativas à sua especificidade de serviço para as crianças pequenas e de lugar de educação extradoméstica; além disso, pedia-lhe suportes teóricos para valorizar e dar aval às escolhas educativas. Esse percurso de "vai-e-vem", que sobretudo na Itália caracterizou a relação entre pesquisa e creche, contribuiu para legitimar e difundir novas imagens da primeiríssima infância e de suas necessidades.

Em primeiro lugar, as revisões da teoria bowlbiana do apego colocaram em crise a idéia da naturalidade do papel materno, da necessidade de uma relação estreita e prolongada com uma única figura de referência, contextualizando e verificando melhor os efeitos da separação. Disso emergiu, como já observamos, a idéia de que a criança, desde pequena, é capaz de instaurar tanto laços diversificados com figuras múltiplas, como também de tornar-se precocemente autônoma, em função do progressivo desenvolvimento de competências e habilidades, com a condição de que haja *um contentor afetivo estável* que seja cimentador e catalisador do processo de crescimento e de construção da identidade pessoal.

Em segundo lugar, os estudos sobre o desenvolvimento social primário, negligenciados antes dos anos 70, evidenciam a precocidade social do comportamento das crianças bem pequenas, assinalando os seus aspectos de intencionalidade comunicativa e atenção seletiva. As crianças abaixo dos três anos aparecem, por esses estudos, muito menos egocêntricas do que se pensava no passado e capazes de interagir adequadamente, de um ponto de vista social, com parceiros adultos e coetâneos.

Em terceiro lugar, uma outra linha de estudo, objetivando a união de duas direções de pesquisa da psicologia evolutiva, anteriormente desconexas, aquela relativa aos aspectos cognitivos e a que diz respeito aos aspectos sociais do desenvolvimento, evidenciou estratégias cognitivas que guiam o crescimento das competências sociais e os aspectos relacionais/afetivos que incidem nos processos perceptivos e de pensamento, reforça o unitarismo da vida psíquica infantil, assinalando nexos anteriormente não explicitados entre necessidades de exploração e segurança afetiva, entre processos de construção da realidade e competências sociais, sugerindo novas interpretações de condutas infantis, tais como o jogo simbólico ou os exórdios da comunicação verbal.

Enfim, para desmantelar definitivamente o estereótipo dos pequeninos como seres necessitados quase que exclusivamente de cuidados fisiológicos contribuem os estudos sobre a interação mãe-criança que evidenciaram quão precoce seja a capacidade, por parte da criança, de produzir ações apropriadas para sustentar e manter trocas significativas com um parceiro adulto, mesmo na falta de instrumentos comunicativos aperfeiçoados.

Se esse conjunto de estudos, de pesquisas, de novas formulações teóricas, por um lado forneceu o quadro conceptual no interior do qual pensar na possibilidade e na plausibilidade de uma intervenção formativa extradoméstica, por outro lado orientou seus conteúdos. A autonomia, a socialização, a capacidade de construir o mundo, explorando-o, são ao mesmo tempo aspectos de uma nova imagem da primeiríssima infância e objetivos educativos, necessidades a serem respeitadas e satisfeitas, e competências a serem favorecidas e incentivadas.

4.3. Uma pedagogia do relacionamento

Para delinear um projeto educativo coerente não basta que intervenções educativas extradomésticas em relação às crianças sejam teoricamente plausíveis. Tais intervenções devem ser pensadas, projetadas e realizadas. Analogamente, no plano da operatividade, a existência de experiências educativas inteligentes e interessantes é condição necessária mas não suficiente para garantir sua eficácia, a transferibilidade e a integração racional. Isso não impede que o entrelaçamento de discussão teórica e operatividade pedagógica, que caracterizou tanto a história das creches italianas nos últimos quinze anos, tenha produzido soluções significativas para os nós problemáticos específicos, de tal forma que conferem à creche uma identidade própria em sentido educativo. Tentaremos, sem nenhuma pretensão de buscar sistematicidades que não existem, esclarecer as características da pedagogia da creche.

"Pedagogia da relação" é uma expressão pouco clara que foi freqüentemente usada para designar a especificidade educativa da creche. Ela se define, em primeiro lugar, em contraposição a uma pedagogia que considera a creche uma versão miniaturizada da escola materna. Aderir a esta pedagogia significa dizer não a uma relação educadoras/crianças que não permite uma relação individualizada e, sobretudo, personalizada. Significa dizer não a atividades que mais se parecem com pequenas lições do que com brincadeiras de livre descoberta. Significa dizer não a uma organização demasiado rígida dos tempos, dos espaços, dos grupos infantis que pode enfraquecer a espontaneidade das relações.

Considerada mais positivamente e em termos gerais, a pedagogia da relação é uma intervenção educativa que age sobre o sistema de trocas sociais, utilizando-o como instrumento de crescimento. Através das trocas sociais, isto é, através das relações que progressivamente se entrelaçam e se aperfeiçoam entre a criança sozinha e os adultos — e entre crianças no grupo de jogo —, cria-se um conjunto de significados compartilhados, uma espécie de "história social" que é típica de uma determinada creche em um período específico, constituído pelo conjunto das rotinas (que criam expectativas), pelas regras, pelas divisões temporais (que criam ritmos reconhecíveis), permitindo assim também o gosto pelo imprevisto, pelos significados e pelas funções que objetos e pessoas assumem naquele contexto particular.

Esse acervo de significados compartilhados, "léxico familiar" feito não somente de palavras, mas de gestos, ações, situações recorrentes, modalidades de uso, constitui uma dupla garantia de crescimento. Por um lado, funciona como contentor afetivo-cognitivo que torna o ambiente extradoméstico compreensível para a criança, usufruível, rico; por outro, o mesmo processo de apropriação e construção de tais significados, pelos esforços cognitivos e afetivos que comporta, e as acomodações que requer, age como catalisador de um outro processo que conduz à descentralização intelectual e social: um caminho em direção à autonomia e à conquista da identidade pessoal.

A autonomia que a criança progressivamente conquista no interior desse contexto — do qual se apropria, elabora e constrói — não significa tanto "saber ficar longe da mãe sem chorar"; não é, portanto, uma questão de adaptação, mas de capacidade — que deve certamente ser ajudada e mantida — de integrar, em uma visão de conjunto coerente, o conjunto de significados elaborados e aprendidos em casa e na creche. Daqui provém a particular atenção conferida à assim chamada "inserção", um momento fundamental e delicado que não pode ser considerado uma simples questão de aceitação de um ambiente desconhecido e de separação da mãe (cf., neste volume, Mantovani & Terzi).

Pelo que foi dito até o momento, fica claro que no âmbito de uma "pedagogia da relação" o desenvolvimento da socialização infantil não é visto como capacidade de adequar-se a regras estabelecidas e não tende somente a favorecer formas de cooperação e colaboração, mas deve ser compreendido, em um sentido mais amplo, como tudo aquilo que permite, favorece, ajuda na construção, por parte de cada criança, da própria identidade pessoal. Trata-se de um percurso de mão dupla no qual os sistemas de relações vivenciados em família confrontam-se e integram-se com novos sistemas: o "eu" embrionário da criança entra em relação com alguns "tu", pequenos e grandes, que lhe remetem mais imagens de si própria. Isso comporta um notável esforço de integração e descentralização que pode ser promovido e mantido na medida em que a creche, como se dizia anteriormente, se oferece como contentor afetivo, com função de unificador de experiências.

É necessário agora especificar melhor por que essa é uma "pedagogia da relação". A esse propósito devem ser esclarecidos alguns equívocos. Há de fato uma idéia bem difundida de que a creche, enquanto local onde se oferecem às crianças ocasiões de vida social com outras crianças e com uma pluralidade de figuras adultas diferentes das familiares, seja, por si só, um ambiente educativo e que, neste sentido, deva compreender-se a expressão "pedagogia da relação". Na acepção por nós proposta, a expressão assume, pelo contrário, um significado muito mais ativo, em que o parceiro adulto interpreta um papel decisivo e essencial, embora diferente dos papéis mais definidos dos pais, babá, professor, didata. Não é pai na medida em que é chamado a interligar, governar e manter um número de relações sociais mais amplas, por número e articulações, das que habitualmente vigoram em ambiente doméstico; não é babá, pois deve organizar para a criança um ambiente inédito, diferente do doméstico; não é nem professor, pois não ensina, mas simplesmente favorece e mantém o desenvolvimento de conhecimentos e competências. Para considerá-la positivamente, é uma animadora, facilitadora das trocas entre indivíduos (grandes e pequenos), rica de criatividade ao propor atividades comuns, sensível ao acolher pedidos e ao elaborá-los, respeitadora de preferências individuais que consegue coordenar em microprojetos coletivos. E ainda, é dotada de suficiente *empatia* para colocar-se no papel das crianças e, ao mesmo tempo, funcionar como organizadora da realidade ainda fragmentária da criança. É portanto um fazer, o da educadora de creche, que dificilmente se concretiza em objetos e produtos visíveis, mas nem por isso é menos ativo ou requer menos empenho e criatividade. Este "fazer" do adulto com as crianças e os outros adultos se traduz em um comportamento que se sobrepõe somente em parte ao que é definido como "modalidade não diretiva" ou " observação participante", nas quais o adulto, depois de haver criado ocasiões de atividade, limita-se a retomar expressões e idéias iniciais de brincadeiras e trabalho oferecidos pelas crianças. O adulto é chamado, de fato, não só para "espelhar" o fazer e as propostas infantis, mas para usar sua própria competência de adulto, a fim de propor e fazer de acordo com o nível da criança (cf., neste volume, a contribuição de Bondioli sobre o jogo).

4.4. Uma didática do "fazer"

No contentor relacional/afetivo da creche, as crianças elaboram e constroem significados, compartilhando e utilizando, com os coetâneos e os adultos, espaços e percursos, onde se movimentam, e objetos com os quais brincam. O chamamento ao "fazer" é, pelo seu destinatário infantil, um convite a explorar o mundo colorido dos objetos, a tocá-lo, olhá-lo, manipulá-lo e transformá-lo. Para o adulto é uma didática ativa no sentido piagetiano, em que a ação concreta da criança é premissa de mais elaboradas capacidades intelectuais com as quais construir a realidade. Isso comporta uma cuidadosa organização do ambiente e uma selecionada e variada multiplicidade de objetos a serem organizados, com uma adequada direção, em atividades que os tornem significativos. Trata-se portanto de uma "didática" que não se refere, em primeiro lugar, a atividades específicas por meio das quais se incentivam particulares aprendizagens (versão psicologista de conteúdos das disciplinas) e cuja meta não é constituída pela obtenção de habilidades parceladas, mas por um convite à ação com o objetivo de fazer com que se adquiram formas sempre mais complexas de descentralização cognitivo/social.

A criança então é acompanhada e sustentada na conquista do progressivo conhecimento da realidade externa, de modo a favorecer o processo de adaptação, isto é, a dialética "assimilação/acomodação". Trata-se de um processo em que a manipulação e a exploração dos objetos e dos materiais é de fundamental importância, um processo de descoberta que pode ser solicitado, mas não imposto ou ensinado. Na creche, tal processo "heurístico" é favorecido e, ao mesmo tempo, complicado pela presença de outras crianças, as quais também, sob certos aspectos, são objetos a serem estudados e sujeitos com os quais interagir. Em muitos casos, quando a diferença de idade é suficientemente consistente, a criança maior oferece à menor estímulos de enriquecimento e aprofundamento da própria atividade (cf. Verba & Isambert, neste volume); mesmo as relações entre coetâneos, quando se dão em um clima personalizado e afetivamente tranqüilizador, podem favorecer processos de acomodação e de descentralização cognitivas (cf. Musatti, neste volume).

As linhas de tendência de tal didática, ela também em fase inicial, movimentam-se segundo trajetórias múltiplas cuja integração ainda está muito longe de ser realizada. De um lado, procura-se aprofundar e articular aquelas atividades que, na base das experiências até aqui conduzidas, parecem produtivas (a manipulação, o rabisco, os transformismos, o contar histórias, as atividades motoras, o comentário de figuras), de outro, tenta-se identificar situações inéditas que possam incentivar nas crianças a exploração e a transformação do ambiente. Além disso, estudam-se os instrumentos, os contextos espaciais em função de suas potencialidades lúdicas. Enfim, indagam-se as estratégias de intervenção do adulto como promotor e facilitador das experiências das crianças. Todavia, ainda são muitos os aspectos que deveriam ser sondados e verificados, entre os quais, a título de exemplo, a diversificação das propostas em função da idade e a divisão das atividades no contexto espaço-temporal.

Sem pretender sistematizar o que ainda é muito fragmentário para ser organizado de forma eficaz, pode-se mesmo assim definir alguns critérios que, a nosso ver, e na base das experiências mais bem-sucedidas, garantem a "formatividade" das experiências didáticas da creche.

Em primeiro lugar a *ludicidade*. O processo de descoberta da criança é favorecido pelo clima de relativa liberdade permitido pelo ambiente onde se encontra inserida, o qual mantém a sua motivação para manipular, juntar e construir. A atividade combinatória, que segundo Bruner (1972) é típica do jogo, apresenta de fato analogias substanciais, por um lado com a atividade exploratória e, de outro, com a atividade criativa própria, porque, nos três casos, a atenção de quem age está mais voltada ao processo (àquilo que se está fazendo, ao prazer que o "fazer" intrinsecamente proporciona, do que aos produtos da ação). Além disso, o jogo, enquanto atividade de simulação, contínuo retorno a uma realidade "outra", permite "experimentar" sem temor pelas conseqüências das próprias ações: o erro torna-se uma informação a mais a ser considerada (um caso negativo), não uma culpa. É evidente, pelo que foi dito, que uma "didática da exploração e do fazer" só pode agir sobre o comportamento lúdico que não deve ser desestimulado em nome de "nocionalismos" e de um realismo demasiado precoce.

Contudo, a ludicidade não é um critério suficiente para manter o processo de crescimento em relação à construção do mundo exterior. Um segundo princípio tende a garantir a *continuidade* das experiências. O mundo da criança é, sob diversos pontos de vista (cognitivo, perceptivo, afetivo, etc.), uma realidade fragmentária, dominada pelo "aqui e agora", sem sólidos nexos temporais e limitada a poucos e desligados cenários espaciais. A qualidade da experiência da criança caracteriza-se, portanto, por intensidade e por fragilidade. "Para onde vão as coisas e as pessoas quando não as vemos mais?", "Nunca poderão voltar?": são perguntas que a experiência infantil coloca com angústia e repetição. A criança pequena tem, portanto, uma forte exigência de continuidade. A essa necessidade pode-se responder pelo menos de duas maneiras: estabelecendo hábitos, isto é, momentos reconhecíveis pela sua identidade e repetitividade, ou ainda favorecendo um *continuum* experimental, ou seja, prestando atenção às possibilidades, intrínsecas a cada experiência, de demonstrar-se passível de ampliação, de generalização, enriquecimento, aprofundamento, criando assim uma cadeia que transforma em percurso aquilo que, de outra forma, aparece como conjunto caótico de ações desconexas. Essa segunda modalidade é a que melhor se encaixa com uma didática do "fazer", pois favorece a integração, inclusive conceitual, das experiências, integração que está na base dos mecanismos de apropriação cognitiva da realidade.

Favorecer a continuidade, evitando concebê-la como puramente lógica (do simples ao complexo) ou psicológica (do fácil ao difícil), implica prestar atenção ao significado que para *uma* criança *uma* determinada experiência possui e daí partir para individualizar outras experiências que a consolidem e a reforcem. Então trata-se também de tornar *significativas* as experiências, escolhendo entre aquelas que fornecem possibilidade de crescimento ou, para usar um conceito de Vygotsky (1934), que se situam na zona de desenvolvimento proximal, isto é, que ativam qualidade e habilidade infantil recém-esboçadas, em estado embrionário, permitindo a sua expressão e explicitação.

Ludicidade, continuidade, significatividade das experiências e das atividades infantis são, portanto, os princípios de uma didática do "fazer" com as crianças pequenas que, sem dúvida alguma, deveriam ser aprofundados do ponto de vista teórico, mas sobretudo verificados, fazendo-os reagir com as experiências e as práticas educativas que a eles se inspiram.

5. UMA PEDAGOGIA DOS ADULTOS

Diversamente de outras agências educativas, a creche caracterizou-se, desde o início de sua história, pela relevância conferida às figuras adultas que estão próximas às crianças. Tal acentuação deve-se a uma série de razões.

Um primeiro motivo é dado pela convicção de que a creche possa configurar-se como "forja" de um novo saber sobre a infância e para a infância, para a qual uma pluralidade de sujeitos adultos é chamada a colaborar e pela conseqüente esperança de constituí-la como ocasião formativa, não somente para as crianças que a freqüentam, mas também para todos os adultos (pais, educadores, comunidade) que dela participam. Tal esperança, sobretudo na experiência italiana, amadureceu pela consciência da inexistência de receitas pré-constituídas para a creche (falta de pontos de referência suficientes para constituir as bases de uma pedagogia das crianças muito pequenas, ausência de critérios precisos sobre os quais fundamentar a profissionalidade dos educadores) e pela convicção de que um projeto educativo pudesse nascer socializando conhecimentos sobre a infância e refletindo sobre seus modos de educação. Uma segunda razão é dada pela importância atribuída à figura do vínculo primário pela literatura científica e pelo senso comum. Tal valorização, com a conseqüente atribuição de responsabilidade educativa, é geralmente referida à mãe, mas acaba posteriormente estendendo-se a todos aqueles que, em substituição à mãe, tomam conta da criança pequena.

Uma vez que a creche configura-se como integração e não como substituição da rede familiar, a relevância dada às figuras adultas assume conotações peculiares: de uma parte significa impossibilidade de cortar as figuras parentais do processo educativo extradoméstico; de outra, significa valorizar particularmente aquelas figuras adultas — os educadores — que estão próximas à criança fora da família.

Isso comporta a solução de uma série de problemas que não são fáceis de resolver, entre os quais nos parecem fundamentais os de:

— identificar estratégias de união entre família e creche, com o objetivo de garantir permeabilidade entre as duas instituições que a criança cotidianamente freqüenta, dando continuidade à experiência infantil;

— delinear para a educadora de creche um papel peculiar que não reproduza o materno e que se caracterize profissionalmente.

5.1. O relacionamento creche/família/coletividade

Como referente da creche, a família pode ser vista tanto como *usuária* do serviço, quanto como *agência educativa* à qual a creche, com análogas funções, se alia. Neste segundo sentido, a família vem a ser depositária de um saber/poder sobre seus próprios filhos com o qual a creche não pode comparar-se e se configura como rede de relações que a abertura a outras figuras, como a da educadora, tende a modificar.

Trata-se portanto de um confronto/embate que acontece em planos diferenciados, mas freqüentemente interligados, e que envolve afetos, ideologias, saberes, costumes (cf. Bonomi, neste volume).

Do ponto de vista afetivo, a decisão por parte de uma família de mandar o filho à creche significa superar o temor da separação, aceitar enfrentar o ciúme que a comparação com outras figuras de referência comporta, significa a família estar preparada para acolher como efeito do processo de crescimento, e sem lamentar, a progressiva autonomia do filho. Sobre o mesmo plano, a educadora também experimenta, em relação à criança, sentimentos mais ou menos marcados por vínculos de apego, simpatia/antipatia, ciúmes. Então, trata-se também — e isso não deve ser desconsiderado — de conduzir e governar afetos profissionalizando a função de educador, tanto no sentido de especificar modalidades relacionais com as crianças que, sem ser competitivas em relação às parentais, garantam segurança e conteúdo afetivo, quanto no sentido de identificar estratégias de relacionamento com os pais que permitam uma gestão controlada e proveitosa da separação.

Do ponto de vista ideológico, o relacionamento creche/família se configura como confronto entre crianças, valores, atitudes educativas. Entrelaçam-se, então, modos diversos de pensar na criança, nas suas necessidades fundamentais, naquilo que lhe serve para poder crescer, nas estratégias a serem utilizadas para fazê-la progredir. E isso não acontece apenas porque as diferenças dos dois contextos impõem "educações" diferentes da criança, mas porque a criança que pertence duplamente a alguém remete de si própria mais imagens (espelhando-se em mais adultos) que devem ser confrontadas e conciliadas.

Também entrelaçam-se "saberes" diferenciados, aquele mais legitimado pela formação mesmo breve da educadora e os dos pais que se diversificam em função do grupo social e do grau de instrução. A falta de uniformidade no relacionamento, por este ângulo, é freqüentemente causa de dificuldades, provoca incompreensões e desentendimentos que devem ser evitados e corrigidos.

E ainda, a relação com a família pode ser vista como um confronto/embate de duas profissionalidades, a parental e a profissional, cada qual em busca de sua própria identidade. Entre a mãe que quer tornar-se educadora, profissionalizando a tarefa de mãe, e a educadora que se faz substituta materna, existem várias possibilidades intermediárias, todas a serem identificadas e sondadas.

Enfim, trata-se do relacionamento entre duas instituições que, por definição, são interligadas e não paralelas, e que necessitam portanto, também em um plano formal, de momentos de encontro e ligação.

Para alguns desses nós problemáticos foram fornecidas, nas experiências italianas, soluções operativas que consideramos oportuno assinalar, seja porque são particularmente significativas, seja porque sobre elas ainda deve-se refletir bastante. Em tais experiências a creche colocou-se objetivos de promoção da própria imagem em relação à coletividade na qual está inserida e, em relação às famílias, desenvolveu, com modalidades diversificadas, um trabalho de socialização, formação e suporte.

No que diz respeito ao primeiro aspecto, a creche teve e tem, ainda hoje, necessidade de investir na própria imagem. Não se pode, de fato, esquecer que ela serve, em nível nacional, a um percentual mínimo de utilização potencial e que ainda é considerada, em muitos estratos da opinião pública, como um serviço útil em casos particulares de necessidade, mas de maneira alguma necessário em condições de normalidade, pelo contrário, até arriscado em relação às possibilidades evolutivas dos pequenos usuários. Na realidade dos fatos, a creche é um serviço para poucos, embora, em alguns contextos, a taxa de utilização resulte particularmente elevada, seja em relação à utilização potencial, seja em relação à média nacional. Por um lado, esse fato induz a interrogar-se sobre o conjunto de circunstâncias que permitiriam um crescimento do serviço em algumas situações particulares e, por outro, a acreditar que não seja utópico pensar na creche como possível serviço para todos. Entre os tantos elementos, que nas situações acima citadas concorrem para tornar a imagem da creche nítida e tranqüilizadora, certamente existe o aspecto promocional. Para utilizar um serviço é preciso conhecê-lo. Ele deve apresentar-se como realidade visível, tangível, transparente, dotado de uma *gestalt* definida que o torne reconhecível. Deve apresentar-se como lugar aberto à comunidade circunstante, que não se encerra pelo temor de intrusões indevidas. Também dessa maneira, de fato, são vencidos temores, derrubam-se estereótipos, eliminam-se preconceitos difundidos. No momento em que a creche se apresenta à comunidade, se faz conhecer pelas famílias que a utilizam, ela não cumpre somente uma função informativa, mas, tornando transparentes os mecanismos organizacionais que a regem e as estratégias educativas que nela se realizam, convida ao mesmo tempo uma pluralidade de sujeitos sociais a encarregar-se e a participar das operações administrativas e formativas que nela acontecem. Desse ponto de vista a promoção da imagem da creche, assim como foi realizada nas experiências mais significativas, é uma operação complexa que vai muito além de uma campanha publicitária. Ela exige um processo dinâmico entre o "dentro" e o "fora", entre aquilo que é elaborado no seu interior (em termos de projetos, propostas e realizações) e a sua socialização e difusão no seu exterior: quanto mais uma experiência resulta sólida e aprovada, mais nítida será sua imagem; por outro lado, a própria intenção de torná-la conhecida no mundo exterior impõe uma sua redefinição em termos de maior ordem e clareza. Além disso, implica o envolvimento — em níveis e em projetos diferenciados — de todo o contexto em que a creche está inserida.

A partir desse modo de conceber a "promoção" deriva uma série de conseqüências. Uma vez que a creche tem como referente primeiro a comunidade no seu todo, em relação à qual se movimenta com intenções informativas e formativas, o relacionamento com as famílias usuárias se inscreve no interior de um projeto mais amplo de participação, voltado à comunidade no seu todo, em relação ao qual os pais das crianças que freqüentam a creche podem constituir a "via" de ulterior promoção. Disso deriva também que o relacionamento creche/família não se configura como relação "privada" entre um pai e um educador, mas como possibilidade para ambos de usufruir de ocasiões múltiplas de relação com outros (pais, educadores, crianças).

Junto a esse nível "promocional" existe um segundo nível que é necessário ativar, para garantir adequadas trocas entre creche e usuários, aquele no qual família e creche são consideradas como "contextos" que a criança experimenta e que devem ser integrados para que se evitem perigosas descontinuidades na experiência infantil. O problema da comunicação assume aqui fundamental relevância (cf. Bondioli, 1985b). Por um lado, trata-se de instaurar relações partidárias, para evitar disfunções comunicativas; por outro, trata-se de proteger a personalização dos relacionamentos e, ao mesmo tempo, de procurar abri-los em direção a trocas mais ampliadas. A esse propósito a gama das situações a serem ativadas é bastante ampla. Uma primeira reflexão sobre algumas experiências de envolvimento nas atividades da creche (cf. Rinaldi, 1995) mostra a importância da variedade, em sentido quantitativo e qualitativo, além da flexibilidade das ocasiões a serem oferecidas. Assembléias, encontros (individuais, de seção, de pequeno grupo, auto-administrados), diálogos, visitas à creche, laboratórios, festas, excursões não só permitem ampla possibilidade de escolha entre diversas modalidades de participação, mas também cumprem a função de evocar e satisfazer necessidades diferenciadas de suporte, socialização, comparação e conhecimento.

5.2. Atualização e pesquisa: o profissionalismo

Uma experiência educativa envolve a criança, mas envolve também o adulto ou os adultos que a conduzem. No caso da creche, o educador é colocado — sem uma específica preparação nem em puericultura, nem em técnicas de intervenção didática, nem em conhecimento sobre o desenvolvimento, nem em dinâmicas relacionais entre adulto e criança e entre adultos — frente à própria tarefa educativa. As pesquisas aqui citadas e as contribuições que aparecem neste volume mostram quão articulada seja a realidade da creche e assinalam imediatamente a necessidade de instrumentos precisos pedagógicos e sociais, dos quais o educador tem necessidade nesta delicadíssima tarefa.

Donde retirar os conhecimentos necessários, o repertório metodológico (técnicas de observação, capacidade de conduzir um diálogo, etc.), as técnicas didáticas e sobretudo o equilíbrio e a segurança pessoal que permitem sustentar com tranqüilidade, e possivelmente também com entusiasmo, o encargo relacional criado pela criança pequena e por seus pais? A formação de base é completamente insuficiente (Mantovani & Montoli Perani, 1980), nem poderia substituir a contínua atualização necessária ou a supervisão bastante útil quando nos confrontamos com situações que envolvem também o plano emotivo. Portanto, foi na *atualização permanente** (ver Cipollone, neste volume) que as administrações e as coordenações mais vivazes e atentas concentraram e investiram energias. Esta atualização tornou-se em alguns casos freqüentes — e a literatura da pesquisa italiana na creche o demonstra (Mantovani & Musatti, 1983; Musatti & Mantovani, 1983; Musatti & Mantovani, 1986) — *recherche-action* ou pesquisa-ação sobre temas diversos: as relações com as crianças e o vínculo (Benigni & Corda, 1983); a inserção (Caccialupi & Stame, 1983; Barbieri, Angelini & Adorni, 1983; Maltempi, 1986), o papel do adulto em várias situações educativas e relacionais (Mantovani, 1983; Bonica, 1983) e especificamente na estimulação lingüística (Barbieri, Devescovi & Bonardi, 1983).

Nesses casos, diversamente de outras situações, o educador foi realmente protagonista da pesquisa e não — ou não somente — objeto de observação: da formulação das hipóteses ao domínio dos métodos de pesquisa, à elaboração dos dados, à definição dos resultados que freqüentemente levavam à criação de novas estratégias educativas a serem verificadas. Essas experiências, advindas da necessidades de defender a creche ou de *compreender ainda mais*, levaram, a nosso ver, a um enriquecimento cultural e a uma atitude problemático-crítica talvez única no panorama da escola. Por outro lado, os pesquisadores freqüentemente aprenderam a deparar-se com a realidade e a encontrar procedimentos e métodos de pesquisa com prevalência claramente qualitativa — adequados para serem usados em "situações naturais" e a servir, posteriormente, eles próprios, como instrumento de trabalho cotidiano, não excessivamente rarefeitos ou, de qualquer modo, claramente compreensíveis.

O modelo "experimental" e "quantitativo" da pesquisa trouxe alguma desvantagem? Talvez. Porém, aumentaram os conhecimentos, as hipóteses confiáveis; foram mais bem definidas muitas variáveis que poderiam ser estudadas, no momento, também amostras mais amplas. Às vezes, a realidade educativa se modificou, e esta pesquisa nos parece relevante.

A competência necessária a um trabalho de grupo e à programação orgânica conduzida por um grupo de pessoas não é coisa óbvia, e tampouco algum instrumento, nesse sentido, é fornecido aos educadores na sua formação. Assim como a condução de um diálogo com os pais, a administração de um encontro de seção e de

---

* N. de R.T.: Na Itália utiliza-se o termo atualização permanente (*aggiornamento permanente*) para as atividades de formação permanente, formação em serviço e trabalho como pesquisador junto a grupos de pesquisa.

uma assembléia. Todas as situações nas quais a *criação de um clima relacional* apropriado, para permitir um conhecimento real recíproco, e a circulação construtiva da comunicação e das informações não são atividades que se improvisam. Para essas competências educadores sociais e psicólogos são preparados também através de *training* longos e complexos.

Os educadores da creche — até hoje — percorreram esse caminho sozinhos, com o suporte das coordenações pedagógicas e dos atualizadores externos, até alcançar, em muitos casos, um elevado nível de profissionalismo. Neste trabalho (ver as contribuições de Foni, Bonomi, Spaggiari, Cipollone, Mantovani e Terzi, neste volume) estão em jogo problemas delicados, encontros difíceis: por parte dos pais, dividir, sem renunciar ao próprio papel, a responsabilidade educativa e a criação da própria criança desencadeia reações fortes, muitas vezes ambivalentes e difíceis de serem decodificadas. Para este trabalho os educadores — em algumas sedes — estão muito bem aparelhados. Em outros lugares ainda resta realizar um grande trabalho.

É clara a necessidade de uma supervisão e de um suporte constante por parte de órgãos técnicos de coordenação e, periodicamente, de especialistas.

Se no relacionamento entre adultos joga-se com a qualidade educativa da creche, é claramente a criança o sujeito a quem o educador deverá dedicar o máximo do tempo e da atenção. Como colocar-se? Como "professor", como mediador de "técnicas" e "conhecimentos". Ou, vice-versa, como "contentor emotivo"; depois, pouco a pouco, como parceiro que às vezes se limita a criar e "preparar" um ambiente e a observar a criança, para dela coletar os sinais que modulam intervenções de proposta e de confirmação, e como companheiro de brinquedos nas atividades estruturadas e simbólicas; adulto que permanece adulto e dá segurança, mas que sabe também colocar-se no papel da criança? É claro que neste volume a nossa opção é a segunda: ou, pelo menos, vemos no adulto "contentor", no adulto "observador", no adulto que se coloca questões, problemas que estuda, que compreende, que prepara o ambiente, que espera a "reação" da criança antes de intervir, o fundamento no qual poderão mais tarde inserir-se utilmente e pertinentemente (de maneira "contingente") as "atividades", a "didática", a "programação".

Esse é um papel muito mais difícil, que requer uma competência psicopedagógica e uma segurança profissional bem maior que aquela do simples "ensinante". Mas, se no bem-estar emotivo da criança, na justa dosagem das frustrações necessárias ao crescimento, e todavia impostas pela instituição, em uma real e consolidada *autonomia*, estão as raízes de um desenvolvimento real e circular e que, a nosso ver, encontra confirmação em todas as contribuições deste volume, emerge uma figura de educador complexa, articulada, onde as capacidades de trabalhar sobre as relações, sobre os conhecimentos e sobre as coisas se entrelaçam. O educador da creche tem a prerrogativa única de possuir uma experiência *cotidiana e continuada* com a criança pequena e seus pais. Nem os pediatras, nem os psicólogos, nem tampouco os pedagogos oficiais possuem à disposição essa experiência prolongada, normal e contextualizada. O educador da creche pode, então, desenvolver um papel único para a criança e para a família, de *consultor da normalidade e profissional da vida cotidiana*.

Um suporte que poderia ser estendido além da creche e do qual tanto a família quanto a pesquisa, em um período de dúvidas e contradições, certamente têm necessidade.

PARTE I

A Creche como Serviço

Introdução à Parte I

O surgimento da creche pública em 1971, com a Lei 1044, representa de maneira emblemática o clima político de entusiasmo pelos serviços sociais, pela participação democrática e pela valorização do trabalho feminino dos anos 70.

Já a lei instituidora, contudo, apresenta numerosos vazios. Devido a isso, a realização das creches foi extremamente heterogênea e percebeu a carência de dados orgânicos sobre a clientela na qual basear-se e de modelos organizacionais nos quais buscar referência. Em particular, se com os anos foi-se consolidando, no esforço de todas as partes em jogo — administradores, educadores, estudiosos —, uma cultura sobre a educação da infância, faltaram as informações e os conhecimentos sobre a família, sobre as mudanças que esta sofreu, sobre as novas necessidades que dela emergem e que freqüentemente não podem adaptar-se à relativa rigidez da instituição.

Junto a isso, as mudanças no clima político, a contração da despesa social, isolam ainda mais a creche e permitem a sua sobrevivência somente onde se investiu na qualidade, no devido tempo.

As contribuições desta seção analisam o clima político-cultural que caracterizou o debate sobre a creche nos últimos 15 anos, as novas exigências emergentes dos estudos sobre a família e propõem novos cenários para o futuro, nos quais experiências consolidadas e novas soluções entrelaçam-se.

1

Creches entre Dinâmicas Político-institucionais, Legislativas, Sociais e Culturais

Patrizia Ghedini

1. A CRECHE NA LEI 1044

Quinze anos desde a promulgação da Lei 1044, instituidora das creches no território nacional, talvez não sejam um tempo suficientemente longo para formular um balanço complexo deste serviço, considerando também a lentidão que freqüentemente caracteriza os processos de realização, por parte da administração pública, daquilo que está contido nas leis.

Representam, porém, período suficiente para medir aquilo que se produziu em relação aos objetivos inicialmente declarados e para se coletar todas as novidades e potencialidades, mas também as contradições, que emergiram neste setor; trata-se também de um período significativo para medir o próprio valor da lei e os seus limites, o empenho daqueles que foram identificados como os primeiros sujeitos responsáveis pelo desenvolvimento destes serviços (Bulgarelli, Ghedini, Restuccia *et al.*, 1981); tempo útil, enfim, para coletar a enorme evolução que distinguiu as creches em algumas realidades, junto às vistosas carências que permanecem em outras, e para tentar explicar o desnível existente entre o enorme interesse sobre o desenvolvimento da primeira infância, que eles produziram em campo pedagógico e científico, e os fenômenos de abandono, indiferença, completo desinteresse. Um olhar ao passado recente torna evidente a estreita interdependência entre questões políticas, institucionais, sociais, culturais e pedagógicas.

Certamente o clima em que se desenvolveu a reivindicação de um serviço para a primeira infância era muito diferente do atual: um clima feito de solidariedades mais fortes, pronto para determinar profundas transformações sociais e a intervir no campo dos direitos de sujeitos relegados a papéis marginais, quando não fosse de verdadeira marginalização, mantido por um impulso participativo com a finalidade de alcançar importantes reformas e de aumentar as sedes e os instrumentos da democracia nos locais de trabalho, na escola e, em sentido mais geral, na administração do desenvolvimento do país, através de uma presença e de uma contribuição mais direta dos cidadãos (Ghedini, 1980).

Estado social, reforma das autonomias locais, descentralização dos poderes do governo central para as regiões e os municípios, igualdade social, reforma da escola, oferta de iguais oportunidades sociais e culturais para sujeitos com condições desvantajosas já de saída, reconhecimento dos mesmos direitos entre homem e mulher: apenas alguns temas, citados desordenadamente e genericamente, entre aqueles mais próximos da matéria que nos interessa e somente para retomar o clima existente entre o final dos anos 60 e o início dos anos 70, quando o debate e as lutas da esquerda são mais vivazes, os trabalhadores mais unidos, as reformas sociais identificadas como objetivos irrenunciáveis.

A infância, como tema, vive naqueles anos uma etapa feliz: a respeito dela convergem impulsos de natureza diversa que se casam muito bem.

As mulheres reivindicam, através de um movimento organizado, a instituição de serviços sociais para as crianças, com garantia de um local de trabalho extradomésticos, que não as veja discriminadas enquanto mães, forçadas a abandoná-las pela falta de qualquer apoio à família; os sindicatos colocam no centro de suas plataformas contratuais a instituição de serviços sociais para as crianças, em uma batalha onde se conjugam os temas do trabalho e da emancipação feminina e a realização mais estreita entre instituições, poder público e cidadãos; os partidos de esquerda, animados por uma vontade de renovação no terreno da democracia, dos direitos das mulheres, da igualdade social, em uma visão onde os serviços sociais tornam-se uma das preliminares em direção a esses objetivos — e onde eles são assumidos como instrumento e condição para um crescimento civil e coletivo.

É evidente que, mesmo com as conotações específicas que caracterizam os vários interlocutores, de acordo com o papel que eles desempenham, a separação entre os vários terrenos de empenho resulta forçada e é bastante verdadeiro que, inclusive no plano dos princípios, os mesmos interlocutores buscam, um no outro, concepções mais avançadas, pois que, enfim, resultarão complexivamente mais avançadas, no plano cultural, as reivindicações e as solicitações ao governo central.

É assim que abrem caminho de maneira mais consistente os conceitos de maternidade também como valor social, coletivo; de educação como direito do cidadão, em relação ao estado, de reconhecimento às próprias necessidades formativas, a partir dos primeiros anos de idade; de criança como sujeito autônomo, portador de direitos e exigências próprias, originais e, ainda, de gestão social como participação coletiva no governo da coisa pública e, portanto, na administração dos serviços promovidos e realizados pelas instituições públicas (Malaguzzi, 1975).

Quanto levará para que esses princípios possam traduzir-se em prática concreta, para que se libertem de vícios e de erros de impostação ideológica, para que se tornem patrimônio comum, ainda que apenas como aquisições de caráter político-cultural, faz parte da "história" destes quinze anos.

Deve-se salientar, porém, quanto eles produziram em termos de avanço do debate, já na elaboração do projeto de lei sobre a instituição das creches, até chegar a reivindicações de um serviço educativo além de social; tanto para a criança, quanto para a família e para a mulher trabalhadora; não assistencial ou com características sanitárias como alguém poderia pensar, retornando à tradicional experiência da Onmi, a ser recusada e superada; uma creche de "tipo novo", usando um *slogan* daquele período, que indicava como a nova creche deveria ter características de territorialidade, residencialidade e não depender do centro; como deveria ser aberta a todas as crianças e não somente àquelas em condições de necessidade ou de desvantagem; como deveria possuir características educativas, formativas, com uma clara imagem pedagógica; sendo dotada de pessoal qualificado; dirigida democraticamente com a contribuição das famílias e da coletividade.

Sem dúvida alguma esses conteúdos inovadores foram acolhidos na Lei 1044, a ponto de podermos expressar sobre esta um juízo, no seu conjunto, substancialmente positivo.

Sanciona-se nesta lei, pela primeira vez, o dever de intervenção por parte do estado no setor da educação da primeira infância, tradicionalmente confiado completamente à família e, em particular, à mulher; confiam-se às regiões tarefas de programação na construção das obras, a serem realizadas através de critérios próprios de prioridade; a ela se requer a legislação mais precisa relativa à determinação dos critérios gerais de construção, administração e controle das creches, a serem especificados com normas próprias; a administração dos serviços é confiada à entidade local, à prefeitura, qual instância do estado mais próxima aos cidadãos, capaz, portanto, de acolher as necessidades em um processo direcionado à desejada descentralização e com garantia de uma democracia mais articulada.

De maneira particular, o artigo 6 da Lei estabelece que as creches devem:

1) ser construídas de modo a responder, tanto por localização quanto por modalidade de funcionamento, às exigências das famílias;
2) ser gerenciadas com a participação das famílias e dos representantes das formações sociais organizadas no território;
3) ser dotadas de pessoal qualificado, suficiente e idôneo para garantir a assistência sanitária e psicopedagógica da criança;
4) possuir requisitos técnicos de construção e organizacionais para garantir o desenvolvimento harmônico das crianças[1].

2. O DEBATE SOBRE A CRECHE

Não é difícil, porém, juntamente com as novidades relevantes, identificar também as contradições, ler os sinais de um compromisso entre o velho e o novo, entre posições de vanguarda e velha lógica assistencial: basta citar a competência governamental sobre creches confiadas ao Ministério da Saúde (lógica Onmi que ainda prevalece); o artigo 1, onde se fala de "custódia temporária das crianças" e de "assistência à família".

Não somente isso, mas também a falta de financiamentos correspondentes ao objetivo de construir 3800 creches no território nacional, em cinco anos, juntamente aos mecanismos burocráticos rígidos e trancados previstos pela mesma lei, tornarão difícil a sua aplicação.

Enfim, enquanto não passar, a não ser em algumas regiões limitadas do país, a concepção de um serviço voltado à criança, com nítidas características educativas, tentar-se-á, por muitos anos, contrapor a creche à família, a mulher-mãe à mulher-trabalhadora, culpando-a por aquele "acesso ao trabalho", pelo qual é possível intuir uma escolha egoística de realização pessoal em detrimento da educação dos filhos.

Mas isso, por outro lado, não surpreende particularmente. É evidente que a elaboração das leis, e ainda mais a sua aplicação, seja fruto de mais elementos que se

---

1 Lei n.º 1044, de 6.12.1971: "Plano qüinqüenal para a instituição de creches comunitárias com a colaboração do estado".

entrelaçam: desde as ideologias implícitas nas várias posições políticas aos interesses e aos equilíbrios de poder, que determinam o peso mais ou menos relevante de uma determinada posição em detrimento de outra, a fenômenos de costume, até chegar à eficiência dos aparatos administrativos e burocráticos que possuem a tarefa de dar concreta realização àquilo que é contemplado na norma.

Freqüentemente, o próprio conhecimento ou a ignorância de um tema, e portanto também de um serviço no seu conjunto, por parte de quem tem o poder para decidir-lhe o mérito, das suas características, dos seus usuários, das potencialidades que oferece, contribui muito para impedir que o próprio serviço possa desenvolver-se e dar o melhor de si.

Tudo isso pesou claramente também sobre as creches.

A presença de outras culturas, de diversas hipóteses políticas em geral sobre os serviços sociais — e em particular sobre as creches — que às vezes se encontram, mas que freqüentemente se chocam, as diversas concepções do papel da mulher na sociedade, da educação das crianças, do papel e da organização do estado em relação à satisfação das necessidades que a coletividade expressa, ou dos direitos reconhecidos para os vários sujeitos sociais, tudo isso foi e é "matéria de competição".

Existem aqueles que acham as creches um direito para as crianças, que salientam aquilo que a creche pode oferecer a mais e de diferente à criança para a sua educação e formação em relação à família (também porque fizeram o esforço de conhecer as crianças pequenas e sabem que não são "pequenos objetos" simplesmente necessitados de afeto e cuidados higiênico-sanitários); acham-na um direito para as mulheres, para as famílias e, conseqüentemente, reivindicam uma intervenção adequada, também em termos financeiros, por parte do poder público, do estado, a fim de desenvolvê-las e qualificá-las. Pelo contrário, existem aqueles que acham estes serviços um "luxo", incompatível com os recursos nacionais pelos seus custos, mas, antes de tudo, estão convencidos de que as crianças "devem ficar com a mãe", que a família é a única depositária da sua educação, mesmo que isso seja incompatível, por exemplo, com uma organização do trabalho que condiciona pesadamente os pais.

Paradoxalmente, em geral são esses mantenedores mais ardorosos da família "tout court" (como ela é), sobre o plano ideológico, que se preocupam menos que outros em ajudá-la concretamente, através de ações de sustentação (os serviços), enquanto a carregam enfaticamente de expectativas e problemas que ela, tão isolada como é hoje, não conseguirá resolver, vendo aumentar assim o sentimento de não ser auto-suficiente e a sua própria ansiedade.

Existem ainda os defensores de uma posição que vê os serviços sociais como instrumento para uma elevação da vida civil e coletiva e, portanto, prevê uma intervenção pública nessa direção, junto a uma outra posição política pela qual se reconhecem exigências em termos assistenciais a sujeitos necessitados, deixando para o setor privado, ou seja, ao livre mercado, a organização de intervenções para todos os demais sujeitos.

Ainda há aqueles que vêem nas entidades locais, tais como organismos democráticos e eletivos, a referência indispensável para a programação das intervenções em relação aos cidadãos, a garantia do pluralismo, da igualdade social, dos modelos de qualidade sobre os quais se organizam as próprias intervenções, junto a outros que os concebem como distribuidores de meios e instrumentos para uma coletividade que se administra de acordo com as próprias formas e maneiras.

Existem, infelizmente, aqueles que conhecem as crianças e as potencialidades existentes no seu desenvolvimento, se bem garantido, junto àqueles que, mesmo tendo de alguma maneira responsabilidades em relação aos serviços para a primeira infância, estão estacionados em uma visão pouco diferente daquela do século XIX, ignorando completamente a pesquisa científica, de modo particular a pesquisa dos últimos dez anos. Com isso não se pretende fazer com que todos sejam especialistas no setor, mas o desperdício dos recursos humanos, considerando que as crianças de hoje representam a sociedade de amanhã, resulta mais decepcionante, quando não doloroso.

A lista dos defensores de posições diversas, ainda que conscientemente traçada de maneira esquemática e sumária, poderia continuar até a inclusão de diversos modos de conceber o papel de um administrador público ou até o papel dos aparatos burocráticos.

Entretanto, nos pareceu indispensável fazer algumas observações sobre problemas de caráter mais geral, sem as quais não se explicaria uma aplicação tão limitada, mas sobretudo tão diferenciada, das leis sobre o território nacional, um desenvolvimento tão diferenciado das creches em termos quantitativos e qualitativos nas várias áreas do país, que vê pontos de vanguarda, capazes de suportar qualquer confronto europeu e internacional, junto a quantidades de imobilismo e indiferença; também não se explicaria a atitude de desinteresse, quando não de obstrucionismo, por parte ministerial (Bianchi & Cacioppo, 1981); a diferente função que tiveram as regiões, o empenho diverso das entidades locais.

Um rápida olhada aos dados (Lucchini, 1986) testemunha o desequilíbrio existente para o qual contribuíram muitos fatores: mencionaram-se alguns, de caráter político-cultural geral; outros dependem de objetivas dificuldades que serão discutidas mais tarde; outros, ainda, da falta de qualquer verificação e de coordenação na realização daquilo que está contido nas leis (Ministério), de um conceito mal interpretado de programação do desenvolvimento dos serviços (compilação "de gabinete", por parte de algumas regiões, de listas de prefeituras às quais destinar financiamentos para a construção das obras, ao invés da definição de critérios de prioridade, a fim de localizar os serviços em áreas, por exemplo, de necessidade mais urgente, adotando os mecanismos administrativos necessários para garantir uma efetiva realização das obras).

A respeito dos dados sobre os financiamentos nacionais concedidos às regiões, resultam certamente falaciosos os argumentos de quem sustentou que o Norte realizara os próprios serviços às custas do Sul, e tampouco convencem os dados sobre o trabalho feminino, trazidos para justificar que no Sul "não há procura social" em relação às creches!

É preciso, enfim, dizer que muito depende também de como se interpreta o próprio papel do governo, seja este nacional, regional ou local: junto à administração financeira dos recursos ou à gestão burocrática existem tarefas de promoção, de confronto político-cultural, de sensibilização, de informação, de relação com o mundo da pesquisa, com quem trabalha nos serviços, que freqüentemente não estão previstas nas leis, que fazem parte de um hábito ou de um modo de compreender o próprio trabalho, que porém são ou não determinantes no crescimento de uma experiência.

Isso explica em parte também o desequilíbrio existente em nível qualitativo, onde também se construíram os serviços e onde a experiência nos demonstra que creches com custos maiores funcionam mal e outras, que custam menos, tornaram-se importantes pontos de referência e de confronto também para outros países europeus.

A "história das creches" destes quinze anos é uma história feita em grande parte de atrasos, de inadimplências, mas também de grande fadiga e de importantes resultados alcançados, ainda que pouco conhecidos para além dos "encarregados dos trabalhos" (Sala La Guardia & Lucchini, 1980).

3. A REALIZAÇÃO DAS CRECHES

Os que fatigaram foram os *educadores*.

A Lei 1044 fala de "pessoal qualificado, suficiente e idôneo para garantir a assistência sanitária e psicopedagógica da criança", mas nenhuma norma foi criada para fornecer a este pessoal instrumentos capazes de enfrentar essas tarefas delicadas e complexas, e isso, como foi várias vezes salientado, ocorre, por um lado, pela ignorância sobre o desenvolvimento da criança pequena e das suas capacidades/possibilidades de socialização e aprendizagem; por outro, pelos efeitos de uma cultura que compara o papel de educadora ao papel de mãe, para o qual não se necessitam competências.

Não é por acaso que o reconhecimento social da figura profissional da educadora de creche é recente e tem dificuldades em afirmar-se nas áreas menos evoluídas.

A constância com a qual os educadores das creches pediram, nestes anos, uma formação de base adequada e uma formação permanente que lhes permita desenvolver o seu papel de maneira mais qualificada e produtiva no trabalho com as crianças, entre elas e os pais, é um dado que emergiu em todos os encontros nacionais sobre este tema, mas infelizmente os próprios educadores, que aos milhares participaram dessas iniciativas, nunca foram afortunados o bastante para ver a presença de um ministro, que, embora devidamente convidado, os escutasse e se tornasse intérprete dessas legítimas exigências; somente algum assessor regional e, mais numerosos, os administradores locais.

Entretanto, esses educadores contribuíram de modo substancial, com a tenacidade do trabalho cotidiano, para a superação de uma concepção assistencial dos serviços para a primeira infância, a fim de dar uma identidade educativa à creche, de acordo com uma visão mais sistemática e original.

Os que fatigaram foram *os administradores locais*.

Não se tratou somente de construir prédios onde acolher crianças pequenas, mas de "inventar" a sua qualidade através da organização interna, de cuidar-lhe a promoção, de estudar, junto com o pessoal, as melhores formas de intervenção no terreno pedagógico, de garantir aos educadores uma formação adequada e instrumentos técnicos de coordenação (os coordenadores pedagógicos), de construir as relações com os pais e com o mundo externo, para uma administração democrática do serviço e uma sensibilização a respeito dos problemas da primeira infância.

E inicialmente isso aconteceu na ausência de referências científicas, com todas as dificuldades que acarretou o avançar em um percurso desconhecido, com a consciência de que a creche é um serviço delicado e de equilíbrios complexos. Mais do que isso, entretanto, pesou sobre as entidades locais a falta de um quadro normativo e financeiro nacional claro, a incerteza, uma política dos recursos financeiros locais, feita de restrições contínuas e na base de decretos promulgados na última hora, que tornam difícil, quando não impossível, uma ação de verdadeira programação e de promoção social.

Juntamente com isso ainda o peso de uma opinião bastante difundida que indica como "culpados" de desperdício dos recursos públicos aqueles vereadores que insistiram ou, ainda pior, insistem no investimento de fundos para a qualificação de serviços — as creches — dos quais, ao final das contas, poder-se-ia prescindir.

Não emerge explicitamente o discurso "... e se a criança estivesse com a mãe, todos nós sairíamos ganhando!", embora se torne evidente que a direção não poderia ser outra.

Não é em toda parte que, obviamente, as entidades locais demonstraram a mesma sensibilidade para com as creches; às vezes a falta de vontade política ao enfrentar o problema complexivamente, a incapacidade, o fato de delegar a tarefa aos educadores, deixados sós na administração dos serviços, ou a indiferença em relação ao significado educativo da creche, produziram pouco mais que assistência às crianças, custódia e, às vezes, nem mesmo das melhores.

O dado que é importante aqui levar em conta, contudo, é o que se produz na realidade em que o desenvolvimento das creches viu uma solidariedade de intenções entre administradores, educadores, pais, mundo da pesquisa, forças sociais (Ghedini & Canova, 1982).

Dessas realidades, nas quais aos entusiasmos iniciais seguiu-se a construção de um projeto e onde "cada um fez sua parte", surge a verdadeira visão da potencialidade, daquilo que se pode fazer também em outros lugares e do desperdício que se realiza quando isso não se leva em consideração, ou até não se faz um esforço sequer para conhecer.

As experiências conduzidas em vários municípios, as elaborações teóricas de um número sempre maior de pesquisadores (Mantovani & Musatti, 1983), as análises das relações entre adultos e crianças e crianças-crianças, a definição de instrumentos e técnicas mais refinadas de estudo e de observação condicionaram as bases para identificar novos métodos educativos, destinados a estimular novas capacidades nas próprias crianças e a satisfazer melhor as suas necessidades.

Para os diversos sujeitos que juntos se empenharam nesta direção pode-se dizer que a creche representou uma experiência completamente inédita, caracterizada por uma pesquisa constante de hipóteses sempre mais avançadas, também sobre o plano teórico, rica em experimentações; uma pesquisa também em direção a formas diversas de organização do trabalho entre os adultos, do próprio relacionamento entre eles, internos e externos à creche, que se traduziu em formas de solidariedade (entre educadores e pais) que certamente não encontram semelhança em outros serviços ou graus de ensino mais próximos à creche (VÁRIOS, 1983).

Essas são realidades onde termos como projetos, metodologia nas intervenções, programação educativa (Borghi, 1985), formação permanente do pessoal, presença solidária e trabalho comum entre educadores e pais representam um dado real, ao qual se chegou através de um percurso constante de pesquisa, feito de metas sucessivas às quais chegar e a serem superadas com objetivos mais avançados.

São realidades em que se compreenderam bem os valores tanto sociais quanto educativos da creche; mas não somente isso, compreendeu-se também um outro valor deste serviço, o valor *científico*, sendo a creche o único serviço existente para as crianças sadias desta idade, inseridas em coletividades infantis e que não sofrem de nenhuma patologia; lugar que, portanto, representa um terreno fértil de pesquisa sobre o desenvolvimento da primeira infância.

E ainda, trata-se de realidades nas quais se produziu uma *cultura da infância* que hoje permite ampliar a ótica sobre o plano das intervenções possíveis, em direção às crianças e às suas famílias, que vão também além da creche.

Não é surpreendente que os custos dos serviços nas mesmas realidades sejam mais baixos que em outros lugares; isso se explica com um empenho que, além dos conteúdos, traduziu-se em um esforço comum, sobre o plano organizacional, de racionalização dos recursos, de eficiência.

O que era objeto de reivindicações iniciais nessas zonas do país se concretizou, a ponto de tornar mais vistosos os limites e as lacunas da lei nacional e mais culpada a ausência dos organismos que deveriam ter aplicado, ainda que somente isso, o que ela contém atualmente.

O quadro nacional compõe-se, portanto, de realidades muito diversas: experiências muito avançadas, sobre as quais estudiosos estrangeiros conhecidos e experientes no setor expressam elogiosas opiniões após terem visitado os serviços; elementos dos quais se deduz toda a hostilidade para com as creches (Lucchini, 1986), a falta de vontade política em realizá-las e qualificá-las, o desinteresse, a indiferença, enfim, com o perigo que isso comporta de ver falir a própria experiência e inutilizar, desperdiçar todas as energias e a vivacidade intelectual e cultural que essa experiência produziu.

Certamente, outros fatores contribuíram para o surgimento desses elementos negativos, alguns ligados ao quadro político geral, outros causados mais pelas modificações sociais em curso, outros, ainda, decorrentes de um desconhecimento, alguns imputáveis talvez ao pessoal encarregado.

Citaremos alguns fatores entre aqueles que, a nosso ver, são mais significativos.

4. A INFÂNCIA: UM PROBLEMA ONEROSO

Um dos fatores que determinou a rápida indiferença em relação à infância, depois do interesse manifestado na Itália e na maioria dos países do Ocidente (Bottani, 1984b), no final dos anos 70, foi também a crescente redução demográfica, que já vem sendo citada, pela opinião comum, com frases deste tipo: "... de qualquer jeito, crianças não nascem mais!", mas acreditamos que outros elementos tenham pesado de maneira mais significativa.

A discussão mais evidente é sobre os *gastos sociais*, os critérios de investimento e de destinação das verbas públicas recebidas e sobre o papel entregue às autoridades locais em função de maiores ou menores possibilidades/capacidades de programação, de gestão e de governo que elas conseguem exercer.

O debate sobre a crise do *welfare state* (Balbo, 1980), sobre a crise dos gastos públicos, da economia local, sobre o neoliberalismo, sobre a privatização de alguns serviços, assuntos esses que tanto empenham os partidos políticos, trouxe à tona posições muito diferentes entre si.

Não é difícil ouvir intervenções voltadas à defesa da idéia de que com o fim dos anos 70 concluiu-se uma fase histórica na qual os processos de acumulação, nas sociedades industrializadas, possibilitaram por um certo período de tempo a utilização de uma parte dessas verbas para o desenvolvimento de serviços sociais, mas que hoje, com a diminuição desses recursos e com o seu emprego na reestruturação da produção e do sistema das relações industriais, não é mais possível pensar nos serviços sociais e, muito menos, naqueles destinados às crianças.

Contrariamente a essas posições, existem aqueles que, embora considerem o dado objetivo da diminuição das verbas públicas, pensam nos serviços sociais não apenas em termos de instrumentos necessários para dar resposta às exigências da coletividade, mas também como suporte a um desenvolvimento econômico diferente do atual e mais avançado, sustentado por uma destinação mais justa das verbas públicas e em geral mais embasado em critérios de justiça social (Malaguzzi, 1984).

Mesmo que esses temas sejam difíceis para quem se ocupa de serviços destinados às crianças e, algumas vezes, pareçam transcender, de modo excessivo, a especificidade dos nossos interesses, acreditamos que estes breves acenos nos sejam úteis para melhor compreender depois todo o debate no qual as creches se encontram constantemente envolvidas e que absorve tanta energia dos que nelas trabalham: o debate sobre os *custos*.

Estes nos ajudam a compreender melhor a razão pela qual as creches são apresentadas como "esbanjadoras" do dinheiro público.

Em alguns casos, realmente o são, mas isso é verdade somente onde não funcionam e, por isso, não dão respostas nem às crianças e nem às famílias, pela escassa qualidade dos serviços oferecidos e, quanto aos últimos, há certamente uma falta de correspondência em relação ao quanto comportam no plano financeiro; mas são esbanjadoras nos mesmos termos em que as empresas mal administradas o são, que absorvem dinheiro público ou que não são saneadas, ou entidades e setores da administração pública em geral ineficientes e improdutivos, nos quais o desperdício, porém, não se sabe por que, resulta sempre bem mais suportável!

Não somos, de modo algum, obcecados pela perseguição às creches! No entanto, não se pode calar tampouco quanto à insistência com a qual as creches — quando não são descuidadas — são sistematicamente examinadas do ponto de vista dos custos, inclusive onde elas funcionam melhor, a fim de declarar a sua incompatibilidade com as verbas públicas nacionais.

Em um país como o nosso, onde a difusão da informação através de dados sistemáticos e confiáveis sobre muitos serviços é quase que inexistente, e onde a produtividade da administração pública está ainda muito longe de ser medida e avaliada, assiste-se até a um "estranho" fenômeno: no item "eficácia e eficiência dos serviços públicos" aparecem, de uns tempos para cá, sempre com maior freqüência, análises que, embora muito apreciáveis, insistem no item "creches".

Freqüentemente nos foi confessado, até mesmo pelas pessoas que as produziram, que as informações elaboradas sobre esse tema, por serem os únicos dados organizados e encontráveis, sobre os quais poder realizar pesquisas posteriores, referem-se às creches. Quem escreve sabe que os dados derivam exatamente daquelas realidades nas quais, mais do que em outras quaisquer, houve um esforço na racionalização da organização dos serviços, a fim de procurar hipóteses optimais de gestão, em função até mesmo de uma diminuição nos custos[2]. Tornando-se esses dados públicos e evidentes, ao contrário de outros setores, acaba-se produzindo um efeito "bumerangue" em direção às mesmas realidades que os produziram, sendo vistos somente em termos estritamente econômicos.

Se o que foi dito acima pode constituir uma observação apressada sobre comportamentos que emergem de uma visualização dos valores "preto no branco", (que por outro lado gostaríamos de conhecer em relação a todos os serviços e setores da administração pública central, e não somente periférica), são bem outros os elementos através dos quais se compromete cotidianamente a existência das creches.

---

[2] Em outubro de 1984, Barbara Tizard, da Universidade de Londres, Norton Grubb, da Universidade do Texas, Ronald Davie, diretor do Childrens Bureau de Londres, G. de Landsheere, diretor do Laboratório de Pedagogia Experimental da Universidade de Liège (somente para citar alguns dos muitos estrangeiros que participaram, em Bolonha, do Seminário Internacional sobre a Infância) escreveram ao presidente da região Emília-Romanha, após terem visitado as creches, usando expressões deste tipo: "... *the child care services the region provides are astonishing*"(... os serviços de cuidados à infância oferecidos pela região são surpreendentes) (Grubb); "... *Your pre-school services are very impressive and I hope you will continue to give a lead not only in Italy, but to the rest of Europe*" (os serviços de sua pré-escola são impressionantes e eu espero que vocês continuem a dar o exemplo não apenas na Itália, mas para o resto da Europa) (Davie); "... *I found the standard of care very impressive*"(... considero o modelo de assistência impressionante) (Tizard); etc. Trata-se todavia de expressões que poderiam ser empregadas também para outros serviços além da região Emília-Romanha.

Citaremos apenas alguns elementos, exemplos de medidas mais específicas ou gerais, porém úteis para medir a vontade política do governo central.

Sabe-se que no capítulo das despesas do Ministério da Saúde, relativo às creches desde 1978, o governo não acrescenta um centavo de verbas próprias (cf. tab.1).

É também de conhecimento público que o Decreto-Lei n. 55, de 1983, transformado na Lei 131 de 26.04.83 sobre os serviços por demanda individual, entre os quais estão incluídas as creches (juntamente com os estacionamentos, banheiros públicos, matadouros, etc.), estabelece uma cobertura para as despesas de administração hoje em torno de 32%, alcançável através da contribuição direta dos usuários. Isso significa obrigar as prefeituras a cobrarem dos usuários mensalidades muito altas, a ponto de desmotivar a demanda das famílias[3] e de desvirtuar as características educativas das creches, não reconhecendo minimamente as suas potencialidades formativas. E isso se dá enquanto as escolas maternas estatais são declaradas gratuitas por lei (Lei 44/1968).

Mas a verdadeira gravidade dessa situação está no ataque a que são submetidas, com sempre maior insistência, as autonomias locais, certamente também por uma constante e absoluta diminuição das transferências de fundos do estado — do qual depende, quase que totalmente, a sobrevivência das mesmas — mas sobretudo pelas normas, vínculos e obrigações às quais devem submeter-se na utilização das próprias verbas e na elaboração e administração dos balanços.

Uma reduzida capacidade de gastos, unida à impossibilidade de programá-los pelo menos a médio prazo, devido à incerteza constante de um quadro normativo e financeiro que se modifica anualmente, acaba com qualquer possibilidade de projetar, de investir com critérios programáticos racionais e de acordo com uma visão prospectiva; obriga à política limitada do "dia-a-dia", reduzindo ainda mais as possibilidades de qualificação dos serviços. Pensemos, por exemplo, como tudo isso repercute no problema das substituições de pessoal, da formação dos educadores, da coordenação pedagógica e das iniciativas destinadas ao mundo exterior, com o objetivo de promover o crescimento de uma cultura sobre a infância: aparecem todos como "luxos" insuportáveis, se referidos à exigüidade dos recursos e à incerteza de uma situação que pode mudar, até para pior, no ano seguinte.

Além disso, sabe-se que a redução dos gastos públicos atinge sempre mais os serviços sociais, educativos e culturais (e dentre estes as creches estão entre os serviços mais recentes e frágeis, em que os usuários não se organizam sozinhos e nem podem autotutelar-se), o debate sobre este tema, que com tons sempre mais alarmantes precede a cada ano a elaboração do plano econômico nacional, alimenta nas consciências individuais, além das coletivas, visões distorcidas do conceito de "compatibilidade das verbas".

É assim que até os administradores locais mais sensíveis deixam-se levar às vezes pelo excesso de economia, sentem-se quase que "fora de moda", "contra a corrente" na defesa destes serviços.

Um outro problema real é constituído pelo isolamento no qual operam os vereadores, especialmente os de pequenos e médios municípios.

---

3 Paradoxalmente, isso é confirmado pelo próprio Ministério da Saúde na circular de 27.09.1984, de n. 500.2.8/704, na qual, a propósito da redução no número de crianças matriculadas nas creches, se diz também que ela poderia ser relacionada "... às dificuldades que as famílias com um número maior de filhos encontram em contribuir financeiramente nas despesas de administração". Certamente não estamos entre os defensores de mensalidades que se aproximam da gratuidade, mas sim de uma justa contribuição dos usuários, sem com isso alcançar níveis incompatíveis com a renda familiar.

TABELA 1
Financiamento destinado pelo Estado às regiões e creches em funcionamento durante todo o ano de 1983, nos termos das Leis 1044/71 e 891/77

Regiões	Financiamentos destinados pelo Estado às regiões (atualizados ao mês de fevereiro de 1984)	Nº total de creches em funcionamento	Referências em base às quais as creches foram realizadas		
			Realizadas através da Lei 1044	Realizadas de forma autônoma pelos municípios	ex-Onmi
Vale de Aosta	1.540.513.117	4	3	-	1
Piemonte	43.052.132.442	296	212	37	47
Ligúria	15.776.876.905	83	61	-	22
Lombardia	80.016.755.898	426	305	-	121
Vêneto	41.347.802.699	149	106	10	33
Trento	7.305.515.171	17	12	-	5
Bolzano	8.078.889.436	6	2	-	4
Friúli (Venezia Giulia)	11.600.747.670	24	12	4	8
Emília-Romanha	35.906.891.746	336	197	83	56
Toscana	30.322.351.910	178	125	8	45
Úmbria	9.640.062.068	55	44	-	11
As Marcas	13.629.313.771	81	50	-	31
Lácio	47.574.846.784	226	180	-	46
Abruzzo	13.704.683.157	55	31	4	20
Molise	3.694.712.986	4	3	-	1
Campânia	64.073.270.849	34	10	-	24
Púglia	45.414.372.922	78	15	-	63
Basilicata (Lucânia)	9.590.075.012	21	6	-	15
Calábria	24.785.198.615	22	5	-	17
Sicília	58.371.645.421	40	5	-	35
Sardenha	18.429.425.220	34	4	4	26
Total	584.756.083.999	2.169	1.388	150	631

Fonte: Decretos ministeriais de concessão de contribuições às regiões; dados regionais elaborados.

Realmente aconteceu — e este, a nosso ver, é o elemento mais grave e preocupante — que na medida em que a experiência das creches foi alargando-se e crescendo em qualidade, o número de interlocutores que tanto as haviam reivindicado no início dos anos 70 foi-se restringindo até reduzir-se aos sujeitos mais diretamente empenhados na administração concreta das instituições educativas: administradores, educadores e pais.

Com o fim dos entusiasmos coletivos, estimulantes e agregadores, os partidos de esquerda, os sindicatos e os movimentos feministas não conseguiram fazer com que aquela fase fosse seguida por um projeto que traduzisse, numa experiência concreta, as aspirações iniciais.

Verificou-se portanto que tal experiência cresceu enormemente nos últimos anos, mas no interior dos serviços, sem o suporte direto daqueles que a promoveram; pode-se até dizer que estes, não tendo vivido tal experiência, sequer a conhecem e por isso, a caro custo, conseguem defendê-la. O risco então é de que, não sendo assimilada no seu significado, esta experiência se disperse, se rompa, comprometendo dez anos de trabalho e de evolução no plano cultural.

Aos educadores e aos técnicos deve atribuir-se o fato de não terem conseguido levar a mensagem para fora dos serviços, mas é preciso também dizer que muitas vezes não havia interlocutores para recebê-la, exatamente porque faltou a capacidade, a sensibilidade, a força para formular uma proposta acabada sobre a infância e para elaborar uma estratégia que conseguisse agregar outras forças.

É verdade que nestes anos as mulheres, os sindicatos e os partidos tiveram que empenhar-se em muitas frentes e em questões graves e complexas de política geral. Divórcio, aborto, leis de isonomia, empregos, violência sexual: são apenas alguns dos temas que empenharam mais os movimentos feministas nestes anos; mas é também verdade que a ofensiva contra os serviços da infância é direcionada também contra as mulheres trabalhadoras e as que são mães.

Pelo contrário, para sindicatos e partidos existe, a nosso ver, tanto um atraso cultural, pelo qual a educação deve começar aos três anos de idade, com a escola da infância[4], quanto uma dificuldade que, usando termos gastos, poderíamos reconduzir àquela que foi definida como uma "cultura de governo", isto é, capaz de traduzir em projeto, em prática de trabalho, aquilo que se obteve ou se conquistou não somente em termos de princípios, mas também, por exemplo, através da promulgação de leis.

É um trabalho que requer o confronto e o auxílio de competências, de técnicos, neste caso, de pedagogos, sociólogos, psicólogos e funcionários administrativos que se ocupam deste setor, a fim de que, do cruzamento de visão do conjunto e da especificidade nasça uma avançada elaboração no plano político com vistas ao futuro, agregadora e concretamente factível. Um outro problema ainda, do qual se falava, é o do isolamento dos administradores locais que cerceia a sua possibilidade de enfrentamento, que reduz o seu poder de barganha e a sua voz em relação ao governo central e sua possibilidade de intervenção. Os *slogans* em defesa das autonomias locais estão cada vez mais desgastados.

Temos consciência da complexidade das questões que obviamente, aqui, estão apenas sendo citadas, mas não é apelando para as dificuldades, mesmo substanciais, ou a problemáticas de caráter geral — que vão além dos serviços para a infância — que

---

4 Contudo, recentemente assistiu-se à abertura de brechas significativas por parte do sindicato CGIL (Confederação Geral Italiana do Trabalho) Função Pública da Emília-Romanha, na ocasião de um seminário regional realizado em Reggio Emília, no mês de janeiro do ano passado, com o título "Um projeto para a infância. Centralização das autonomias locais na administração e programação dos serviços educacionais".

tais dificuldades serão superadas: estas, por outro lado, devem ser levadas em conta por parte de quem trabalha nas creches, a fim de compreender até mesmo comportamentos ou situações que, de outro modo, resultariam incompreensíveis.

Enquanto o verdadeiro risco, em nome de uma dramática redução dos gastos públicos e da crise do *welfare state,* é, na pior das hipóteses, o fechamento de parte dos serviços e, nas zonas mais avançadas, o achatamento geral da experiência, registra-se toda a fraqueza dos sujeitos que deveriam defendê-la.

Quando falamos em defesa e também, obviamente, de consolidação e desenvolvimento destes serviços em termos quantitativos onde não existem — e qualitativos em geral — temos presentes alguns pontos fundamentais que podem traduzir-se em novos objetivos e em propostas de trabalho: alguns nos remetem aos princípios irrenunciáveis que inspiraram o movimento criado nos anos 70, em torno das creches; outros referem-se ao clima político atual e às dificuldades nas quais as entidades locais operam; outros ainda nos chegam como indicações da experiência direta, do balanço que hoje podemos traçar destes quinze anos, mas também das modificações sociais que intervieram nesse meio-tempo.

5. AS NECESSIDADES DA FAMÍLIA

Para além de qualquer ideologia, a experiência nos coloca, por um lado, na lógica de *partir das necessidades:* das crianças, das famílias, de quem trabalha nos serviços — e conseqüentemente de encontrar as respostas mais adequadas e também organizadas de acordo com critérios de eficiência e de utilização racional das verbas. Por outro lado, é cada vez mais necessário alargar a ótica até que se encontre uma política global em relação à infância (dentro e fora da creche) que tenha, nas entidades locais, o ponto de programação, de administração e de coordenação das intervenções, de tal forma que essas entidades estejam em condições de desenvolver realmente o próprio papel.

Todos esses elementos, que algumas vezes entram até em grande choque entre si, pelas exigências neles implicadas, precisam encontrar uma recomposição própria.

Enquanto as experiências e as pesquisas realizadas nos últimos anos nos trazem boas indicações sobre as necessidades das crianças e sobre alguns parâmetros com base nos quais organizar os serviços, a fim de que se possa enfrentá-los adequadamente, as necessidades e a qualidade do trabalho do pessoal (número de adultos em relação ao número de crianças, estabilidade dos profissionais, formação permanente dos educadores, qualidade dos ambientes e dos espaços e da relação de colaboração com as famílias, etc.), as necessidades das famílias foram modificando-se e diferenciando-se (Cinieri & Manetti, 1984).

Mais de uma vez insistiu-se nas modificações sociais que envolveram as famílias nos últimos dez anos (maior número de mulheres trabalhando fora, escolarização mais alta, diminuição demográfica, núcleos familiares numericamente reduzidos, nos quais há freqüentemente um filho único, fragmentariedade dos próprios núcleos familiares, etc.) (Donati, 1984), que produziram também uma mudança de mentalidade e, conseqüentemente, mudaram também a demanda dos pais em relação aos serviços, que se tornou qualitativamente mais exigente. Não temos dúvidas de que as próprias creches e a cultura sobre as crianças por elas difundida tenham contribuído para o aumento da qualidade da demanda.

A demanda, porém, seja como conseqüência desses elementos, seja por problemas relacionados a uma diferente organização do trabalho dos pais e familiar, complexivamente foi diversificando-se, colocando para as creches problemas de maior *flexibilidade* (Saraceno, 1984).

Nas realidades mais avançadas trabalhou-se nessa direção, para tornar compatíveis as necessidades das crianças com as também legítimas necessidades dos pais, juntamente com a organização do trabalho dos educadores, sem desvirtuar de modo algum as características educativas das creches e também com uma economia nos custos.

Ainda mais, em geral as famílias não estão somente inseridas em uma organização, no interior do mundo do trabalho que as diversifica objetivamente, mas dentre as mesmas estão os incansáveis defensores da creche, porque possuem ou tiveram alguma experiência positiva dela; entretanto também há aqueles que, por motivos de natureza diferente, não se sentem capazes de fazer essa escolha, mesmo tendo consciência dos limites a eles impostos pelo isolamento em que vivem e que cria a impossibilidade de seus filhos estarem junto de outras crianças da mesma idade.

É preciso, então, experimentar outras *tipologias de serviços* para as crianças desta faixa etária que, com características diferentes da creche, respondam a essas necessidades (Ghedini, 1985).

6. CONCLUSÃO

É imprescindível, no entanto, deixar bem claro neste ponto, para não permitir interpretações errôneas por parte de quem vê algum perigo nesta proposta de desenvolvimento das creches e para a sua consolidação qualitativa — ainda não ocorrida ou em fase de delicada consolidação — ou por parte de quem encontra aqui uma boa ocasião para liquidá-las, substituindo-as por formas desqualificadas de serviço de baixo custo, que

1) a creche é e permanece um serviço indispensável pelos valores que consegue conjugar: *educativos, sociais* (onde o termo não equivale a "assistenciais") e *científicos*, e é o único que responde às exigências daquelas famílias onde ambos os pais trabalham em tempo integral ou que desejam optar por este tipo de escolha para seus filhos;

2) como tal não deve ser confundida com outros tipos de serviço que são de fato *outros*, diferentes e que se colocam objetivos também diferentes: de socialização, de agregação de crianças e adultos, de intervenção em resposta a outras necessidades etc.;

3) a partir daquilo que se elabora na creche e na base do trabalho mais sistemático que lá se realiza no plano educativo, a ligação entre esta e outros tipos de serviço torna-se indispensável exatamente para permitir o crescimento daquela cultura sobre a infância que continua sendo um objetivo central;

4) é indispensável que o ponto de referência na programação e na coordenação das intervenções seja constituído pela entidade local, para garantir modelos essencialmente qualitativos que devem marcar as novas experiências para as quais, lá onde são administradas por entidades não-municipais (cooperativas, grupos de babás associadas, etc.), são definidas formas de convenção com a entidade local das quais resultem objetivos claros, tipo de prestação de serviços, responsabilidades recíprocas, padrões, custos, etc.

Essas reflexões estão sendo feitas também nas realidades mais avançadas onde as creches já representam, apesar das diversidades existentes no plano qualitativo, um patrimônio mais consolidado em que se coloca o problema de torná-las realmente mais produtivas em termos sociais e culturais, levando também em consideração referências científicas mais claras que permitam hoje uma intervenção mais direcionada e onde, portanto, a qualidade do custo seja também um objetivo a ser perseguido.

Contudo, como já se disse, o panorama italiano é muito diversificado e ao lado dessas realidades existem as da falta de empenho, onde nada foi feito, onde os serviços não existem ou, se existem, nenhuma intervenção foi feita a fim de qualificá-los e ainda sofrem de uma pesada marca assistencial.

É dessa "gaiola" que as creches devem ser retiradas, reiniciando uma ação em nível nacional que reivindique uma modificação da Lei 1044, que especifique as finalidades educativas da creche com as conseqüências no plano da preparação constante do pessoal e da organização geral dos serviços.

É necessário, o quanto antes, chegar-se à elaboração de precisas *Orientações Educacionais*, assim como aconteceu com a escola materna, que reconheçam às creches sua identidade de serviço educativo que elas conquistaram com muita luta[5].

Juntamente a isso é necessário, antes de tudo, que as creches sejam *conhecidas* por aquilo que produziram e que se recrie em torno destes serviços uma solidariedade, uma aliança entre as forças que as quiseram e que as apóiam, com a clara consciência dos problemas gerais ligados às mesmas e que são os das autonomias locais e econômicas, de um quadro político hostil aos serviços sociais e educacionais.

Somente através de uma aliança renovada entre essas forças será possível reivindicar uma política diferente para as creches, um empenho também econômico por parte do governo central, a superação da competência do Ministério da Saúde, um empenho das regiões, um projeto global para a infância que supere a fragmentariedade existente, apesar de a infância não representar mais "um tema de sucesso".

---

5 O grupo nacional permanente de trabalho e de estudo sobre as creches apresentou, durante o congresso ocorrido em Ancona, em maio de 1986, um documento contendo as linhas fundamentais para a elaboração de orientações educacionais das creches no plano nacional, que poderia constituir uma pista para o reinício do debate e a abertura de uma vertente com os grupos parlamentares e com o governo central. O documento, de forma ainda provisória, foi publicado na revista *Bambini* n.7, 1986.

2

Serviços para a Infância e para as Famílias entre Regulamentação e Inovação

Marco Ingrosso

1. POLÍTICAS PÚBLICAS PARA A INFÂNCIA

1.1. Durante os anos 60 e 70, em todos os países ocidentais e também nos países do Leste europeu, verificou-se um sensível incremento das intervenções públicas em relação à infância, com a finalidade de custódia, educação, socialização, preparação pré-escolar, prevenção sanitária, integração das desigualdades familiares e ainda outras. Os serviços e as iniciativas colocadas em ação nos vários países assumiram uma vasta gama de modelos, com um impacto social mais ou menos amplo também em relação aos grupos sociais observados, por exemplo, com situações particulares de desvantagem, ou a população inteira.

Seguiu-se a essa *fase de expansão* uma outra que podemos chamar de *regulamentação*, que se iniciou entre os anos 70 e 80. Nessa fase pressupõe-se que o problema da infância seja menos urgente em confronto com outros objetivos sociais, em virtude da radical diminuição da natalidade ocorrida principalmente na última década e graças à amplitude de serviços já existentes. Isso acarreta uma estabilização ou, mais freqüentemente, uma diminuição do peso relativo do investimento financeiro para os serviços da infância em relação à totalidade dos gastos públicos (Ocde, 1985), mas se traduz sobretudo em um forte freio à inovação, ou seja, ao investimento cultural e profissional na administração e na proposição (ou aceitação) de novas formas de intervenção, internas ou externas à administração pública.

1.2. As manifestações pragmático-políticas explicitadas nessa fase podem ser diferenciadas entre si: vai-se da *manutenção quantitativo-qualitativa* dos serviços existentes até a sua radical *redefinição e redimensionamento*. As razões desta segunda tendência devem ser procuradas, em primeiro lugar, na exigência de uma delimitação da intervenção pública, seja devido ao tamanho do déficit e, por isso, ao excesso de gastos em relação aos recursos disponíveis, seja ao efeito que essa intervenção maciça produziria na sociedade. Argumenta-se particularmente que a extensão da intervenção pública colocou-se — perspectivamente ou de fato — de forma "totalizante", com efeitos assistenciais que desresponsabilizam a família (Donati, 1981; Rossi, 1983).

A fraqueza das motivações que embasam essa política revela-se, em primeiro lugar, pela sua *aplicação indiscriminada*. Assim, a suspensão dos programas de construção de novas creches e escolas maternas ocorre não somente onde estas alcançaram uma dimensão suficiente — por exemplo, em relação à escola materna, numa boa parte do Norte e em algumas partes do Centro da Itália — mas praticamente em todas as direções. Muitas vezes descuida-se a possibilidade de reaproveitar prédios da escola materna e de convertê-los em creches, quando houver a oportunidade, mesmo na presença de uma demanda excedente em relação a estas instituições.

Uma outra crítica que freqüentemente é feita à intervenção pública é a falta de *eficácia*. Mas aqui também não se pode generalizar. No caso dos serviços da infância, existem vários sinais que indicam a satisfação dos pais em relação a algumas fórmulas ocorridas nestes serviços nos últimos dez anos: por exemplo, havendo várias alternativas de serviços — privado-religiosos, privados de mercado, público-estatais, público-municipais —, é comum as famílias privilegiarem alguns serviços em detrimento de outros (freqüentemente os municipais) através de traslados relativos. Em todo caso, maiores pesquisas deveriam ser realizadas nesse setor, a fim de verificar as situações setor por setor e zona por zona.

No que diz respeito às famílias não se pode negar uma certa *ambivalência por parte dos serviços em relação às convivências* consideradas ao mesmo tempo pouco adequadas em nível educativo (e das quais a declarada proeminência do serviço no campo educativo e da socialização) e, contemporaneamente, solicitadas a exercitar uma ampla capacidade de intervenção e adaptação (gestão social, sintonização com os modelos propostos pelos serviços, flexibilidade na organização e capacidade compensatória). Todavia não se pode, com isso, subestimar *a dinâmica positiva que se instituiu entre família e serviços da infância*, sobretudo onde estes se caracterizam pela qualidade pedagógica e pela relação multidimensional com as famílias. De fato, ampliou-se notavelmente a margem de escolha das famílias, abriu-se caminho para uma visão mais complexa da infância e foram afastadas muitas desconfianças em relação à educação extrafamiliar que hoje é vista, cada vez mais, como indispensável e complementar em relação à parental; os serviços começaram a considerar, numa ótica mais articulada, as realidades familiares e as dimensões do relacionamento que se podem criar entre elas (por exemplo, não somente as político-administrativas e educacionais, mas também, em sentido mais amplo, as dimensões sociais, culturais e afetivas).

Hoje só é possível prosseguir pelo caminho de uma visão de processo e interconexão, para poder enfrentar as novas exigências de autonomia familiar, amadurecidas mais em virtude de novos encargos e ônus do que através da imposição instrumentalizada e forçada: é o que se procurará demonstrar nos capítulos seguintes.

1.3. Entre as motivações dos que justificam um redimensionamento dos serviços públicos para a infância é naturalmente central o problema da *diminuição do déficit e de um maior controle nos gastos*. Trata-se de um nó de extrema complexidade que certamente não é só quantitativo e contábil. Dificilmente pode reduzir-se em poucas palavras uma questão à qual são dedicadas centenas de livros e de análises a cada ano. Poder-se-ia falar em desperdício, em incremento dos gastos públicos em outros setores, em efeitos desses gastos no sistema social global. Contudo, só para tecer algumas considerações específicas, referentes às instituições pré-escolares, além de assinalar os poucos e duvidosos estudos feitos na Itália sobre o assunto, pode-se destacar que é pouco confiável a opinião segundo a qual os custos dos serviços pré-escolares sejam de qualquer modo altos. Se de fato se fizer uma comparação entre as instituições escolares obrigatórias, de acordo com estudos internacionais realizados nos anos 70 (Ocde, 1977), observa-se que a relação entre os custos por criança, nas estruturas pré-escolares e nas instituições escolares obrigatórias, resulta em 0, 5 na França e no Reino Unido; 0, 4 no Japão e 0, 6 na Nova Zelândia. O custo médio anual nas instituições pré-escolares, em dólar, variava, nas escolas maternas, entre os 2.683 da Dinamarca (1978) aos 415 da França (1979) e aos 316 da Suíça (1977), enquanto que para as creches se elevava a 8.400 na Bélgica (1976), 7.000 na França (1979), 5.317 na Dinamarca (1978), mas somente a 435 na Espanha (1979) e a 1.565 na Austrália (1978).

Através desses poucos dados, certamente insuficientes (ver, para ter uma visão mais ampla, Psacharopoulos, 1982), pode-se perceber que os custos são bastante relativos, se comparados com outras medidas de referência, e que a incidência dos vários modelos é das mais desiguais. Isso evidencia a necessidade de realização de estudos *ad hoc* (para essa situação específica), providos de metodologia, que deveriam ser postos em prática em primeiro lugar pelas administrações que pretendem valorizar e diversificar os serviços já existentes.

1.4. Todavia, quem fala em custos muitas vezes esquece de avaliar os *benefícios* (ver, por exemplo, o estudo comparativo de Kamerman & Kahn, 1981). Esses benefícios podem ser apreciados em termos de incidência no trabalho da mãe, no desenvolvimento e na saúde da criança, na satisfação das necessidades familiares, na capacidade de compensar formas de desigualdade e desvantagem nos efeitos econômicos e ocupacionais induzidos. Naturalmente, não nos encontramos frente a simples avaliações que podem ser tratadas como um mecanismo de causa-efeito; muitas vezes avaliou-se o impacto das atividades operativas sobre as crianças simplesmente em termos de resultados escolares nos anos sucessivos e de quocientes de inteligência expressos nos testes, sem considerar as demais dimensões qualitativas e de relacionamento.

Existe geralmente um acordo em relação aos efeitos divulgados, em termos ocupacionais e portanto de consumo, relacionados ao desenvolvimento dos serviços da infância que surgiram durante o período de expansão, enquanto se prognostica um agravamento do desemprego juvenil em conseqüência da restrição de pessoal.

Vários estudos realizados em diversos países sobre a diminuição da discriminação e da desvantagem social mostram efeitos apreciáveis mas não totais e definitivos produzidos pela escola materna. Os serviços educacionais são uma parte importante, mas não suficiente, e os seus efeitos são rapidamente anulados se o ambiente escolar e não-escolar permanecer rígido e pouco estimulante. Neste caso também é importante perguntar-se como desenvolver, através do conjunto de intervenções, o grau máximo de iniciativa e autonomia por parte da família, sabendo porém que até hoje os principais problemas de muitas estão relacionados à sobrecarga de afazeres devidos à insuficiência de subsídios operacionais disponíveis (ver, por exemplo, no caso das crianças excepcionais) ou, pelo contrário, devido à fragilidade e instabilidade organizacional e relacional que as caracteriza e que não deve ser considerada como imutável, mas que de qualquer forma requer amplos instrumentos de apoio, o mais possível diversificados e adaptáveis.

Chegando enfim aos problemas de saúde, não se pode duvidar que um certo efeito, em termos preventivos, tenha sido alcançado, especialmente onde se procede à instituição de atividades paralelas de consultoria pediátrica e de controle periódico desde os primeiros meses de vida. Todavia muitos médicos permanecem cépticos, quando não hostis, em relação às instituições para a infância, acusadas de serem veículos de difusão e multiplicação de infecções, especialmente virais. Por outro lado não se pode afirmar que, com o afastamento do risco de doenças, a família tenha se afastado de uma relação de subordinação no que tange aos especialistas e de uma visão medicalizada e residual da saúde.

No primeiro caso, em relação à difusão das doenças, pode-se objetar que, quando muito, se antecipa em alguns anos o efeito que no passado se produzia no ambiente escolar e que, talvez, possa beneficiar-se das imunidades adquiridas. Em todo caso, esses pontos deveriam ser desenvolvidos posteriormente, considerando, mais uma vez, o que se faz também nas famílias, neste campo (Ingrosso, 1985), e com uma visão não apenas preventiva, mas também promocional (Who, 1982).

2. EFEITOS PREVISTOS E CONSEQÜÊNCIAS INESPERADAS DAS INTERVENÇÕES REGULAMENTADORAS E RECESSIVAS

2.1. Como revela uma observação internacional (Bottani, 1984), nas políticas para a infância que vêm sendo praticadas neste período prevalecem mais as *implícitas e setoriais* do que as *explícitas e intersetoriais*, isto é, os objetivos das intervenções e o conjunto dos instrumentos para o alcance dos mesmos permanecem em sua maioria vagos e incoerentes. Procede-se mais através de iniciativas pontuais, desordenadas, sem propor explicitamente o desmantelamento deste ou aquele serviço, mudando todavia os limites, redesenhando as divisões de trabalho e de poder, introduzindo novos cenários, sem oferecer em troca instrumentos adequados de sustentação. É útil, por essa razão, examinar mais detalhadamente as medidas geralmente adotadas na busca desses objetivos:

a) *aumento do ônus financeiro para as famílias*, com o duplo intuito de melhorar as contas do investimento público e de "responsabilizar" os usuários que utilizam um serviço "opcional";

b) *redução do serviço oferecido*, mediante o fechamento das sedes com menor freqüência ou limitação dos horários de funcionamento;

c) *homogeneização dos módulos organizacionais*, muitas vezes fazendo referência a normas nacionais que introduzem elementos de padronização e rigidez nas prestações oferecidas;

d) *diminuição dos níveis de qualidade*, mediante o aumento do número de crianças para cada profissional, limitação da atualização do pessoal, limitação das atividades externas e dos equipamentos, contenção ou simplificação dos alimentos, etc.;

e) *delimitação das categorias sociais interessadas*, muitas vezes individualizadas em particulares grupos de risco ou, simplesmente, entre aquelas que não dispõem de soluções alternativas;

f) *centralização na decisão e diminuição do peso específico dos pais e dos educadores na determinação e no controle dos padrões qualitativos*, que se traduz na contenção ou abolição das competências dos órgãos de co-gestão, na "valorização" da função docente, subtraída ao controle de mérito dos pais, autonomização do pessoal não-docente e assim por diante.

2.2. *Os efeitos previstos ou manifestos* de algumas ou do conjunto dessas medidas podem ser descritos como segue:

1) *diminuição dos gastos destinados ao setor específico de intervenção;* não quer dizer, todavia, que isso se traduza em uma melhoria total nas verbas da entidade pública interessada, seja pela imediata redestinação das verbas "virtualmente" liberadas, seja pelos efeitos não previstos (ônus com o pessoal, custos de controle do desemprego, etc.), como será visto mais adiante;

2) *o incremento das entradas* em razão da maior contribuição, direta ou indireta, por parte dos usuários;

3) *bloqueio na inovação e na atualização* no que tange à delimitação dos objetivos, à compressão das categorias sociais interessadas e à centralização;

4) *crescimento dos serviços privados,* de mercado ou não, como conseqüência de uma permanência da demanda, desencorajada pelas dificuldades de acesso e utilização do setor público.

Contudo essas são apenas algumas das conseqüências induzidas pelas intervenções reguladoras.

Os efeitos não mencionados ou não previstos dessas medidas podem ser resumidos, de acordo com diversos observadores, com base nas experiências conduzidas nos países envolvidos em fenômenos semelhantes, nos seguintes pontos:

a) *aumento dos conflitos*: os interesses atingidos manifestam, normalmente, uma reação que muitas vezes encontra uma saída em nível político e sindical ou de opinião pública; a destinação das poucas verbas adquire a sensibilidade dos atores e das forças políticas envolvidas; grupos de educadores podem aproveitar a ocasião de uma limitação dos serviços para aumentar as próprias vantagens normativas e as garantias de emprego;

b) *a centralização pode produzir a multiplicação dos entraves burocráticos* e uma sobrecarga em todo o sistema, com *desperdícios e desresponsabilização difusa;*

c) um reforço no *setor privado* pode traduzir-se no *aumento de sua força contratual* e, conseqüentemente, dos *pedidos de subvenção* por conta do erário;

d) o aumento dos gastos destinados ao atendimento dos filhos, por parte da família, pode provocar *efeitos de discriminação ou de desigualdade;* além disso, comporta *a diminuição dos consumos* em outros setores; geralmente uma *modificação das estratégias familiares* e dos cálculos de conveniência, com uma propensão para o *incremento do atendimento familiar ou parental e do mercado informal paralelo;*

e) *a diminuição de empregos* pode contribuir para aumentar o número de jovens desempregados e, eventualmente, as despesas destinadas à subsistência ou à contenção da pressão dessa camada populacional;

f) a delimitação de uma faixa de pobreza coloca imediatamente em ação efeitos de *estigmatização,* mas também de *multiplicação das categorias interessadas* com conseqüentes pedidos de multiplicação das intervenções específicas e instituições especializadas. Numa sociedade complexa como a atual, o efeito seria muito mais amplo do que foi no passado, devido ao pluralismo e à fragmentação das condições de pobreza, de desconforto, de desvantagem, de sobrecarga na organização dos núcleos familiares, de isolamento (ver, por exemplo, Mantovani & Tizard, 981).

g) estímulo das *iniciativas de inovação na área comunitária* (cooperativas, voluntariado), *por parte de pais associados e no segmento de mercado.* Essa eventualidade não deve ser descartada *a priori* devido à existência de energias profissionais e socializadoras, além das necessidades, que encontram pouca ou inadequada consideração e utilização na esfera pública e em outros setores privados tradicionais. Todavia, essas iniciativas são amplamente desencorajadas pela inexistência de facilidades adequadas, pelo desinteresse na experimentação e pela falta geral de investimento político-cultural em relação à infância.

2.3. Definitivamente, as intervenções mais delimitadas que visam a manter o *status quo* com corretivos sobretudo financeiros, mas principalmente as intervenções que possuem como objetivo o redimensionamento dos serviços públicos, a transferência do ônus financeiro para as famílias e o desenvolvimento do setor privado reabrem velhos problemas e questionamentos sem que as vantagens sejam realmente consistentes e estáveis.

Contudo, a difusão dessas políticas indica que as mesmas interpretam não somente uma mudança do cenário internacional e da situação econômico-social, bem como de representações culturais coletivas, mas também uma mudança de contexto nas comunidades locais e de relações entre atores, neste caso, em primeiro lugar, famílias-crianças-serviços. É sobre esses aspectos que concentrarei minha atenção no próximo capítulo.

3. AS SOCIEDADES COMPLEXAS E AS NOVAS DIVERSIDADES NAS FAMÍLIAS

3.1. Boa parte do debate sociológico dos últimos anos girou em torno do conceito de *sociedade complexa*, caracterizada por uma forte diversificação e autonomização de setores, âmbitos, grupos, sujeitos, estilos de vida.

Esta sociedade parece marcada pela coexistência de dois tipos de fenômenos: de um lado, a propensão para o aumento das oportunidades socialmente disponíveis e a solicitação de uma sua crescente adequação às necessidades autonomamente definidas por grupos e por indivíduos; de outro lado, a segmentação e a fragmentação social que favorece os grupos fortes e organizados, mas que penaliza as associações transversais entre os diferentes (como, por exemplo, o sindicato). No plano político, para sustar e regular a "guerra por grupos" que se desencadeou, foram, pouco a pouco, propostas fórmulas como o *acerto neocorporativo* entre os grandes interesses organizados e a *redução da complexidade*, ou seja, o abandono de uma referência às necessidades, e a concentração da intervenção pública em alguns delimitados setores e campos de intervenção.

No plano cultural, para contrastar a subjetivização normativa e os efeitos da falta de comunicação e do isolamento, foram propostos retornos à razão, ou aos ritos fundadores (nação, pátria, libertação), "suplementos da alma" religiosos ou, mais simplesmente, novos "contratos" entre as partes sociais.

3.2. Como se manifestam esses fenômenos na vida quotidiana?

Em relação às famílias, salienta-se a modificação de *formas* e de *composição* que interessa os núcleos familiares. Referindo-se ao estudo conduzido pelo ISTAT em setembro de 1983, sobre as famílias italianas, que envolveu uma amostragem de 28.408 "unidades residenciais", resultou um número médio de componentes igual a 3,2, levemente superior aos 3,1 levantados pelo censo de 1981 (cf. ISTAT, 1985). Isso se deve, em parte, ao grande número de famílias registradas, compostas por uma única pessoa, que foi igual a 13% do total contra os 17,9 % revelados pelo censo; a distância é menor, mas igualmente significativa, para as famílias com dois componentes, com a vantagem para as unidades formadas por 3 e 4 componentes (respectivamente 23,7 e 24,7%).

A maioria das famílias entrevistadas possui um único núcleo (82,7 %), e 14,7% não possuem núcleo familiar, 2,6% possuem dois ou mais núcleos, sendo que por núcleo entende-se duas ou mais pessoas ligadas por vínculos conjugais (de direito ou de fato) e/ou de filiação.

Esses dados mais desagregados aparecem na tabela 1. Os comentaristas observaram (ver, em particular, Sgritta, 1985, e Roveri, 1985) a confirmação da nuclearização e redução das dimensões familiares, ainda que menos evidenciadas do que o previsto; diminuem algumas tipologias (grandes famílias), aumentam outras: famílias com um só genitor, as que compreendem apenas o casal (onde porém a maioria é idosa) e as pessoas que vivem sozinhas.

Os casais não casados somaram 192.000, o que corresponde a 1,3 % de todos os casais; os núcleos com um só genitor não-viúvo, 369.000, o que corresponde a 26,9% das famílias monoparentais. Foram encontradas diferenças notáveis nas diversas áreas territoriais e por isso se passa de um percentual de casais não-casados de 4,6 %, nos grandes municípios do norte ocidental da Itália (e 48,6 % de núcleos compostos por um só genitor não-viúvo), a 0,4% dos municípios inferiores a 100.000 habitantes da área meridional (onde as famílias monoparentais, por outras razões que não a viuvez, representam um percentual de 19,9%).

Sem aborrecer ainda mais o leitor, gostaria de concluir dizendo que *cada vez mais devem ser consideradas situações específicas e mudanças na vida da criança* (por exemplo, a passagem da família com ambos os genitores para uma família constituída por um só genitor ou do genitor e um novo companheiro), *que nos anos passados eram esporádicas.*

3.3. Esses dados relativos à maior instabilidade das formas familiares e à multiplicação dos percursos pessoais por parte de seus membros, no nosso caso em particular por parte da criança, são freqüentemente interpretados como sinais de uma menor capacidade de muitos núcleos de se responsabilizarem diretamente por certas necessidades. Desse ponto de vista, a demanda pelos serviços da infância só pode ser crescente.

TABELA 1
Famílias italianas de acordo com a tipologia

Tipologia	Percentual	Sobre o total
Famílias sem núcleos		14,7
das quais:		
— pessoas que vivem sozinhas	88,9	
— conjuntos aparentados e não	11,1	
	100,0	
Famílias compostas por um só núcleo		82,7
das quais:		
— somente cônjuges	20,6	
— cônjuges e filhos	63,4	
— núcleo e outras pessoas isoladas	8,3	
— um pai e filhos	7,7	
	100,0	
Famílias que contêm dois ou mais núcleos		2,6
(normalmente núcleos aparentados em		
duas gerações sucessivas)	100,0	

Fonte: ISTAT, *Pesquisa sobre as estruturas e os comportamentos familiares*, Roma, 1985.

Todavia, as mudanças que se referem às famílias — o plural é cada vez mais obrigatório na situação atual — são também outras, e elas caminham em uma direção de alguma forma oposta àquela aqui encontrada.

Muitas análises, conduzidas nos últimos anos, revelaram mais uma significativa capacidade de organização e de coordenação por parte das famílias do que uma atitude voltada a fazer tudo por si próprias ou, ao contrário, delegar tudo ao mundo exterior.

Em primeiro lugar, os núcleos estão inseridos em *redes informais* significativas (ver, por exemplo, Donati, 1985; Sgritta, 1985; Ingrosso, 1985) que veiculam recursos e informações. Cada núcleo utiliza continuamente vários serviços e prestações de serviço, mas isso é acompanhado, por necessidade ou para melhorar os benefícios conseguidos, por uma distribuição não-secundária de "trabalho de *auto-ajuda*" (prestações dos usuários e consumidores necessárias ao funcionamento dos serviços), "trabalho de assistência" (necessário à reprodução e ao "bem-estar" dos componentes da família) e "trabalho de serviço" (que se desenvolve tanto no interior das famílias quanto nas suas relações com o mundo exterior) (Balbo, 1985).

Contudo, muda também o contexto que está ao redor das famílias.

Nas sociedades complexas, elas (assim como seus componentes) estão sendo cada vez mais atravessadas por *fluxos de recursos* (autoproduzidos, provenientes do mercado, de transferências, de serviços, do "terciário" não-lucrativo), por *fluxos de tempos* (laborais, familiares, de socialização, de auto-reprodução, de tempo livre, etc.) e por *fluxos informacionais-comunicativos* (provenientes dos meios de comunicação, mas também de canais institucionais e informais de todos os tipos).

Combinar esses fluxos, para satisfazer as necessidades cotidianas ou para buscar objetivos a mais longo prazo, comporta a necessidade de desenvolver uma certa autonomia, entendida como possibilidade e capacidade de escolher as soluções mais adequadas às próprias exigências.

Esse tipo de dinâmica foi analisado recorrendo-se a conceitos do tipo *estratégias familiares e estilos de vida*.

3.4. As estratégias familiares são definidas como planos de ação para a combinação "optimal" das verbas e dos tempos na presença de uma determinada configuração de necessidades e de conhecimentos do ambiente, onde por "optimais" entendem-se as soluções possíveis mais satisfatórias para os membros da família.

Com essa imposição procura-se detectar não somente as diversidades de combinações e de lógicas que se realizam nas famílias, mas também as margens de autonomia de que elas dispõem e as decisões ou as passagens de estratégias que acontecem em correspondência a determinados "eventos críticos". Estes são constituídos por todos os fatos que produzem relevantes mudanças organizacionais ou estratégicas. Eventos críticos são, normalmente, as variações da composição familiar (nascimentos, mortes, separações, etc.), as passagens do ciclo da vida, as mudanças na composição e na utilização de recursos importantes (por exemplo: o trabalho, mas também a creche, para continuar no assunto), ou ainda por outros acontecimentos internos ou externos (por exemplo: doenças, transferências, compromissos de trabalho).

A utilização do tempo é um importante "sinal de contexto" que permite acompanhar a evolução das estratégias. Em uma pesquisa por mim realizada há alguns anos, na Emília-Romanha (Ingrosso, 1984), procurei definir as diversidades de situações através da indicação do *tempo central ou prioritário* que caracteriza as famílias em estudo. Esse correspondia à fração de tempo que permitia ao núcleo manter uma ordem relativamente estável. Uma vez classificados e medidos os tempos dos dois parceiros, procedeu-se a comparações entre os valores percentuais e os valores relativos ao incremento que caracterizavam diversas situações sócio-econômicas e organizacionais de tipo padrão. Em outras palavras, levou-se em conta o peso maior relativo ao *tempo familiar,* que caracterizava determinadas convivências, em relação *ao tempo de trabalho* que predominava em outras. Em outros casos, aparecia o *tempo livre* (em dimensão claramente menor e decrescente) e, principalmente, o *tempo de socialização* e de *lazer* (auto-realização) que caracterizava a família denominada "socializadora", em que os componentes teriam destinado, para esse fim, as horas *excedentes* eventualmente surgidas.

Um importante desenvolvimento dessa abordagem está no acompanhamento da evolução das situações no núcleo, no decorrer de um processo ou de um percurso, muitas vezes através das assim chamadas pesquisas longitudinais. Uma pesquisa atualmente em fase de realização sobre as famílias que utilizaram a creche na Emília-Romanha assume, em parte, esta perspectiva.

O conceito de "estilos de vida" é utilizado para detectar as características comportamentais das famílias no quadro das representações, previsões e aspirações expressas pelos próprios sujeitos. Neste caso, a moldura interpretativa da própria ação é geralmente fornecida mais pelos atores do que deduzida pelo observador; aqui também, o que importa afinal é a "forma das conexões" que emerge em uma determinada situação à qual se junta o seu "mapa cultural".

Em alguns países, a evolução dos estilos de vida é acompanhada continuamente, quase que ao vivo, por alguns centros de pesquisa (por exemplo, na França, o Centro de comunicações avançadas de Paris), enquanto que na Itália as análises são mais fragmentárias e baseadas essencialmente no consumo e em sondagens de opinião.

3.5. As imagens da família que nos chegam através dessas pesquisas acentuam portanto a variedade de estratégias e de estilos que nelas se realizam. Isso se traduz em um estímulo para procurar e requerer soluções de acordo com as próprias necessidades, mas essa exigência é expressa através de modalidades que podem ser muito diferentes: vai-se de uma utilização "pragmática" daquilo que existe, talvez integrando-a com outras contribuições, à assunção direta de responsabilidades, às vezes de formas organizadas.

Em todo caso, torna-se importante a colocação destas perguntas: "Como e até que ponto devem levar-se em conta essas diversidades? Como responder-lhes? Como suscitar e manter as energias e as capacidades que se expressam nos grupos familiares a fim de que participem, autonomamente, da definição e do alcance dos objetivos?"

Enfrentaremos esses problemas, no que tange aos serviços para a infância, nos próximos capítulos.

4. A RELAÇÃO ENTRE FAMÍLIAS E SERVIÇOS PARA A INFÂNCIA

4.1. De acordo com uma pesquisa realizada há poucos anos no município de Forlì (Ingrosso, 1984b) entre as famílias das crianças matriculadas na creche no ano 1983-84, podia-se constatar que:

a) a inscrição em uma creche tornava-se cada vez mais uma *escolha das famílias,* e não uma decisão tomada pela urgência da necessidade;

b) *o problema da educação era julgado básico pelos pais:* estes esperavam que a creche ajudasse no desenvolvimento da autonomia da criança, fornecendo-lhe estímulos e colocando-a em contato com outras crianças (a falta de irmãos ou de crianças da mesma idade era avaliada como um limite do ambiente familiar);

c) as famílias aceitavam a sua própria falta de *auto-suficiência* no campo da educação, mas na medida em que podiam escolher e confiar na relação também afetiva estabelecida pelos educadores com as crianças;

d) os pais inclinavam-se portanto a não fazer uma clara distinção entre relação afetiva familiar e relação educativa da creche, preferindo ver uma *continuidade da confiança* entre a família e o ambiente da creche, nas diferenciadas características próprias dos dois contextos.

Esses resultados delineavam uma clara diferença em relação àqueles obtidos em pesquisas anteriores, por exemplo, em pesquisa realizada em Ímola, no ano de 1979, durante os primeiros anos de funcionamento das creches, na qual se salientava a "não-escolha" por parte das famílias, e a "não-percepção" por parte destas, da dimensão educativa. Considerando válidos esses resultados, deixando de lado posteriores verificações que estão sendo realizadas através de um estudo que compreende todo o território da Emília-Romanha, deve-se supor que esta mudança deva ser relacionada:

1) a uma modificação interna à família;
2) a uma nova configuração do serviço;
3) a uma interação comunicativa ocorrida entre família e serviço.

Esses três dados de pesquisa são plausíveis e podem ser trazidos alguns elementos de sustentação. No primeiro caso, pode-se observar uma tendência à evolução das características sócio-culturais das famílias usuárias, devido também ao maior número de pedidos aceitos em 1983 em relação, por exemplo, a 1978. Isso comporta uma diferente composição média, razão pela qual, por exemplo na pesquisa de Forlì, tinha-se que em 64% dos casos pelo menos um dos pais era formado em nível de segundo grau ou de curso superior. Ainda, o trabalho das mulheres, desde sempre colocado estreitamente em relação e em contraposição ao cuidado direto da criança, parecia ter sido considerado como elemento de "normalidade" na vida feminina ao invés de subsidiário da renda masculina. Além disso, na maioria dos casos não havia uma motivação suficiente para escolher exatamente a creche pública contra outras soluções.

Um momento crítico parecia, no entanto, ser constituído pela inserção da criança aos três meses, julgada de fato muito precoce, em favor do período entre 6 e 12 meses, em muitos casos.

Afirmam os próprios educadores e responsáveis que o serviço teve uma evolução: Patrizia Ghedini, responsável pelo *Ufficio asilo nido della Regione Emilia-Romagna*, identifica três fases relativas à participação dos pais na creche, na experiência da região Emília-Romanha, que indicam a mudança de atitude ocorrida no seu íntimo. A primeira fase é a dos entusiasmos e do coletivismo participativo, caracterizada por "muito voluntarismo e pouca clareza da função dos componentes da participação" (Ghedini, 1984). A segunda fase, que inicia no encontro regional sobre as creches em 1979, vê o delinear-se de um projeto que se propõe a tirar a experiência da indeterminação entre função assistencial e educativa, mediante uma precisa definição de objetivos e instrumentos. A terceira fase vê a consolidação e uma parcial redefinição da participação: presta-se mais atenção aos sujeitos individuais e ao rigor formativo.

Assim, em poucos anos, passou-se de uma fase fortemente experimental a uma fase relativamente madura e isso não pode deixar de ter um significado para os interlocutores mais diretos.

O último ponto integra de fato e amplia os dois primeiros, acentuando as mensagens diretas ou indiretas trocadas entre pais e educadores e mais amplamente entre todos os diferentes atores, grupos e conjuntos envolvidos. As informações úteis para a inscrição das crianças na creche chegam aos pais através de parentes e amigos, da administração municipal, dos especialistas (por exemplo, médicos e professores) e dos meios de comunicação. As famílias dão muita importância não somente àquilo que dizem as professoras, mas ao cuidado com o qual é mantido o ambiente. As "culturas da infância" adquiridas pelos pais são diferentes: vai-se de uma minoritária cultura "nutricionista", que acentua as necessidades alimentares-afetivas da criança, a uma imagem mais difundida de "higiene e atendimento" da criança e, ainda, a uma cultura "normativo-protetora" em que prevalece a necessidade do controle sobre a criança. A dimensão mais difundida era, entretanto, a "expressivo-social", que detectava o aspecto positivo das múltiplas relações tecidas pela criança com adultos e coetâneos. Todavia, mais que por nítidas separações, essas imagens pareciam agregar-se por combinações e sobreposições, ou seja, pareciam fruto de origens diversas e de estratificações temporais. Pode-se portanto pensar em uma *comunicação antecipatória* que foi da creche para a família, que passou por diversos canais sociais, sem excluir as contribuições de outros "emissores". Em outras palavras, o modo de ser da creche constitui uma mensagem que chega às famílias antes mesmo que estas tenham uma experiência direta com as creches.

4.2. Isso não significa que atualmente a relação entre família e serviços para a infância seja pacífica e harmônica, entre atores culturalmente homogêneos, embora seja verdade que no caso por nós examinado essa distância provavelmente se reduziu por diversos fatores concomitantes.

É importante porém notar que existe uma correlação positiva entre elementos de autonomia, em termos de escolha, usufruídos pela família, e a instituição de uma relação e confiança com o serviço. Além disso, a escolha acontece no interior de uma rede familiar que se liga a uma rede informal mais ampla, atenuando desse modo a univocidade da relação diádica mãe-filho que muitas vezes, no passado, era considerada como pressuposto. Então, *um certo "protagonismo familiar é essencial para um bom relacionamento e uma troca comunicativa com a creche.*

Mas como isso se mantém no tempo? A *participação* foi indicada como o canal de retorno para as comunicações provenientes da família e como um momento de troca entre pais e educadores. No entanto, a participação privilegiada dos pais coincide somente em parte com aquela prevista mediante os comitês de administração e assembléias. Enquanto esta é formalmente traçada sobre um esquema de democracia política (cada cidadão elege os seus próprios representantes ou presencia diretamente), a participação familiar parece ter um caráter mais direto, interpessoal, cotidiano. Esta deve ter um caráter de *familiaridade* (relações baseadas no conhecimento e na confiança), de *manejo*, e *deve ser útil na formação de um continuum, um ambiente global* onde as famílias consigam satisfazer as suas exigências e as da criança.

Nesse sentido, muitos pais sentem-se mais à vontade nas assembléias de seção e nos diálogos individuais do que nos momentos gerais e preferem os grupos de trabalho às reuniões somente discursivas. Isso não quer dizer abolir os comitês de administração e os momentos gerais que, pelo contrário, deveriam ser dotados de maiores poderes (é também conhecida a frustração de muitos eleitos pela pouca incidência do próprio trabalho), mas *conservar mais distintos os dois momentos e os aspectos da participação como "gestão" e "criação de ambiente".*

Da mesma forma, o momento da construção do ambiente cotidiano, com a participação das famílias (e das redes familiares, como os avós e outros parentes ou amigos) e de todo o pessoal da creche ou da escola materna (e não somente dos educadores), requer instrumentos e atenções específicas que até o momento foram deixadas em grande parte à espontaneidade individual. Mas isso não parece ser suficiente, como demonstra um elemento crítico identificado na pesquisa de Forlì: *o baixo grau de relações entre as famílias*. Frente a uma relação vertical declarada satisfatória, na maior parte dos casos, entre cada um dos núcleos e o serviço, emergia a ausência e o incômodo pelas escassas relações horizontais entre adultos. Isto é, não se produzia uma adequada agregação de homogeneidade e interesses comuns, o que dificultava a presença e a ativação das famílias como grupo.

4.3. Para superar os limites de ativação de circuitos comunicativos com as famílias e entre as famílias, acredito que os serviços da infância deveriam conceber a si mesmos não somente como agências educativas, mas como *serviços comunitários*. Isso significa que eles deveriam ocupar-se não só da relação direta entre educador e criança, mas também desenvolver as competências comunicativas dos núcleos e os circuitos de reciprocidade entre famílias. Realmente a participação da comunidade parte do pressuposto de que uma família muda, distante e isolada, ou uma separação nítida de tempos e competências entre família e serviço seja pouco produtiva para a criança e para o alcance dos objetivos educacionais que o serviço se propõe. De fato, nesse ambiente pode realizar-se uma sobreposição e uma consolidação entre o conjunto das socializações primárias e o conjunto das socializações secundárias, mas, para isso, a família deve "internalizar" mais o ambiente educativo em relação ao que aconteceu até aqui, assim como este último deveria considerar sempre as modalidades educativas e as especificidades culturais das famílias como sendo internas à sua própria atividade.

Pensar-se em serviços comunitários quer dizer sair do binômio família-creche (ou escola materna) para valorizar as redes de relações informais, as especificidades e as iniciativas locais, a intervenção de grupos de animação externa. Tornar-se, então, não somente distribuidores de atividades educativas, mas *catalisadores e facilitadores da construção de um ambiente educacional global.*

O pensamento até aqui desenvolvido pode dar-nos uma indicação a fim de que possamos responder às perguntas feitas no final do segundo capítulo. De fato, nos perguntávamos se e como levar em consideração as diversidades e as exigências das famílias. O objetivo de uma internalização recíproca e do desenvolvimento de um ambiente educacional global podem fornecer algumas coordenadas de referência. É o que veremos no próximo capítulo.

5. UM CENÁRIO PARA O FUTURO

5.1. É difícil falar de uma mudança para o futuro quando nos encontramos em uma fase reguladora em que prevalece o redimensionamento ou, quando muito, a manutenção. Os sinais de uma mudança de contexto são mais extrínsecos ao sistema dos serviços do que intrínsecos. A política recessiva assume, paradoxalmente, esses sinais pelo menos em parte, perseguindo o fim da centralização do setor público, a autonomia de escolhas das famílias e o desenvolvimento de respostas diferenciadas às necessidades mediante a ativação de um sistema privado. Mas ela pouco ou nada diz sobre como essas mudanças familiares e sociais podem ser recebidas nos serviços atuais e sobre como chegar a uma visão de conjunto mais complexa e satisfatória. Deveria ser um dever do poder público local e regional, e até nacional, identificar soluções para esses problemas, delineando um quadro de referência.

Esse quadro de referência deveria compreender, a meu ver, três ordens de objetivos:

a) construir um ambiente mais favorável para a criança e para a família;
b) inovar os serviços da infância em razão de uma maior simetria com as famílias e de uma sua função de serviços comunitários;
c) facilitar e conduzir a experimentação de novos tipos de organização, privilegiando as ações comunitárias e as soluções não-lucrativas.

Vejamos brevemente algumas indicações para cada uma das ordens de objetivos. Trata-se, no primeiro caso, de relaxar alguns vínculos que dificultam a correta relação dos pais com a criança, favorecendo a construção de um tempo da criança dentro do tempo familiar, e a manutenção de uma continuidade de relações com os serviços da infância. Isso se concretiza, por exemplo, na fruição de uma maior flexibilidade nos horários de trabalho e numa contenção dos mesmos, na possibilidade de usufruir de um maior número de dispensas e autorizações: de forma contínua até os 6-12 meses de vida da criança e, sucessivamente, de maneira eventual para usos familiares (por que dispensar somente por doenças até os três anos de idade?)

A melhoria nas condições de vida da criança e o fim das desigualdades sociais devem ser enfrentados de modo mais amplo e não com políticas específicas somente para o setor educacional. Em particular, essas intervenções devem ser hoje equilibradas em base às novas situações de desvantagem e fragilidade de certas formas de convivência e das situações de nova pobreza que atingem, também, as crianças.

5.2. Chegando ao segundo ponto, em relação aos serviços para a infância, foram propostas inovações organizacionais que permitam uma maior continuidade e adequação ao ambiente familiar. Por exemplo, horários de entrada e saída mais flexíveis e "apropriados", sem com isso interferir em um espaço educativo protegido, no decorrer do dia. Pluralização dos módulos organizacionais: por exemplo, com a possibilidade de freqüentar a creche por meio turno, com a entrada na parte da tarde, enriquecendo as atividades educativas nessa parte do dia. Desenvolver ocasiões de presença dos pais na creche, sós ou em grupos, como meio de permanência dos pais com as crianças e das crianças com os adultos. Desenvolvimento da participação, entendida como diálogo educativo entre adultos, por exemplo, sobre temas como a saúde, o consumismo, a televisão; valorização das capacidades e energias não-discursivas dos pais na construção do ambiente educativo; atenção às redes informais e facilitação do estabelecimento de circuitos de reciprocidade entre famílias, por exemplo, mediante a formação de associações de pais, disponibilidade de pontos de referência úteis ao favorecimento de trocas e contatos, como salas de estar, murais de exposições da comunidade, etc.

Uma orientação "de comunidade", também no plano cultural, pode ser importante na atenção ao território e às especificidades locais: por exemplo, valorizando os dialetos, mas também abrindo os serviços para grupos teatrais, de proteção ao meio ambiente, de educação sanitária; e, ainda, ativando pesquisas coletivas sobre os costumes populares no tema da educação e criação dos filhos.

5.3. Chegando ao último ponto, o da multiplicação das modalidades de resposta às necessidades de educação extrafamiliar, estas deveriam ser graduadas diferentemente, de acordo com as especificidades locais. Não se deveria prescindir da construção de uma presença pública significativa nas zonas que não a possuem, onde os serviços são amplamente subvalorizados, eventualmente diversificando os módulos de oferta. Mas, juntamente a isso, deveriam criar-se instrumentos de suporte e de facilitação para experimentações que forneçam certas garantias, no plano educacional, e que tenham características de proximidade e de administrabilidade para as famílias.

Iniciativas de autogestão, por exemplo, por parte dos pais, não tiveram espaço na Itália até o presente momento, ao contrário da Inglaterra, onde houve a difusão da experiência de *play groups*, ou da Holanda e da França, onde aconteceram iniciativas mais limitadas, mas qualitativamente significativas. As *cooperativas educacionais* entre educadores, que se unem para oferecer um serviço complementar ao serviço público, são, pelo contrário, uma modalidade que começa a crescer em algumas realidades e que poderiam revelar-se úteis para enfrentar situações de desvantagem e exigências específicas das famílias.

Em certas situações particulares, onde obstáculos culturais e territoriais possam impedir o desenvolvimento posterior dos serviços da infância na sua forma atual, penso nas zonas rurais, provavelmente seja útil orientar-se em direção a formas alternativas descentralizadas e mais ágeis, mas com certas garantias dadas pela intervenção pública: refiro-me a formas de *creche familiar*/Lares Vicinais ou à *maternage*, no exemplo francês, e ao *tagesmütter*, no exemplo alemão, que assumem e melhoram algumas formas de custódia informal já praticadas atualmente, mediante a constituição de uma Matrícula Pública pela qual os inscritos devem respeitar certos padrões de serviço e podem beneficiar-se de cursos de formação, supervisão psicopedagógica, contribuições para a construção de locais idôneos de acolhimento e para a aquisição de materiais.

5.4. A diversificação interna aos serviços e entre os serviços constitui o núcleo essencial da construção de um cenário inovador e complexo para o futuro. Enquanto a fase de expansão foi marcada pela reprodução de um único modelo de serviços, e a da regulamentação foi marcada pelo bloqueio da inovação, a nova fase que poderia ser aberta deveria caracterizar-se por uma concepção diferente da ação social e educativa.

Segundo Ceri (1982): "A abordagem experimental sustenta a idéia de que o poder de decisão deve ser exercitado principalmente pelos usuários mais próximos e representantes do sistema, em particular pelas autoridades municipais, pelo pessoal dos serviços ou pelos representantes de outras associações da comunidade interessados nos problemas da guarda e da educação das crianças" (p.218). Vale dizer que a eficiência dos serviços está ligada ao poder de controle e de administração dos interessados diretos. Desse ponto de vista, seria útil um incremento das formas descentralizadas e auto-administradas. A experiência italiana no campo dos serviços educacionais, com um papel notável assumido pelas administrações locais e regionais, parece estar mais próxima dessa direção do que, por exemplo, a experiência francesa relativa ao setor pré-escolar estatal. As tentativas que atualmente estão acontecendo também em nosso país, a favor da estatização da escola materna ou de sua homogeneização como setor público primário, motivadas por razões de garantias e de reformas globais, estão indo, pelo contrário, em direção oposta, o que levará, se isso tiver sucesso, ao engessamento de todo o sistema educativo pré-escolar.

Utilizar as forças locais e comunitárias para produzir um aumento das soluções apropriadas significa passar de uma experimentação como meio para uma *experimentação como fim*. De fato, esta não é mais concebida como instrumento para estender a inovação de acordo com um programa geral, como na fase de expansão, mas como realização válida e acabada em si mesma.

Uma política que desejasse assumir essa orientação deveria preocupar-se em criar as condições que permitam a formação de novas iniciativas e sua manutenção no tempo.

Sabe-se que muitas são as resistências que hoje se opõem a essa perspectiva: as forças reformistas continuam a jogar todas as suas cartas em uma administração iluminada e com a participação do braço do Estado; as forças conservadoras e neoliberais apostam na abertura ao mercado e ao setor privado tradicional, identificado na Itália como instituições confessionais. As iniciativas experimentais e comunitárias encontram poucos adeptos, ainda que elas pudessem trazer benefícios no plano da eficiência, da responsabilização coletiva, da socialização ampliada, da diversificação e adequação das respostas (Bottani, 1984a). Todavia, essas são iniciativas frágeis e delicadas que não podem nascer e produzir bons frutos sem húmus e sem cuidados contínuos. É a evolução política e cultural do futuro próximo que nos dirá se estaremos com uma diferente distribuição de ônus entre público e privado, mas afinal em uma condição mais pobre do que a atual ou, pelo contrário, se haverá o início da construção de um cenário mais heterogêneo e complexo onde sejam preservados os fundamentos universais e os objetivos qualitativos da fase de expansão e onde serão desenvolvidas a responsabilização e a diversificação exigidas pela situação social do *pós-welfare*.

Parte II

Os Adultos

Introdução à Parte II

O adulto vive a sua relação com a criança de um modo complexo e mutável, com o corpo e com a sua mente, assim como são mutáveis as condições de vida e os estímulos culturais que nos rodeiam.

As representações que os adultos — pais e educadores — têm da criança, em particular da criança na creche, são muitas vezes contraditórias e esses sistemas se entrelaçam, entrando às vezes em conflito.

Além disso, a realidade da creche evidencia várias necessidades:

— a organização coerente do trabalho na programação e por parte da coordenação;

— a formação dos educadores que, para permanecer vital e crítica, torna-se atualização permanente e enfrenta temas de pesquisas atuais, definindo o domínio de diversas abordagens e metodologias;

— a capacidade de administrar as relações entre adultos, seja nos momentos participativos e políticos (a administração social), seja no contato cotidiano com os pais e nos eventuais conflitos que deste derivam;

— a importância de projetar com pontualidade, consciência e profissionalismo — e antes de tudo, entre adultos — o ingresso da criança na creche.

Justamente pelo fato de que a creche é uma rede de relações complexas onde adultos e crianças são igualmente protagonistas, pensou-se em dar um amplo espaço, neste capítulo, às tarefas, às dificuldades e aos instrumentos para superá-las, tarefas e dificuldades com as quais os adultos se defrontam através de uma série de contribuições produzidas, em grande parte, pelos que trabalham diretamente com o serviço.

3

O Adulto Frente à Criança: ao Mesmo Tempo Igual e Diferente

Renate Siebert

> O filho vem de longe, de um projeto biológico metaindividual; cabe à elaboração psíquica reconhecê-lo como tal e inseri-lo no tempo da biografia e na intimidade da fantasia.
> (Vegetti Finzi, 1985, p. 135)

Gostaria de tentar, aqui, uma reflexão sobre a relação do adulto com a criança pequena. Esta representa, para mim, de uma certa maneira, um ponto de chegada, um cruzamento entre duas experiências: antes de tudo, a da minha maternidade — tenho dois filhos, um de 3 e outro de 7 anos — e, em segundo lugar, a de um estudo teórico e de alguma pesquisa empírica, iniciadas por pessoa não especializada em questões pedagógicas, mas enormemente estimuladas pela vivência do dia-a-dia com essas duas crianças. Somente *depois* dei-me conta do quanto as minhas modalidades de vida, a minha percepção das pessoas e dos objetos que me circundam fossem adultocêntricas — no início da minha "viagem na infância". Percebo, observando em particular as minhas modalidades de relação com o segundo filho, que já lida com uma mãe, com uma adulta, "reeducada" às custas da irmã mais velha. É como se a convivência cotidiana com a primeira criança — em um embate doce e tenaz ao mesmo tempo — tivesse rachado, roído e enchido de fendas as arquiteturas simbólicas e os materiais do meu universo adulto muito bem feito e, aparentemente, meu Deus, espaçoso, cheio de ar e tolerante. O segundo filho, com um leve toque mágico, fez desabar toda a estrutura. Agora estou cansada, no meio dos cacos — mas sinto-me mais viva, menos definida, com uma identidade mais fluida: a criança que existe dentro de mim, graças à cumplicidade com os meus filhos, pôde rebelar-se e invadir as minhas sólidas couraças adultas. Neste percurso a reflexão teórica sustentou-me, algumas leituras, em particular, trouxeram-me os elementos que me permitiram, ao menos em certos momentos particulares de fadiga, não viver a precariedade em meio aos cacos da velha identidade adulta como perda, mas sim como enriquecimento e prazer. É deste percurso teórico que eu quero falar agora.

1. EM RELAÇÃO AO PASSADO

Creio que, embora hoje possamos considerar banal uma difusa consciência da historicidade da relação adultos/crianças, uma breve reflexão sobre o mutável destino da infância, na nossa história mais ou menos recente, possa ajudar a colocar melhor e a compreender melhor o significado atual do nosso ser adulto em relação à criança, seja o real, *fora* de nós, seja aquele dentro de nós, que nos indica o caminho, ou melhor, as trilhas em direção ao continente infância[1]. "A criança do dia" e "a criança da noite", como as chamou Silvia Vegetti Finzi (1985), coabitam no adulto, mas são diferentes no imaginário feminino e masculino, e a sua relação modifica-se com a mudança da cultura e dos processos históricos. Creio que se possa dizer que a importância dada hoje à criança em si, a atenção que se dá às suas expressões desde o nascimento e, ao mesmo tempo, também à sobrevivência da criança no adulto — o que a psicanálise chama de inconsciente — não tenha comparação na nossa história. Dados demográficos brutais referentes à taxa de mortalidade infantil e teorias refinadas sobre o processo de civilização, que, permitindo a interiorização de vastos processos antigamente colocados para além das pessoas, conduziu ao enriquecimento da psique individual e a uma atenção cultural sem precedentes para a vida interior de cada um, demonstram como o *status* da infância se tenha substancialmente modificado nas sociedades modernas. R. D. Lang, durante uma conferência de há alguns anos, em Milão, dizia: "Em relação ao passado, a criança tornou-se insubstituível, única; a criança, hoje, representa um vínculo entre o processo de individualização e o mundo externo". Não é mais o filho que está para outro, herdeiro, continuidade parental, força de trabalho familiar, figura importante no tabuleiro das estratégias de poder até somente de sobrevivência, no caso das classes subalternas, que adquire importância, mas aquela *tal* criança, com aqueles olhos castanhos e os cabelos um pouco crespos. É ela quem conta, é ela quem é insubstituível, a sua morte é inimaginável, irreversível. Atualmente tornou-se raro que se dê o nome do primeiro filho também ao segundo ou ao terceiro, como se usava antigamente para substituir o primogênito, no caso de uma morte considerada provável. A criança, pois, tornou-se insubstituível, única. Mas tem mais: o processo de mediação entre o fora e o dentro de nós, que equivale, por certas razões, àquilo que podemos chamar processo de maturação de uma pessoa — de lactante a adulto e a velho —, hoje ficou mais transparente, está debaixo de uma lente de aumento, além de ter-se modificado com a mudança das culturas e da história, e é reconhecido pelas suas características específicas, na medida em que isso acontece, significativo para a definição do espírito de uma época. Para exemplificar: pensemos no que nos transmite Proust do *milieu* e da atmosfera íntima do mundo burguês, em torno do século, através das páginas nas quais o menino era mandado para a cama com as modalidades da pedagogia burguesa da época, espera, escuta e fantasia a mãe que entretém os convidados no andar de baixo. Processo de especificação e mundo exterior, dentro e fora, os traços particulares explícitos da nossa civilização se encontram, se debruçam e se tornam operantes — e, com a psicanálise, parcialmente transparentes — primeiro na criança pequena, e depois, no garotinho.

Para o adulto, a criança, conscientemente ou não, representa ao mesmo tempo o passado e o futuro, além do perene desafio às modalidades concretas de colocar-se no

---

1 Nesta sede, indico apenas duas obras muito significativas, contrapostas, mas todavia também complementares: Ariès (1960) e De Mause (1974). Para uma discussão das teorias mais significativas sobre a infância e a relação adultos-crianças remeto à primeira parte de Siebert (1984).

presente. O passado que vem ao nosso encontro em cada criança é a cópia da própria infância, da sobrevivência da nossa vivência infantil em nosso inconsciente individual, mas também, contemporaneamente, a cada vez, o encontro com as raízes de toda a humanidade, com o inconsciente coletivo. Como observou Elias, elaborando posteriormente uma intuição de Freud, a história da nossa civilização está marcada por uma progressiva repressão e sublimação das pulsões imediatas: atitudes e comportamentos violentos e imediatos, que antigamente eram considerados ao todo normais, hoje são banidos das relações entre adultos e relegados, ou no mundo da infância, ou no mundo do desvio. De certa maneira, o processo de maturação de recém-nascido a adulto faz com que o indivíduo percorra, relativamente em poucos anos, aquilo que Elias (1980, p.190) chama "o limiar antecipado dos sentimentos de pudor e vergonha que se formou nos séculos"[2]. Isso, sem dúvida alguma, ilumina a complexidade subterrânea que fundamenta cada relação adulto-criança: "a recordação" obscura do preço que o adulto civilizado pagou ontogeneticamente e filogeneticamente suscita ambivalência na criança que ainda incorpora a liberdade dos impulsos.

A criança, no imaginário, não representa somente o passado, mas igualmente o futuro. As crianças são uma fortaleza tangível contra a angústia da morte, são um possível testemunho da imortalidade da pessoa concreta e da espécie, e são uma garantia, mais banal, mas também mais direta, para o futuro social e econômico de cada pai e, em sentido amplo, de cada adulto. São a esperança. "Primeiro as mulheres e as crianças nos botes salva-vidas!". Essa é a palavra de ordem nos momentos de catástrofe. Em nossa época, sob o incumbente holocausto atômico, em uma civilização que não é capaz de decidir-se nem pela vida e nem pela morte, segurando a todos no fio da navalha, o renovado interesse pela infância, em nível de várias disciplinas, desde a História à Psicologia, mas também em nível político e social, testemunha esta verdade[3].

Em relação ao passado, poderíamos dizer, então, que a relação entre adultos e crianças, entre cada um dos pais e os seus filhos, problematizou-se enormemente, indo além da vontade e das disposições individuais. De fato, a nossa cultura é percorrida por tendências extremamente contraditórias: de um lado, a ênfase na infância, a própria formação de um mundo de infância que, como bem demonstrou Ariès, é um fenômeno moderno. De outro lado, dados, estatísticas, pesquisas, mas também somente uma leitura rápida dos jornais, nos testemunham, de forma surpreendente, que as crianças nas nossas sociedades altamente civilizadas são vítimas privilegiadas de todo tipo de abuso, violência, abandono e crueldades (cf. Packard, 1983).

2. O CORPO-MENTE DA CRIANÇA E A MENTE-CORPO DO ADULTO

A complexidade virtual intrínseca na relação que o adulto estabelece com a criança é posteriormente acentuada pelo véu de esquecimento que se estende na memória adulta, sobre os anos vividos na infância. Isso faz com que, apesar de termos todos vivido essa experiência concreta, as expressões durante os primeiros anos de vida de uma criança, de um filho, possam nos parecer totalmente fora de nós, quase

---

2 O padrão que se desenvolve em nossa fase de civilização caracteriza-se por uma grande distância entre o comportamento dos chamados "adultos" e o das crianças. Em poucos anos, as crianças devem alcançar o limiar antecipado dos sentimentos de pudor e vergonha que se formou nos séculos (cf. Elias, 1980).

3 Para estas reflexões, remeto à obra muito estimulante de Rutschky (1983), em particular, o ensaio introdutório.

fossem expressões de um alienígena, de um extraterrestre, na pior das hipóteses, de um monstro, na melhor, de um ser disforme, sem características específicas, uma *tabula* (uma tábua vazia) a ser completada, modelada, provida de significados. Assim, a tentação da projeção de características específicas nossas — gostos, prazeres, ambições, medos, angústias, limites, expectativas — sobre a criança, tão necessitada de formação, é enorme. Penso que a categoria da projeção, incluindo também as expectativas de projeção, seja central para colher alguns nexos significativos entre adultos e crianças — embora, obviamente, não seja capaz de abarcar todos os significados. Nenhuma relação entre pessoas pode ser totalmente carente de projeções; todavia acredito que a transferência não-planejada das partes odiadas, temidas e não-aceitas do Si, na criança pequena, pode ser particularmente prejudicial para o seu desenvolvimento. Bowlby fala das crianças como perfeitos bodes expiatórios e isso porque elas expressam, tão cândida e diretamente, todas as "culpas" da natureza humana: egoísmo, avidez, impaciência, sujeira, imoderação, agressividade. O adulto, desde sempre, é tentado a elaborar esses pecados em um terreno fora de si, muitas vezes enaltecendo o fato como sendo uma intervenção educativa. "Algumas das relações mais comprometidas entre pais e filhos, que provocam grandes problemas nas crianças, são geradas pelos pais que vêem o cisco no olho do filho, mas não a trave no próprio olho" (cf. Bowlby 1979, p. 20).

A tentação de projetar na criança é incentivada e facilitada por uma espécie de confusão das linguagens: o adulto raciocina, pensa, fala, domina o mundo que o circunda, em boa parte, através da definição verbal. O adulto, com muita fadiga, aprendeu a frear as suas emoções e sensações corporais dando às mesmas uma forma discursiva. A criança pequena, ao contrário, se contrapõe ao adulto como analfabeta, incapaz de palavras sensatas, cheia de uma invasiva e escandalosa corporeidade, com necessidades corporais raivosas e impelentes — de corpo inteiro —, se não é um objeto, muito menos um vegetal. A esperança de que este não-adulto por definição, mais cedo ou mais tarde, se parecerá com adulto, falará, raciocinará como ele, encoraja o próprio adulto nos seus esforços educativos, que tendem prevalentemente a animar e a disciplinar esse corpo em base aos critérios culturais vigentes. A dolorosa divisão entre mente e corpo, tão profundamente radicada em nossa cultura ocidental, se refere a todos nós; não se trata, por isso, de culpabilizar cada pai ou cada adulto. Todavia, uma sensibilização em relação às implicações dessa divisão pode dar maior clareza a muitos estorvos que impedem uma relação satisfatória entre mãe e filho, pai e filho, adulto e criança. Acredito que dificilmente um pai, mais cedo ou mais tarde, fuja do dilema do "demasialo" ou do "muito pouco", até mesmo quando se trata de pais tranqüilos, confiantes na própria capacidade de estabelecer espontaneamente uma relação equilibrada com os filhos. Cozinhando, escovando, limpando, varrendo, correndo para médicos e especialistas desperdicei todo o tempo para o sustento do corpo da criança, perdendo ocasiões preciosas para entretê-la e estimular a sua inteligência? Ou ainda: levando-a a passear, brincando, indo à praia, onde apanhou uma bronquite, pretendi talvez demais para fazê-la divertir-se às custas dos cuidados físicos tão essenciais para o bem-estar dos pequeninos? Ou ainda: eu, talvez, tenha cozinhado ou limpado em demasia por medo de não saber brincar? Ou fui tantas vezes passear porque aquele acúmulo de roupa suja a ser lavada me dava nojo? Qual é o pai que não possui dúvidas lacerantes desse tipo? Mas não acredito que o problema esteja, fundamentalmente, nisto; acredito sim que o fato de questionar-se a respeito dessas dúvidas já indique uma base de relacionamento com a criança que leva em consideração a íntima conexão da psique e do soma do recém-nascido: o filhote do homem é um ser que se exprime, recém-nascido, prevalentemente através do corpo, comunica com todo o corpo, mas comunica. Ele precisa de satisfações corporais, mas que lhe sejam dadas enquanto pessoa e não como vegetal. Crianças muito pequenas, nutridas e cuidadas com toda a perfeição, do ponto de vista material, mas sem uma relação humanamente satisfatória, tendem a uma passividade total, a sofrerem gravemente de doenças e muitas morrem, como demonstraram as pesquisas de Spitz sobre o fenômeno da "hospitalização", além de todo o material clínico recolhido como exemplo por Bettelheim (1967 a). A esse respeito, Erikson (1977, p.38) cita pesquisas de Bruner com recém-nascidos de poucas semanas, que evidenciam a importância da visão para o bem-estar dos pequeninos. Essas pesquisas sugerem "que as necessidades epistêmicas do novo ser vivo não são completamente sufocadas pela necessidade de comida e de conforto".

Tudo depende da qualidade do relacionamento. Esta afirmação é, ao mesmo tempo, leve e pesada. Por um lado, tudo torna-se fácil: confiamos na intuição, na espontaneidade e, de algum modo, certamente estamos no bom caminho. Mas, como adverte Bettelheim: "O amor não basta"[4]. A relação é feita por pessoas, por circunstâncias, objetos, espaços e tempos, vontades e desejos explícitos, mas também por correntes subterrâneas, inconscientes. E, assim, pode acontecer que o que nós gostaríamos que fosse uma relação satisfatória com a criança que seja, na realidade, uma pseudorelação, feita de receitas pedagógicas, invocações moralistas, complacência, inundação de objetos como brinquedos, roupas sofisticadas, alimentos refinados e, finalmente, a entrega a especialistas como médicos e psicólogos, esforços que aquela ingrata criança inconsciente demonstra não apreciar, tornando-se sempre mais irrequieta talvez, ou quebrando tudo e pedindo sempre mais[5].

A indústria da criança, que obviamente produz tantas coisas úteis e prazerosas, entre produtos para o corpo, comidas particulares, jogos didáticos e brinquedos de todos os tipos, possui, porém, algo de nefasto: oferece ao adulto uma via fácil e cômoda para substituir o esforço pessoal, que uma relação implica, com o gesto fácil da carteira. Os mesmos brinquedos, como já escrevia Benjamin (1928, p. 76), além de representarem um nexo dialético entre a criança concreta e as gerações que a precederam, respondem, em boa parte, exigências adultas: "Mesmo que não seja feito imitando os objetos dos adultos, o brinquedo representa uma comparação, e menos da criança com o adulto do que do adulto com ela".

O "muito" ou o "muito pouco", a incerteza, às vezes a ignorância e a insensibilidade do adulto ao detectar a complexa e mutável unicidade entre corpo e psique na criança pequena, pode ser sintetizada em alguns aspectos básicos do relacionamento.

---

4 "Mas, atualmente, recomenda-se que os pais também dêem amor aos filhos, como se qualquer um pudesse dar aquilo que não possui, ou como se uma mãe que ama a sua criatura tivesse necessidade que alguém lhe dissesse para amá-lo... Assim, a advertência recorrente "amem o seu filho", mesmo movido por boas intenções, não alcança o seu objetivo se os genitores não a aplicam com a devida sensibilidade ou com emoções autênticas... Uma das contribuições fundamentais que podemos dar, através de uma instituição como a nossa, é estudar a pressão, positiva ou negativa, exercitada sobre os indivíduos pelas suas atividades diárias, as reações emotivas existentes no seu âmbito ou fora dele e o modo pelo qual estas últimas estão correlacionadas aos contatos humanos que tais atividades comportam. Em nossas tentativas de ajudar as crianças a superar suas dificuldades, podemos ver claramente como, por representarem somente uma "rotina" para os adultos, tais atividades sejam, muitas vezes, dadas como corriqueiras e assim a sua importância acabe sendo subestimada; para as crianças, pelo contrário, elas são freqüentemente as atividades centrais da vida" (cf. Bettelheim, 1950, pp. 7-8).

5 Para exemplificar, podemos citar esta parte de uma entrevista feita à mãe de uma criança de cinco anos: "Não precisa ser excessivamente bons com as crianças... eu tenho pouco tempo para a criança... não tenho paciência, tenho muito o que fazer... esta criança é terrível... me deixa nervosa... é uma criança um pouco metida... os dois televisores ligados, os dois para ela... tantos carrinhos, mas ele quebra todos... O fato é que, algumas vezes, eu gostaria de brincar, mas quando o faço, ele logo abusa e se torna uma criança insuportável" (cf. Siebert (1984).

O corpo como invólucro. "Não se pode desenvolver uma verdadeira confiança nos outros e nenhum afeto verdadeiro até que um indivíduo esteja convencido de que ser tocado, por esta ou por aquela pessoa, seja desagradável ou, ainda, que cause até dor" (Bettelheim 1950, p.344). Por algumas mães, e mais facilmente pelos pais aos quais falta a experiência da gravidez e do parto, o recém-nascido é vivido como objeto a ser cuidado, tratado, manipulado em uma única direção: todas as iniciativas partem do adulto. A quantidade de objetos e gestos de cuidado, como roupinhas, sabonetes, talco, banhos, passeios com o carrinho e outros, fazem com que o adulto esteja perenemente ocupado em detrimento da escuta das necessidades do lactente. Marcou-me muito a lembrança de uma senhora que havia passado pelo parto no mesmo dia em que eu havia dado a luz, e que estava na cama ao lado da minha; havia chegado ao hospital com várias malas, cheias de objetos finos, roupinhas, fraldas, etc. Para cada visita recebida de parentes, ela trocava a menina, mas, quando a menina chorava, ela nem a tocava, pelo contrário, pedia a todos que a deixassem chorar porque as crianças não devem ser mal acostumadas. Quando se aproximava ao berço, em vez de pegar a menina no colo e falar com ela, como faria uma pessoa normal, começava a embalá-la com força, recitando em tom monótono uma série de palavras repetitivas como "amor da mãe, linda da mãe", porém sem olhar a criança no rosto. Talvez um caso extremo, mas provavelmente significativo para uma atitude possível muito mais grave, como diz Winnicott: "Todos os detalhes iniciais dos cuidados *físicos* prestados à criança são, para ela, fatos *psicológicos*... a mãe... permite à psique da criança começar a viver no corpo infantil"(Winnicott, 1957/1962, pp. 14-15). Essa vida da psique no corpo desenvolve-se por graus e por saltos, e varia de indivíduo para indivíduo. Na idade de um ano, por exemplo, a criança é fixada ao corpo de maneira sólida somente em alguns períodos, e a consciência adulta disso influenciará todos os seus gestos na rotina cotidiana. Ainda Winnicott: "A psique da criança pode perder contato com o corpo e podem verificar-se fases em que não será fácil, para ela, voltar de repente no corpo, como quando, por exemplo, ela é acordada de um sono profundo. As mães, que sabem disso, acordam gradualmente a criança, antes de tirá-la do berço, a fim de não provocar aqueles terríveis gritos de pânico que uma mudança de posição do corpo, em um momento em que a psique se encontra ausente do mesmo, pode suscitar" (Winnicott, 1965, p. 15). A percepção da criança pequena como "demasiado" corpóreo, somente corpo-objeto, liga-se portanto facilmente ao fato de relacionar-se com ela como se fosse "muito pouco" pequena, isto é, já semelhante a um ser adulto.

O corpo a ser enchido e esvaziado. Comer e evacuar, tomar e dar, receber e doar, ser enchido e esvaziado, ou seja, nutrir e limpar, rechear e treinar, encher e esvaziar: a maior parte do relacionamento com a criança pequena passa através desses gestos, aparentemente inócuos e naturais, como a nutrição e a evacuação. Trata-se de atividades cotidianas, por definição, repetitivas, necessárias, inevitáveis embora cada vez imensamente significativas e únicas, básicas pela qualidade do relacionamento e, em geral, pela formação do caráter da futura pessoa adulta. Antes de tudo, deveriam ser atividades prazerosas para a criança, mas muitas vezes não o são mesmo. O momento da refeição e a espera nas fraldas ou no vaso se transformam freqüentemente em cruéis atos de guerra entre duas vontades que se enfrentam: a do adulto, que mede o seu poder de educador, e a da criança, que mede as suas forças e os seus graus de autonomia. Dependendo das circunstâncias, da particularidade das pessoas envolvidas e do contexto de socialização mais amplo, a comida, de "grande socializadora", como salientou Bettelheim, pode transformar-se em veneno, abuso, sufocação. Sobretudo, como adverte Winnicott, a comida, substitutivo de outra coisa, pode tornar-se um freio para o desenvolvimento do Eu. " É certamente possível gratificar um impulso oral da criança e, assim fazendo, *violar* a sua função egóica, ou seja, aquilo que mais tarde será custodiado de maneira ciumenta como Eu, como o núcleo da personalidade. Uma satisfação alimentar pode ser uma sedução e pode ser traumática, *se* chegar a uma criança sem a cobertura do funcionamento do Eu" (Winnicott, 1965 a, p. 69). Como, por outro lado, a obesidade de uma criança pode ser um indício de carências afetivas. Mas mesmo a rejeição quase total do alimento pode ser uma resposta à doce prepotência que a criança obscuramente percebe na relação[6]. Uma reflexão análoga se impõe para o ensino da higiene. O grande prazer que a criança obtém do próprio corpo, da sua nudez, das zonas erógenas confinantes com aquelas mais diretamente sexuais no futuro, pode ser gravemente prejudicado ou inibido pelas emoções de vergonha ou de nojo expressas, direta ou indiretamente, pelos pais. Além disso, ser obrigado a submeter as mais íntimas funções do corpo à vontade do adulto pode gerar sentimentos de perda e de impotência em relação ao mundo em geral.

O corpo móvel. A criança se movimenta, explora, toca, entra em relação com o mundo inteiro através dos poucos ou muitos objetos que estão, a cada vez, ao seu alcance. O raio de ação das suas atividades — além do seu próprio desenvolvimento psicomotor — é limitado pelas restrições adultas. E o espaço, a configuração dos objetos, dos móveis aos enfeites, aos equipamentos de trabalho, é prevalentemente um espaço sob medida para o adulto, tanto em relação à casa, quanto a lugares públicos. E assim, o "não" torna-se facilmente um muro de vidro que engaiola a exploração infantil a qual, por íntima natureza, está ligada ao movimento e às mudanças de lugar do corpo, ao pegar e lançar. O adulto pode viver os movimentos da criança de duas maneiras completamente diferentes: ou como constante ameaça do próprio território, como intrusão nos seus espaços, como agressividade, ou então como convite ao brinquedo, à reestruturação do espaço, à cooperação. Obviamente, poderia objetar-se que a criança pequena está constantemente em perigo, muitos dos seus movimentos podem provocar acidentes, podem colocá-la diretamente em perigo. E é verdade que a própria categoria da "segurança", a preocupação pela incolumidade da criança é básica para o seu crescimento sadio. Mas a segurança ambiental que nós, adultos, fornecemos aos pequeninos deve estar constantemente relacionada com a segurança interior que, passo a passo, se desenvolve na criança e que se expressa na sua capacidade crescente de autocontrole.

A idéia da segurança, levada ao extremo, sugere que gaiolas e barras sejam lugares ideais para o crescimento, mas tratar-se-ia de um crescimento às custas do crescimento da pessoa no sentido da autonomia. Aliás, logo que se desenvolver na criança uma certa segurança, ela mesma fará de tudo para combater a segurança que nós queremos oferecer-lhe: "Segue-se uma longa luta *contra* a segurança, ou seja, contra a segurança dada pelo ambiente... Essa luta contra a segurança e contra os controles acompanha toda a infância; entretanto, os controles continuam sendo necessários"(Winnicott, 1965, p. 47). Por isso, os pais encontram-se na difícil situação de fornecer, constantemente e com fadiga, os elementos que constituirão as armas fundamentais para a demolição progressiva da sua própria superioridade e autoridade. Os pais "continuam, sim, a funcionar como protetores da ordem, mas aguardam

---

[6] As modalidades particulares de se relacionar com o alimento — avidez ou recusa —, além de serem o fruto da relação específica entre adulto e criança, também podem ser influenciadas por fatores culturais e históricos gerais (cf. a este respeito os resultados de minha pesquisa, feita na Calábria [Siebert, 1984]).

o ato de arbítrio, e até a revolta" (Ibidem, p.48). Além das implicações complexas do dentro e do fora no processo de maturação da criança, existem porém coisas muito mais banais que às vezes impedem de forma realmente perigosa os seus movimentos, devido à substancial cegueira adulta em relação às exigências das crianças. Penso, aqui, principalmente na pouca fantasia ao criar espaços reais para as crianças, tanto privados quanto públicos, e na pouca criatividade na neutralização de objetos, como, por exemplo, muitos eletrodomésticos e produtos para a casa que virtualmente colocam em perigo a segurança da criança. "Parece fácil confinar uma criança num cerca com a desculpa de que é preciso impedi-la de machucar-se tocando no fogão quente, enquanto que, com um pouco de fantasia, seria possível isolar este último com uma cerca, ampliando, assim, o reino que a criança pode explorar sem perigo" (Bettelheim, 1950, p. 7).

O corpo falado. A palavra, a definição adulta, anima o corpo da criança. O que seja a infância e quais sejam os requisitos da criança foram questões definidas de muitas maneiras através dos séculos, até culminar na época moderna, em teorias pedagógicas elaboradas e estratégias educacionais mais ou menos rígidas. A criança, por definição, não opina, não tem voz. "Portanto, infância é o reino da palavra 'outra'... A infância é não-palavra, da qual porém se fala, à qual se fala, mas que, por sua definição, não pode replicar com palavras e falar de si" (Becchi, 1982, pp. 4-5). A compacta rede de discursos ao redor da criança, definindo e obstaculizando o seu crescimento, normalizou e institucionalizou um processo de socialização unidirecional: o educador adulto, abundantemente através da palavra, civiliza o corpo infantil. Os procedimentos educacionais, da definição do educando às invocações de tipo moral, até as punições, muitas vezes escondem a incapacidade ou a não-disponibilidade de relacionar-se com a criança, permitindo a atitude de uma pseudo-relação. Nada melhor que as punições e os refinados sistemas de teorização pedagógica a seu propósito são testemunhas disso[7]. Existe uma quantidade sufocante de materiais históricos sobre o tema da punição educativa, enquanto que ainda deveriam ser descobertas as fontes sobre o amor, na educação. De uma certa maneira, é simples aplicar medidas educativas, não requer um envolvimento pessoal, dispensa da responsabilidade e parece trazer certezas. A criança, por sua vez, responde de modo complacente às custas do seu próprio modo de vida pessoal. Como observa Winnicott (1965 a, pp. 126-129): "O ser complacente traz recompensas imediatas e os adultos confundem isso, muito facilmente, com o desenvolvimento... A resposta para esses problemas é sempre que se pode obter bem mais através do amor do que com educação. Amor, aqui, significa a totalidade da assistência à criança, a que facilita os processos de maturação. Este amor compreende, também, o ódio".

A relação com a criança baseada no amor compreende, também, a severidade. Dependendo do nível de crescimento, a criança pequena necessita de proteção, tanto dos perigos externos, quanto da fúria das próprias pulsões. Os seus sentimentos de amor, mas também de ódio, são fortíssimos e somente pouco a pouco ela aprende a suportá-los, a aceitá-los como seus e a autocontrolar-se, desenvolvendo um superego. Mas, inicialmente, "os mecanismos do autocontrole são brutais como os próprios

---

[7] É interessante observar que muitos adultos inteligentes pensam que a única alternativa para se fazer com que a criança deixe de se comportar como um selvagem seja a de infligir-lhe punições. Uma política de intervenção decidida, mas amigável, quando a criança faz algo que não queremos, não somente cria menos amargura do que as punições, mas revela-se muito mais eficaz. Acredito ser uma das grandes ilusões da civilização ocidental achar que a punição seja um meio de controle eficaz" (cf. Bowlby, 1979, p. 14).

impulsos, e a severidade da mãe ajuda por ser menos cruel e mais humana; pois uma mãe pode ser desafiada, enquanto que a inibição de um impulso interior está sujeita a ser total" (Winnicott, 1965, p.21).

Tenho a impressão de ter falado muito, até agora, nas fadigas, nas complicações, nas dificuldades relacionais; talvez exista uma verdade nisso: há uma difusa sensação de que, na relação com a criança, seja o adulto a dar mais que a receber. A idéia de que seja justo e necessário "fazer sacrifícios" para os filhos é expressa repetidamente e com orgulho. Quando muito, ouve-se dizer que é bonito fazer sacrifícios para os filhos, mas eles continuam sendo sacrifícios. E o prazer? O divertimento, o enriquecimento do adulto através do contato com a criança? "O sacrifício é um sentimento considerado positivo ou ainda aceito, enquanto que sobre o prazer ainda pairam grandes sombras e não se sabe ainda se realmente se pode dizer, e ser entendido, o "prazer da criança" (Colombo, 1982).

3. A MÃE: EQUILIBRISTA ENTRE FUSÃO E SEPARAÇÃO

"Inicialmente, a criança expressa os seus próprios desejos de maneira indistinta, isto é, produz movimentos e sons que não possuem um significado unívoco e que cabe à mãe receber e interpretar. O seu desejo permanece assim dependente do reconhecimento por parte do outro, sendo então a resposta que, neste nível, define o pedido. A mãe pode responder àquilo que interpreta como desejo do filho com o alimento, com o afeto, com a repressão, assim como pode ignorar o pedido que, por falta de reconhecimento, tende a extinguir-se" (Vegetti Finzi, 1976, p. 4).

A criança cresce no corpo da mãe e mesmo depois da separação física, depois do nascimento, a relação mãe-filho, por um certo período de tempo, possui um caráter de fusão. A ligação mãe-filho é de vital importância para o crescimento da criança, tanto que Winnicott (1957-1962, pp. 144-145) afirma: "A criança em si não existe... Uma criança não pode existir sozinha, ela é parte de uma relação". A mãe providencia os primeiros cuidados físicos e psicológicos, oferece o próprio corpo para a nutrição, apresenta o mundo ao lactante passo a passo e, enfim, acompanha o filho durante a fase da perda de ilusões, a fase do desmame. Nos primeiros estágios da vida, o Eu maduro da mãe substitui-se ao Eu incerto, frágil e inconstante do recém-nascido, "a criança onde o Eu é forte devido ao sustento do Eu materno" (Winnicott 1965, p. 28). A mãe possui uma responsabilidade muito particular em relação à sua criança; a sua capacidade de ser ela mesma, a sua capacidade de relacionar-se com o bebê, colhendo intuitivamente as suas mutantes necessidades que constantemente oscilam entre dependência e autonomia, constitui o fundamento para o crescimento da criança. Autores como Bettelheim, Bowlby ou Winnicott concordam na avaliação sobre a contribuição da mãe: "A mãe sadia tem muito o que nos ensinar... A mãe comum não é só a especialista: é, na realidade, a única que pode saber como comportar-se com aquela determinada criança" (Ibidem, p. 37). Todavia, nem todas as mães fisiológicas são capazes de cumprir as funções maternas. A natureza de fusão na relação mãe-filho esconde o perigo de que uma mãe, não suficientemente sadia, equilibrada, madura como pessoa, possa transtornar a mente imatura da criança, envolvendo-a a tal ponto nos seus próprios problemas, que acaba sufocando o desenvolvimento de um Eu separado da criança. Mas, até mesmo nos casos menos graves, o perigo da prevaricação materna existe facilmente: "As mães devem atravessar todo tipo de sofrimento e é bom quando os recém-nascidos e as crianças não o compartilham. Estes já possuem o bastante por conta própria. Aliás, eles gostam de ter os próprios sofrimentos, da mesma maneira em que gostam das novas capacidades, um horizonte mais amplo e a alegria" (Ibidem, p. 56). O que se pede a uma mãe é que seja sempre ela mesma, permitindo, assim, o desenvolvimento da individualidade do outro, alternando, de acordo com as exigências da criança, momentos de fusão com momentos de separação, momentos em que se alimentam e se sustentam as ilusões com momentos de separação, momentos nas quais elas desmoronam. É uma refinada acrobacia, não é uma tarefa nada fácil e seria completamente errado culpar as mães por isso. Normalmente, as mães separam-se do filho menos rapidamente de quanto ele precisaria separar-se da mãe. Mas, salvo em casos de sofrimento patológico, a mãe se relaciona, de uma maneira ou outra, aos ritmos do filho, ajudada nisso pelas capacidades crescentes da criança em adaptar-se a ela. "Com uma certa idade — mas provavelmente não antes de um ano — a criança torna-se capaz de aceitar as características da mãe e desse modo acaba sendo relativamente independente da incapacidade materna de adaptar-se às suas necessidades" (Ibidem, p.16).

O que significa, porém, adaptar-se aos ritmos de crescimento da criança? Em primeiro lugar, o reconhecimento, momento a momento durante o dia (e à noite), da imaturidade física e psíquica da criança, avaliando-a como a qualidade específica de uma fase, ao invés de penalizá-la por falta de maturidade. Concretamente isto quer dizer, por exemplo, aceitar e encorajar a criança a viver e expressar a sua dependência, os seus medos, as suas tristezas, a sua raiva, o seu ódio, a sua maldade, não sugerir-lhe um prematuro bom comportamento, um prematuro autocontrole, que seja querida e boazinha, que facilmente levaria ao desenvolvimento de um falso Eu condescendente. Ao mesmo tempo, significa dar crédito às suas exigências de autonomia, na medida em que são exigências suas e não impostas pelos adultos, suportando a rejeição e permitindo-lhe ficar sozinha. "A capacidade de ficar sozinha é um fenômeno extremamente refinado", afirma Winnicott (1965a, p. 31), e amplamente ligado à capacidade da mãe em aceitar desde logo que a sua criança é, potencialmente, uma pessoa diferente dela. A capacidade de ficar sozinha desenvolve-se de vários modos na vida, mas a experiência fundamental, que segundo Winnicott prejudica esta possibilidade, é a experiência de ficar sozinha quando bebê e quando criança pequena, na presença da mãe. Nada melhor do que esse paradoxo fundamental, a experiência de ficar sozinho na presença de uma outra pessoa pode iluminar a complexidade da relação mãe-filho.

Enfim, gostaria de abordar um assunto que me parece central para a relação com a criança pequena, tanto por parte da mãe, quanto do pai: o fenômeno da ambivalência. Não existe amor sem ódio, não existe ódio sem amor, não existe relação que não conheça momentos significativos de conflito. "Nada ajuda mais uma criança que o poder expressar hostilidade e ciúme de forma direta e espontânea, e nenhuma tarefa é mais significativa, para um pai, do que saber aceitar com serenidade expressões de amor filial como "Te odeio, mamãe", ou: "Papai, és um animal" (Bowlby, 1979, p. 13). A criança, crescendo, deve dolorosamente aprender a enfrentar as partes negativas de seus impulsos como o ódio e a agressividade. A aparente estranheza do fato que mesmo em um ambiente amoroso e protegido a criança se mostre violenta diminui, se pensarmos que o ódio que os homens levam dentro de si jamais se revela em toda a sua crueldade. "Até a criança pequena quer mostrar que gosta de destruir suas construções e o faz somente porque, naquele momento, a atmosfera geral é construtiva e no seu interior ela pode permitir-se destruir, sem por isso cair no desespero" (Winnicott, 1957/1962, p.186). A agressividade pode ser expressa de várias maneiras, concretamente, verbalmente, ou até mesmo através das fantasias. Quanto mais possibilidades seguras forem oferecidas à criança para que as expresse, menos angustiante será o medo que a experiência do ódio necessariamente lhe desperta. A aceitação das partes ruins de si mesma — além das boas — faz parte do processo de crescimento e representa um ponto de chegada. No trabalhoso itinerário em direção à conscientização da ambivalência, o adulto pode ajudar muito a criança, aceitando e confirmando a temporária divisão absoluta do mundo em bom e ruim, tranqüilizando a criança e dando-lhe a certeza de que o ruim pode ser enfrentado e vencido e, sobretudo, que existe em toda parte e que não é "culpa" exclusiva da criança. Neste sentido, o jogo em geral, situando-se em um espaço intermediário entre subjetividade e objetividade, e as histórias infantis em particular tornam-se um terreno privilegiado para a elaboração do conflito.

"É uma característica das histórias infantis expressar um dilema existencial de modo claro e conciso. Isso permite à criança captar o problema na sua forma mais essencial... Os personagens das fábulas não são ambivalentes: não são nem bons nem malvados ao mesmo tempo, como somos todos nós na realidade... Uma pessoa é boa ou má, jamais as duas coisas ao mesmo tempo... As ambigüidades devem esperar até que uma personalidade relativamente sólida seja estabelecida nas bases de identificações positivas... Negar o acesso a histórias que, implicitamente, dizem à criança que os outros possuem as mesmas fantasias, levar a criança a acreditar que ela é a única a imaginar coisas desse tipo. Isso torna as suas fantasias realmente terrorificantes... Sem fantasias que nos dêem esperanças, não temos forças para enfrentar as adversidades da vida. A infância é o período em que essas fantasias devem ser alimentadas" (Bettelhein, 1976, pp.14-15-120-121-152).

Gostaria de terminar essas reflexões sobre a diversidade, a similaridade e a confusão das linguagens entre adultos e crianças com uma anotação de Ferenczi. Este, contrapondo a linguagem da ternura das crianças à linguagem da paixão dos adultos, dá "o conselho: prestar mais atenção (mais do que se deu até aqui) à maneira particular de pensar e de falar das crianças (dos alunos e dos pacientes); todas elas falam uma linguagem escondida e todavia muito crítica, e por isso, se os fizermos falar, escutaremos coisas muito instrutivas" (Ferenczi, 1932, p. 426).

4

Os Comportamentos Parentais em Relação à Criança e à Instituição

Francesca Emiliani e Luisa Molinari

Os estudos sobre as imagens e as representações sociais da infância constituem um ponto de referência constante na literatura psicopedagógica para todos aqueles que se ocupam da criança, sejam estes pais ou educadores. A importância de tais estudos torna-se evidente no momento em que se consideram as características da infância em relação às de outros grupos sociais. De fato, a criança possui uma capacidade limitada de controle ativo sobre as condições da sua existência e é um ser frágil e marginalizado em relação ao adulto. Portanto, a maneira pela qual os adultos percebem a criança adquire significado, pois influi sobre suas condições de vida e sobre o seu modo de ser. "Mesmo de maneira implícita e com diversos graus de consciência por parte dos mesmos atores que lhe dão vida, os comportamentos para com a infância demonstram sempre o esforço ativo, por parte de um grupo social, em inscrever a criança que nasceu como realidade biológica dentro de esquemas de humanidade culturalmente definidos " (Paolicchi, 1981). Até o momento utilizamos termos diversos entre si: imagens, comportamentos, representações sociais, e essa diversificação sugere uma variedade de dimensões possíveis para se descrever aquilo que os pais pensam.

Um caminho de pesquisa sobre as imagens que os adultos possuem em relação às crianças é aquele conduzido por Ponzo e colegas sobre estereótipos e preconceitos. Esses estudiosos tentaram definir quais são as características atribuídas às crianças de diversas idades e diferenciar grupos portadores de preconceitos, na medida em que eles estivessem mais ou menos em contato com crianças reais (por exemplo, mães e professoras). Várias pesquisas (De Grada, Ponzo 1971 & Ponzo 1976) evidenciaram os fenômenos de deformação, estereotipização e simplificação que caracterizam a percepção adulta da infância. Geralmente, apesar de pensar-se que os adultos conhecem as crianças, na realidade este conhecimento é extremamente simplificado e distorcido. Os estereótipos e preconceitos em sua maioria compartilhados pelos adultos dizem respeito, em particular, às capacidades típicas das crianças de diversas idades. Das pesquisas surge a tendência de subestimar as capacidades da criança antes dos seis anos e supervalorizá-las depois do ingresso na escola primária. Ainda, os adultos possuem uma imagem idealizada do recém-nascido (a cabeça da criança considerada a mais graciosa e simpática corresponde a uma criança fortemente encefalizada, a ponto de apresentar uma grave patologia) que freqüentemente provoca grandes desilusões nas mães.

Um conceito recente na pesquisa psicopedagógica é o de representação social, mais amplo que o de comportamento e que tende a definir formas de conhecimento do senso comum. O conceito de representação social já se tornou um tema crucial da psicologia social contemporânea, pois sua compreensão assume uma importância fundamental para a explicação dos comportamentos das pessoas em relação a objetos sociais específicos. O estudo dessas representações, fortemente influenciadas tanto pelo fato de pertencerem a específicos grupos sociais, quanto pelas funções que o indivíduo assume nestes grupos, permite conhecer melhor o modo pelo qual as pessoas constroem a realidade e se orientam no seu interior.

As pesquisas sobre as representações sociais da infância são motivadas por dois fatores: por um lado, a pesquisa da "teoria ingênua" compartilhada por um grupo social sobre quem é e do que uma criança tem necessidade; por outro, a exigência de antecipar como uma criança aprenderá as suas funções e integrará os sistemas de valor do seu ambiente. Uma série de pesquisas conduzidas sobre as representações sociais da infância, compartilhadas pelo imaginário coletivo, demonstra a existência de uma imagem mitificada, construída em torno de um núcleo bipolar: o mito da autenticidade contra aquilo que não é autêntico, da espontaneidade e liberdade contra os condicionamentos normativos. A infância é idealizada como condição de pureza inexoravelmente perdida por quem se torna adulto e, no processo de mitificação, a criança se torna símbolo e principal suporte de um mundo de valores, mas por isso mesmo é irreal e sem história. De acordo com Chombart de Lauwe (1974), essas imagens da criança idealizada, separada da realidade social, provocam expectativas completamente irreais, não ausentes de riscos para a criança, e nos transmitem um modo de vê-la mais como ser adulto do futuro do que como ser em formação.

Estudos recentes direcionaram-se sobretudo para dois grupos de sujeitos, pais e educadoras de creche, para enfocar, no jogo das imagens que se encontram, o tipo de anseios e de expectativas que na vida de cada dia são dirigidos à criança.

1. A CRIANÇA E A CRECHE NA REPRESENTAÇÃO SOCIAL DAS EDUCADORAS

Do conjunto das pesquisas realizadas junto às educadoras de creche, surgiram três tipologias dominantes (cf. Emiliani & Molinari, 1985).

A primeira considera a creche como a primeira etapa da escolarização: a primeira escola. As educadoras compartilham uma imagem de creche centrada na organização e na instituição e, conseqüentemente, adotam comportamentos prevalentemente direcionados ao bom funcionamento da própria instituição, para um desenvolvimento organizado da vida de cada dia. Para as educadoras, tudo isso é necessário para que cada momento da vida cotidiana na creche se realize como momento de aprendizagem. A orientação sobre a instituição, ao invés de sobre a criança, manifesta-se sobretudo em algumas "rotinas" do dia (por exemplo, a chegada, o almoço, a hora de dormir) que se revelam particularmente sujeitas à expressão de desconfortos, desejos e angústias por parte de cada criança. A adesão às regras, quando definidas, não admite interpretações pessoais por parte das educadoras, nem mesmo frente ao aparecimento de novas exigências. Nessa perspectiva, as referências explícitas às necessidades das crianças são bastante raras. Enfatiza-se sobretudo o conjunto de competências que a criança deve adquirir para ser "bem socializada" na creche e para inserir-se sem problemas na instituição escolar posterior. Ressalta portanto a imagem de uma criança "a ser socializada", isto é, a ser submetida a intervenções precoces de preparação à escolarização verdadeira, relacionadas ao ensino de noções (cores, partes do corpo...) e de comportamentos que tornem a criança mais autônoma. A creche é vista assim como primeira etapa de um percurso educacional reconduzido essencialmente ao binômio ensino-aprendizagem, e portanto adapta-se às instituições escolares. A idéia de criança "bem socializada", que faz parte desta tipologia, resulta muito próxima à do "bom aluno".

A segunda tipologia se expressa, no plano do comportamento, com regras orientadas para a criança e que, portanto, não são interpretadas rigorosamente. As educadoras fazem contínuas referências às necessidades das crianças, aos seus desejos ou às suas angústias. Realmente, acham importante que o adulto seja capaz de detectar os sinais da criança e de fornecer-lhe respostas adequadas. Isso se dá, particularmente, nos mesmos momentos indicados na tipologia anterior, isto é, na chegada, no almoço e na sesta: as educadoras adotam comportamentos que procuram detectar as exigências individuais, contendo as angústias e as necessidades das crianças, aceitando a grande confusão que isso necessariamente comporta. A imagem de creche que surge é portanto a de um local onde a criança pode desenvolver laços afetivos com os adultos ou com outras crianças, em um clima que tende a realizar a tranqüilidade emotiva. A imagem de criança no centro desta representação é a da criança das necessidades afetivas e das angústias de separação, a criança dos dias de adaptação, mais do que a criança a ser socializada. Isso significa que as características dos primeiros dias na creche (maior elasticidade e maior escuta e atenção à criança) não são limitadas a um período breve, mas são mantidas como características da vida cotidiana.

A terceira tipologia, enfim, é expressa por um grupo de educadoras que liga o processo de socialização à maternagem, revelando uma visão mais tradicional da creche, ligada ao aparecimento de possíveis conseqüências negativas devido à separação da criança da mãe. Essas educadoras adotam regras centradas na criança, suscetíveis de reinterpretações pessoais com base nas exigências das diversas situações; isso pode produzir uma certa confusão no plano do comportamento. A imagem da creche que surge é caracterizada sobretudo pela dúvida de que as crianças possam sofrer carências afetivas. O serviço é pensado em termos de necessidades para quem não tem alternativas válidas, não é tanto pela segurança que a sua função deva ser de tipo assistencial, mas pela dúvida de que as crianças, separadas do ambiente familiar tão pequenas, possam sofrer conseqüências negativas. Creche de função incerta, portanto, e tal incerteza implica a idéia de que a criação e a educação das crianças pequenas são processos que pertencem à família.

Relatamos esses resultados pois correspondem àquilo que os pais podem encontrar aproximando-se do serviço; de fato, cada uma dessas representações pode constituir um ponto de referência que liga e veicula as idéias e as expectativas dos pais.

2. A CRIANÇA E A CRECHE NA REPRESENTAÇÃO SOCIAL DOS PAIS

2.1. A criança

As pesquisas anteriores constituíram um ponto de partida para trabalhos que levaram em consideração as idéias dos pais de crianças na idade entre zero e três anos.

Nos referiremos em particular a duas pesquisas. A primeira pesquisa (Andreatta, Bulzoni, Comelli *et al.*, 1983) voltou-se a dois grupos de pais, um que usufrui do serviço creche, e outro que, mesmo tendo crianças nesta faixa etária, não usufrui do serviço. O principal objetivo desse trabalho foi o de verificar se existem diferenças e semelhanças no sistema de opiniões e nas imagens dos dois grupos de pais, seja em relação aos princípios educacionais nos quais se inspiram, seja em relação à creche. A segunda pesquisa (D'Antoni, Emiliani, Molinari, 1985) se propôs a analisar as representações sociais da primeira infância que dois grupos de sujeitos, isto é, pais e mães de crianças entre zero e três anos que freqüentam a creche. Em particular, pretende-se estudar:

a) as representações dos processos de desenvolvimento da criança e a consciência que os adultos possuem de suas necessidades;
b) os papéis desempenhados pelo pai e pela mãe em relação à educação da criança;
c) a imagem da creche como estrutura educacional e como serviço a ser utilizado.

Os resultados dessas pesquisas evidenciaram alguns núcleos temáticos em torno dos quais se organizam as idéias dos pais. O primeiro diz respeito a uma *concepção tradicional da família* que prevê como tarefa quase que exclusiva da mulher a criação das crianças na primeira infância, enquanto relega a uma idade posterior a função educacional do pai. Em contraste com a unicidade do papel materno, também se propõe uma *nova figura do pai*, à qual são reconhecidas habilidades e competências no cuidado das crianças pequenas, desde o nascimento. Um outro tema diz respeito ao que definimos como *regras para a inserção no mundo*, que prevêem controle físico precoce, ordem, limpeza e obediência para um desenvolvimento moralmente sadio. Surge ainda o tema da *custódia extrafamiliar* que repropõe a escolha entre a custódia da criança entregue aos avós, parentes, vizinhos, ou ainda a estranhos, como as educadoras de creche. Restam três argumentos enfim: o primeiro é relativo a algumas *características da criança pequena* (antes dos três anos as crianças possuem a tendência a serem todas iguais e se divertem com qualquer coisa), o segundo diz respeito a *necessidades específicas da criança* (necessidade de movimento livre e de exploração) e, enfim, o terceiro é relativo ao *reconhecimento da capacidade de autonomia* na criança com apenas três anos.

Vejamos então como pais e mães diferenciam-se nesses temas. As mães não consideram arriscado o cuidado das crianças pequenas fora da família, reconhecem a existência de diferenças interindividuais entre as crianças mesmo muito pequenas e afirmam a especificidade de suas necessidades de exploração e de movimento. As mães ainda declaram estar de acordo com a "nova figura" do pai. Pelo contrário, os pais que preferem confiar os filhos a parentes ou vizinhos na maioria estão convencidos de que as crianças pequenas são todas iguais, não reconhecem necessidades específicas às crianças e, sobretudo, não concordam com a nova figura do pai.

Esse quadro torna-se ainda mais claro se considerarmos o grau de experiência com as crianças, utilizando o número dos filhos (um filho, ou mesmo dois ou mais). Com o aumento do número de filhos, reforçam-se nas mães as convicções anteriormente expressas em relação ao cuidado extrafamiliar, às necessidades das crianças e à nova figura do pai. Além disso, aumenta a confiança na eficácia das regras para a inserção no mundo e para uma rápida autonomização social e cognitiva da criança. Os pais com mais de um filho, por sua vez, compartilham com as mães a convicção de que uma aplicação rígida das regras de inserção no mundo favorece a socialização da criança e consideram menos arriscada (em relação aos pais com filho único) a entrega dos próprios filhos à creche. Diferenças posteriores no interior das amostragens dos pais são provocadas pelo grau de instrução que possuem. Um diploma de alto nível determina diferenças em relação ao conceito tradicional de família, à função do pai e ao cuidado extrafamiliar, no sentido de uma maior abertura. Os pais com baixa escolaridade, pelo contrário, estão mais de acordo com uma aplicação rígida das regras para a inserção no mundo e, sobretudo, não estão de acordo com a nova figura do pai.

2.2. A creche

Muitos pais já reconhecem o fato de que a creche sofreu, e ainda sofre, uma profunda mudança desde o pós-guerra até os dias de hoje. A dimensão custodialística já deixou lugar a uma visão moderna de creche como serviço educacional para a primeira infância, não mais como "substituta" das famílias em situação de carência grave, mas sim com funções complementares em relação às funções das próprias famílias.

Um estudo sobre a imagem que os pais possuem da creche é indispensável para aprofundar o conhecimento que estes possuem da criança e das suas necessidades, e portanto completa a representação da infância que eles compartilham. Como de fato diz Palmonari (1980), "cada representação social pode ser compreendida e explicada somente partindo de uma outra representação (ou, no máximo, de uma teoria ou de uma ideologia) que a fez nascer". A imagem da creche constrói-se, portanto, em torno das representações elaboradas em nível individual e coletivo sobre a infância e a família, tanto em nível de elaboração teórica quanto em nível de senso comum.

A consistência interna de cada representação social é garantida subjetivamente pela exigência de elaborar as próprias crenças em um sistema organizado e coerente. Tal exigência entra em jogo também quando nos encontramos frente a uma realidade estranha, desconhecida. Moscovici (1981), a este respeito, fala de um "processo de familiarização" durante o qual um indivíduo tenta reconduzir um evento novo, estranho, a um esquema preexistente, familiar.

A elaboração da representação social da creche está inevitavelmente ligada às idéias-guia que mantêm o modelo familiar. Se por um lado isso pode parecer um fato positivo, por outro não se pode deixar de levar em consideração que pesará sobre o pai, e mais provavelmente sobre a mãe, uma série de idéias mais rígidas que enfatizam a importância da relação exclusiva da mãe com a criança nos primeiros anos de vida ou a família como agente único e insubstituível de socialização infantil. Manetti e Scopesi (1983) salientam que esses estereótipos freqüentemente tornam difíceis e penalizam algumas escolhas tais como, antes de tudo, a escolha da mulher que decide não abandonar o seu emprego quando tem um filho pequeno e, portanto, decide confiar a criança à creche. "Esta penalização se traduz, em nível individual, no conflito interno muitas vezes vivenciado pelos pais quando decidem levar a criança à creche; em nível institucional, esta é fonte de contradições e de dificuldades para os trabalhadores das creches, que experimentam ao mesmo tempo a afirmação e a negação do seu próprio papel".

Desde o final dos anos 70 até hoje foram realizadas algumas pesquisas sobre os comportamentos dos pais em relação à instituição creche. O objetivo primeiro desses trabalhos é o de descrever a imagem da creche que circula entre os pais, os que levam a criança à creche e aqueles que não o fazem. Os pais são de fato uma das maiores forças que participam da vida da creche, mesmo que seu papel seja, ainda hoje, em muitos casos ambíguo: de um lado espera-se que eles contribuam na administração do serviço; de outro não está bem claro qual o poder de decisão que lhes é garantido.

Várias pesquisas, promovidas por municípios da Itália setentrional, propuseram-se assim a analisar a imagem de creche que os pais possuem. O instrumento mais adotado foi o questionário ou a entrevista, e a amostra pré-escolhida constitui-se de grupos de pais de crianças de zero a três anos de idade. Em alguns casos, foi feito um confronto entre pais que usufruem do serviço e pais que não o utilizam. Em somente um caso o questionário foi submetido a ambos os pais separadamente, para detectar eventuais diferenças entre mães e pais quanto à imagem da creche (Andreatta, Bulzoni, Comelli *et al.*, 1983; Bondioli, 1985; Cocever, 1983; D'Antoni, Emiliani, Molinari, 1985; Manetti & Scopesi, 1983; Pinter, 1984).

A creche, em geral, aparece como uma instituição pouco conhecida. Bondioli (1985) fala de "opacidade" e "rigidez" do serviço, no sentido de que a creche é vista como uma estrutura pouco orientada para transmitir ao mundo exterior o saber e os conhecimentos que se constroem no seu interior. Esta imagem de creche parece ser compartilhada tanto pelos pais que não usufruem deste serviço, quanto por aqueles que dele usufruem. Em particular, o primeiro grupo de pais sabe alguma coisa "por ter ouvido falar", e estes conhecimentos confirmam os estereótipos relativos à institucionalização precoce (a importância da mãe nos primeiros anos de vida, o risco de doenças e a falta de higiene). As famílias que utilizam o serviço, por outro lado, também possuem um conhecimento bastante vago. Os dados coletados esclarecem uma série de temas em torno dos quais os pais constroem a sua imagem da creche.

Um primeiro aspecto interessante diz respeito às motivações que levam os pais a confiar os próprios filhos à creche. Os resultados mostram de maneira coerente que não se deve apressadamente considerar a creche como algo que responda às necessidades das famílias sem recursos alternativos para a custódia e os cuidados da criança, durante o dia. As necessidades reais de custódia da criança entram em jogo apenas parcialmente, na decisão de levar o próprio filho à creche. Tanto é verdade que são freqüentes os casos em que a família suporta sacrifícios econômicos, muitas vezes renunciando ao trabalho da mãe, antes que confiar a criança a adultos estranhos à família. Por outro lado, são reconhecidas à creche duas funções principais que incidem na escolha de lá mandar a criança. A primeira é a função socializadora da creche, que é reconhecida como ocasião privilegiada para a criança fazer experiências com os coetâneos. Os pais revelam-se muito sensíveis às vantagens que derivam do estar junto de outras crianças e também de adultos estranhos ao núcleo familiar. Em segundo lugar, a creche é vista como ocasião de aprendizagem: as crianças que freqüentam a creche aprendem antes a falar, a movimentar-se com mais segurança, e assim por diante. Se a utilização/não utilização da creche não discrimina em relação às expectativas dos pais quanto ao serviço, pelo contrário, o grau de escolaridade parece ter um papel importante no sentido de que, com o aumento da escolaridade, aumenta também a valorização da creche como ocasião de socialização para a criança, enquanto que o serviço é avaliado mais como integração no plano cognitivo, isto é, como ocasião de aprendizagem, pelas pessoas culturalmente mais carentes, que provavelmente acham-se inadequadas de um ponto de vista estritamente "didático".

Esses resultados confirmam a eficácia de muitas afirmações sobre o valor educacional da creche. É preciso contudo ter sempre em mente um dado surgido da articulação do conteúdo do termo "socialização", que para os pais significa muitas coisas, nunca, porém, claramente definidas. Socializar significa, por um lado, estar com muitas pessoas, crianças e adultos e, portanto, ter a possibilidade de vivenciar experiências diversas. Mas significa também "aprender" a ficar com outras pessoas, e neste sentido significa obedecer, reconhecer e aceitar algumas regras, ser ordeiro. A creche, assim, para uma parte dos pais entrevistados é o local onde se acentua um aspecto da socialização, o da frustração. A criança aprende a fazer certas coisas para não ser repreendida, aprende que não pode fazer somente aquilo que quer, aprende a defender-se de maneira agressiva.

Um segundo tema crucial na imagem que os pais possuem da creche diz respeito ao modo como é visto o pessoal que nela trabalha. Do conjunto de dados, surge uma imagem positiva das educadoras às quais confiam o filho. Os pais rejeitam a idéia de que as educadoras sejam muito jovens ou não acompanhem com cuidado as crianças durante as diversas rotinas da vida de cada dia. Parece também que elas sejam suficientemente capazes de passar segurança às crianças e aos adultos no momento matutino da separação e do ingresso na instituição. Esses resultados confirmam o juízo positivo dado pelos pais à creche. Sob certo ponto de vista, porém, é decepcionante aprofundar quais são as características das educadoras mais apreciadas pelos pais. Emerge de fato, com grande clareza, uma representação do pessoal como "moças" dotadas de características individuais particularmente adequadas ao trabalho que fazem (grande paciência, doçura, amor pelas crianças, atitudes maternais). A imagem das educadoras é mais direcionada a colher e apreciar os dotes individuais que à preparação profissional. Os conteúdos dessa preparação não são conhecidos pelos pais, e de qualquer modo não são determinantes para a capacidade das educadoras de instaurar relações positivas com as crianças.

Também foram levados em consideração o nível de comunicação existente entre família e instituição, em particular a existência, entre pais e educadores, de uma troca de informações sobre a educação da criança, e o grau de conhecimento do desenrolar da vida no interior da creche. Os resultados salientam uma diferença no grau de comunicação entre pais mais escolarizados e pais com baixo grau de instrução. Os primeiros tendem a dar e receber mais sugestões, enquanto os outros manifestam uma relação de conflito com o pessoal da creche e uma conseqüente escassez de informações sobre a criança.

Enfim, alguns pesquisadores (Manetti & Scopesi, 1983) utilizaram a técnica do diferencial semântico para indagar não tanto a avaliação racional que os pais dão à creche, mas a ressonância emotiva ligada ao uso da própria creche. De fato, existe com certeza uma área, pouco conhecida e dificilmente encontrável, que está ligada às ansiedades, aos medos e às expectativas dos pais. Neste sentido, os resultados elucidam duas dimensões fundamentais para os pais. A primeira diz respeito à "consonância emotiva", ou seja, o desejo que a creche responda de maneira adequada às necessidades emotivas de cada criança. A segunda dimensão foi definida como "flexibilidade da instituição" e expressa a solicitação de uma creche que se adapte às exigências de cada criança e da sua família.

As temáticas surgidas do conjunto desses estudos evidenciam elementos de contradição na maneira de ver a creche: de um lado, a creche é o local da socialização, do aprender a ficar com os outros, da troca com os semelhantes, mas também com o adulto. Do outro, é uma realidade fortemente institucionalizada onde a criança é submetida a regras muito precisas. Desta contradição nasce uma posição de conflito que, por um lado, leva à recusa da creche como local fechado; por outro, leva a promovê-la e propô-la como local de educação. Assim, parece que a creche seja o local onde se resolvem as contradições e as incertezas da família jovem, freqüentemente nuclear, em relação à educação da criança pequena. Como diz Becchi (1979), surgem exigências, interrogações, tendências, busca de suportes, satisfações e coerências na trama ainda incompleta desta educação da nova família, onde se perfilam diversidade e antítese entre modelos de autonomização precoce e envolvimentos afetivos, entre dificuldade de dar disciplina e experiências de jogo compartilhado.

3. CONCLUSÃO

Os resultados das pesquisas apresentadas confirmam a existência de uma ambivalência de fundo, compartilhada por pais e educadoras, em relação à creche e, antes mesmo disso, em relação aos papéis assumidos pelos pais na educação da criança. Se este último núcleo conflitual surge, como vimos, nas tendências contrapostas em relação ao papel do pai (pai que deve participar dos cuidados primários da criança, enquanto ao mesmo tempo a mãe permanece a única capaz de ocupar-se da criança), a creche repropõe-se de maneira ambígua nas representações de educadoras e pais. Existe todavia uma diferença básica nas atitudes dos dois grupos; as educadoras parecem ser capazes de justificar os próprios comportamentos, ainda que de modo não-unitário, com base em uma teoria que organiza as idéias e as opiniões sobre a criança e sobre a creche. Pelo contrário, os pais não articulam as próprias concepções sobre a criança e sobre a instituição em torno de uma teoria do desenvolvimento: parece até que, em relação à instituição suas posições sejam o fruto do desencontro entre uma tendência inovadora, que vê a creche como importante centro de socialização e desenvolvimento da criança, e uma reticência em aceitar a idéia de que outras pessoas, diferentes da mãe, possam ser úteis e importantes para a criança.

5

Considerações Críticas e Experiências de Gestão Social

Sergio Spaggiari

Um dos assuntos mais abordados nas discussões pedagógicas destes últimos vinte anos, não somente na Itália, foi com certeza o da "participação". De fato, muitos pensaram e pensam que a participação pode representar, para as instituições educacionais e escolares, uma carta premiada para a inovação e a qualificação, uma ocasião para potencializar as defesas em relação aos perigos da "burocratização" e um estímulo para alcançar objetivos de colaboração entre os pais e os educadores.

Não faltaram, como freqüentemente acontece com os temas culturais que alcançam uma ampla difusão de interesses e atenções, excessos de entusiasmo e de confiança sobre as potencialidades catárticas da participação que, para alguns, pareceu tornar-se o *deus ex machina* para o sucesso de toda política de reforma e de desenvolvimento dos serviços educacionais.

Em 1978, o diretor geral da Fundação Ciba, Gordon Wolstenholme, expressou muito bem essas enormes expectativas declarando ao Congresso Internacional de Atenas sobre a Infância que "... a participação estará na ordem do dia, quando as gerações atuais, formadas por espectadores esportivos e por usuários passivos da televisão tiverem passado. Portanto, pode-se esperar um período áureo para a participação. O futuro se anuncia neste sentido particularmente radioso, ou então não haverá absolutamente futuro".

Nas asas desta convicção otimista nasceram, sobretudo na década passada e um pouco em todos os países do mundo, estudos e projetos escolares definidos de maneira significativa pelo aspecto *participativo*. Traços substanciais de elementos experimentais, passíveis de referência ao conceito de participação (intensidade de laços sociais, protagonismo dos pais, auto-administração, formas cooperativas, etc.), podem ser encontrados, permanecendo no âmbito das intervenções pré-escolares, em uma pluralidade de experiências internacionais, embora extremamente diferentes entre si: os *play groups* no Reino Unido, os *Kinderläden* na Alemanha, as comunidades auto-administradas na Iugoslávia, as várias realizações do projeto *Head Start* nos Estados Unidos, a gestão social na Itália e as diversas expressões participativas realizadas nos Países Baixos, na Escandinávia, na França, em Portugal e na Bélgica.

Desse repertório diferenciado de experiências é possível retirar a convicção de que o conceito de participação é dificilmente definível e não é unívoco. Nas várias tentativas aplicativas acima relatadas realmente constata-se o quanto as perspectivas, as estratégias e as práticas diferenciadas sejam somente o espelho de concepções teóricas e intencionalidades programáticas diferentes e, freqüentemente, nem ao menos convergentes.

A ampla heterogeneidade das experiências participativas realizadas, no entanto restringíveis no âmbito não vasto de projetos experimentais, nos leva a definir o termo participação de maneira muito ampla e talvez até um pouco indeterminada: a possibilidade dos cidadãos (na maioria das vezes pais) de contribuir ativamente na condução dos serviços educacionais, recusando delegar os seus poderes e as suas responsabilidades.

A gama infinita de aplicações e modelos que está atrás desta genérica definição (iniciativas de associações, democracia municipal, práticas comunitárias, formas de voluntariado, controle das coletividades, comunidades auto-administradas, etc.) dá "a impressão de estar relacionado com a etiqueta polivalente: o conceito de participação é vago, ambíguo, tentacular" (Bottani, 1984a).

A variedade das tipologias participativas realmente não parece ser acompanhada por uma séria e sólida legitimação teórica, nem de uma profunda análise conceitual, pelo contrário, tal heterogeneidade de formas aplicativas consegue ocultar, em parte, a escassa generalização dessas experiências que só raramente alcançaram âmbitos de experimentação de discreta amplitude (cf. Ceri, 1982).

Se à indeterminação teórica e à redução da área de aplicação unirmos também a quase absoluta ausência de pesquisas e análises rigorosas sobre o "como, por que e quem participa", temos como conseqüência que *participação* seja uma categoria conceitual e prática ainda em boa parte a ser construída.

Significativo e importante, para superar essa persuasão negativa, pode então se coletar elementos de conhecimento, avaliação e propostas relativas àquela particular experiência de participação realizada nos seviços pré-escolares italianos: a gestão social.

Em nosso país, a participação se traduziu, no campo educacional e escolar, a *grosso modo* em duas experiências fundamentais:

a) a gestão social nos serviços pré-escolares municipais (creches e escolas da infância);
b) os órgãos colegiados da escola estatal de toda ordem e grau.

Mesmo não desconhecendo o valor histórico das duas experiências, podem-se considerar substanciais os elementos de diferenciação.

Resumidamente, poderia apontar-se que, enquanto a experiência dos órgãos colegiados resulta ser, nas intenções e na prática, vistosamente somatória e artificial, no que diz respeito à processualidade escolar (pedagógica e didática), na experiência de gestão social dos serviços pré-escolares objetiva-se, embora nem sempre se consiga, uma integração completa entre os momentos administrativos e os educacionais, sem cortes e sem separações.

Dessa concepção de separação, típica dos órgãos colegiados, deduz-se uma forte debilitação da capacidade de incidência dos pais na qualidade da oferta educacional da escola. E é exatamente isso que pode estar por trás do crescente desinteresse dos usuários em relação aos órgãos colegiados.

Nas creches e nas escolas da infância, ao contrário, a gestão social e a participação, em relação aos órgãos colegiados, possuem outras raízes históricas, outros referenciais legislativos, outras legitimações e finalidades pedagógicas.

Traços distantes e significativos, destinados com o tempo a fornecer frutos culturais de grande relevância também para as escolhas de hoje, podem ser encontrados nas extraordinárias experiências educacionais conduzidas logo após a Libertação (no fim da II Guerra Mundial) em algumas regiões do nosso país (Emilia-Romanha, Toscana) graças às instituições e aos empenhos de antigas forças ex-*partigiane* (forças da Resistência ao regime político vigente durante a II Guerra Mundial) e de associações femininas, sindicais e cooperativas que se fizeram diretamente promotoras dos serviços escolares e assistenciais. Foram iniciativas com forte participação popular, caracterizadas, já desde o seu nascimento, por novos valores de socialidade, de mutualidade e de protagonismo.

E ainda que naquela época fosse completamente prematura a idéia de reconhecer aos serviços para a infância uma prioridade educacional, não é difícil, no entanto, encontrar, naqueles férteis e expansivos eventos administrativos do pós-guerra, um fio que os coliga às posteriores afirmações de democracia e de participação escolar que correntes culturais e políticas de orientações ideais diferentes nos anos 60/70 assumirão como sendo centrais nas suas lutas para a mudança e o desenvolvimento do sistema educacional e escolar italiano.

Além disso, embora as experiências de gestão social mais vivas e orgânicas tenham sido conduzidas por administrações municipais, guiadas por forças laicas e de esquerda, deve-se considerar atentamente uma possível ligação dessas experiências com o tradicional empenho educacional católico que, sobretudo na ampla rede de escolas maternas paroquiais, freqüentemente evidenciou atenção ao papel da família e da comunidade pastoral, valorizando também formas diversificadas e co-responsabilidade na administração dos serviços.

Ao contrário, foram certamente estranhas às crescentes exigências participativas a condução das creches Onmi e o nascimento da escola materna estatal, surgida, esta última, nos tempos (1968) em que várias administrações municipais já haviam começado a qualificar o caráter educacional de suas instituições pré-escolares, enriquecendo-as com a presença de uma vida relacional e participativa mais intensa.

Em 1971, com a lei institutiva das creches, tem-se pela primeira vez uma codificação da idéia de participação, que finalmente, ao final de uma lenta evolução iniciada algumas décadas atrás, chega a explicitar-se juridicamente na forma de gestão social. De fato, o legislador, no art. 6 da Lei 444, afirma textualmente que as creches "... devem ser administradas com a participação das famílias e dos representantes das formações sociais organizadas no território".

Não é certamente por acaso, e muito menos sem significado, que a primeira estrutura pública italiana, que nasce dotada pela lei de gestão social, seja a instituição que se volta à criança menor e à sua família.

Com certeza, foram determinantes, para tal escolha, além da variante contextual do "sinal dos tempos históricos", as avaliações sobre as necessidades específicas dos "usuários"(crianças e famílias).

Ter afirmado a gestão social na creche torna-se um dado historicamente relevante, pois tal escolha conjugou-se felizmente com outras duas determinações:

1) valoriza-se o princípio de descentralização administrativa que rompe com a imperante centralização ministerial. De fato, confia-se a competência da creche às entidades locais: às regiões é confiada a faculdade legislativa no campo dos horários,

calendário, grau de instrução, pessoal, etc., e, à prefeitura, a gestão administrativa da estrutura física. Em grande parte, é a tradução prática de uma palavra de ordem de muitas batalhas sindicais e políticas daqueles tempos: o estado financia, a região programa e a prefeitura administra socialmente;

2) em muitas realidades locais do nosso país, a gestão municipal da creche encontra-se com uma análoga e preexistente experiência municipal de escola para a infância. A possibilidade de responder assim, de maneira orgânica e continuada, às necessidades das crianças de zero a seis anos é uma grande ocasião que em algumas situações consegue estimular experiências educacionais de alta projectualidade.

A centralidade gestional da administração municipal e a continuidade creche e escola materna tornam-se por isto elemento constitutivo e condição irrenunciável para uma experiência vital e qualificada de participação não confiada a estímulos ou impulsos espontâneos, mas sustentada por explícitas e motivadas intencionalidades pedagógicas.

Em nosso país, portanto, nestes últimos quinze anos, a experiência de gestão social consolidou-se, nas creches e nas escolas maternas, "como a forma organizacional e cultural onde se reassume o conjunto dos processos de participação, de democracia, de co-responsabilidade e de aprofundamento dos problemas e das escolhas pertencentes a uma instituição educacional. Além disso "... é no significado de gestão social que se procura a síntese teórica e prática das relações que se realizam entre famílias, crianças, serviços para a infância e sociedade"(Spaggiari, 1984).

No entanto, é certo que ao termo gestão social foram dadas, nos vários contextos espaciais e temporais, as mais diversas acepções de significado e que agora, portanto, é preciso exigir, a esse respeito, distinções e esclarecimentos, para evitar equívocos nas referências.

Por isso, torna-se útil, no decorrer destas reflexões, fazer uma implícita referência às aquisições culturais e concretas realizadas naquelas creches (mas também escolas maternas) onde os significados e as finalidades da gestão social já são considerados como parte constitutiva e unitária das escolhas de conteúdo e método do *projeto educacional* e, portanto, se inscrevem como elemento essencial e integrante da experiência educacional da creche (por exemplo, Reggio Emília).

Tudo isso, mais que uma proposta metodológica ou uma fórmula organizadora, é uma escolha de natureza cultural que se choca com aqueles que, tentando definir a gestão social, evidenciam mais os seus aspectos gestionais em função da governabilidade e da eficiência do serviço, subestimando, e às vezes até esquecendo, os valores positivos que permeiam os aspectos participativos e democráticos (gestão como fim, e social como meio).

Se for preciso adotar uma definição clara e sintética de gestão social, é preferível escolher: "exaltação da socialidade e da participação na condução do serviço". Essa definição, de fato, na medida em que objetiva a promoção de uma intensa vida de relação comunicativa entre educadores, pais, crianças e sociedade, valoriza a linha conotativa de fundo de um projeto educacional que tem suas bases e seus objetivos fundados sobre a primazia da *relação* e da *solidariedade*.

Tal projeto educacional, portanto, concebe a creche como sistema permanente de relações, como sistema educacional de comunicações, de socialização e de personalização, enfim, de interação, no qual estão interessados prioritariamente os três sujeitos protagonistas da vida na creche: crianças, educadores e pais.

A idéia condutora é, portanto, a de uma creche compreendida como trama de relações comunicativas, como rede insaciável de dinâmicas sociais, como sede de processos formativos, integrados e compartilhados pelas famílias, pelos educadores e pelas crianças.

Esses três últimos sujeitos são assim tão indivisíveis na sua recíproca integração, e tão inseparáveis nas suas relações, que o bem-estar e o desconforto de um dos três não é apenas correlacionado, mas interdependente do bem-estar ou do desconforto dos outros dois sujeitos. Este conceito de interdependência induz a considerar que a creche só pode ser pensada e organizada como local de "relacionamento a três", onde a presença e o protagonismo das famílias é tão essencial quanto a presença e o protagonismo de crianças e educadores.

Obviamente, tal "sistema de relacionamento a três" se insere em um contexto sistêmico mais amplo, o da sociedade circundante, onde a função e a contribuição do território são quase consideradas como quarto componente interagente com os outros três. Quarto componente não opinável, nem irrelevante.

De fato, o cruzamento e o entrelaçamento dos componentes tradicionalmente compreendidos como *internos e essenciais* à escola, e portanto também à creche (educadores e crianças), com os componentes tradicionalmente compreendidos como *externos e não essenciais* (famílias e sociedade) deve ser finalizado até a liquefação e à anulação das categorias de *interno, externo e essencial* que possuem sempre menor razão de existir em uma sociedade civil de alta complexidade, onde os fatos educacionais, como na "cidade educadora" dos desescolarizadores illichianos*, não são mais confinados em campos restritos e fechados.

Assim, a creche em tal projeto educacional é concebida como campo aberto de inter-relações e de relações onde tudo está em relação com tudo, e nada está separado de nada, e onde a gestão social não é somente um instrumento de governo, mas um valor ético que permeia todos os aspectos da experiência educativa total.

Nesta ótica, de fato, a participação e a gestão social não são somente, como já foi dito, parte integrante e constitutiva da proposta educacional, mas são elas mesmas uma proposta educacional completa e sem diminuição de importância. Não são separáveis, portanto, das escolhas de conteúdo e de método do fazer educativo na creche da qual são, isso sim, elemento qualificador e não-eliminável. Não é por acaso que, para definir os conteúdos psicopedagógicos da creche, na convenção regional de Bolonha, em 1979, "Valores educacionais e sociais da creche", Loris Malaguzzi começou a falar de *pedagogia da comunicação,* a ser compreendida como núcleo unificador e resumitivo "em direção ao qual faz convergir os significados, os mais profundos e os mais gerais do trabalho educacional".

Erraríamos muito se isolássemos a gestão social da realidade educacional mais global da creche, se a vivêssemos como apêndice, como *opcional*, isto é, como elemento acessório e supérfluo ainda que enriquecedor, se a separássemos da intrincada rede de relações e conexões na qual se situa, pela qual é condicionada e que, por sua vez, condiciona. Não é possível falar de gestão social e participação na creche, sem relacioná-la com a organização dos espaços e dos tempos, com a programação didática, com a atualização do pessoal, com os horários e o trabalho, com o debate político e cultural, com os recursos econômicos, etc.

---

* N. de T.:"illichianos" faz referência a Ivan Illich, autor de *Deschooling Society*, obra em que postula uma escola liberal, sem cerceamento curricular e sem freqüência obrigatória: uma "escola sem muros".

Tudo isso fornece o quadro de uma gestão social que não pode ser considerada como uma simples proposta organizacional, uma forma metodológica de governo: é uma escolha de fundo, é uma concepção de prática educacional que certamente pressupõe um hábito mental, um estilo de trabalho e uma maneira diversa de relacionar-se com as pessoas, e entre as pessoas e as instituições.

Eis por que não deve ser vivida como um ritual a ser realizado em nome de uma obrigação moral ou profissional, e muito menos como uma liturgia ditada por estímulos ideológicos e políticos. Deve ser praticada, sim, com a consciência de responder às necessidades e expectativas plenamente radicadas nas experiências dos sujeitos (crianças, educadores, pais) que vivem e trabalham na creche.

Na creche, intensificar as relações humanas, viver momentos de socialização marcados pela autenticidade de troca, favorecer o diálogo, a agregação e o ficar juntos certamente significa ir até as raízes de muitas das exigências e das aspirações mais verdadeiras de crianças, pais e educadores. A gestão social, de fato, se legitima e se reforça somente através da promoção de processos de participação e de relacionamento interpessoal que mais tarde se tornam o dado de valor mais significativo. Finalidade e meio, estratégia e objetivo, ao mesmo tempo, da experiência educativa vivida no seu todo e na sua globalidade.

1. A CRIANÇA NA CRECHE

Já dissemos que a creche deve possuir entre os primeiros conteúdos-objetivos de seu projeto educacional a comunicação-relação de seus três protagonistas: as crianças, os educadores e as famílias.

A centralização do projeto educacional deve, portanto, ser construída não apenas sobre um dos três protagonistas, individualmente, mas sobre a *situação relacional* crianças-famílias-educadores, na sua globalidade e em cada um dos seus momentos. A centralização da situação relacional leva a um conceito de educação que reconhece à criança um protagonismo privilegiado que, quanto mais se qualifica, antes e melhor consegue definir a imagem da criança à qual nos referimos.

De fato, em uma creche compreendida (para designá-la com palavras roubadas de Foucault) como *uma comunidade sem centro e sem vértice*, só se pode fazer referência a uma imagem de *criança em relacionamento,* cujos caracteres salientes evidenciam-se nas seguintes irrenunciáveis observações:

a) ela consegue prazer da satisfação de sua necessidade primária em sentir-se co-participante e co-protagonista de laços de apego múltiplos com adultos e coetâneos;

b) é considerada desde o nascimento sujeito ativo e participante, dotado de recursos e habilidades freqüentemente desconhecidas que a tornam imediatamente capaz de ativar processos comunicativos e interativos com o mundo que a circunda;

c) sente a necessidade de se autoperceber e de ser percebida "por inteiro", que exige a proteção da integridade da sua pessoa, que deseja contrapor as artificiais e artificiosas antinomias entre afetividade e cognitividade, entre fantasia e racionalidade, entre cabeça e corpo;

d) espera obter, das experiências que vive na creche, o gosto e o prazer de brincar, fazer, falar, pensar, aprender, compreender e projetar em conjunto;

e) deseja explorar e procurar, estima os enriquecimentos pessoais de linguagem, inteligência e socialização quando estes sejam alcançados através de uma experiência *do agir e do fazer* mais orgânica e variada;

f) gosta de expressar-se e comunicar através de uma pluralidade de linguagens, todas com a mesma dignidade e valor, todas capazes de gerar, como a palavra, ações, pensamentos, imagens e sentimentos.

Dessa nova e rica identidade da infância, que contrasta com a imagem empobrecida e carente de criança passiva e inerte, exclusivamente vista no seu relacionamento com a mãe, e sempre descrita na sua imaturidade e incompetência por tanta literatura psicológica, nasce forte a convicção de considerar a idade de zero a três anos (ou melhor, de zero a seis) enormente importante para o crescimento pessoal de cada indivíduo. Uma idade que deve ser tida como uma enorme fonte de potencialidades humanas para a qual uma sociedade que olha para o futuro só pode canalizar investimentos e responsabilidades.

Por outro lado, as mais recentes contribuições de pesquisa psicopedagógica confirmam, quase que unanimemente, a quantidade de potencialidades não-imaginadas que as crianças pequenas possuem, de que excelentes fontes de aprendizagem sejam dotadas e, indiretamente, elas pedem à sociedade dos adultos respostas não mais episódicas e desconexas, mas respostas de grande extensão, orgânicas, sérias e prospectivas.

Pelo contrário, hoje, aquilo que a sociedade faz pela criança pequena é pouco e é ruim. A condição de vida da infância com certeza não é invejável. Será que a uma criança que *vive melhor* (porque é mais sadia, mais nutrida, mais bem vestida, com tantos objetos, etc.) corresponde uma *criança que está melhor*?

Muitos duvidam da possibilidade de responder afirmativamente a tal interrogação. Demasiados são os aspectos de infelicidade, sofrimento e angústia da criança evidenciados pelas descrições psicológicas e sociológicas destes últimos tempos (cf. Seremy, 1984; Packard, 1983; Postman, 1982).

O bombardeamento da publicidade, as infinitas horas de consumo televisivo, as violências e os maus tratos sofridos sobretudo em família, as altas taxas de acidentes mortais ou invalidantes, o cinismo anticriança de tantos regulamentos dos condomínios, ou, ainda pior, de muitas sentenças judiciárias de separação conjugal, são apenas alguns dos pontos que surgem de um mundo submerso por descuidos e desatenções que a sociedade pratica de mão cheia também sobre a primeiríssima infância.

A criança é hoje, devido à forte diminuição da natalidade, um "objeto raro e precioso" (Becchi, 1985) que com muita freqüência, em uma sociedade gerontocêntrica, torna-se de fato um elemento de forte perturbação, quase um intruso em um mundo que não possui a medida de suas necessidades e de seus direitos.

Por isso, educar atualmente e educar uma idade tão delicada e importante é uma tarefa difícil e complexa que comporta enormes responsabilidades: responsabilidades que não podem ser vivenciadas e administradas na solidão e na exclusividade, nem familiar nem institucional.

De fato, a criança de zero a três anos, muito mais que outra criança de idade diversa, tem necessidade de sentir-se imersa em uma compacta rede de relações e solidariedade que seja para ela fonte de proteção e de segurança e que saiba mostrar-lhe amor, apegos e modelos de convivência social.

Nessa perspectiva, então, devem ser repensados, como diz Pierpaolo Donati, "os conteúdos e os modos de extrinsecar-se dos processos socializantes da infância. Uma socialização adequada ao estatuto contemporâneo dos direitos da criança não pode ser realizada por um ator (seja este pai, educador, médico ou outro) que se movimente apenas na esfera privada ou somente na esfera pública... mas pode ser realizada com muito valor somente por um outro ator socializador que age como canal de comunicação ativa entre esfera privada e pública". Portanto, "o agente socializador é hoje chamado a combater todas as formas de alienação, manipulação, violência e abuso através da reconstrução da *qualidade das relações interpessoais...* orientadas para a realização de novos valores centrados na solidariedade, justiça, participação e... provendo canais de comunicação mais intensos e significativos" (Donati, 1984).

Para concluir, é indubitável que esse rico circuito integrado de relações interpessoais representa, para a criança da creche, uma fundamental base psicológica que, pela sua alta potencialidade educativa, pode favorecer enriquecimentos pessoais também de tipo cognitivo. De fato, já pelo exame dos resultados dos projetos estadunidenses de estimulação precoce (ver os programas Head Start), ressalta-se a consideração de que somente os projetos que envolveram ativamente os pais, solicitando assim uma melhora das sensibilidades e das estratégias educacionais familiares, tiveram efeitos evolutivos na aprendizagem, sendo positivos e duradouros para a criança.

2. OS PAIS NA CRECHE

Pode-se legitimamente acreditar que frente às grandes potencialidades e às sofridas condições de vida da criança nem ao menos a família, atualmente, possa ou consiga, sozinha, exaurir a própria e irrenunciável tarefa educacional. Isso não só e nem tanto porque a família atualmente continue sendo a herança de velhos lugares comuns que enfraquecem a sua identidade e a sua função social (a mãe como único referente de criação para a criança pequena, a etérea e irreal imagem da família dos programas publicitários de televisão), mas sim porque a família sofreu grandes transformações que modificaram sua fisionomia, privando-a de alguns poderes (falta de tempo e de meios, diminuição dos componentes familiares, etc.) e enriquecendo-a com outros recursos (escolaridade, legislação, etc.).

Poderíamos dizer que, no bem e no mal, também a família ressentiu-se daquilo que Asor Rosa chama "o fenômeno cultural mais relevante na Itália dos últimos vinte anos, isto é, um processo de modernização grandiosa dos comportamentos culturais de massa... Com grande simplicidade e certamente sem passar pelos tradicionais canais formativos, as famílias [na verdade, Asor Rosa diz as massas] realizaram uma grande mudança nos circuitos mais elementares de sua vida cotidiana" (Asor Rosa, 1984).

Essa modificada fisionomia de vida familiar, certamente muito complexa e conturbada, torna os pais, frente ao seu papel educativo, seguramente mais frágeis e inseguros em comparação ao passado, porque para eles hoje já não é mais objetivamente possível praticar as velhas certezas e as tradicionais normas de criação, não mais adequadas à nova realidade social. De fato, um estudo de reconhecimento, conduzido pelo Censis, sobre famílias com crianças pequenas, nos informa que 74 pais em 100 temem "muito" ou "bastante" não serem completamente idôneos ao enfrentar seus deveres formativos (Censis, 1984).

Desse fato surge nos pais e nas mães uma desorientação psicológica que, acompanhada de um aumento de sensibilidades culturais, leva a um desejo mais enraizado de saber e de compreender, a uma necessidade de confrontar-se e de intervir no diálogo, a uma vontade de ser ajudados e de sair da solidão.

Existe uma consciência nos pais, atualmente muito mais difundida do que antes, de que educar é uma tarefa e um gesto que necessita de muita solidariedade, de amplas comparações, de pluralidade de locais, de escolhas socializadas, de vários interlocutores e, sobretudo, de muitas competências.

Educar um filho, para um pai, é um fato de inegável importância, que fisiologicamente predispõe à preocupação e ao interesse e que, naturalmente, requer o empenho e o encontro. Portanto, pode-se afirmar que exatamente da solidão e do isolamento de muitas famílias que possuem um filho pequeno provém um primeiro impulso para a agregação e uma inicial disponibilidade à colaboração e à reciprocidade.

Com tal objetivo, a creche, inscrevendo explicitamente a participação entre as suas escolhas fundadoras, torna-se virtualmente para o pai, mas também para o educador, uma ocasião para enriquecer e para integrar, um espaço de recíproca ajuda e suporte, um lugar para afirmar e confrontar as próprias competências educacionais.

A participação e a gestão social tornam-se assim "conteúdos psicopedagógicos se forem capazes de responder à necessidade de relacionameto individual entre adulto e criança, entre educadores e pais, entre grupos de educadores e famílias, de facilitar e tornar mais tranqüila a relação, intensa como nunca foi, mas freqüentemente problemática, que se vai constituindo entre pais e filhos, nestes primeiros anos, e de estender gradualmente essa atenção a um processo de socialização sempre mais amplo que envolve as famílias entre si, a instituição e a família com outras forças sociais negando que a dimensão familiar — como alguns sustentam — torne impossível ver os termos coletivos do problema" (Mantovani, 1982).

3. OS EDUCADORES NA CRECHE

Para delinear corretamente a identidade do trabalho educacional na creche é importante esclarecer os significados, substancialmente modificados nestes últimos anos, de três relevantes conceitos pedagógicos:

a) liberdade didática;
b) profissionalismo;
c) relação educador-pai.

a) O conceito de liberdade didática sofreu, nestes últimos anos, significativas e substanciais modificações que em parte incidiram também sobre a condição jurídica do professor. Passou-se de uma liberdade didática *conduzida individualmente* a uma liberdade didática com *característica de projeto participativo*: ao isolamento e a solidão que se escondiam atrás da aparente grande autonomia pessoal, substitui-se uma rica gama de possibilidade de trocas, de confrontos e de contribuições que só podem derivar da convergência de contribuições diferenciadas. A mesma liberdade individual é enriquecida, e não limitada, pelas relações de colaboração e de troca que, colocando em funcionamento uma pluralidade de conhecimentos e competências, tornam mais rico o patrimônio profissional de cada indivíduo.

b) O próprio conceito de profissionalismo não pode mais ser entendido em sentido estático e rígido. Freqüentemente considerou-se que a competência profissional fosse fruto de uma preparação antecedente ao trabalho e, portanto, adquirida definitivamente com o diploma de habilitação. A esse conceito estático e pré-fixado de profissionalismo, que de resto nem ao menos permitiu qualificar melhor os institutos de formação dos professores, deixados em nosso país em situação de grave atraso e inadequação, foi-se substituindo um outro conceito dinâmico, que salienta o permanente devir de um profissionalismo que, voltando-se a um indivíduo em contínua evolução (a criança), que se movimenta em um contexto também sujeito a constantes mutações, deve estar em *permanente atualização*.

c) Por muitos anos o referencial exclusivo para o funcionamento de qualquer instituição que acolhesse crianças pequenas foi o modelo familiar. Realmente, quando a relação mãe-criança, à qual a teoria psicanalítica concede uma importância fundamental para o desenvolvimento da criança pequena e para a construção das suas relações futuras com os outros, deixa de ser realizável, por razões de trabalho da mãe ou por qualquer outro motivo, a instituição pública que acolhe a criança, muitos dizem, deve procurar substituir a figura materna ausente, reproduzindo o modelo de vida familiar. A esse respeito, porém, Olga Baudelot (1984), do Cresas de Paris, afirma: " Por isso as creches são inseridas na problemática do substituto materno: na falta de cuidados maternos há necessidade de cuidados do mesmo tipo, dispensados por uma figura que seja a imagem da mãe. Este modo de conceber a assistência diurna das crianças possui três efeitos principais:

1) desvalorizar o pessoal e seu trabalho;
2) obstaculizar um funcionamento adequado das creches;
3) suscitar sentimentos de culpa e rivalidade nos pais e no pessoal".

Essas considerações induzem o educador a libertar-se do modelo de substituto materno, ainda muito pesado, e a repensar o trabalho da creche em perspectiva profissional. Isto significa: explorar e experimentar itinerários originais e singulares onde os educadores não sejam mais substitutos da mãe.

De todas essas premissas, que aparentemente parecem ser distantes, se não estranhas, do tema da gestão social, pelo contrário descreviam, no plano operativo, algumas escolhas fundamentais de funcionamento da creche que contribuem a aproximar coerentemente os assuntos teóricos de um projeto educacional participado ao trabalho cotidiano dos educadores da creche: a colegialidade, a atualização e a participação na gestão social.

1) A *colegialidade*. A valorização do trabalho colegiado encontra na creche dois instrumentos práticos de grande relevância: o trio e o coletivo de educadores (ou grupo de trabalho); o trio dos educadores é inovador na medida em que não vê mais um só educador para cada grupo de crianças, mas três titulares que conduzem a turma em conjunto. Este trabalho em conjunto, garantido por horários de trabalho que permitem longos tempos de convivência dos educadores, superando, através de discussões até intensas, as divergências, e confrontando-se o máximo possível com franqueza e serenidade, representa a premissa essencial, o elemento primário em torno do qual se estruturam mais tarde o coletivo de trabalho e a gestão social.

O coletivo de trabalho é constituído por todos os funcionários da creche (educadores, auxiliares, cozinheiros, pessoal que cuida das roupas) que, sem hierarquias pré-constituídas e mesmo na diversidade das funções profissionais, organizam-se colegiadamente atribuindo tarefas e encargos, identificados em conjunto no início do ano escolar e distribuídos em rodízio que envolve todo o pessoal.

A *distribuição das tarefas* (arquivo, relações com o bairro, biblioteca, caixa, correio, audiovisual, material didático, plantas e animais, etc.), para que elas sejam adequadamente e pontualmente realizadas, e para que haja um responsável, a *interdependência entre os diversos setores de empenho* para que cada um perceba a solidariedade e o apoio de todos, e os *encontros coletivos semanais*, para enfrentar de perto os problemas, as idéias e as iniciativas internas à experiência colegiada, constituem os indispensáveis pontos de partida para a realização tanto do processo de coesão do grupo, quanto de um bom nível de eficiência.

2) A *atualização contínua* é sem dúvida alguma uma garantia para a qualidade profissional dos educadores. A diversificação dos temas e da maneira de atualizar-se torna-se indispensável para responder adequadamente aos múltiplos interesses e necessidades presentes na creche.

A periodicidade, se possível semanal, dos encontros de atualização internos e externos à creche permite firmar as coisas e os problemas sem fornecer-lhes consolidações arriscadas e oferece a possibilidade de escolher com rapidez e medida os assuntos, permitindo a todos abordá-los de acordo com pontos de vista diversos.

Além disso, sem querer desconhecer o valor de enriquecimento profissional intrínseco na gestão social, de resto também curiosamente evidenciado por uma observadora externa como Anne Corbett (1981), é oportuno salientar o quanto o tema da atualização do pessoal precise ser visto nas suas especificidades temáticas e metodológicas em relação, por exemplo, à formação dos pais, sem falsas e ingênuas tentativas de tornar comuns, achatando-as, as necessidades de conhecimento e de aprofundamento dos educadores com as necessidades de conhecimento das famílias.

3) *A participação dos educadores na gestão social* não pode permitir a exclusão de ninguém: todos (professores, cozinheiros e auxiliares) devem sentir-se parte integrante do processo participativo e administrativo, todos devem perceber a responsabilidade profissional de pertencer a uma comunidade educacional participada.

Devem-se evitar, portanto, modalidades de envolvimento dos educadores nos diversos momentos da gestão social que prevejam sua presença parcial, mesmo que eletiva e representativa, pois não é possível retirar das tarefas educacionais dos educadores uma parte tão essencial como a gestão social que, como já foi dito diversas vezes, não é nem um apêndice, nem um *opcional*.

Entre outras coisas, uma educação administrada socialmente encaminha processos nem fáceis nem breves de promoção de uma nova cultura da profissão docente. A contribuição de idéias, expectativas e competências oferecidas pela família à creche e, ainda mais, a comparação e a troca de contribuições entre pais e educadores, favorecem sem dúvida alguma a construção de um novo modo de educar, incitando os professores a perceber a participação familiar como elemento de enriquecimento expansivo e não como interferência, afirmando com isso o valor primário da colegialidade e da integração dos saberes.

Deve-se por isso reforçar nos educadores a convicção de que mesmo na "melhor creche", com os professores mais preparados e nas situações mais ricas, existem espaços ocupáveis somente através de gestos socializados e escolhas que interagem com as famílias.

Obviamente, tudo isso em uma ótica de superação das velhas e novas *subalternidades recíprocas* entre educadores e famílias. Por exemplo, faz-se referência à subordinação do educador à família, explicitamente prevista no "modelo familiar" de creche, e à subordinação da família ao educador, prevista na hipótese de "creche separada", onde as famílias exercitam unicamente um poder de procuração em branco, junto aos educadores da creche.

Como vimos, as necessidades e as identidades dos sujeitos protagonistas da experiência-creche contribuem para a motivação e a qualificação da hipótese administrativa, definindo em termos explícitos os objetivos e as modalidades operativas.

De fato, se a intenção, em uma perspectiva de gestão social, é a de "exaltar a socialidade e a participação na condução da creche", deve-se, como também nos indica com muita riqueza de detalhes Carla Rinaldi (1985), desde o início — ou melhor, ainda antes do início da experiência-creche —, oferecer um rico e diversificado conjunto de ocasiões de encontro e de colegialidade às criança, aos pais e aos educadores. Isto é:

— assembléias das famílias que requerem a matrícula do filho na creche, para ilustrar e discutir, se existe muita demanda e há poucas vagas disponíveis, os critérios de seleção e as modalidades de admissão das crianças;

— encontro, em junho, dos professores com todas as famílias das novas crianças admitidas, para se conhecerem, para visitarem juntos a creche, para trocarem as primeiras informações e as primeiras preocupações;

— diálogos individuais com cada família, antes do início das atividades escolares, conduzidos pelos educadores da turma com discrição e delicadeza, com o objetivo de coletar conhecimentos específicos (hábitos, história, registro civil, etc.) sobre o filho;

— encontros com todos os pais da turma realizados alguns dias antes da criança começar a freqüentar a creche: para discutir, esclarecer, informar, tranqüilizar e estabelecer uma série de estratégias e modalidades de orientações e comportamentos dos adultos (pais e educadores) nos primeiros e tão delicados dias de freqüência e de ambientação;

— permanência dos pais nas turmas durante o primeiro período de ambientação: concordado, co-administrado e personalizado para cada criança e cada pai, prolongado no tempo, de acordo com as necessidades.

Iniciada a experiência, as ocasiões de participação são:

— *o encontro de grupos*: encontro das professoras de turma com os pais; conteúdos privilegiados são os eventos do grupo-turma, as linhas de orientação pedagógica e operativa, as exemplificações das atividades didáticas desenvolvidas (diapositivos, exposições de materiais, etc.), as avaliações sobre os comportamentos educacionais; devem acontecer à noite ou em horário mais favorável a todos ou à maioria das famílias, comunicado antecipadamente; deve repetir-se pelo menos cinco ou seis vezes no ano escolar;

— *o encontro em pequenos grupos*: as professoras encontram um grupo de pais da turma; o número reduzido dos participantes permite uma aproximação mais produtiva e personalizada das necessidades e das problemáticas de cada família e de cada criança; é conveniente repeti-lo até o envolvimento de todas as famílias, ao menos uma vez por ano;

— *o encontro individual*: solicitado pela família, ou proposto pelos educadores, pode enfrentar tanto problemáticas particulares, que permeiam aquela família e aquela criança, quanto oferecer uma ocasião de diálogo mais consistente e aproximado em torno do desenvolvimento da personalidade da criança;

— *a agregação temática*: é a reunião, auto-administrada, de alguns pais e educadores de todas as seções interessados em debater e aprofundar um determinado assunto (por exemplo, o papel do pai, os medos das crianças, etc.); o tema é enfrentado e analisado com a contribuição de todos e com uma recíproca troca de opiniões, em uma alternância muito aproximada de comunicação e escuta;

— *o encontro com o especialista*: iniciativa na maioria das vezes decidida em assembléias (conferências, mesas-redondas, etc.) com o objetivo de enriquecer os conhecimentos e as competências de todos sobre problemas e temas de interesse comum (por exemplo, as histórias infantis, a sexualidade, o livro, a alimentação, etc.);

— *encontros de trabalho*: ocasiões para se contribuir de fato, não somente com palavras, para o êxito da instituição; constroem-se decorações e equipamentos, predispõe-se da melhor forma o espaço educacional, são realizadas algumas intervenções no pátio, faz-se pequena manutenção dos materiais didáticos;

— *os laboratórios*: aprende-se "a fazer", adquire-se uma técnica de forte valor educacional (com o papel, com os fantoches, com os sombreados na parede, com a máquina fotográfica, com os *origames*, etc.). Exemplares são as experiências de "prática de cozinha" onde a cozinheira prepara, com os pais das crianças que recém entraram na creche, os pratos apresentados no menu e desconhecidos para as famílias;

— *as festas e os entretenimentos*: formas agregadoras com a óbvia participação também das crianças, dos avós, dos amigos e dos cidadãos; podem ser *de toda a creche, de turma, de aniversário, dos avós, de final de ano, de Natal, de carnaval, da festa da castanha*, da primavera*, etc.;

— e, além disto, as *saídas, os acampamentos, os passeios, o "dia na creche" dos pais* (um dia inteiro dentro da creche com as crianças), as *férias "verdes" e "azuis"* (estada de crianças, famílias e educadores por vários dias na praia ou na montanha, em hotéis ou em colônias colocados à disposição da administração municipal), *visitas nas casas das crianças, "todos no ginásio", "todos na piscina"*, etc.

---

* N. de T.: Festa típica da região.

4. DADOS EXEMPLIFICATIVOS 1984/85, *REGGIO EMILIA*

CRECHE ARCOBALEANO

Conselho administrativo *Conselho de Gestão*

Número de componentes (excluindo os educadores)
17
dos quais   pais   15   cidadãos   2
               masculinos   9   femininos   8

Profissões
   empregados de escritório   9
   operários   1
   professores   2
   donas de casa   —
   médico   1
   operador USL*   —
   técnico dependente   2
   profissional liberal   2
   estudante   —

Grau de instrução
   nível superior   9
   segundo grau   7
   primeiro grau   1
   primário   —
   nenhum título   —

Idade Média   M 34 F 29

Secretaria do Conselho
Número componentes   9
   dos quais   pais   4
                   educadores   3
                   cidadãos   2

Comissões ou grupos de trabalho ou estudo
Denominação   encontros   componentes
relações
creche-escola   4   4
seleção   8   8
redes e freqüência   3   5

Número de encontros
   Conselho de gestão   6
   Secretaria   10

Festas e entretenimentos
   1 festa de Natal (toda a creche)
   4 festas de final de ano (cada turma)
   2 *festa da castanha***
       (seções médias e grandes)
   1 carnaval (toda a creche)

Encontros de seção
   L   4
   P   4 (1 com os médios)
   M   5 (onde 1 com os pequenos e 1 com os grandes)
   G   4 (onde 1 com os médios)

CRECHE CERVI

Conselho de Gestão

Número de componentes (excluindo educadores)
15
dos quais   pais   15   cidadãos   0
               masculinos   5   femininos   10

Profissões
   empregados de escritório   8
   operários   1
   professores   1
   donas de casa   —
   médico   —
   operador USL z   1
   técnico dependente   1
   profissional liberal   2
   estudante   1

Grau de instrução
   nível superior   4
   segundo grau   7
   primeiro grau   —
   primário   1
   nenhum título   —

Idade média M 30   F 29

Secretaria do Conselho
Número componentes   6
dos quais   pais   4
                   educadores   2
                   cidadãos   —

Comissões ou grupos de trabalho ou estudo
Denominação   encontros   componentes
organização   3   4
espaços e ambientes   2   4
comissão pedagógica   4   5

Número de encontros
   Conselho de Gestão   9
   Secretaria   3

Festas e entretenimentos
   1 festa final de ano (toda a creche)
   1 jantar na creche (turma dos médios)
   1 jantar na creche (turma dos grandes)

   1 carnaval (toda a creche)

Encontros de seção
   L   4 (com os pequenos)
   P   4 (com o berçário)
   M   4 (com os grandes)
   G   5 (com os médios)

---

*   N. de T.: USL= Unidade Sanitária dos Trabalhadores

**   N. de T.: Festa típica da região.

Encontros de pequeno grupo
L —
P —
M —
G 3

Encontros de trabalho
2   construções de objetos (berçário)
1   programação da festa de Natal
1   confecção de roupas para teatro
1   origami e trabalho no papel

Laboratórios para pais
            3
2 práticas de cozinha
1 teatro com fantasias

Assembléias
   Assembléia novos matriculados
   Conferência Saúde na creche
   Conferência fantasias para a criança
   Conf. Agressividade

Outros encontros
   1 encontro para "férias azuis"
   1 assembléia para seleções
   1 jogo no ginásio

Jornada dos pais na creche
   11 pais da seção dos médios
Dados eleitorais
Renovados Conselhos de Gestão biênio 1985/87

Encontros de pequeno grupo
L 2
P 3
M 4
G 5

Encontros de trabalho
1 sistematização do ateliê
1 programação da festa de Natal
1 construção equipamentos para o pátio

Laboratórios para os pais
            5
3 práticas de cozinha
1 fantoche e bonecos
1 construção de pastas e sacolas

Assembléias
   Assembléia novos matriculados
   Conferência Saúde dos dentes
   Conferência A linguagem infantil
   Conferência O livro de 0 a 3 anos

Outros encontros
   2 encontros para seleções
   1 bingo na creche
   3 projeções de "Cine Forum"*

Jornada dos pais na creche
   18 pais da seção dos grandes

Pais	eleitores	1.463
	votantes	986
	% de voto	67,4
Cidadãos	eleitores	11
	votantes	11
	% de voto	100
Educadores	eleitores	203
	votantes	182
	% de voto	89,6
Total	eleitores	1.677
	votantes	1.179
	% de voto	70,3

No que diz respeito aos pais, verifica-se um aumento no percentual de voto de 62,0% em 1981, a 66,0% em 1983 e 67,4% em 1985.

5. CONCLUSÃO

Como se vê, os elementos fundamentais que mantêm esta rica "trama de encontros" consistem:

---

* N. de T.: São encontros para assistir e debater filmes com a comunidade escolar.

a) na *diversificação* das tipologias de encontro para melhor responder aos diferentes interesses, necessidades e aspirações;

b) na *centralidade da seção*, vista como a sede natural e privilegiada de expressão e de encontro dos sujeitos interessados na experiência educacional da creche e como célula de base de um organismo de vida comunitária mais complexo.

No interior desse direcionamento, o papel do Conselho de Gestão também adquire um novo e diverso significado, organismo que ora se delineia com mais clareza como "motor da participação", como organizador daquele infinito conjunto de ocasiões participativas relatadas anteriormente.

Certamente, a função ora delineada do Conselho de Gestão resulta enriquecida em relação àquela que, nas raízes da experiência de gestão social (anos 60/70), era confiada aos assim chamados Conselhos de escola e cidade das escolas emilianas para a infância.

Como já foi dito, a experiência de gestão social da escola, entendida como participação da sociedade nas escolhas que dizem respeito à vida escolar, encontrava naqueles anos, nas escolas maternas emilianas, o seu campo privilegiado de iniciativa, de pesquisa e de experimentação.

"Esta favorável situação"— afirma Luciano Corradini (1976), que na qualidade de pai viveu diretamente, em Reggio Emilia, a realidade de gestão social — "depende de mais de um motivo: antes de tudo, do fato de que no setor infantil as entidades locais retomaram vigorosamente a iniciativa, tornando-se, em alguns casos, administradoras sensíveis e dinâmicas, bem mais do que a paquidérmica administração estatal; e, depois, pelo fato de que neste tipo de escolas os fatores educacionais podem desenvolver-se sem perturbações, sem a preocupação de levar em conta inspetores, certificados e diplomas".

É neste tipo de realidade que se delineia uma nova forma de administração e, de fato, como lembra Liliano Famigli (1971), um dos administradores mais empenhados: "Os Comitês escola-cidade foram criados com o objetivo de administrar democraticamente as escolas maternas com a participação de todos os componentes internos e externos à escola. Esses órgãos foram criados para incidir, ao mesmo tempo, sobre os eventos da escola, do bairro e da sociedade", pois "uma escola materna que queira contribuir na atuação dos direitos da criança em uma sociedade como a nossa, na qual a criança deve suportar repressões e frustrações das suas necessidades fundamentais... tem necessidade não só da presença dos pais, mas também dos cidadãos". Por isso "constituímos estes Conselhos, para tentar *inventar* uma escola que envolva pais, professores, cidadãos, organizações de bairro... não somente para empenhá-los em uma gestão interna, mas também para projetá-los ao externo, em defesa dos direitos da criança, por uma cidade na medida da criança".

Uma primeira reflexão possível de ser feita sobre a extraordinária experiência realizada naqueles anos nasce da constatação de que com a gestão social das escolas maternas teve-se a coragem, em um ambiente administrativo e cultural "de esquerda", de considerar os pais como *sujeito político*, como uma *figura social*. Em geral, de fato, a esquerda italiana, na época, via a família como um elemento conservador, uma portadora de mensagens retrógradas e ultrapassadas. Na gestão dos serviços educacionais e escolares preferia-se solicitar a participação dos cidadãos e dos trabalhadores, não tolerando a presença dos pais, tidos como portadores de interesses específicos e corporativos.

E, embora permanecessem rastros de desacerto (também Liliano Famigli diz: "os sindicatos são as mais verdadeiras e maciças associações dos pais"), é indubitável o grande mérito das experiências dos conselhos de escola-cidade que acreditaram, desde o princípio, em uma hipótese gestional que, exaltando a contribuição e a presença das famílias na escola, reconhecesse uma igual dignidade aos professores, pais e cidadãos.

Ada Marchesini Gobetti (1963) também teve algumas vezes que levantar a sua prestigiosa voz para contrastar uma tendência, então muito prevalente na esquerda, a salientar o papel da família: "Chegou-se, em certo ponto, a considerar-se os pais como elementos negativos, antiquados, ligados a tradições e prejuízos insustentáveis, verdadeiros obstáculos para o progresso dos filhos e, em suma, para a sociedade. Foi esse o período em que se aconselhava aos pais a não se intrometerem na educação dos filhos, a não intervir em suas atividades escolares".

Uma segunda reflexão está ligada à constatação de que a gestão social dos Conselhos escola-cidade colocava-se em clara alternativa não somente à velha administração autoritária e vertical da escola italiana, mas também a todas as formas de *co-administração*, tão ostentadas nos primeiros anos 70, que continuavam a considerar a escola como corpo fechado e separado, como na hipótese de Misasi, completamente baseada no binômio escola-família que, vendo a força externa como antagônica e oposta à escola, excluía sua participação.

Abrir a escola à cidadania, pelo contrário, foi inegavelmente uma idéia inovadora e corajosa e, por outro lado, uma idéia feliz e produtiva pois permitiu "recuperar a cidade aos direitos das crianças, tentando incorporar, em uma presença confluente, aquilo que na cidade era antes separado e negado ao uso da criança" (Malaguzzi 1971).

Além disto, nesse sentido "a gestão social da escola materna levou concretamente, e portanto de um ponto de vista metodológico e didático, a considerar o território como verdadeira bacia de cultura ou como viveiro inexaurível de pesquisa e de descoberta" (Bertolini e Frabboni, 1975), conseqüentemente requalificando os valores educacionais de uma correta inter-relação entre o discurso pedagógico e o discurso social, superando a sua gasta e não casual antinomia.

Estes inegáveis méritos históricos da experiência administrativa dos Conselhos escola-cidade devem ser agora lidos e interpretados à luz da evolução da realidade social e em relação à modificação das necessidades e das expectativas dos usuários dos serviços educacionais.

A experiência de gestão social demonstrou a própria riqueza sabendo rapidamente adequar os assuntos teóricos e as modalidades operativas à nova situação civil e cultural (nascimento das circunscrições, uma mais articulada descentralização administrativa no território, presença dos órgãos colegiados, reavalição dos novos sujeitos políticos, retorno ao privado, crescente desconfiança em relação ao "político" e ao "ideológico", etc.).

Nesta moldura, portanto, hoje aprecia-se mais a função dos Conselhos de Gestão social que, embora ainda abertos às forças citadinas, não voltam mais prioritariamente os seus interesses aos fatos administrativos (mensalidades, admissões, etc.) ou aos eventos políticos (instituições de novas estruturas, etc.), mas concentram, de maneira privilegiada, o seu empenho para a satisfação das necessidades participativas das famílias e dos educadores; o Conselho de Gestão torna-se então o organizador dos processos participativos ou, melhor ainda, o propulsor e construtor primário da participação entendida nos seus diversos e múltiplos aspectos.

Entre outras coisas, na perspectiva de uma gestão social voltada à intensificação da vida relacional e à exaltação da socialização dentro da creche, deve salientar-se, além da importância do papel promocional e organizacional do Conselho, também o valor de alguns conceitos-chaves capazes de qualificar e afirmar toda a experiência administrativa e participativa. Faz-se referência aos conceitos de centralização, competência e consensualidade.

Centralização: é um conceito que visa a privilegiar, no interior dos conteúdos e das modalidades de participação, sobretudo os aspectos que estão no coração da experiência, que tocam os interesses efetivos, as expectativas autênticas das famílias e dos educadores. Solicita, portanto, que se caminhe em direção à substância específica das experiências educacionais, a não deter-se demais sobre os temas gerais, distantes e estranhos que, freqüentemente, no dizer de muitos, se aproximam mais dos temas e dos problemas dos usuários que dos temas e problemas da instituição.

Fala-se de uma centralização não somente no sentido de conteúdos, mas também no sentido metodológico. Eis portanto a importância de movimentar-se em direção a uma efetiva diferenciação das formas participativas e em direção a uma rica pluralidade das modalidades de agregação, para responder de maneira diversa às diversas necessidades dos sujeitos participantes. Por isto, devem ser privilegiadas as formas mais tempestivas centradas na seção, na turma entendida como núcleo primário e condutor da experiência formativa.

Competência: a competência é uma categoria a ser reconhecida tanto como premissa quanto como objetivo da participação. É uma premissa, pois quem participa deve ser visto sempre como portador de conhecimentos, de experiências e de motivações que merecem ser colocadas em interação, para enriquecer e sensibilizar. É um objetivo, porque a competência como dado estático já adquirido no começo, como fato que seleciona desde o início, é imobilizante; enquanto, ao contrário, é necessária uma grande disponibilidade em conhecer e melhorar juntos, para adquirir níveis sempre maiores de competência. A participação é empobrecida ao valer-se da ignorância e não de conhecimento; é enriquecida se sustentada pelo desejo de agir e de compreender.

Exaltar a competência não quer dizer que todos tenham que ser pedagogos, mas significa, ao menos, recusar as banalidades simplificadoras, os atalhos resolutivos e óbvios e aceitar o método de problematização contínua.

Consensualidade: significa salientar a importância das convergências e dos acordos alcançados com o confronto das diversidades. Devem ser recusadas, pois fizeram muito mal à participação escolar, as lógicas dos posicionamentos contrapostos, das maiorias e das minorias, do voto como solução única para as diferenças políticas e culturais. Em uma experiência educacional participada, as escolhas e as decisões devem ser tomadas com o máximo de consenso possível, buscado com grande circularidade de idéias e de informações, com grande diálogo e escuta.

6

Coordenação Pedagógica e Trabalho em Grupo

Laura Restuccia Saitta

1. AS FUNÇÕES DA COORDENAÇÃO PEDAGÓGICA

A coordenação pedagógica representa uma estrutura fortemente inovadora nos serviços para a primeira infância, pois, configurando-se como instrumento de programação, estudo, organização, verificação e síntese do projeto pedagógico, garante *o princípio da continuidade* da experiência educacional da creche. A história das coordenações pedagógicas, porém, é recente, e como tal tem suas contradições e lacunas, mesmo apresentando-se, naqueles serviços onde essa experiência foi realizada de maneira continuada, como um dos momentos mais qualificantes de todo o projeto educacional. É necessário, então, tentar um discurso esclarecedor em relação ao papel, às funções e às competências da coordenação pedagógica, posto que, devido à recente instituição dessas figuras profissionais, a complexidade das intervenções que é chamada a desenvolver e a heterogeneidade das experiências nas quais se traduziu, pode-se arriscar uma certa realização e concretização das suas competências de cunho pirandelliano* (... sou como tu queres!).

Pelo contrário, existe uma estreita conexão entre o papel e as tarefas de uma coordenação pedagógica e os objetivos que mantêm o serviço creche. Se realmente se sustenta que os elementos qualitativos, sobre os quais se fundamenta a conotação da creche como instituição educacional, são relativos à *organização do serviço, ao projeto educacional e às competências profissionais dos educadores*, então é necessário evidenciar que o papel da coordenação pedagógica, e o seu plano programático de intervenção, de fato se desenvolvem de acordo com esses três nós qualitativos.

Para melhor explicitar esse ponto é portanto preciso reforçar que essa figura profissional tem competências em relação:

---

* N. de R.T.: Luigi Pirandello (1867-1936), romancista e dramaturgo italiano. Prêmio Nobel de literatura - 1934 - Obras: *Seis personagens à procura de um autor, Henrique IV* e *Novelas para um ano* (contos).

A) à organização do serviço compreendida como:
— espaços (articulações e estruturação dos ambientes em função do projeto pedagógico e das necessidades das crianças);
— atividades (em relação aos projetos e planos de trabalho de seção);
— materiais de brinquedo (escolha dos materiais lúdicos e didáticos);
— pessoal (análise dos tempos, horários, subdivisões das tarefas, etc.);
— grupos de crianças (formação das turmas, grupos homogêneos de crianças ou grupos heterogêneos de acordo com a idade, etc.).

B) Projeto educacional realizado através de:
— identificação e programação dos objetivos gerais e dos objetivos específicos;
— análise dos momentos de rotina;
— necessidades da criança e utilização dos espaços;
— aspectos comunicativos, expressivos e cognitivos na dimensão corpo/ambiente/símbolo.

C) Competências profissionais dos educadores referentes a:
— conhecimentos psicopedagógicos sobre a primeira infância;
— capacidade de construir um projeto educacional;
— análise das temáticas inerentes à infância na cultura contemporânea;
— estruturação da relação entre adultos e crianças;
— confrontos entre pais e educadores.

Esse complexo de competências e de relativas estratégias de intervenção, que a coordenação pedagógica deve ser capaz de administrar, traduzem-se operativamente na análise da organização global do serviço e programação de intervenções a curto, médio e longo prazo; elaboração de pesquisas interdisciplinares e análise das novas necessidades; organização da formação permanente dos educadores e elaboração e verificação dos projetos de atualização.

Sem dúvida alguma, o perfil profissional do coordenador resulta ser extremamente articulado e complexo, sobretudo quando se pensa que essas competências de tipo pedagógico são estritamente ligadas e inter-relacionadas às competências de tipo administrativo, tanto que freqüentemente é extremamente difícil estabelecer onde termina o aspecto técnico e onde inicia o administrativo. A experiência ensina que é próprio da coordenação pedagógica o conhecimento de todos os problemas, mesmo de natureza diversa, que estejam na base do projeto pedagógico da creche e da sua administração, mas que não se pode pensar que esses aspectos, não tipicamente técnicos, sejam administrados diretamente pela coordenação pedagógica. De fato, a coordenação conhece, sugere e salienta também aqueles problemas de natureza burocrático-administrativa, enquanto tais problemas, se não resolvidos, impedem a plena realização do projeto pedagógico, mas cuja administração e solução não fazem parte das funções de uma coordenação que deve, então, ser auxiliada por um conveniente aparato administrativo.

Portanto, as escolhas de caráter pedagógico devem encontrar um *constante retorno* de caráter administrativo e organizacional. Isso comporta periódicos encontros em nível administrativo, para uma realização concreta das iniciativas, de acordo com os problemas colocados pela organização mais geral dos serviços

Além disso, a coordenação pedagógica deve possuir uma visão geral e global dos serviços em relação à realidade territorial; esse conhecimento realiza-se através da possibilidade de participar de algumas atividades da gestão social, cuidando das relações com outras instituições infantis presentes em nível territorial (escolas maternas, serviços previstos no interior das unidades sanitárias locais, etc.). A complexa articulação das competências que são próprias do papel do coordenador também deve ser vista sob o aspecto da função que este deve assumir na condução dos grupos de trabalho (coletivo dos educadores de creche). Esse aspecto profissional específico, que porém é parte fundamental e integrante do trabalho de uma coordenação, dificilmente é levado em consideração. Na realidade, representa um dos momentos mais difíceis e delicados de serem administrados, pois o trabalho em grupo e a relativa condução da experiência apresentam dinâmicas relacionais interpessoais que devem ser conhecidas, decodificadas e administradas.

2. A COORDENAÇÃO PEDAGÓGICA E O TRABALHO EM GRUPO

O Coletivo dos Educadores, organismo institucionalmente previsto como modalidade organizacional e administrativa do projeto pedagógico da creche, representa a superação de um modelo (Onmi) baseado na subdivisão rigidamente hierárquica dos papéis em favor de uma intervenção que vai além dos velhos modelos desresponsabilizantes, para tornar educadores protagonistas, conscientes das próprias escolhas educacionais.

Segundo a definição de P. Bertolini, pode-se considerar o coletivo como

"o conjunto dos educadores que agem, embora com tarefas diferenciadas, no interior de cada plexo escolar e que, constituindo-se como grupo permanente, assumem diretamente a responsabilidade da condução de toda a comunidade escolar. Nesse sentido, o coletivo não faz referência a uma estrutura estática (que seria aquela que, em uma hierarquização das relações interpessoais, adquire o seu sentido mediante um papel rígido e pré-fixado, destinado a cada indivíduo), mas a uma estrutura dinâmica cujo caráter constitutivo surge e, pouco a pouco, se define no decorrer da própria atividade que desenvolve" (Bertolini, 1983).

Trabalhar coletivamente significa, portanto, elaborar um projeto pedagógico, programar objetivos educacionais que não sejam o fruto de escolhas espontâneas, individuais, improvisadas e não-coordenadas, mas, ao contrário, realizadas colocando-se em contínua interação entre os vários membros do grupo, com o objetivo de realizar, cada um com o próprio estilo, e de acordo com as respectivas competências, o que foi decidido e programado em conjunto.

No interior do conceito de trabalho em grupo coexistem porém mais objetivos que tendem a satisfazer exigências e finalidades diferentes. Um outro objetivo, por exemplo, é "o de realizar um processo de crescimento e de aprendizagem de grupo que, baseando-se na disponibilidade de mudança de cada um, na superação da própria visão do mundo, se volte à *isonomia* dos papéis, e onde a diferença não se torne subordinação e discriminação como nas estruturas hierárquicas, mas sim se estruture como uma orquestração das diferenças, cada um com as próprias responsabilidades e o próprio estilo de comunicação" (Restuccia Saitta, 1984).

É frente a essa realidade e com esses diversos objetivos que se mede o profissionalismo do coordenador pedagógico que, de fato, desenvolve o papel de condutor de grupo. A posição daquele que coordena o grupo realmente pode ser definida como *central* e, para tanto, se exige uma competência não só pedagógica, mas também uma capacidade de administrar os grupos de trabalho no plano dos conteúdos e das relações e comunicações interpessoais que se elaboram no interior dos quadros funcionais. A importância do coordenador-condutor e da sua presença no interior dos grupos é evidente, pois ele não está implicado na dinâmica operativa e relacional do grupo (de fato, não faz parte do grupo de maneira constante, como os educadores), constitui o seu papel também em função da mediação das comunicações e torna-se portanto uma referência constante que estimula para a análise e para a discussão.

Quem assume esse papel deve, necessariamente, configurar-se como educador-pesquisador e portanto como observador participante da dinâmica do grupo operativo, garantindo a si e aos outros a possibilidade de refletir sobre a experiência e de generalizá-la, tornando homogêneas as modalidades de pesquisa e elaborando sempre novos instrumentos de pesquisa. O seu profissionalismo deve visar à elaboração de instrumentos culturais e profissionais, não à imposição de soluções, de modo que não se criem problemas de representação e de dependência dos educadores em relação à figura do coordenador (Restuccia Saitta 1981).

Para compreender melhor as funções ligadas ao papel do coordenador pedagógico no interior dos grupos, é necessário salientar que estes jamais representam realidades estáticas, pelo contrário, possuem uma história própria: de fato nascem, desenvolvem-se, elaboram dinamicamente um saber próprio e podem, enfim, desagregar-se. Nem sempre os que fazem parte do grupo têm consciência do significado de seu estar juntos, daquilo para o qual se sentem inclinados e das estratégias a serem realizadas para alcançar seu objetivo pré-fixado. Freqüentemente, os grupos são perturbados pelo sistema de tensões que se desenvolvem no seu interior, sistema esse criado por situações, comportamentos, expectativas positivas e negativas que, no seu conjunto, realizam um jogo de desejos e de defesas, do qual raramente se tem clara consciência.

Isso significa jamais considerar pacífico que no grupo se realize um processo linear de crescimento e que o coletivo consiga controlar as próprias dinâmicas internas, relativizar a própria visão do mundo e os modelos culturais introjetados por cada membro do grupo. Não é fácil passar da relação interpessoal (eu-tu), que liga alguns elementos do grupo entre si, àquela que Cattel define como a "unicidade" de grupo, isto é, o eu-nós, ou melhor, o sentimento de pertencer ao grupo, a uma entidade supra-individual que não é dada pela soma das singulares identidades pessoais, mas pelo confronto, pela elaboração dos conhecimentos comuns que se organizam em um nível mais profundo, mais "sofisticado". Essa entidade supra-individual é dada pela superação do si e da relação interpessoal para constituir um saber comum, uma atmosfera de grupo: exatamente a unicidade, que está para o grupo como a personalidade está para o indivíduo.

O coordenador pedagógico, que conduz e administra, entre as suas variadas tarefas, os coletivos, não pode considerar o trabalho de grupo como um ponto de partida somente porque é institucionalmente previsto; ele é mais uma meta a ser conquistada e alcançada progressivamente, levando em conta a necessidade de ter que contribuir em primeira pessoa para a superação dos mecanismos de defesa que cada um realiza no interior da dinâmica relacional. Realmente, seja porque não se é educado ao confronto profissional, seja pela especificidade dos eventos dinâmicos do grupo, desencadeiam-se resistências pedagógicas, freqüentemente inconscientes, que obtaculizam a comunicação e tornam difíceis e problemáticas as relações.

Os sinais comunicativos do desconforto, que nascem da dificuldade em discutir as próprias convicções e a própria visão do mundo e, portanto, uma parte da própria identidade, são inequívocos e se traduzem em mecanismos de recusa ou de defesa que obstaculizam fortemente a comunicação no interior dos grupos de trabalho. A coordenação pedagógica deve ter a capacidade de detectar esses sinais, de decodificar e de definir estratégias de intervenção voltadas, sobretudo, à elaboração de esclarecimentos que permitam ao coletivo de educadores recuperar a ordem e, portanto, o objetivo pelo qual o grupo se constitui e age. É próprio do papel do coordenador a *definição da ordem* do grupo. Se por ordem compreende-se uma norma, com duas vertentes, de proibição e imposição, em torno da qual se estrutura e se organiza a identidade do grupo, é claro que a ordem dos coletivos da creche reside na elaboração do projeto educacional, dos objetivos pedagógicos e das intervenções didáticas que protegem os direitos e as necessidades das crianças. Isso significa que o coordenador deve fazer com que se respeite a ordem do *heterocentrismo*, isto é, daquelas intervenções *heterocentradas*, voltadas para o agir dos participantes nas suas relações *externas* ao grupo, ou seja, em relação às crianças (projeto pedagógico), aos pais (solicitação de participação e de gestão social) e ao serviço (organização que responde aos objetivos educacionais). A proibição, inata na ordem que o coordenador deve fazer respeitar, torna-se então a proibição do *autocentrismo* do grupo, isto é, de *intervenções relativas às interações e relações* entre os participantes, ou entre eles e o condutor do grupo. Este último, o coordenador, deve evitar que o coletivo se torne uma simples coexistência mais ou menos conflitante de pessoas e, uma vez que na vida do grupo, como já foi reforçado, todos os membros encontram-se em situação de potencial interação e interdependência, é preciso que a sua intervenção faça com que o próprio grupo saiba elaborar e definir, em conjunto com o condutor, o conteúdo, o objetivo coletivo e o projeto que devem ser alcançados. No nosso caso, em que os grupos se movimentam no interior de uma instituição para a primeira infância como a creche, torna-se necessário o respeito à ordem e, portanto, o controle do jogo das projeções e dos processos de identificação, para centrar-se em uma ação, uma atividade, um objetivo externo ao coletivo.

Naturalmente, um coordenador/condutor não pode esquecer que, independentemente da clareza da ordem que estrutura a identidade do coletivo, as distinções sobre a natureza dos grupos não são radicais; de fato, em um grupo de trabalho institucional, como o coletivo das creches, existem, junto com a clareza do objetivo principal que é preciso alcançar (elaboração do projeto pedagógico e das relativas estratégias de intervenção), importantes dimensões afetivas que não podem ser subestimadas pelo enorme peso que elas possuem no desenrolar da dinâmica interna ao grupo. É preciso estar consciente de que pertencer a um grupo faz com que a pessoa que vive esta experiência esteja no centro de uma dinâmica relacional intensa, que permite múltiplas experiências com conotações diversas, ou seja, vantajosas e problemáticas ao mesmo tempo. Se por um lado o estar em grupo e o confronto que dele deriva fazem com que surjam mecanismos de defesa, ligados a dinâmicas internas conflitantes e à ambigüidade das relações interpessoais, por outro, o próprio fato de pertencer a um grupo pode permitir a experiência de experimentar a "atração" do grupo, ou seja, aquela força que tem o efeito de manter unidos os membros de um grupo e de opor resistência a uma dinâmica de desagregação.

No interior do coletivo existem papéis diversos, educadores (professores) e auxiliares (serventes e cozinheiras), e nem sempre a coexistência de papéis diversos é positiva para o grupo, se não intervém esse sentido de estarem juntos, unidos em um objetivo comum, talvez sustentados por uma ideologia comum. Realiza-se então o processo de identificação com o grupo e o sentido de pertencer-lhe, movidos pela:

— atração de um objetivo comum (projeto pedagógico);
— atração da ação coletiva (estratégia de intervenção);
— atração do fato de pertencer ao grupo (componente afetivo).

O reforço de todos esses processos que determinam a elaboração do "nós" joga-se não só sobre as afinidades e comportamentos interpessoais e sobre as satisfações das necessidades individuais, mas também com a capacidade de intervenção do coordenador que consegue, com clareza, definir, articular e distribuir as diversas competências em relação aos diversos papéis, explicando sua diferenciação funcional, a interdependência e a complementaridade.

Com a mesma clareza deve ser explicitado e comunicado ao grupo o papel do coordenador, para estimular o grupo a elaborar uma capacidade de auto-regulação e evitar desresponsabilizações e transferências na definição, administração e verificação do projeto pedagógico da creche. Parece que nenhuma ação que objetive o alcance de um determinado objetivo ou a produção de atividade possa ser efetuada sem que se configurem e surja a função do chefe (*leader*) ou do condutor do grupo (ainda que, às vezes, as duas funções não coincidam). É preciso ter clareza de que é difícil definir de maneira unívoca as modalidades de condução e que, portanto, esse papel não pode ser interpretado em uma única direção. De acordo com as diversas situações e os diversos objetivos para os quais um grupo se reúne, a *leadership* (a liderança) pode assumir o poder de decisão ou o papel de "catalisador", isto é, daquele que, mediando as diversas posições dos membros do grupo, não decide, mas ajuda os outros, visando sobretudo a facilitar sua tomada de decisão. O papel do coordenador deve ser desempenhado, no interior de um quadro claro de referência, com modalidades diversas, nenhuma das quais é por si só "certa" ou "errada", mas deve ser vivenciada em função do objetivo a ser alcançado. A *leadership* não deve ser considerada de um ponto de vista estático e individualizado, mas tendo presente a necessidade de que ela seja aceita por aqueles sobre os quais se exercita, representa "um sistema de condução solicitado pelo grupo e necessário ao seu funcionamento, como uma condição e uma qualidade dinâmica da sua estruturação" (Maisonneuve, 1977).

Definitivamente as funções da coordenação pedagógica em relação à condução e administração dos coletivos estão ligadas às suas competências, no que diz respeito:

1) à capacidade de análise para manter o grupo na elaboração do projeto pedagógico;

2) à capacidade de organizar os meios de ação mais eficazes, para permitir que o grupo alcance os objetivos preestabelecidos;

3) à capacidade de síntese que ajude o grupo a assumir e levar a termo as tarefas assumidas;

4) à capacidade de comunicar, para permitir a si mesmo e aos outros as trocas dos significados das próprias experiências.

O fato de ter, mesmo que sumariamente, analisado o papel, as funções e as competências da coordenação pedagógica torna indispensável reforçar a necessidade de que a coordenação, exatamente pela complexidade das suas atribuições, se configure como uma estrutura fixa de referência que garanta a continuidade da experiência no seu complexo.

Na realidade, as experiências realizadas apresentam uma certa falta de homogeneidade de impostação e uma diferenciação que deriva de uma diversa consolidação e de uma diversa articulação das experiências amadurecidas. Por esses motivos, torna-se necessário iniciar uma reflexão que seja relativa à necessidade de estabilidade das coordenações, à identificação das principais competências, a prescindir das diversidades ligadas às realidades territoriais e à história de cada grupo e, enfim, à elaboração de um projeto de formação permanente dos coordenadores. "Assim como o profissionalismo do educador da primeira infância não se resolve em uma adequada preparação de base, nem com um curso de atualização *una tantun*, mas se adquire continuamente através da prática educacional, uma reflexão constante sobre a experiência que se realiza e um contínuo enriquecimento teórico, com maior razão não se pode pensar que aos pedagogos e aos psicólogos, que possuem a tarefa de coordenar os serviços e de realizar e conduzir as atividades de formação dos educadores, não sejam oferecidas as mesmas oportunidades, identificando para eles os necessários momentos formativos, aptos a garantir a aquisição de um pleno profissionalismo" (Ghedini, 1984a).

7
A Atualização Permanente nas Creches

Laura Cipollone

1. A NECESSIDADE DE PEDAGOGIA

A atualização como ação de construção do profissionalismo permite aquela passagem de trabalho espontâneo a trabalho "controlado" cientificamente, que se determina transformando o evento educacional em evento pedagógico.

Também para a creche coloca-se aquela exigência de fundamentar cientificamente a ação educacional que traz à tona a pedagogia como ciência dos fenômenos educacionais.

Os temas do profissionalismo do educador e da sua formação e atualização são um campo novo e atual de reflexão no sistema educacional. Eles postulam o desenvolvimento da atividade de pesquisa em educação, a aquisição de consciência em relação aos fatos educacionais, para superar a fragmentariedade, a aproximação, a impossibilidade de verificação dos resultados, característica da formação, e, em particular, da formação dos adultos. Essa tendência do sistema educacional à acumulação do saber pedagógico nasce de fato no campo dos serviços públicos que requerem programabilidade e verificação das intervenções.

A creche, como instituição nova e primeira intervenção pública e portanto de massa, dirigida à faixa etária de zero a três anos, requer a garantia da racionalidade e da cientificidade do trabalho desenvolvido.

1.1. A pedagogia da creche: a integração

Trata-se de superar a parcialidade e, às vezes, a inadequação do aporte de numerosas disciplinas que escolheram a primeira infância como área de pesquisa. A abordagem da psicologia evolutiva foi colocada em avaliação na experiência das creches, em referência, por exemplo, à teoria do apego e a algumas interpretações disso, a um conhecimento do desenvolvimento da criança completamente determinado pelo ambiente, a uma idéia de conhecimento que pode realizar-se prescindindo das relações (entre coetâneos e com o adulto)[1].

Na vertente sócio-antropológica, salientou-se principalmente a função socializadora da creche, e aqui também, exatamente a existência da creche contribuiu e reforçou o estudo sobre os efeitos de outros contextos, além do familiar, e evidenciou a necessidade de uma adequação das teorias da socialização.

As várias disciplinas tentam descrever a criança, oferecem elementos de conhecimento sobre o seu desenvolvimento, mas permanece em aberto o problema de uma abordagem mais global de conhecimento e, sobretudo, uma vez que o objetivo da creche é o "estar com as crianças", o problema do como operar.

De fato, é exatamente na prática educacional que se colocaram em discussão teorias e formularam-se novas hipóteses, e é a partir daí que se pode chegar a um projeto de creche que resolva o problema da sua identidade, do seu "ser" cotidiano e público de local da educação das crianças de zero três anos. Certamente a experiência e a operatividade deixadas a si mesmas não produzem inovação ou, se produzem, não conservam a sua consciência e a memória: sobre elas deve intervir a pesquisa, que é, de fato, o campo da pedagogia.

A pedagogia constitui um ponto de vista específico que funciona como adesivo e selecionador em relação a outras abordagens teóricas, operando entre a prática e a teoria. O fazer é a substância do projeto pedagógico, mas o fazer é o reino da não-linguagem, é um mundo que deve ser conhecido, tornado comunicável para que se possa falar em projeto.

Do fazer ao projeto existe o determinar-se do entrelaçamento entre teorização e ação, em busca de um modelo que consiga descrever a complexidade e a especificidade dos processos formativos naquele local, naquele tempo e com aqueles sujeitos. Uma pedagogia da integração, entre abordagens disciplinares, entre culturas, entre profissionalismos operantes na creche, coloca-se o objetivo de colher, em uma estrutura global de tipo metodológico, as inter-relações existentes naquele contexto e que determinam os processos formativos.

Trata-se de descrever a creche como "uma totalidade organizada em ação, um dispositivo dinâmico e estrutural, uma rede específica de práticas e linguagens, objeto da competência pedagógica nas suas dimensões espaço-temporais, corporais e simbólicas" (Massa, 1984).

1.2. A pedagogia da creche: a pesquisa e o planejamento permanente

Por esse caminho chega-se a um nó essencial, o das características da cientificidade da competência pedagógica, cujo núcleo parece escapar continuamente, parece indefinível, pois está sempre em transformação.

A pedagogia, e a pedagogia da creche, pelo impacto imediato que teve com um complexo de práticas educacionais familiares e extrafamiliares que constituíam o patrimônio essencial do conhecimento de como educar a criança, tenta subtrair ao senso comum o quanto de vital, de essencial isso contém, colocando a interrogação, a formulação de hipóteses, a busca de conexões entre pedaços de saber e práticas diversas, solicitando a superação do estereótipo de juízo, do preconceito.

---

1 A respeito da evolução dos conhecimentos sobre o desenvolvimento da criança nos primeiros anos de vida, os estudos coletados no livro de Musatti & Mantovani (1983) evidenciam de forma nova aspectos do comportamento da criança coletados na situação educacional da creche.

Essa tarefa essencial da pesquisa pedagógica faz com que se chegue a critérios de cientificidade diferentes dos de outras ciências, pois na operação de "reestruturação experimental" da criança, do sujeito, a pesquisa e os projetos só podem estar continuamente em ação, mas também continuamente incompletos, pois estão sempre abertos ao desafio da realidade.

É no caráter de permanência e de inconclusão, é no privilegiar a processualidade do estudo mais do que o alcance dos resultados, que se determina a produtividade da integração entre saber e fazer, na pesquisa pedagógica da creche.

2. QUAL EDUCADOR

Está se falando de uma figura profissional, o educador de creche, geralmente definida como "nova", que possui uma breve história, ainda mais breve se dermos por consumada (mesmo sem remover as heranças que dela recebemos em termos de função de custódia do serviço) a fase histórica das antigas creches Onmi e se, pelo contrário, pensarmos em quanto se construiu desde a Lei 1044 até hoje.

Nova porque jovem, então, ou pela falta de um perfil profissional codificado e da relativa formação de base, ou, ainda, pelo objeto de sua intervenção: a criança de zero a três anos? Ou mais, porque propõe modos originais da ação educacional devido a algumas dessas e outras condições?

De fato, mesmo entre as múltiplas contradições ainda operantes no que diz respeito ao papel, ao enquadramento, às condições de trabalho, chegou-se a definir "educador" o trabalhador de creche somente há pouco tempo (Decreto Presidencial 347/83), e esta pode ser considerada somente uma etapa do percurso de construção da identidade educacional da creche, que nasceu mais para suprir as necessidades adultas (emancipação da mulher, administração diferente do tempo na família), do que como serviço para a educação da primeira infância. Mas existem elementos de originalidade, na profissão do educador e, em parte, justamente devido a essas contradições.

2.1. Encontro entre saber natural e saber científico na creche

O surgir de uma nova subjetividade, que não se autopropõe, depende de vários fatores (o desenvolvimento dos conhecimentos científicos sobre a criança, a difusão do trabalho feminino, o interesse de novas profissões neste setor) e determina em muitos estudiosos a exigência de se escolher perspectivas de análise que aproximem e adaptem o saber sobre a infância à criança real. Uma perspectiva está em propor um observatório sobre as condições e os modos através dos quais se cria essa atenção à infância como "sujeito cultural" e objeto da pedagogia, para tornar evidentes fragmentações e superposições (cf. Chamboredon & Prèvot 1975; Becchi, 1984).

Em uma ótica de ecologia do desenvolvimento humano constrói-se um modelo que descreve o entrelaçamento de relações dentro das quais vive a criança, da família à comunidade, aos ambientes que possuem efeitos indiretos sobre a criança (como a organização do trabalho) e, enfim, às instituições políticas e culturais da sociedade (cf. Lüscher, 1981).

A pesquisa escolhe como campo novo a realidade cotidiana e a vida da criança em seu ambiente natural. Através desse caminho tenta-se recompor não só a fragmentação operada pelas ciências no estudo da criança, mas também o encontro entre "saberes naturais" e "saberes eruditos".

Essa maneira de investigar a partir do cotidiano também envolveu outras subjetividades emergentes, tais como as mulheres, e foi aplicada com sucesso nos temas da família e da sexualidade. Encontramo-nos, por um lado, frente a métodos de pesquisa sobre a realidade que tendem a elaborar o cotidiano[2], e a uma instituição, a creche, na qual se realiza logo o encontro com o saber natural das famílias e que propõe com urgência que o educador seja conhecido e que interaja com o projeto educacional da creche.

O saber familiar é dificilmente comunicável, mesmo no seu interior, é um saber nascido na prática, não sistemático, emotivamente conotado, em relação ao qual o saber dos educadores se propõe com características bem semelhantes, seja pela falta de específica preparação profissional, seja pelo fato de ser o próprio pessoal da creche, na maior parte, constituído por mulheres, ele próprio frente ao problema de redefinir o seu papel materno (cf. Bondioli, 1985a).

Certamente, assim como os processos de emancipação das mulheres influíram no surgimento da subjetividade infantil, da mesma maneira possui efeitos sobre a profissionalização da função de criação e, portanto, da função do educador, a capacidade expressa pelos movimentos femininos de operar teorizações sobre aspectos consignados desde sempre à esfera do instinto e do não questionado, de examinar teorias que tendem a confirmar a mulher ao seu antigo papel. Aqui também são confrontados saberes científicos e saberes "subjetivos", de maneira a realizar um útil entrelaçamento e um saber novo que é a elaboração ao feminino dos temas da condição e da identidade das mulheres.

As mulheres, nesse sentido, realizam um distanciamento de si, uma manipulação simbólica de uma experiência com muita freqüência somente vivida e não manifestada, que elas aprenderam a contar-se, a confrontar, a organizar de acordo com uma lógica, a infundir nela racionalidade, até construir novos modelos de comportamentos, novas concepções da função materna[3].

Os dois processos de sistematização e profissionalização do trabalho e de criação do profissionalismo do educador são paralelos; são duas maneiras de entrar em contato com práticas educacionais existentes na família e no social e de confrontá-las com saberes mais eruditos.

O conflito entre função assistencial e função educacional está bem presente no educador, e é o primeiro ponto a ser enfrentado no percurso da profissionalização. No momento em que, tendo que inventar uma maneira de estar com as crianças, em uma condição bem diferente da familiar, coloca-se em discussão a função de "substituto materno" e começa-se a perguntar como, e em base a quais conhecimentos, isso pode ser feito, temos o início da aquisição do profissionalismo.

A passagem de uma operatividade vista como "natural", para uma outra colocada em bases científicas, passa pela capacidade de perceber, escutar, documentar, utilizando técnicas de pesquisa que foram revisitadas e adaptadas com o objetivo de inserir essa disposição na pesquisa, como elemento central do trabalho educacio-

---

2 Vejam-se, por exemplo, os estudos sobre aspectos da vida cotidiana da criança e da família de: Gandini, (1984); Benigni, Giorgetti & Sasso (1982); Conte & Miceli (1984).

3 Privilegiou-se a relação entre elaboração feminista e disciplinas da História, da Antropologia, da Psicanálise, em particular sobre temas da diferença sexual, da maternidade, da identidade e autonomia, da relação entre saber erudito e saber popular. Vejam-se, por exemplo: os "Programas" do Centro Virginia Woolf de Roma (em particular do ano de 1981-82: "L'Ambiguo materno"); a revista de história das mulheres *Memoria*; o número 6/7 de 1978 da revista D.W.F., dedicado ao tema "Maternità e imperialismo". A pesquisa sobre a diferença sexual da psicanálise à filosofia foi realizada de maneira mais completa por Irigary (1984).

nal. Um saber orgânico, sistemático e comunicável: em uma palavra, uma cultura forte da creche só pode ser produzida através desse caminho.

2.2. O cotidiano

Em uma visão integrada do desenvolvimento infantil, consciente dos aspectos cognitivos implicados na percepção da criança, bem como na relação, uma tarefa essencial do educador será a de especificar os modos e os objetivos de uma programação em função deste domínio perceptivo e relacional. Através do corpo da criança, pela maneira como é tocada e entra em contato com outros corpos, pela maneira como é contida, limpa, cuidada, tranqüilizada, pela maneira como pode expressar-se, passa a sua consciência dos outros e de si mesma.

Modelos já consolidados, como o da escola materna, não nos ajudam a prefigurar o comportamento mais adequado; não podemos distinguir entre os cuidados e as atividades lúdicas, reservando a estas últimas o papel educacional; não podemos pensar em uma didática que privilegie a presença e a intervenção direta do adulto. Na realidade, grande parte do trabalho do educador está mais na organização dos espaços, dos materiais, dos tempos, dos percursos, de maneira que as crianças sejam orientadas indiretamente ao uso do ambiente que permita escolhas diversas quanto à capacidade, às necessidades, à possibilidade de estarem em grupo ou sozinhas.

Foi-se delineando como essencial no trabalho do educador a capacidade de utilizar o comportamento cotidiano do adulto como "estruturante" da situação educacional, isto é, da capacidade de agir em cada momento, levando em consideração múltiplos aspectos do processo de conhecimento da criança que, naquela situação, são ativados, de fazê-lo através da avaliação e do controle do próprio modo de estar com a criança, o qual é feito de gestos, palavras, sensações, responsabilidades, de confiança em si mesma e no outro (cf. Terzi, 1985).

É o uso educacional de tudo o que se encontra implícito no comportamento adulto e que, ao contrário, representa uma parte muito importante no relacionamento com as crianças desta faixa etária.

2.3. O trabalho em grupo

O educador encontra-se no cruzamento de numerosas relações, e esta posição requer um olhar atento tanto ao relacionamento individual quanto ao sistema global da comunicação na creche e ao relacionamento entre a creche e o exterior. Descentralizando a atenção do relacionamento entre o adulto e a criança (preocupação geralmente dominante em relação às outras), é necessário ser capazes de adequar o comportamento comunicativo à dimensão do pequeno grupo, de detectar o andamento da comunicação entre as crianças, as regras e os "humores" que a governam no decorrer do dia.

Trata-se de uma profissão que se expressa constantemente no grupo dos educadores, instrumento de trabalho que deve ser organizado e programado; de uma profissão que deve ser aumentada no coletivo, sede de atualização permanente, e que se relaciona cotidianamente, nos encontros de seção, nas assembléias de administração social, com pais e outros adultos.

Enfim, o educador de creche trabalha com todas as faixas etárias, coloca em contato crianças de idades diferentes, acompanha a passagem de um grupo ao outro e, em uma ótica de continuidade, da creche para o maternal.

3. A ATUALIZAÇÃO PERMANENTE

A atualização no serviço nasce para as creches com a sua instituição, embora de forma desarticulada, não-homogênea e freqüentemente improvisada, sob o impulso de definição do profissionalismo, de planos de trabalhos com as crianças, de construção de identidade da creche.

As numerosas experiências que interessam, no início, mais intensamente algumas regiões (em particular a Emilia-Romanha, a Lombardia, o Piemonte, a Toscana,...) adquirem, pouco a pouco, características comuns que são assumidas nas linhas gerais dos Regulamentos das creches, aproveitando o que de positivo já havia amadurecido nas escolas infantis, mas também trazendo elementos originais.

O modelo dominante é o da atualização permanente no qual a continuidade, a colegialidade, a relação entre teoria e prática na ação formativa adquirem importância.

Sobre essas experiências de auxílio à atividade das creches pesam, todavia, algumas contradições:

— a atualização permanente das creches, mais do que em qualquer outra instituição educacional, choca-se com os problemas da formação de base carente, não-homogênea e, sobretudo, com uma esfera de solução dessas carências por parte dos educadores que ela não pode, pela sua natureza, satisfazer. De fato, a atualização pode operar sobre os comportamentos, sobre as capacidades expressas pelos educadores no trabalho, em um tempo e um espaço precisos. Intervém assim sobre o indivíduo somente enquanto parte de um grupo que opera cotidianamente em um contexto, mas não sobre o indivíduo, enquanto tal, e com objetivos globais como os da formação de base;

— a atualização faz sentido se oportunamente coligada à ação para a melhoria da qualidade do serviço e para a sua programação. O caráter de ambigüidade que ela de qualquer sorte mantém, isto é, de ter que ser definida no tempo, com métodos e objetivos precisos e, contemporaneamente, como promotora de contínua transformação e, portanto, constantemente necessária, é um elemento que deve ser avaliado e assumido, a fim de não sobrecarregar a atualização de expectativas injustificadas e para não sofrer a frustração do: "no fundo nada mudou, já que não mudou tudo". A relação da atualização com a transformação é em todo caso determinada pelos problemas de administração que se agravaram com a crise que atingiu os serviços nestes últimos anos;

— atualização se encontra presente para todos os educadores dos serviços educacionais pré-escolares durante o horário de trabalho, mas a aplicação dessa parte do contrato de trabalho (Decreto Presidencial 347-83), e sobretudo as dificuldades que muitas prefeituras encontraram ao "preencher" as horas de atualização, nos colocam frente a um quadro extremamente diferenciado na qualidade e na própria presença da atualização. Uma função importante de coordenação, de reequilíbrio territorial e de elevação da qualidade da formação pode ser absorvida pelas regiões[4]. Centros para a documentação sobre a infância, para a pesquisa e a formação de municípios, provín-

---

[4] Vejam-se as propostas realizadas por um grupo de trabalho de coordenadores pedagógicos dos municípios emilianos, junto ao "Assessorato alla formazione professionale" (região Emília-Romanha 1982) e os números 1 e 2 dos *Quaderni regionali*, publicados pela região Piemonte (1985) que organizou seminários entre os coordenadores e as pessoas encarregadas da atualização sobre as experiências formativas nas creches.

cias e regiões, contribuíram notavelmente para dar sistematicidade e rigor científico às experiências dos serviços; a presença dos coordenadores pedagógicos determinou uma maior estabilidade e qualidade da atualização e uma relação com a programação dos serviços. Trata-se, todavia, de funções não suficientemente difundidas no território nacional e, de modo particular, nos pequenos municípios. Registra-se, no que se refere à atualização, uma pausa, uma diminuição de empenho das administrações locais, em parte ligadas à ausência de pontos normativos de referência que resolvam o problema da formação de base do educador de creche, do perfil e da colocação profissional do coordenador pedagógico e do "formador dos formadores" e, mais em geral, à não-funcionalidade dos aparatos burocráticos da máquina pública, para intervenções técnicas voltadas a responder a fortes demandas sociais.

A atualização é assim uma atividade que auxilia a função educacional que se realiza através de pesquisas, documentação, reflexão sobre assuntos educacionais, produzindo um saber que mais tarde é investido novamente no projeto de novos assuntos educacionais, na criação de capacidades de trabalho, na determinação da qualidade do trabalho na instituição e, portanto, incide também na maneira de operar e de relacionar-se no interior e no exterior da instituição.

Porém, se pretendemos saber mais sobre como a "formação dos formadores" produz saber pedagógico, nos é apresentada uma nova área de pesquisa que, exatamente devido à indefinição, à falta de organização que caracteriza muitos pontos da atualização em serviço, torna difícil a sua compreensão. Coloca-se o problema de quem, do como, através de quais instrumentos pode-se pesquisar sobre a formação dos formadores.

Atualmente, se procurarmos pistas das experiências de atualização produzidas nas creches, encontraremos muitas vezes anotações, alguns materiais usados para a atualização, fichas informativas, ou seja, material fragmentário, mais do que uma documentação organizada e análises cuidadosas e exaustivas. Todavia, pode-se tentar, com aquilo que se tem à disposição, delinear algumas características que definem a tipologia (ou o conjunto de tipologias) dominante nestes últimos anos. Proponho-me traçar as características essenciais que podem descrever, se não um modelo operante, pelo menos um modelo teórico e parcialmente operante em muitas experiências.

Uma política e uma prática da atualização dominante nas instituições educacionais evidenciou numerosos pontos de crise que foram resumidamente identificados em:

— centralização;
— natureza não definida da atualização;
— estranhamento da formação e do formador em relação à situação em formação.

Em relação a essas características negativas, na projetação e na reflexão sobre as experiências realizadas nas creches, pode-se salientar a indicação de algumas condições fundamentais para a atualização.

A programabilidade. Não se pode pensar que um plano de atualização se subtraia às regras científicas implícitas à elaboração de um projeto. Este deve ser construído com base no conhecimento da realidade, deve conter objetivos e estratégias para o alcance dos mesmos. Não se trata simplesmente de idealizar situações formativas, mas de conhecer suficientemente o que isso comporta, com o que se depara, na realidade, a prática de um processo de modificação estável em um sujeito ou em um grupo. Um plano de atualização é o resultado de um estudo (sobre as necessidades formativas, sobre as características do contexto no qual elas emergem), de uma escolha de campo e de instrumentos de intervenção que serão verificados na própria realização da atualização.

Nos Regulamentos dos serviços educacionais da escola materna de muitos municípios, a atualização permanente resulta ser parte integrante da programação dos serviços e isso pode ser considerado como indicador de uma consciência e de uma vontade de retirá-la da improvisação e da descontinuidade. Entretanto, a atualização pode fugir da não-programabilidade, se ela encontrar um vínculo claro e produtivo com o trabalho cotidiano e com as exigências de inovação a ela ligadas; e se constitui, sempre mais, como uma área específica de igual dignidade de outras áreas de pesquisa e de projetos das ciências humanas, com suas sedes e instrumentos profissionais e operativos.

A continuidade. A programação implica a determinação dos tempos da atualização, da sua duração em relação aos objetivos e, por isso, tende a resolver os problemas de fragmentação e descontinuidade. Todavia, pretende-se salientar, com a continuidade, uma condição particular da atualização, ou seja, o fato de ser uma atividade que atua paralelamente na vida do serviço e que tem razão de ser pelo tipo de serviço (educacional). O envelhecimento e a falta de profissionalismo são processos que atingem qualquer tipo de trabalho em uma sociedade em rápida transformação, mas o trabalho educacional contém em si a exigência de racionalizar-se, de transformar-se em trabalho científico.

Nos serviços de educação pré-escolar realizou-se uma sólida experiência de atualização contínua: a difusão, em um passado ainda recente, do termo "sábado pedagógico", para designar o espaço semanal ou quinzenal reservado à atualização e à programação, é testemunho disso. A freqüência periódica com a qual o coletivo se encontra, para refletir sobre o trabalho realizado, constituiu, em muitas experiências, a estrutura central e às vezes única da atualização.

Nesses casos, o coletivo encontra-se freqüentemente sem a presença de especialistas externos e se trata de momentos de "auto-atualização" que favorecem sempre a comunicação entre os educadores, porém não são adequados a responder, por si sós, aos objetivos da formação no serviço. Paralelamente, de modo integrado ou em substituição a essa estrutura, existe uma outra que prevê seminários intensivos de alguns dias ou módulos temáticos diversamente articulados, organizados e administrados com a contribuição dos formadores. A freqüência periódica dos encontros, durante o ano, demonstrou ser a mais utilizada e a mais adequada aos tempos e aos problemas da pesquisa, nas numerosas experiências de formação-pesquisa que caracterizaram a metodologia da atualização.

A continuidade é considerada um elemento importante não somente pelo pessoal das creches, mas também pelos coordenadores pedagógicos e pelos formadores, e pleiteia uma presença do especialista nas instituições educacionais, com um envolvimento ativo, ou seja, a presença da garantia dessa continuidade. Porém, também são evidenciados os limites de uma relação de continuidade no tempo, se o mesmo não consegue garantir que as experiências e os programas possam mudar, que a continuidade possa ter oscilações no seu interior, com a condição de serem motivadas pelas exigências do coletivo (Totolo, 1985).

O coletivo. Com a identificação do coletivo como sede da atualização permanente, que se encontra presente nos Regulamentos e nos planos de atualização de forma bastante homogênea, determina-se a superação da atualização individual à qual cada um pode ter acesso de acordo com a sua decisão: neste caso, então, a pessoa é desligada do trabalho cotidiano. Busca-se assim a satisfação de uma necessidade formativa que o sujeito reconheceu como válida para si, através de percursos não confrontados, e que pode não ser uma necessidade do grupo no qual trabalha ou um problema relevante para o contexto.

Pelo contrário, tem-se acesso, através do instrumento do coletivo, à possibilidade de encontrar ligações entre a solicitação individual e a do grupo, de realizar uma dialética proveitosa entre a necessidade formativa explicitada pelo indivíduo ou pelo pessoal e a demanda institucional e dos outros sujeitos interessados na educação da criança de zero a três anos.

O coletivo é uma sede técnica de trabalho com adultos em formação e é, ao mesmo tempo, uma metodologia participativa que permite encontrar "o longo fio de Ariadne* que liga o discurso pedagógico ao político-cultural, as atualizações, as reuniões dos conselhos de administrativos, o conhecimento e a identidade do sujeito, do grupo... para a realização de um modelo pedagógico aberto, problemático, continuamente *in fieri* (em processo), através das contribuições de conhecimento de todos os componentes". (Grupo nacional de trabalho e de estudo sobre as creches 1985).

Territorial. A atualização permanente é descentralizada enquanto encontra os objetivos a serem alcançados na ligação com a realidade da creche. A creche é a primeira sede da atualização, pois é o lugar da realização cooperativa entre os adultos, ou seja, entre os diferentes estilos de educação, partindo do conhecimento e da valorização do fazer de cada um. É esse também o lugar da identificação e da utilização dos recursos que são a matéria do trabalho cotidiano, da realização daquele "organismo" complexo que é um dia entre adultos e crianças na creche.

Nos encontros de creches realiza-se, pelo contrário, a exigência de comparar diferentes percursos, de colocar as soluções positivas e os erros à disposição de todos; alcançam-se níveis de informação e de conhecimento comuns sobre questões relevantes para todo o serviço.

A diversidade das sedes de encontro requer várias modalidades de trabalho e de comunicação para a atualização, épocas e espaços diferentes, mas o fio que liga esse modo de trabalhar é sempre um estímulo à comunicação que, do individual ao grupal, ao serviço na sua complexidade, determina uma redefinição do fazer baseado em outros pontos de vista e o transforma em saber compartilhado.

O trabalho educacional que se produz nas creches não pode ser comparado somente entre os que se ocupam deste serviço (pais, educadores, administradores). O último referente não pode deixar de ser a cidade, ou seja, em primeiro lugar as outras instituições educacionais, os outros modos de educar ou de viver das crianças naquele território.

Para retirar a atualização e a pesquisa nas creches da marginalizacão, do silêncio que freqüentemente lhes são destinados, foram instituídos Centros de documentação territorial, isto é, sedes de auxílio à atualização, de coleta dos materiais produzidos nos serviços e na formação, de socialização e de comparação dos mesmos não somente em nível social, mas em relação ao quanto de significativo acontece em experiências mesmo distantes entre si.

---

* N. de T.: Faz referência à mitologia grega. Ariadne é filha de Minos, rei de Creta, e é ela que entrega a Teseu um novelo de linha para entrar no labirinto, a fim de matar o Minotauro e não se perder no caminho.

3.1. A utilidade da atualização

Identificam-se três aspectos que a formação de educadores em serviço não pode dispensar.

O fato de ser destinada aos adultos. Esta parece-me ser uma das questões menos indagadas, tanto na pesquisa quanto na formulação dos planos de atualização. O organizar-se no tempo, e o estruturar-se institucional da atualização, em muitas experiências é uma resposta às condições de aprendizagem dos adultos, pois torna explícita e comparável a exigência formativa individual.

Todavia, a ativação de energias comprometidas com a formulação de um plano personalizado de formação contínua e a aquisição de autonomia e de uma autoprojeção, como objetivo central da atualização no serviço, chocam-se com a particularidade dos mecanismos de conhecimento dessa faixa etária e pressupõem uma análise profunda de como ela acontece, além da realização de dispositivos e de metodologias adequadas ao objetivo.

Nos estudos sobre a educação dos adultos, aqueles que tentam questionar a idade adulta, mesmo não sendo numerosos, traçam um interessante caminho de pesquisa. Diante da análise de diversas abordagens teóricas, revela-se, por exemplo, "a tendência na pesquisa comportamental e cognitiva em descrever o adulto em formação, assumindo como pressuposto uma diferenciação de fundo: a da racionalidade positiva como parâmetro inicial e de chegada. Os componentes, nem sempre racionalizáveis, dos processos formativos encontraram, até o momento, pouco espaço na especulação relacionada aos processos formativos" (Demetrio, 1985).

Alguns traços observáveis no adulto não são explicáveis sem se levar em conta a presença da estrutura latente da personalidade e nem podem subtrair-se de uma análise da influência cultural sobre os mecanismos epistêmicos (Becchi, 1979a). A consideração da complexidade da dimensão adulta, da sua relatividade, abre espaço para perspectivas de pesquisa sobre os processos de elaboração e atualização da identidade (fortemente carregados de elementos afetivos e motivações na afirmação de si) a partir das formas de relação que se instauram entre esses processos e o contexto no qual acontecem. Assim abre-se espaço, em uma abordagem relacional, para a descoberta dos percursos através dos quais se determinam respostas rígidas ou criativas nos processos formativos.

Em relação às complexas características da aquisição de conhecimento em cada faixa etária, a pesquisa atual sobre os conceitos "insiste no caráter construtivo e organizacional do conhecimento individual. Conhece-se e contextualiza-se em função de quadros cognitivos mais amplos, em sua maioria fornecidos pela cultura do grupo" (Pontecorvo, 1984).

Trata-se de "estruturas de expectativas", de "esquemas antecipatórios" que impõem, na formação do conceito, um caminho assimilável aos critérios lógicos do senso comum. Para iniciar um processo de aprendizagem só se pode partir desse nível de conhecimento.

É preciso, então, pensar na formação levando sempre em conta os indivíduos aos quais ela se destina, e proceder no desenvolvimento dos conteúdos da atualização, considerando a rede de conceitos que é ativada no sujeito e a necessidade de variações em relação aos esquemas do sujeito.

É mais importante o modo como se ensina do que aquilo que se ensina, mas o como colocar em discussão em primeiro lugar o formador, o seu modo de relacionar-se com o outro adulto em formação, requer a conscientização daquilo que está implícito na ação formativa por ele mesmo realizada. Ao acolhimento da identidade do usuário deve corresponder a capacidade de auto-regulação, de autoconhecimento e de plasticidade do formador.

Trata-se de adultos trabalhadores. Estamos falando de um tipo particular de educação de adultos que é a formação em serviço. Esta se caracteriza pelo fato de ser cheia de exigências de adequação do profissionalismo aos problemas postos pela operatividade, de colocar, então, como objetivo, aquisições que podem imediatamente ser convertidas em operatividade.

Seguindo esse caminho, determina-se, na formação em serviço, uma relação particular entre a teoria e a prática, tanto na identificação dos problemas a serem enfrentados, quanto no método de formação.

Determina-se, também, uma modalidade complexa de enfrentar os temas da atualização, que se utiliza de várias abordagens disciplinares, adequando-as às exigências colocadas naquele determinado contexto por agentes concretos da educação: o problema é o nó da pesquisa em atualização que, portanto, não pode desenvolver-se através da tradicional divisão por matérias.

Trata-se de educadores. Das funções de pesquisa e de racionalização do fazer na creche, como parte da atividade do educador, já falei. É preciso aqui salientar como o trabalho educacional, com uma conotação intelectual, tenha adquirido sempre mais responsabilidade e, portanto, necessidade de autonomia e de poder decisório.

Por outro lado, já que as competências educacionais se exercitam em situações coletivas, a criação de habilidade para estar em grupo é um objetivo da formação. Em relação ao trabalho de grupo na atualização, saliento duas características essenciais para a sua funcionalidade:

— o fato de que os grupos sejam heterocêntricos, ou seja, tenham tarefas e pontos de referência no exterior, estruturem o próprio trabalho levando em conta que os resultados serão comunicados, confrontados, utilizados em relação a outras experiências significativas, com centros qualificados de pesquisa, com as famílias, com outras creches, com o bairro e com a cidade;

— trata-se de uma sede de aprendizagem e de exercício da "reciprocidade" entre os educadores, e entre educadores e formadores. Trata-se de pensar na relação de atualização como a um processo no qual cada sujeito se modifica, está disposto a modificar-se na relação com os outros, a assumir a sua responsabilidade.

As técnicas ativas resultam ser as mais úteis para determinar uma comunicação positiva no grupo, para a superação do medo e da rigidez, para dar ao grupo o sentido da continuidade e da radicalidade do trabalho desenvolvido. Constrói-se uma memória do grupo, que é um instrumento válido de identificação com o mesmo, e de apropriação do conhecimento produzido coletivamente[5].

3.2. As estratégias formativas

Análise das necessidades formativas. Quanto mais o coletivo de educadores desenvolve a função de projectualidade e de pesquisa, tanto mais poderá constituir o lugar onde afloram, adquirem clareza e se explicitam as necessidades formativas. Essa

---

[5] Para uma análise da formação, de acordo com princípios metodológicos da pedagogia e da análise institucional, ver: Bassi Neri & Canevaro (1978); Cocever (1984).

determinação e autonomia em propor a necessidade formativa não é, porém, um ponto de partida, mas um objetivo ao qual a atualização deve estar propensa.

Partimos do pressuposto de que não existe uma autêntica solicitação formativa, mas um conjunto de exigências implícitas, explícitas ou negadas em relação às quais é tarefa do formador realizar uma análise que descreva a modalidade da "convocação" e que depois opere sobre ela. A necessidade formativa deve ser transformada de implícita a explícita, de individual a coletiva, de setorial a contextualizada na dinâmica institucional.

Certamente, o coletivo foi, em alguma experiência, sede de amplas consultas sobre os temas da programação do serviço e da atualização. Nos Regulamentos, esse foi formalmente definido como uma referência essencial para a projeção do serviço, testemunho de uma escolha não somente de democracia, mas de uma precisa metodologia de trabalho. Todavia, se procurarmos, acharemos bem poucos traços de atividade de análise das necessidades formativas em relação ao planejamento da atualização. A razão disso está no fato de que, muitas vezes, as necessidades formativas não são consideradas como elementos específicos, que devem ser diferenciados de outros aspectos da atividade do educador e do serviço, mas são confundidas na discussão geral sobre o seu funcionamento. Mesmo quando existem momentos específicos para se discutir os planos de atualização, estes são decididos em um debate não documentado, que faz parte da elaboração do programa somente de modo implícito.

Enfim, em alguns casos existem instrumentos de observação muito precisos (particularmente, o questionário) que, porém, muitas vezes se limitam a coletar informações sobre aspectos gerais e servem para indicar as diretrizes sobre as quais será iniciada a atualização, mas não permitem que seja detectada a especificidade das necessidades. Não é fácil reconstruir a maneira como esses dados são utilizados pelos formadores, aliás, muitas vezes tem-se a sensação de que as ações de consulta sejam mais um momento de socialização, de contato entre educadores e formadores, do que momentos de observações precisas. No plano metodológico, existe a exigência do uso difundido e documentado de técnicas ativas de observação, mais adequadas ao objetivo. É evidente que a análise das necessidades não é uma atividade direcionada exclusivamente aos educadores, e não pode ser reduzida à definição dos métodos e dos instrumentos a serem utilizados para a sua realização. A necessidade de formação é realmente um fenômeno mais complexo que uma distância a ser vencida entre aquilo que se sabe, e se sabe fazer, e aquilo que se deveria saber fazer na creche. Isso se coloca dentro de uma situação mais ampla, constituída não somente pelo complexo das necessidades do indivíduo que se referem a outros contextos institucionais e sociais (por exemplo, a família), mas pelas necessidades expressas pela instituição, entre as quais determinam-se influências e expectativas recíprocas[6]. A análise das necessidades deve, então, ser feita levando-se em consideração todos os sujeitos que são ativos e determinantes na administração da creche.

Esse elemento pode ser detectado de maneira suficiente em algumas situações onde a fase de planejamento da intervenção formativa prevê a análise das interações com os sujeitos interessados (os administradores, os coordenadores, os comitês de gestão social, os educadores).

---

6 Para uma introdução às metodologias de análise e de intervenção nos grupos e nas organizações cf. Stella & Quaglino (1976).

A análise das necessidades não acontece de uma só vez, antes de iniciar a atualização, mas, durante o desenvolvimento da formação, é necessário saber observar os problemas que requerem posteriores aperfeiçoamentos e modificações da ação formativa. Em suma, a pesquisa preliminar à formação refere-se aos educadores (às expectativas, às necessidades individuais, aos pontos críticos do próprio trabalho); à instituição nos seus aspectos organizacionais, nos objetivos e nas exigências que esta faz à formação; a descrição das tarefas que conotam o profissionalismo sobre o qual se intervém.

A confiança. Embora se a percepção da necessidade formativa, vista exclusivamente como carência de conhecimento individual e como necessidade de adequação, seja redutiva em relação à complexidade da própria necessidade, ela todavia evidencia o mecanismo da aquisição de conhecimento que se apresenta como tentativa de reconstruir um equilíbrio perturbado pela "dissonância cognitiva". Por esse motivo, a situação de formação se apresenta desestruturante em relação ao saber do indivíduo e do grupo, e corre o risco de gerar insegurança, crises de identidade pessoal e sensação de desvalorização. Para o educador de creche esses riscos são particularmente reais, pois trata-se de uma figura profissional pouco definida e de uma figura social frágil, de um papel que ainda não conseguiu adquirir uma suficiente autonomia e uma consistência em relação à imagem materna da educação das crianças.

No processo de formação, o parâmetro da confiança é importante e deve ser conjugado de maneira oportuna com a necessária evidência dos pontos de crise na operatividade do educador. Uma interessante perspectiva relaciona o tema da autoconfiança do educador com o tema da criação de um relacionamento entre educador e criança, baseado na capacidade de construir uma área comum de responsabilidade-confiança-poder (cf. Bonica, 1985). É claro que é possível, para o educador, ser um pólo para a aquisição da autoconfiança da criança a partir da capacidade da consciência do próprio agir, até mesmo em termos de identificação das ações positivas realizadas, para tornar o próprio fazer um produtor de interações educacionais adequadas.

Os conteúdos. Um tema difundido em uma primeira fase da atualização permanente nas creches foi a relação entre creche e pais. Numerosos estudos sobre as características sociais das famílias, sobre suas expectativas, sobre os modos do encontro entre creche e família foram realizados também em relação às atividades formativas. Superado o primeiro momento no qual o interesse estava concentrado essencialmente na gestão social, os aspectos levados em consideração tornam-se um conhecimento mais aprofundado dos modelos educativos dos pais, o conhecimento das condições das crianças em família, o diálogo com os pais. Instrumentos sociológicos e psicológicos como o questionário, a entrevista e o diálogo são experimentados e utilizados pelos educadores durante a atualização.

Por outro lado, o tema dos diversos contextos de educação e de suas relações é enfrentado considerando as conseqüências que dizem respeito à adaptação da criança na creche, à separação da mãe, à acolhida e aos relacionamentos preferenciais que lhe são oferecidos na creche. São observados e reorganizados alguns momentos importantes da vida da creche, tais como a rotina, de maneira a determinar uma continuidade nos cuidados, a avaliação do seu valor interativo e afetivo. Procura-se, através da observação, detectar os sinais de adaptação da criança, as maneiras do seu crescimento; constroem-se instrumentos para o coleta de informações sobre as crianças, tais como diários, fichas, grades.

A comunicação entre os adultos e o trabalho de grupo estão igualmente presentes na atualização: são discutidos os temas da dinâmica de grupo, dos estilos de comunicação e de relação, das técnicas de informação através da exposição a uma experiência direta de aprendizagem coletiva, tal como a da atualização permanente.

Determina-se, sucessivamente, desde o primeiro ano de vida, uma atenção maior na comunicação entre as crianças, nas suas relações, nas suas amizades e nas trocas na hora do brinquedo. As relações entre crianças encontram-se no centro de estudos de observação conduzidos em relação à atualização permanente; a organização das creches estrutura-se e especializa-se em favorecer essa dimensão entre pares da educação da criança, aprofunda-se a contribuição da relação com outras crianças para a construção do conhecimento com a realidade. Coloca-se em discussão um estereótipo, evidenciado nos estudos sobre a imagem de creche por parte dos pais, que vê o valor da creche na socialização compreendida essencialmente como aprendizagem de regras.

Através da observação da jornada da creches se intervém na organização, nos ritmos, nas seqüências dos momentos coletivos, de pequeno grupo e individuais, e sobre a possibilidade do espaço para o adulto. A autonomia e a identidade da criança se realizam em uma dimensão coletiva e são, portanto, objeto de estudo e de identificação de estratégias que permitam à dimensão relacional da creche favorecer o desenvolvimento da consciência do Eu.

Paralelamente a esses temas, que às vezes se limitam a ser tratados com um corte psicológico que não favorece o surgimento da dimensão pedagógica, a atenção ao jogo e ao fazer da criança determinam-se, *grosso modo*, em três áreas: a da expressão, a motora e a comunicativa. Explora-se a relação das crianças com os materiais, se intervem nos ambientes, adaptando-os às exigências de espaços característicos de jogo, de espaços para os pequenos grupos, para as diferentes faixas etárias, para explorações individuais e para jogos coletivos.

Estamos chegando, pouco a pouco, a delinear os elementos da programação da atividade na creche: o fazer das crianças é conhecido de forma que os aspectos da percepção e os sensoriais (audição, visão e tato), através dos quais se passa muito do conhecimento do mundo para a criança pequena, informam por si sós os espaços, os objetos, os percursos da creche; na relação da criança com os objetos evidencia-se a criatividade do desenvolvimento cognitivo, são identificados os percursos didáticos para a linguagem e a atividade simbólica.

Pode-se dizer que se tem em mãos muitos elementos para se pensar em um modelo pedagógico de creche, em algumas "Orientações" para a creche capazes de conjugar o conhecimento das crianças com as múltiplas invenções pedagógicas, fruto do trabalho cotidiano dentro de uma estrutura complexa.

Nestes últimos anos, está sendo desenvolvida a pesquisa em direção à dimensão não prevista, não organizada do tempo na creche, que constitui um modo para colocar em evidência as regras institucionais e a sua influência sobre os que freqüentam a creche, as mensagens implícitas que os educadores enviam às crianças, aquilo que indiretamente, às vezes, não confirma os objetivos explícitos que o coletivo de educadores se atribuiu. Trata-se, por exemplo, da análise dos rituais que a criança utiliza nos momentos de passagem de uma situação a outra, na adaptação às regras da creche ou como modalidade de descarga emotiva; da negociação realizada entre adulto e criança em relação às normas percebidas; das formas assumidas pelo micropoder institucional em relação aos aspectos de responsabilidade, expressão do Eu na relação entre adulto e criança.

A verificação. A possibilidade de submeter à verificação os resultados da atualização permanente traz à tona um problema aberto e de grande relevância para a formação dos formadores, ou seja, o tema da "cientificidade" desta área da educação, do rigor profissional da figura do formador. Trata-se, como já disse, de um novo setor de pesquisa que está procurando definir o seu objeto e as metodologias mais adequadas para a indagação do mesmo.

A avaliação da atualização é possível na medida em que esta se realiza como pesquisa sobre a ação educacional: o *caminho* e os resultados da pesquisa são eles mesmos documentações e produtos da atualização e, portanto, pode-se dizer que também são elementos para a sua verificação. A avaliação da atualização realiza-se em relação à transformação que ela determinou na prática: os objetivos fundamentais da ação formativa são a criação de autonomia e de capacidade de decisão por parte dos educadores. Se o resultado de um percurso de formação produz clareza no coletivo de educadores, clareza na identificação dos problemas e autônoma assunção de responsabilidade ao determinar as estratégias de superação, isso constitui um critério de produtividade da atualização.

Por ser a formação uma situação de vida real, fortemente contextualizada no tempo e no espaço, ela pode ser "medida" somente levando em consideração estas características:

— já que o processo é tão importante quanto o resultado, a verificação, bem como a análise das necessidades formativas, é parte integrante da metodologia da formação enquanto pesquisa sobre si mesma e sobre a ação educacional;

— já que a formação ocorre na relação, é preciso levar em conta este aspecto, seja no que tange à presença de variáveis externas, que incidem na atualização, seja no que diz respeito ao relacionamento entre usuários e formadores. Neste último caso, o levantamento das sensações, das reações emotivas é para a experiência de formação um elemento importante de conhecimento, mesmo em se tratando de um "fenômeno de superfície cuja análise não deve ser identificada como verdadeira e real validade dos resultados da formação. Ela fornece um primeiro *feedback* sobre o significado global que a experiência trouxe aos participantes, ou melhor, ao significado que estes lhe atribuem" (Quaglino & Carrozzi, 1981);

— a complexidade da formação comporta o uso de diversos instrumentos para a análise dos resultados cognitivos que vão desde a auto-avaliação ao confronto com situações externas e à realização de modificações concretas (em termos de instrumentos construídos e de comportamentos realizados).

A documentação da atualização e a comunicação do *iter* (percurso) e dos seus resultados são utilizáveis, em primeiro lugar, pelos usuários que podem assim reler o percurso feito e constituem instrumentos oferecidos a toda a comunidade, para o crescimento de uma consciência coletiva sobre os temas da educação.

Os métodos. A complexidade da formação em serviço e a sua forte ligação à prática requerem a utilização de diversos métodos de atualização. Requerem métodos adequados o trabalho em grupo (as metodologias de condução dos grupos de aprendizagem); a organização institucional (análise institucional); a produção direta de materiais (objetos e conceituações) por parte dos educadores (o laboratório); a realização de um relacionamento entre teoria e prática no conhecimento das realidades educacionais e na identificação das estratégias (a pesquisa e, em particular, a observação, os métodos baseados na simulação):

a. *A pesquisa.* Determina-se um ponto de encontro entre os problemas enfrentados ao fazer formação e as escolhas metodológicas feitas na pesquisa educacional. A pesquisa educacional coloca-se também como pesquisa aplicada, isto é, com o objetivo da modificação do ensino-aprendizagem, e escolhe os métodos da pesquisa participativa, da observação sistemática, do estudo clínico, da microssociologia, ou seja, métodos capazes de serem utilizados em situações naturais, de detectar os elementos de contexto e de relação, de explorar dimensões até mesmo subjetivas e de pequeno grupo, ligadas a situações particulares e não generalizáveis[7]. A pesquisa, assumida como um dos métodos de formação, coliga-se a essas escolhas metodológicas da pesquisa nas ciências humanas e conota-se como "suja", isto é, como impregnada de elementos ligados ao cotidiano da experiência, essencialmente como instrumento de conscientização do grupo que a produz, mas, por isso mesmo, produtora de uma consciência significativa daquela realidade.

A pesquisa "suja" é pesquisa sobre os materiais produzidos pela atividade educacional, é a observação participativa dos fenômenos educacionais, é substancialmente pesquisa-ação, ou seja, uma atividade circular que, através da pesquisa, gera a ação e, a partir desta, retira a idéia para a própria pesquisa. É evidentemente o método que mais se adapta à colocação da atualização que descrevemos, pois ele representa "um projeto social que se espelha em um projeto político". Entre os métodos de fazer pesquisa para a formação na creche, a observação foi sem dúvida alguma o mais difundido e foi, portanto, aquele sobre o qual a releitura foi mais específica, enquanto relativamente pedagógico ao seu uso formativo. Um campo importante no qual se pode trabalhar para a identificação de um modelo pedagógico de creche e de modelos de atualização permanente neste setor é constituído pela análise de como os instrumentos da pesquisa psicológica, utilizados nestes últimos anos na creche, foram modificados e explorados nos seus valores educacionais, tornando-se instrumentos de pesquisa-ação para a formação profissional e o planejamento educacional.

A observação resultou muito adequada, na creche, ao contato cognitivo com uma realidade tão nova, à exploração de aspectos sobre os quais, muitas vezes, não existia uma literatura de referência; adequada à abordagem de uma relação muito assimétrica como a relação entre adulto e criança. A relevância que o conhecimento das imagens e das representações da infância assume tornou igualmente útil o uso de instrumentos de observação.

Indicamos alguns pontos que dão conta dos modos através dos quais a observação tornou-se um instrumento da formação dos educadores:

— a observação permite uma adequação do processo formativo aos percursos individuais de conhecimento, é uma técnica que ativa o sujeito na aprendizagem. Ao realizar a observação, cada indivíduo testa a sua própria bagagem de juízos, sentimentos da realidade. Confronta as percepções do estar dentro e fora da situação colocando-se no limiar existente entre o distanciamento e a participação. A "primazia" da ótica educacional determina-se na escolha do conteúdo, ou seja, na identificação da relevância do problema para aquele grupo, na avaliação dos resultados que é expressão de juízo, e na assunção de responsabilidade. Em ambos os casos, expressa-se uma decisão do grupo e dos sujeitos em relação às mudanças do próprio profissionalismo;

— as formas individuais de observação da realidade são confrontadas no grupo e com as hipóteses teóricas com base nas quais se fez observação. Esse confronto determina a possibilidade de assumir outros pontos de vista, de integrá-los, de se alcançar uma visão mais global da situação observada, mas opera também sobre a "cultura" pessoal, pois determina uma percepção não só da realidade observada, mas também de como nos sentimos e nos colocamos ao realizá-lo;

---

7 Para uma análise dos problemas epistemólogos e metodológicos da pesquisa educacional, ver Massa (1984 a).

— no confronto entre quem é observado e quem observa (isso acontece, por exemplo, em experiências de observações entre adultos realizadas com o objetivo de preparação) a mesma ação é descrita por quem a vive e por quem a observa, e isso cria a consciência dos diversos planos de percepção e de leitura de uma mesma situação;

— o educador aprende a "olhar" através da observação. São identificados os limites da análise global de uma situação sem parâmetros de referência, mas também os da decomposição infinitesimal do comportamento, que faz com que se perca o sentido daquilo que acontece. A observação se realiza na relação, em um contexto e em um tempo determindo que lhe dão um sentido. A atribuição de significado para aquilo que vemos depende porém, em última instância, do indivíduo e da sua cultura;

— as formas e os resultados da observação constituem um material adaptado à homogeneidade da linguagem do grupo[8].

Com tudo isso, evidencia-se a perda, fora do grupo de formação, de alguns dos significados educacionais da observação; a possibilidade para os educadores em formação de se relacionarem entre si e as capacidades de decisão que eles serão capazes de expressar dependem de como o grupo é conduzido e de como saberá utilizar a atividade de pesquisa.

De qualquer modo a formação consiste em tomar distância da realidade profissional, em jogar o jogo da profissão, para alcançar uma auto-representação do próprio modo de ser no trabalho e colocar em ação energias criativas. Mesmo no caso da pesquisa, realiza-se uma reconstrução da realidade através da mediação da linguagem que se decide usar e, mesmo neste caso, o que descrevemos não é exatamente a realidade, mas uma parte desta, aquilo que soubemos ou decidimos olhar. Existem outros "modelos" homólogos das relações induzidas pela observação dos fatos (cf. Damiano, 1983) utilizados na atualização, tais como aqueles baseados nas imagens (audiovisuais, representações gráficas) ou na simulação (o jogo de funções e todas as atividades de jogo e de experimentação direta de situações). Os processos análogos que se encontram na base cada representação simbólica da realidade são centrados na aprendizagem, mas arriscam determinar uma separação da realidade e devem, portanto, ser oportunamente coligados e integrados à prática, como acontece nas metodologias da pesquisa-ação.

b. *O laboratório* (fig. 1). O relacionamento com a prática da ação formativa nos remete à produção como modalidade de ativação de conhecimento. A produção é um estudo que constrói um produto no seu fazer, é então qualquer material diretamente realizado pelos sujeitos durante a aprendizagem. O laboratório é o local especializado da produção, é o local onde se salienta a materialidade, a operatividade concreta da ação educacional que precisa tocar, manipular, construir, relacionar as coisas do ambiente, reconquistar uma prioridade da intervenção sobre os objetos, ao invés de priorizar o consumo, da possibilidade de entrar em contato com texturas, formas, linguagens e relações, fazendo disso uma experiência direta. Em muitos casos, os laboratórios são módulos de programas de atualização, ou então estruturas autônomas com várias funções abertas ao território. No laboratório encontram-se vários sujeitos (no caso dos Centros de documentação da Prefeitura de Turim: pais, educadores e crianças são envolvidos nas mesmas atividades) que operam juntamente com uma quebra dos esquemas assimétricos da relação educacional, pois todos se confrontam com a mesma operatividade e fora das regras institucionais, em relação com o ambiente e com os seus "materiais" (sociais, culturais, físicos).

---

8 Uma análise do emprego da observação na creche é encontrada em um livro aos cuidados de Catarsi (1985).

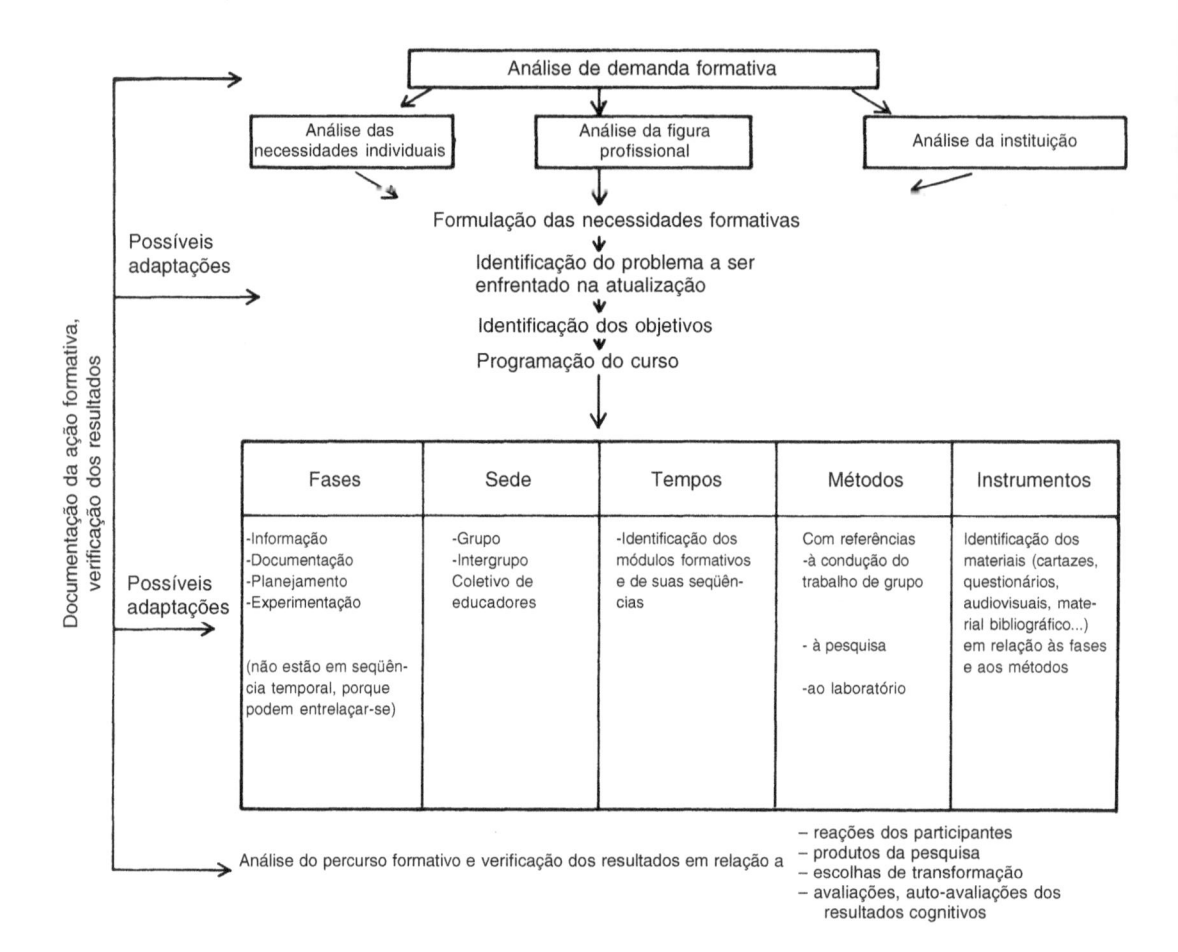

```
                            ┌─────────────────────────────────┐
                    ┌──────▶│   Análise de demanda formativa  │
                    │       └─────────────────────────────────┘
                    │           ↙              ↓              ↘
                    │   ┌──────────────┐ ┌──────────────┐ ┌──────────────┐
                    │   │  Análise das │ │Análise da fig│ │  Análise da  │
                    │   │necessidades  │ │  profissional│ │  instituição │
                    │   │  individuais │ │              │ │              │
                    │   └──────────────┘ └──────────────┘ └──────────────┘
                    │                            ↓
   Possíveis        │         Formulação das necessidades formativas
   adaptações ──────┤                            ↓
                    │         Identificação do problema a ser
                    │         enfrentado na atualização
                    │                            ↓
                    │         Identificação dos objetivos
                    │                            ↓
                    │         Programação do curso
```

Figura 1 – Esquema de desenvolvimento de um laboratório de atualização

(eixo vertical esquerdo: Documentação da ação formativa, verificação dos resultados)

Fases	Sede	Tempos	Métodos	Instrumentos
-Informação -Documentação -Planejamento -Experimentação (não estão em seqüência temporal, porque podem entrelaçar-se)	-Grupo -Intergrupo Coletivo de educadores	-Identificação dos módulos formativos e de suas seqüências	Com referências -à condução do trabalho de grupo - à pesquisa -ao laboratório	Identificação dos materiais (cartazes, questionários, audiovisuais, material bibliográfico...) em relação às fases e aos métodos

Possíveis adaptações →

Análise do percurso formativo e verificação dos resultados em relação a
– reações dos participantes
– produtos da pesquisa
– escolhas de transformação
– avaliações, auto-avaliações dos resultados cognitivos

c. *A análise institucional*. A situação formativa é uma situação natural, profundamente imersa no tempo, no espaço e nas dimensões que a caracterizam. É impossível pensar em uma ação formativa levando em consideração somente os aprendizes e, destes, só a parte mais diretamente ligada ao trabalho. Vimos que a análise das necessidades formativas, os resultados da atualização, as metodologias da pesquisa-formação não podem ser pensados fora de uma análise dos grupos de aprendizagem e da colocação dos educadores em seu próprio contexto profissional.

Operar sobre os modos de construção do conhecimento adulto significa enfrentar a complexa relação entre indivíduo e instituição, a fim de descobrir quais são as margens de liberdade que cada indivíduo e os grupos possuem para estabelecer as regras do próprio trabalho.

Uma grande contribuição é fornecida pelas técnicas da pedagogia institucional ao empenho pessoal, à iniciativa, à ativação, ao fazer do grupo. Por esse caminho, elas servem para estabelecer a aprendizagem de capacidades relacionais baseadas nos processos e nos instrumentos de auto-realização que o grupo se dá.

Elas também fazem com que o educador consiga detectar a dimensão global na qual está inserida a própria atividade, que é influenciada por outras instituições, pela multiplicidade das dimensões individuais (idade, sexo, politização, cultura...), e colocar a criança dentro dessa rede. Valorizam-se assim os aspectos não-formais da educação na creche, que são uma parte muito importante do projeto pedagógico e do profissionalismo do educador.

Os coordenadores da atualização. Foram descritas as funções e as atividades direcionadas à atualização permanente dos educadores, as quais trazem à tona a figura profissional necessária para torná-las operantes. Foi-se formando, nestes últimos anos, um novo perfil profissional que se ocupou especificamente de atualização, de experimentação e de coordenação. As incertezas de colocação formal e de definição de papéis que caracterizam a sua existência são deduzidas pela dificuldade em encontrar uma denominação compartilhada por todos: fala-se de formadores dos formadores, de operador pedagógico, de especialista em educação... Em todo caso, parece existir suficiente clareza em alguns pontos essenciais que definem o seu papel:

— é uma figura indispensável para permitir a continuidade, a programabilidade da atualização e a sua ligação com a pesquisa e a experimentação, se acharmos que a atualização não deva ser "desejada", como puro consumo das "novidades"; e se acharmos também que a auto-atualização não possa acontecer senão dentro de um contexto organizado que a permita;
— é uma figura diferente da do professor, mas não pode ser pensada como não implicada na educação; não é hierarquicamente sobreposta ao operador educacional, mas paralela; não age diretamente dentro da relação educacional, mas indiretamente sobre a relação educacional que outros realizam;
— podem-se sintetizar algumas competências que conotam este perfil profissional:
    a) função de análise e definição da demanda de formação através de atividades promocionais direcionadas à não-demanda, e de orientação em relação à demanda;
    b) função de pesquisa-experimentação;
    c) função de informação;
    d) função de condução dos grupos de atualização;
    e) função de programação e de verificação;
— a atividade da atualização precisa de um trabalho de equipe na qual estão presentes diversas competências e precisa ser coordenada. Existe uma heterogeneidade das figuras dos formadores, uma heterogeneidade de funções, de formação e de colocação profissional que remete aos problemas da sua formação de base e da organização no sistema formativo deste indispensável subsistema representado pelas atividades de atualização, pesquisa e experimentação[9];
— a formação dos formadores assume um aspecto mais estruturado onde existem os Centros territoriais de pesquisa-formação, ou seja, Centros-recursos que constituem um ponto de referência para a atividade dos coordenadores e das equipes de atualização e para as experiências educacionais daquele território, cujas funções fundamentais da formação, tais como a documentação, a informação, a pesquisa e a experimentação se especializam, enriquecendo-se em termos de instrumentos, metodologias, organização e programação[10].

---

9 Sobre o perfil profissional do formador ou operador pedagógico, ver Massa (1984) e Cipollone (no prelo).

10 Sobre os centros territoriais, ver o capítulo "Strutture e funzioni dei 'Centri-Risorse' di appaggio alle attivitá formative", da obra de Cipollone (no prelo), e a obra organizada por Del Cornó e outros (1982).

8

A Programação

Augusta Foni

A programação educacional se impõe como um dos núcleos centrais do atual debate sobre a creche, com uma onipresença nos mais diferentes contextos, o que, muitas vezes, torna difícil a identificação daquilo que é uma realidade executada, aspiração, perspectiva cultural, operação técnica e experiência de trabalho.

Proponho-me a fornecer alguns elementos para detectar esses aspectos na realidade da creche, a partir da elaboração que nos anos passados conduziu os educadores a enuclear alguns temas e conteúdos típicos e a esboçar gradativamente, em relação a eles, uma abordagem mais sistemática na qual começaram a articular-se finalidades, instrumentos e procedimentos, modalidades de verificação.

A reflexão feita pelos educadores sobre a própria experiência foi reforçada e, de certa forma, produzida pela pesquisa psicológica e pedagógica que em certos anos entrou com força total na creche, iluminando novos aspectos e novos nexos, evidenciando as potencialidades educacionais desse serviço. Através de todas essas contribuições, delineou-se um perfil de creche que dá forma à programação educacional de um número sempre maior de creches (Becchi & Bondioli, 1985; Gay, 1985; Dallari, Bulgarelli & Restuccia Saitta, 1984).

O termo programação não é unívoco: aqui é usado com vários significados presentes e complementares com os quais, atualmente nas creches, indica a elaboração e a formalização, por parte dos educadores, de um projeto global ou parcial sobre a atividade e sobre a função da creche. Embora a experiência da programação educacional seja bastante difundida, faremos referência somente às elaborações publicamente apresentadas e discutidas.

1. A ELABORAÇÃO DOS EDUCADORES

Apesar de ser relativamente recente, a referência sistemática a uma programação educacional para a creche desenvolve-se a partir de premissas e condições que se criaram nos últimos quinze anos.

Antes de tudo, deve-se ter presente um dado estrutural que se difundiu progressivamente: a utilização de uma carga horária mensal para a programação, para a gestão social, para a atualização, para as reuniões com os pais, etc. Reconhecendo a reflexão de grupo como um trabalho autêntico, já em parte desenvolvido de modo descontínuo e informal, a utilização da carga-horária impôs, pelo menos, uma programação das reuniões do pessoal e forneceu um válido auxílio para a constituição do grupo de trabalho dos educadores[1].

Uma das reivindicações que ocasionou a Lei 1044 recusava qualquer tipo de hierarquia de funções no quadro do pessoal e pedia a constituição de um "coletivo" em que todos os educadores, conjuntamente e com a mesma dignidade e responsabilidade, dariam a sua própria contribuição. Porém, essa exigência, unanimemente compartilhada, não garantia aquisição automática de modalidades específicas de elaboração comum e de trabalho de equipe, que são pouco difundidas em nosso país também em outros âmbitos educacionais.

Lentamente, o coletivo adquiriu as características de um grupo de trabalho com aquele mínimo de afinidade metodológica e de habilidade necessária à condução de uma atividade de acordo com critérios compartilhados por todos e a serem lembrados.

A relação funcional entre o crescimento do grupo de trabalho dos educadores e a utilização da carga horária, que foi o primeiro contentor horário, cresceu muito em qualidade, cada vez que o pessoal da creche pôde usufruir de ocasiões de atualização. Nos casos em que a atualização ampliou-se de acordo com modalidades de formação permanente ou de consulta sistemática, aumentou o efeito sinérgico das tendências já citadas, e a ampliação do leque de assuntos tratados permitiu uma articulação específica do trabalho do coletivo de educadores até mesmo para os subgrupos. Com a estruturação dessas condições de base, aumentou a capacidade de tematizar em problemas educacionais as dificuldades e os resultados obtidos no trabalho com as crianças, iniciando uma primeira análise da funcionalidade da creche em relação às exigências das próprias crianças.

Mesmo que limitados a situações circunscritas, começam a delinear-se objetivos educacionais e, em relação a estes, uma visão mais crítica das respostas fornecidas até então pelas instituição.

Em uma síntese muito esquematizada, esses são os aspectos da vida da creche que se impuseram maciçamente à atenção dos educadores e em função dos quais iniciou-se o processo que vai desde a identificação dos objetivos até o aperfeiçoamento de modalidades operativas e da verificação, com efeitos de *feedback*. Ainda que o grau de aprofundamento apresente fortes variações de situação para situação, a reflexão sobre esses temas marcou um percurso comum para todas as creches, nos últimos anos.

---

[1] Já havia tempo o pessoal de algumas creches utilizava uma parte do seu horário de trabalho com essa finalidade. O contrato Nacional para os funcionários das entidades locais, D.P.R. 347/83, fixou um horário semanal de 33 horas para a atividade com as crianças e uma carga horária mensal de 12 horas destinadas às atividades relacionadas à organização das atividades, à gestão social, à formação permanente e à atualização profissional.

2. A ORGANIZAÇÃO

2.1. A organização dos pequenos grupos e a articulação dos espaços

Com a louvável exceção de algumas construções encomendadas por administrações particularmente preocupadas com a relação entre os conteúdos educacionais e organização ambiental, a grande maioria das creches apresenta uma estrutura arquitetônica parecida com a dos sanatórios, que assegura, quase que exclusivamente, ar, luz, espaços vazios e facilmente laváveis. É fácil perceber que em espaços semelhantes as crianças brincaram e coabitaram tradicionalmente em macrogrupos, com as conseqüências que todos conhecem muito bem. A exigência de oferecer atividades mais diferenciadas, e com objetivos claros, traduziu-se rapidamente em um esforço para articular ângulos e espaços mais delimitados e organizar grupos menores, passando de um modelo em que vários educadores, de modo indiferenciado, seguem um amplo número de crianças, para um outro em que cada educador interage com um grupo mais restrito.

Essa inversão de tendência induziu, por sua vez, uma maior atenção à interação entre as crianças e entre estas e os adultos, em situações concretas que resultavam tão mais adequadas quanto mais equilibrada era a relação funcional entre a proposta educacional e o contentor ambiental. Essa relação foi evidenciando-se, aos poucos, como uma das variáveis mais relevantes para a qualidade da experiência educacional, embora muito difícil de realizar-se concretamente, por requerer, ao mesmo tempo, capacidades organizacionais e capacidades empáticas, para a compreensão das condições nas quais as crianças se sentem mais à vontade (Goldschmied, 1982).

2.2. A organização do dia

Uma das primeiras modalidades adotadas na análise da função educacional da creche produziu uma espécie de unidade-base, a duração do funcionamento do serviço, como resumo de toda a atividade e, por isso, um observatório privilegiado. Para um olhar global, o dia da creche apresenta uma sucessão cronológica de momentos diferentes aos quais, tradicionalmente, eram atribuídos pesos específicos diferenciados em relação àquilo que parecia funcional para a aprendizagem, àquilo que era socialização entre as crianças, àquilo que, ao contrário, era pura necessidade fisiológica, apenas adoçada pelo relacionamento gratificante com o adulto, etc. A análise dos vários momentos do dia iniciou uma operação bastante complexa, até hoje em andamento, que tende a desfazer as claras distinções de dignidade e função, herdadas em conjunto de um passado remoto coletivo, feito de oposições mente-corpo, e de um passado próximo pessoal dos educadores que, na sua formação de base, não tiveram oportunidade de adquirir conhecimentos claros e corretos sobre o desenvolvimento infantil. Obviamente, essa operação não é somente cultural-profissional, mas deve ajustar-se à imagem que os educadores possuem do seu próprio trabalho na creche, do próprio envolvimento pessoal, etc.

A tendência em superar a divisão entre momentos educacionais e de rotina, em nome da globalidade da experiência da criança, não levou à negação de potencialidades específicas das diferentes situações a serem desenvolvidas de forma apropriada. É exatamente com base nessa exigência, pelo contrário, que os educadores tendem a finalizar de maneira mais direcionada a própria atividade e a verificar o seu êxito qualitativo a partir do trabalho com os pequenos grupos, dos materiais colocados à disposição das crianças, da gama de propostas em relação aos diferentes momentos evolutivos, e dos ritmos do dia, até a revisão da organização dos turnos e dos horários do pessoal, para chegar-se a uma utilização mais racional dos recursos (Terzi, 1985; Ongari, 1985; Restuccia Saitta, 1985).

3. A INSERÇÃO NA CRECHE

Enquanto o esquema do dia, na creche, concentra-se na análise de um segmento de vida da instituição educacional, inicia-se a reflexão sobre as primeiras experiências das crianças na creche, desenvolvida em uma ampla problemática que se refere a toda a fase de adaptação. Logo se evidencia que esta fase é bem mais ampla que a dos primeiros dias de freqüência e apresenta as várias faces da relação da criança com a figura familiar que a leva até a creche, da relação com as figuras que a acolhem e que entram, por sua vez, em uma relação muito complexa com as figuras familiares; e ainda da relação com o ambiente creche e com as outras crianças. Essa é a descrição anatômica elementar: a tentativa de detectar a fisiologia abriu novas perspectivas. Antes de tudo, foi colocada em prática uma estratégia organizacional para a graduação da "passagem" da criança entre mãe e educadora, como cautela inspirada no tema do apego. Reforça-se, ao mesmo tempo, o interesse pelo momento da chegada à creche de manhã, que de algum modo repropõe a situação de separação/inserção, e da chegada dos pais ao anoitecer, que reativa a dinâmica da tríade.

A atenção para com as modalidades concretas do processo com as quais a criança cria raízes no novo ambiente conhecendo pessoas, espaços, objetos, identificando, sucessivamente, ritmos e situações, constituindo-se uma rede de referências significativas, induz o grupo de trabalho dos educadores a documentar-se sobre as pesquisas do desenvolvimento infantil, principalmente sobre o primeiro ano de vida. Por outro lado, essa nova atenção dada à adaptação evidenciou os diversos percursos individuais das crianças, marcados por tempos diferentes, em relação à diversidade do momento evolutivo e da qualidade das experiências vividas precedentemente. A identificação dessas modalidades pessoais, com o objetivo de fornecer as respostas e os estímulos ambientais mais adequados às exigências de cada criança, entra por direito na lista das tarefas do educador que, dessa forma, articula posteriormente suas próprias funções. Uma das novas tarefas é o conhecimento do percurso de vida e de experiências que a criança teve antes da inserção na creche, de forma a dispor, desde o início, de um quadro de referência. Os instrumentos adotados para a obtenção desses objetivos foram modificando-se de acordo com os critérios aperfeiçoados, pouco a pouco, nas verificações: passou-se, esquematicamente, de um questionário inicial, uma espécie de ficha clínica leiga, preenchida em um encontro com a mãe, a um diálogo real conduzido com os instrumentos da profissão (Bulgarelli & Restuccia Saitta 1981).

Os efeitos da reflexão sobre a inserção se tornam perceptíveis em uma colocação mais atenta e direcionada das relações com os pais das crianças. É importante lembrar que, desde o início dos anos 70, as relações da creche com os pais são consideradas elemento fundamental da função da própria creche e garantia de adequação educativa e cultural, mas que, por falta de uma experiência concreta, foram marcadas sobretudo como "gestão social". A mãe ou o pai que aparecem como co-protagonistas do processo de adaptação, ou que levam sempre a criança à creche, propõem todavia problemas bem diferentes daqueles que foram apresentados pelo componente "pais" globalmente considerado. Ou melhor, propõem os mesmos problemas de mediação cultural e de interação de papéis através de modalidades subjetivas e comunicativas específicas, que requerem instrumentos profissionais de análise e de intervenção bastante sofisticados.

3.1. As figuras de referência

Em estreita ligação com as elaborações sintetizadas nos pontos precedentes, foi registrada, pelo grupo de trabalho do quadro funcional, a utilização da assim chamada "figura de referência". Uma das orientações, que de fato está implicada em grande parte das transformações qualitativas da creche, acentua a personalização da experiência educacional, tanto como percepção mais intensa das exigências individuais das crianças, quanto de empenho em promover as condições necessárias ao desenvolvimento de relações significativas entre crianças e entre estas e adultos. Como é possível dar uma correta resposta às necessidades evolutivas individuais, se nas interações cotidianas não existe uma atenção longitudinal do adulto que reconhece e valoriza o estilo e as intervenções de cada criança? Como podem as crianças usufruírem de uma experiência selada pela opacidade de uma simples rotina centrada na instituição, se os adultos se consideram intercambiáveis? O grupo de trabalho, advertindo esses problemas, é capaz de superar os equívocos sobre o "perigo do apego" ou do "todos devem ficar com todos", para garantir às crianças e aos pais a continuidade de figuras de referências, recusando mais tarde soluções organizacionais levemente diferentes de situação em situação.

Como todo crescimento, esse também não é indolor: a personalização mais acentuada reforça a qualidade da educação, além da motivação e da gratificação profissional, mas requer dos educadores, em quantidade maior, aquele envolvimento pessoal que não pode deixar de existir no trabalho na creche. É necessário que a problemática desse aspecto seja claramente identificada: por parte dos educadores, a fim de dar um nome a tantas dificuldades cotidianas; e por parte dos aspirantes a educadores, a fim de que se verifiquem realisticamente as próprias motivações.

4. A CONTRIBUIÇÃO DA PESQUISA

Os processos pelos quais os coletivos de educadores elaboraram e verificaram as próprias atividades foram catalisados pelas ocasiões de confronto sistemático, atualização e documentação sobre temas específicos que, nestes anos, certamente não faltaram. As pesquisas empíricas feitas pelas creches forneceram, por sua vez, um suporte particularmente eficaz, iniciando uma relação completamente típica e inovadora com a prática educacional (Mantovani & Musatti 1983; Musatti & Mantovani 1983, 1986). Os efeitos positivos dessa relação induziram à ampliação e à especificação dos objetivos reconhecidos como indispensáveis para a creche, através de modalidades que vale a pena salientar. Se a experiência cotidiana da creche propôs à reflexão científica problemas muito fecundos, da pesquisa vieram os elementos decisivos para o reconhecimento e a valorização educacional de aspectos freqüentemente percebidos de leve pelos educadores, porém jamais tematizados, e ainda com maior frequência, de processos evolutivos importantes, tradicionalmente escondidos debaixo da fragmentação de rótulos apressados. Teve-se, ao mesmo tempo, uma imagem diferente das crianças e do seu desenvolvimento, das condições ambientais e relacionais irrenunciáveis da creche e das funções dos educadores que interagem cotidianamente com as crianças.

Os temas e as indicações que da pesquisa empírica passaram com maior eficácia para a reflexão dos educadores, produzindo relevantes modificações qualitativas na atividade educativa, podem ser sintetizados brevemente como a seguir.

4.1. A relação triádica entre pais, crianças e educadores

Esta linha de pesquisa apresenta-nos uma criança capaz de construir relações significativas com figuras diferentes da materna, articulando uma série de relações que compreendem tanto apego aos pais, quanto uma relação de afeto e de familiaridade com os educadores. Os comportamentos sociais aparecem diferenciados, de acordo com as pessoas às quais se referem, sem nenhuma confusão, evidenciando até uma capacidade precoce de interação da criança nos momentos, como o da chegada na creche de manhã, que propõem de forma sólida uma dinâmica triangular.

O sucesso desses momentos requer, por parte dos pais, e dos educadores, como competência profissional, uma colaboração comunicativa e uma atenção aos sinais que provêm do comportamento da criança, na identificação dos tempos e da direção de sua atenção, na passagem cotidiana do ambiente familiar ao ambiente da creche.

A distinção entre momentos educacionais e momentos substancialmente organizacionais ou de harmonia que já está se desagregando é posteriormente privada de legitimidade a partir do momento em que a chegada das crianças e a dos pais, teste dos mais importantes para a validade da creche, requer por parte dos educadores perícia profissional e, de modo particular, fornece aos pais a amplitude da onda emotiva com a qual pensarão nos seus filhos durante o dia.

Além de produzir efeitos benéficos sobre a atitude do momento da chegada na creche, a reflexão científica sobre as interações entre os três elementos e as competências comunicativas que elas comportam permite aos educadores enfrentar, com instrumentos metodológicos mais garantidos, as questões percebidas de forma mais aguda na prática das inserções.

4.2. A intervenção do adulto

Quais são as melhores condições para se garantir às crianças uma experiência gratificante e adequada às suas necessidades evolutivas? Uma das inequívocas respostas que a pesquisa destes últimos anos nos dá a esse respeito refere-se à importância determinante da orientação educacional de todo o serviço e, de modo particular, do estilo da intervenção do adulto. Se reconhecermos à criança que se relaciona com o adulto competências comunicativas, capacidades de articular modalidades diversificadas de relacionamento com adultos e colegas, motivações inercíveis para explorar, conhecer e fazer bem mais precoces do que prevê a imaginação mais comum do desenvolvimento infantil, até os três anos de idade, os comportamentos do adulto, percebidos como congruentes com esse crescimento, devem ser, por sua vez, conotados de um modo mais específico. A atuação das potencialidades evolutivas das crianças resulta ser estritamente ligada aos comportamentos com os quais o adulto não guia, não transmite e, muito menos, ensina, mas dirige as situações em que é, ao mesmo tempo, presença tranqüilizadora e atenta disponibilidade, não só para valorizar as contribuições das crianças, mas também para deixar programaticamente o espaço para essas intervenções. O papel central que pertence sempre à figura adulta não está no colocar-se ao centro da atividade ou da atenção das crianças, por exemplo, expressando avaliações, mas está na sistematicidade com a qual, através das intervenções diretas e indiretas, garante em cada situação a correspondência pontual entre a experiência vivida pelas crianças e os objetivos educacionais.

Além da clássica impostação diádica mãe-criança, que se refere a um contexto familiar e doméstico, também apareceram, nos últimos anos, indicações sobre os comportamentos interativos do adulto com mais crianças. Ainda que essa situação seja absolutamente a mais típica da creche, até hoje não está muito presente na reflexão pedagógica. É porém já bem claro que o estilo com o qual o adulto lê e catalisa as interações e os comportamentos sociais entre as crianças é o elemento decisivo para a qualidade da experiência educacional, em um contexto bastante complexo, que compreende tanto as crianças quanto os próprios educadores.

4.3. Os relacionamentos entre as crianças

A não-validade do modelo exclusivo de relação mãe-criança como única possível e correta é evidente também a respeito de um outro aspecto que lhe resulta estritamente ligado, o da capacidade das crianças pequenas em relacionar-se com outras crianças. O tradicional desconhecimento dessa capacidade, que é determinado por motivos culturais e científicos muito complexos, é subinvertido pelas pesquisas sobre as crianças, até mesmo muito pequenas, na demonstração de que um relacionamento com os seus pares é possível e amplamente documentado em situações de creche. As pesquisas sobre esses relacionamentos, embora iniciadas recentemente, já apresentam uma quantidade de dados muito coerentes sobre a gama de comportamentos sociais produzidos pelas crianças a partir das primeiras trocas que repropõem aos coetâneos desde as estratégias não-verbais, experimentadas nos primeiros contatos com o adulto, até as comunicações complexas que se adaptam, de maneira eficaz, ao estilo e aos sentimentos do interlocutor. A interação entre as crianças evidencia-se como uma das fortes características da experiência na creche, realizada através das modalidades de ações imitadoras ou complementares, mediada pelo objeto, expressa na cooperação do jogo e como elaboração comum de significados e de normas.

Além de esclarecer esses comportamentos infantis, que mesmo muito presentes na experiência cotidiana foram, até agora, pouco relevados pelas intenções educacionais dos educadores, os resultados das pesquisas sobre as interações entre as crianças evidenciam a estreita correlação entre a qualidade das próprias interações e as condições ambientais e organizacionais presentes na creche. Obviamente, como já foi afirmado anteriormente, o estilo de intervenção e de presença do adulto é determinante, mas também o são as características do contexto global que abrange, além dos relacionamentos entre as pessoas, os fatores situacionais do número de crianças nos grupos, o tipo e a variedade dos materiais à disposição, a condição de "brincadeira livre" ou de atividade mais orientada, etc.

Essas variáveis ambientais, longe de serem neutras, representam o reagente sem o qual não faz sentido uma análise das modalidades interativas relacionadas somente ao estado evolutivo ou ao estilo pessoal das crianças. As competências da interação, por sua vez, estão globalmente ligadas a todas as outras aquisições evolutivas.

Um aspecto particular das condições ambientais mencionadas acima possui claras implicações organizacionais: as simples interações entre coetâneos são bem mais pobres do que aquelas entre crianças que possuem entre si uma relação de familiaridade que as torna "grupo", mas, ao mesmo tempo, também indivíduos claramente conotáveis. Essa constatação oferece óbvias indicações operativas para a estabilidade dos pequenos grupos de crianças, reforçando uma tendência que já está sendo realizada positivamente.

As solicitações, que chegam à creche dos temas da pesquisa até agora citados trazem aos educadores muito mais do que novos conteúdos e novos instrumentos, já que a transformação da tradicional imagem da criança pequena que eles operam comporta também uma diferente imagem da atividade educacional da creche e, em conseqüência, da figura profissional de quem nela opera. Sem lembrar as vicissitudes com as quais na Itália a creche lutou nos últimos quinze anos, para emancipar-se da herança de custódia que a opinião pública lhe atribuía, apesar dos rápidos e vistosos progressos em outra direção, é facilmente compreensível que a documentação científica sobre a positividade das relações na creche com adultos e outras crianças, que enriquecem aquelas vivenciadas em família, possua um significado particular para os educadores. O resultado é um traçado seguro e culturalmente confiável para configurar positivamente, como projeto educacional, aqueles esforços que por muito tempo foram considerados úteis simplesmente para se evitar danos ao desenvolvimento das crianças que freqüentavam a creche. Agora, os educadores percebem estar oferecendo às crianças uma experiência que não deve mais ser lida na lógica da oposição ou da especulação da experiência familiar, mas que possui suas típicas potencialidades que cabe aos educadores tornar atuais (Musatti, 1985 a).

5. A OBSERVAÇÃO

Os campos de pesquisa até aqui citados são caracterizados pelo uso do método de observação que, a partir dos anos 60, permitiu à psicologia evolutiva aquisições quantitativamente e qualitativamente relevantes. As modalidades com as quais as pesquisas de psicologia evolutiva utilizam o método da observação, diferentemente das etológicas, o tornam um instrumento capaz de superar a fragmentação descritiva com um interesse mais especificamente psicológico. São essas características que tornam o método particularmente interessante. A difusão nas creches dos novos conhecimentos sobre o desenvolvimento infantil foi amplamente facilitada por terem eles sido adquiridos através do método da observação natural. Antes de tudo, deve-se ter presente que em vários casos, na Itália, os educadores das creches colaboraram com os pesquisadores e, em certo sentido, encontraram a própria pesquisa. Mas, em geral, todos os educadores, ao entrar em contato com um relatório dessas pesquisas através de um filme, ou de uma comunicação em um congresso, se interessaram imediatamente por aquela realidade tão cotidiana, tão dentro de sua experiência e que, repentinamente, vista em outra ótica, tornava-se extremamente rica e problemática.

A abordagem adotada nas análises sobre os aspectos interacionais do desenvolvimento infantil e da experiência na creche salienta também, de forma bastante convincente, a interdependência funcional entre desenvolvimento e ambiente onde aquele se realiza, apresentando um modelo integrado do comportamento, para além da setorização de aspectos cognitivos e de aspectos emocionais que sempre desorienta os educadores.

Por outro lado, se a psicologia evolutiva utiliza a observação como método principal para o conhecimento do desenvolvimento da primeira idade, na prática da creche ela se torna, muito cedo, um instrumento de crescimento profissional (Fortunati, 1984; Catarsi, 1985; Vários, 1980). Houve, em poucos anos, uma rápida difusão da técnica da observação, com todos os efeitos que pode produzir a introdução do método que ela pressupõe: definição do âmbito a ser indagado e da hipótese que servirá de guia, documentação sobre o passado teórico do problema, colocada entre parênteses as avaliações e o uso de categorias estritamente correspondentes a elementos observáveis. Para os educadores, tudo isso significa a aquisição de um hábito mental mais rigoroso e controlado, tanto para conhecer melhor o desenvolvimento infantil, quanto para projetar de modo mais correto a função educacional da creche. É de grande ajuda, para o relacionamento da programação educacional, o "saber ver" como as crianças se comportam e em qual ordem ambiental. E neste "saber ver" as crianças de seu próprio grupo está a condição preliminar para fazer propostas que partam de seu próprio nível real, ao invés de intervir do mundo exterior, baseando-se em simples pressuposições. A mesma condição é válida também para o conhecimento personalizado de cada criança, das suas capacidades, das suas exigências. A observação permite ainda a verificação, colocando em evidência os pontos críticos e os erros, fornecendo assim elementos concretos para a reorganização de situações, propostas e relacionamentos.

Tudo isso não é obra de um único educador, mas é função típica do grupo de trabalho. O emprego da observação, que já por sua natureza produz materiais intersubjetivos a serem assumidos e discutidos por todos, marcou um crescimento posterior do grupo de trabalho, chamado a discutir em conjunto o que será observado, por qual motivo, com qual perspectiva e, sucessivamente, os resultados da observação e aquilo que pode ser modificado na prática cotidiana. Essa elaboração comum acelera o processo com o qual o coletivo de educadores chega a definir um núcleo central de conhecimentos e atitudes operativas compartilhado por todos, em base ao qual se constrói um verdadeiro projeto educacional.

É importante lembrar ainda que a observação não é um instrumento neutro que pode ser utilizado como elemento intercambiável no interior de qualquer sintaxe educacional, mas é congruente, por si mesmo, a um projeto no qual o grupo dos adultos se coloca junto aos confrontos das crianças com a atitude de quem quer entender *antes* de fazer e *para* fazer da maneira mais correta possível, acionando estratégias a fim de superar a impressão momentânea e subjetiva e chegar a uma colocação mais rigorosa da prática cotidiana.

Os próprios educadores, como componentes essenciais da situação educacional, não podem subtrair-se à observação, fixando na isenção as regras do jogo. Através do material coletado com as observações, os adultos revêem, objetivadas, as suas próprias intervenções e os efetivos que produzem: é evidente que neste caminho surgem problemas muito mais complexos, mas também perspectivas mais amplas que as tradicionais.

O entrelaçamento entre a reflexão sobre a prática educacional da creche e as novas aquisições da pesquisa forneceram o material com o qual se estruturou, em quinze anos, a passagem das afirmações programáticas à realização concreta. Obviamente, é uma passagem sempre difícil e lenta, mas deve-se salientar que, frente a um aumento quantitativo rápido e inegável dos conteúdos educacionais, houve um empenho bastante desigual por parte dos órgãos político-administrativos incumbidos da realização institucional e organizacional da creche. No entanto, a falta de empenho por parte desses órgãos não foi total, e o processo de crescimento da creche sempre encontrou as condições, mesmo que mínimas, para prosseguir. O suporte determinante veio da sobrevivência, nestes anos, de uma opção de base, ainda que minoritária, para uma possibilidade educacional nova para as crianças, que fosse também uma nova experiência para as famílias e um enriquecimento da cultura da infância e do seu crescimento. A relação entre essa opção e a progressiva "preparação" técnica dos instrumentos necessários à sua realização é a chave maior para a avaliação do percurso feito nestes anos e representa o núcleo mais importante da vocação da creche, mesmo estando ainda presente, às vezes, somente como tendência e horizonte de referência.

Uma perspectiva que se fechasse sobre o "interior da creche" e no interior da creche "na criança", perderia o sentido original do projeto, assim como a possibilidade de uma correta abordagem, isto é, ecológica, na dimensão da educação. Da elaboração das creches, porém, chegam sinais de um interesse multiforme que, juntamente com as crianças, vê outros atores concretos no cenário educacional: os pais e os próprios educadores. A programação educacional das creches, onde a elaboração foi mais intensa, embora não o tenha sido por parte da maioria, os reconhece explicitamente, assim como contém elementos que pressupõem uma programação do serviço.

Esquematicamente, apresento um mapa dos conteúdos mais típicos da programação educacional da creche, aqueles que já constituem uma base comum de referência, procurando explicitar alguns dos aspectos mais complexos que eles envolvem.

6. AS CRIANÇAS

Devem ser reconhecidos alguns direitos fundamentais às crianças que freqüentam a creche, a serem tutelados, com grande atenção educacional e com eficácia organizacional.

As crianças têm direito, antes de tudo, de viverem experiências prazerosas. Não se compreende por que o empenho programático dos educadores deva garantir somente possibilidades evolutivas, como se a projeção rumo ao futuro marginalizasse a fruição atual (Grupo nacional de trabalho e de estudo sobre as creches, 1986).

Na realidade, é raro encontrar explicitamente esses termos na programação educacional, provavelmente porque aquilo que proporciona prazer dá a impressão superficial de ser fácil, ou seja, casual e irracional, como tudo aquilo que parece impedir que a creche tenha sérias e fundamentadas intenções pedagógicas. A realização de experiências nas quais as crianças se sintam fisicamente e psicologicamente à vontade requer, por parte dos educadores, um estágio profissional muito específico, para que consigam medir com exatidão a múltipla relação entre as motivações da criança, as finalidades educacionais, as intervenções do adulto e a predisposição de um ambiente funcional para tudo isso. O puro e simples andamento não controlado de uma creche absolutamente não gera condições de bem-estar para as crianças, devido à inevitável prioridade das exigências puramente organizacionais da instituição ou, no máximo, gera algumas condições específicas lá onde, pelo contrário, devem ser garantidas para todas as crianças, e em todos os momentos. A medida da eficácia educacional, como para todos os outros aspectos, é fornecida pelo padrão qualitativo que se alcança somente através de uma severa definição coletiva dos objetivos e das prioridades a serem perseguidas.

É útil fazer algumas considerações sobre aquilo que se pode globalmente indicar como um ambiente acolhedor. Em nossa cultura não existe uma consistência na sedimentação necessária ao fornecimento de instrumentos conceituais e lingüísticos, para expressar completamente esse aspecto da realidade. Apesar disso, quase sem um debate formal, os educadores realizaram verificações e modificações no ambiente, descobrindo, na sua realidade, significados e canais de comunicação que ainda não são objeto de uma reflexão pedagógica sistemática. Dessa forma, foram predispostos ambientes mais apropriados às exigências físicas e psicológicas daqueles adultos e crianças que passam a maior parte do dia na creche. Não é possível reconhecer-se dentro de um espaço, se não nos sentimos reconhecidos até mesmo na própria dimensão fisiológica, proxêmica, se não houver a possibilidade de se ter referências pessoais e, ao mesmo temo, de trocas serenas com os outros. O ambiente transmite mais significados do que normalmente se pensa (visão, audição, tato) e com ecos de referências psicológicas e culturais muito amplas. Pense-se, por exemplo, nas mensagens transmitidas pela clássica boneca quebrada ao meio, no chão, e pelos enormes personagens de Disney que as crianças freqüentemente observam nas paredes. Porém, não se pode afirmar que em todas as creches tenha sido feita uma análise sobre o ambiente nesses termos. Às vezes essa reflexão ainda deve ser iniciada, e a falta de atenção concreta às exigências das crianças e dos adultos é ocultada pela decoração desenfreada que mereceria alguma análise antropológica.

As crianças têm o direito de viver experiências nas quais possam expressar todas as potencialidades evolutivas implícitas na sua exploração do ambiente, de aprender e adquirir conhecimentos e habilidades, de construir a própria identidade através das trocas e das relações com as outras crianças e com adultos que não pertencem ao seu núcleo familiar. Estas finalidades, consideradas por todos os educadores como fundamentais, estão sem dúvida no centro da programação educacional. Existe uma certa homogeneidade na identificação dos objetivos gerais e específicos, e das estratégias operativas, de acordo com uma articulação das áreas do desenvolvimento consideradas mais qualificantes. Existem portanto alguns princípios condutores comuns na organização da atividade que testemunham, aos olhos da opinião pública e dos próprios educadores, o fundamento da validade educacional da creche e o nascimento de sua identidade pedagógica (Benigni, 1980).

A essa segurança produzida pelos princípios condutores que favoreceram o surgimento de orientações comuns, acompanha-se, porém, no concreto da prática educacional, a constatação de dificuldades recorrentes. Numerosos indícios levam-nos a acreditar que o uso mais habitual das categorias como "desenvolvimento motor", "desenvolvimento cognitivo", "desenvolvimento social", etc. nas creches seja redutor em relação à realidade que elas pretendem detectar e promover. Existem situações muito significativas, difíceis de classificar de acordo com aqueles critérios: o processo pelo qual a criança com menos de um ano de idade dia após dia trava conhecimento com o ambiente da creche, orientando-se na organização do espaço, da decoração e das relações com os adultos, é atribuível à categoria do cognitivo ou da tranqüilidade emocional? E o brincar com a massa do pão junto com os colegas e com o adulto faz parte da categoria da motricidade fina ou do desenvolvimento social? E será que naquele meio-tempo não se fala? E quando comem, será que as crianças não percebem que os objetos são regularmente dispostos sobre a mesa, de acordo com critérios de lugar e de conjunto bem precisos?

O levantamento da dificuldade em organizar a atividade com as crianças, na base de finalidades específicas inerentes a determinadas áreas do desenvolvimento, nasce de uma prática de observação que conduz os educadores à mesma direção indicada pelas pesquisas mais recentes sobre o desenvolvimento infantil. As pesquisas salientam muito claramente não somente a relação funcional entre o desenvolvimento infantil e as condições ambientais, mas também a interdependência do processo de aquisição das competências sociais e cognitivas.

Não é o caso de se negar apressadamente a diferença entre as funções psíquicas, zerando as irrenunciáveis heranças científicas e culturais, ou de não programar mais nada, já que em cada situação existe um pouco de tudo. É o caso, isso sim, de se rever com atenção o uso que se faz dessas categorias, visto que estas, de instrumento para compreender e estimular o desenvolvimento das crianças, arriscam-se a tornar-se, por sua vez, finalidades, como se existissem as realidades hipostatizadas pelo "desenvolvimento motor", o "desenvolvimento cognitivo", e a creche fornecesse às crianças simplesmente uma série de ocasiões para a aquisição das mesmas. Pelo contrário, são instrumentos utilizáveis, juntamente com outros, para a orientação dos educadores no conhecimento do desenvolvimento infantil e na preparação das propostas educacionais e, talvez com menos equívocos, na discussão coletiva *a posteriori* sobre as experiências realizadas.

Até mesmo os esquemas de programação que articulam suas finalidades, de acordo com os comportamentos transversais e as aquisições de competências específicas, vão ao encontro das mesmas dificuldades.

Um emprego mais elástico, refinadamente instrumental, das categorias na programação poderia evitar tanto os perigos do absolutismo, quanto os da separação de aspectos do desenvolvimento, mas isso prevê um percurso muito longo. Isso, de fato, pressupõe clareza nos objetivos e capacidade de enfrentar concretamente um conjunto complexo e orgânico como é o desenvolvimento infantil, a partir de instrumentos nascidos historicamente no interior de disciplinas de óticas diferentes.

Essa problemática é muito complexa e apresenta, a seu modo, uma evidência particularmente interessante das dificuldades enfrentadas pelos educadores. O uso correto desses instrumentos requer tanto a abertura da documentação e confronto, quanto a capacidade crítica para reelaborar, em relação à situação específica na qual se opera, aquilo que se aprendeu. Seria ingênuo esperar uma boa medida de uma e de outra parte, quando os esforços dos educadores não são sistematicamente sustentados por uma adequada preparação cultural de base e pelo reconhecimento por parte do ambiente no qual trabalham. Nesses termos, deve ser avaliado o entusiasmo geral com o qual se recebe a apresentação de modelos de programação, mais tarde enrijecidos em "programação modelo" e levados triunfalmente aos pais e aos administradores.

Parece existir uma diferença muito grande entre a convicção de que a atividade da creche deva ser articulada segundo uma programação educacional e a efetiva capacidade de percebê-la como ponto de chegada e como um instrumento interno de uma elaboração do coletivo de educadores em relação à história da creche, da sua utilização e da sua organização. Sobre os temas e os percursos dessa elaboração incidem sem dúvida os estímulos que derivam de outras realidades, mas é bem pouco provável que a pura e simples adoção da programação de uma outra creche, mesmo que funcione otimamente, possa substituir a elaboração da qual ela, por sua vez, foi o resultado. O suporte psicopedagógico ao trabalho do coletivo de educadores possui a função cultural específica de permitir aos mesmos enfrentar as dificuldades de um trabalho que cresce no tempo, e com um constante esforço de verificação e de reelaboração, evitando recorrer à repetição de fórmulas pré-confeccionadas. A capacidade em administrar temas abertos, como este, promove a garantia de que a função da creche seja entendida na sua real complexidade e enfrentada de modo crítico e articulado.

Uma outra temática muito delicada merece alguma atenção, por referir-se de perto aos objetivos educacionais da creche. A programação, preparada como conjunto orgânico de critérios e modalidades operativas para o funcionamento de uma instituição educacional, refere-se geralmente a grupos de crianças e, em alguns casos, a crianças que ainda não se conhecem. Acaba-se fazendo referência a um protótipo infantil, um esquema de referência constituído por uma média ponderada entre as características evolutivas das várias idades evidenciadas pela literatura psicológica, e por aquelas levantadas pelos educadores em sua prática educacional. Uma criança-abstração, portanto; uma operação que em si não é errada se o esquema de referência for utilizado para a própria finalidade e enquanto não se adquire o conhecimento das características e das exigências das crianças reais; mas que se torna perigosa, se o esquema se concretiza na única modalidade com a qual aquelas características e exigências são percebidas. De resto, a pouca difusão de verificações sobre os efeitos do trabalho educacional não catalisa certamente a passagem do esquema teórico para as crianças concretas.

Esse problema, longe de ser somente uma questão metodológica, determina a qualidade da experiência de cada criança na creche, uma vez que o uso habitual do esquema de referência leva à formulação de propostas educacionais para a "maior parte" das crianças, com um certo conformismo em relação a um certo número de insucessos e de marginalidade. É o que acontece na escola: as coisas funcionam para a maior parte dos estudantes, mas inevitavelmente alguns fogem à regra. É o que não pode acontecer com as crianças da creche, devido à curva evolutiva dessa idade e à delicadeza da função da primeira instituição educacional.

Garantir condições idôneas para todas as crianças da creche significa, concretamente, garantir a cada uma delas a especificidade das suas exigências. A finalidade de oferecer iguais possibilidades educacionais para todos se transforma, por esse caminho, de um assunto ideológico em tarefa operativa, o que leva os educadores a repensar a sua forma própria de organizar a sua atividade.

A personalização da intervenção educacional é sem dúvida tarefa enorme, mas não existe escolha, quando se pretende direcionar, de modo mais rigoroso, o conjunto das atividades com as crianças. Por outro lado, indicações operativas, para a realização dessa personalização, chegam através da experiência destes anos. Preliminarmente, como foi dito antes, é necessária a adoção de uma perspectiva bem diferente da fragmentação por áreas ou por aquisições específicas, de maneira que as crianças sejam colocadas, na sua integridade e na sua concretude evolutiva, no centro do trabalho educacional.

Parece que o principal instrumento consiste em uma atenção educacional em duas dimensões: uma transversal e sincronizada e outra longitudinal. A primeira pode registrar contextualmente as aquisições da aprendizagem, as afirmações da autonomia, o estilo das interações com os colegas e com o ambiente, o relacionamento com os pais e com os outros adultos que, em um mesmo momento, caracterizam a experiência da criança na creche, sem distinções artificiais. A segunda registra o andamento longitudinal dessa mesma experiência. No entrelaçamento dessas duas dimensões, os educadores constituem a imagem de crianças concretas, ou seja, de indivíduos e, ao mesmo tempo, de crianças inteiras e não uma pluralidade de segmentos. A construção da história da criança na creche inicia-se a partir do primeiro diálogo com os pais e se utiliza dos materiais coletados através de observações, diários, fotos, etc., e as sistematizações, através do filtro do debate dos educadores que acompanham o grupo. A programação deve fixar um estatuto particular nas primeiras semanas de freqüência. Elas constituem de fato um período extremamente fecundo e delicado para o processo de conhecimento das crianças que requer uma organização do ambiente, da estimulação e das relações humanas com claros objetivos e com o máximo emprego de instrumentos de observação. É evidente que a construção da história inicia-se com o conhecimento das experiências mais significativas que antecedem o período de inserção na creche e se estende até a passagem para a escola materna.

É interessante, mais uma vez, salientar que os critérios pelos quais se atribui a determinados eventos e comportamentos uma significatividade evolutiva e educacional, o fio com o qual se unem os elementos considerados mais significativos na dimensão longitudinal e sincrônica, para a composição posterior de um desenho unitário, são, por sua vez, o resultado de um estágio profissional complexo, feito de prática de programação e de experiências de atualização. Se esse estágio for insuficiente, recorre-se a rótulos e a caminhos mais rápidos, como a ficha de perguntas e respostas preenchida durante o primeiro diálogo com os pais, a ficha sobre as crianças entregue às professoras da escola materna, os estereótipos sobre os comportamentos, etc. O fato de se perceber que as exigências e as motivações das crianças não são interpretadas imediatamente, não são dados a serem simplesmente fotografados, mas são uma realidade a ser identificada através de estratégias que necessitam de claras referências em relação a teorias do desenvolvimento infantil, além de instrumentos operativos, marca uma mudança de qualidade no trabalho dos educadores.

É com base na atenção educacional individualizada que se pode falar corretamente de prevenção na creche, do lado de fora dos equívocos que a consideram uma operação técnica e saniária, reduzida à identificação precoce de dificuldades e patologias. A prevenção, interpretada dessa forma, não se justapõe à dimensão educacional, como função separada que distingue e controla; mas coloca-se, isso sim, positivamente no ponto de encontro entre todas as intervenções que são realizadas na creche, para ativar as condições mais adequadas ao desenvolvimento de todas as crianças. Está amplamente provado que das próprias competências educacionais, necessárias à realização cotidiana de experiências estimulantes e prazerosas para as crianças, nasce da maneira mais correta também a capacidade de perceber as dificuldades do desenvolvimento e de elaborar propostas específicas.

O significado da avaliação na prática da programação muda profundamente de acordo com o rumo tomado pela atenção educacional que pode estar voltada aos comportamentos e às aquisições evolutivas consideradas de modo parcelado, ou pode estar voltada à globalidade das experiências das crianças na creche. No primeiro caso, é muito difícil evitar a avaliação de capacidades, enquanto que, no segundo caso, os materiais coletados em cada situação possuem a função de tornar perceptível a vicissitude evolutiva das crianças que será avaliada durante um longo tempo. Não se pode esquecer que, na creche, existe sempre o perigo latente da avaliação sobre as capacidades adquiridas, com aquele tanto de normas que introduz e de grande ânsia que ativa, nos educadores, a própria capacidade de estimulação e, nos pais, a adequação dos filhos.

Naturalmente, para os adultos que trabalham na creche tudo isto não comporta a exoneração de uma avaliação rigorosa no que diz respeito à realização de propostas educacionais e dos seus efeitos, de modo que se tenha sempre os elementos para o controle da própria intervenção e para torná-la mais eficaz.

7. OS PAIS

Com base na experiência destes anos, começou a fazer parte do patrimônio comum dos educadores a convicção de que os relacionamentos com os pais não são um mero aspecto acessório da atividade da creche, mas constituem um núcleo problemático, difícil de ser analisado e resolvido, certamente um problema que os educadores, por causa da carência de sua formação de base, enfrentam com menos recursos.

Na realidade, os relacionamentos com os pais envolvem uma pluralidade de problemas psicológicos, culturais e organizacionais que não foram previstos no momento em que as creches se abriram às famílias das crianças. Só lentamente, passou-se da percepção de dificuldades recorrentes à tematização de problemas e à completa inserção desse âmbito de intervenção na programação educacional. Atualmente, é evidente para todos que o próprio trabalho com as crianças pressupõe um empenho paralelo com os seus familiares mais próximos, que constituem uma realidade estritamente complementar. São dois os níveis de problemas normalmente reconhecidos pela programação educacional: o do relacionamento com os pais, compreendidos globalmente como "usuários", e o que se refere, mais de perto, aos relacionamentos cotidianos com os educadores. Naturalmente, existe uma certa sobreposição dos dois aspectos, ainda que, do ponto de vista operativo, os instrumentos e as modalidades sejam articulados de maneira diversa.

Enquanto que no início as assembléias de todos os pais das crianças matriculados constituíam o único grande ponto de referência, agora se especifica uma gama muito ampla de momentos diferentes para as reuniões gerais, para as reuniões de grupo/seção e os contatos individuais, em relação à distinção de objetivos, situações e momentos específicos durante o ano. Juntamente com a identificação de tempos e ocasiões diversas, começa a difundir-se uma atenção específica aos aspectos da comunicação nos relacionamentos pessoais com os pais. A troca cotidiana nos dois sentidos da trajetória família-creche, desde sempre desejada como uma preciosa colaboração, apresenta com muita freqüência algumas dificuldades. Na realidade, essa troca sobre as experiências das crianças e sobre os fatos que se referem a elas realizam-se de modo significativo, se houver uma comunicação mais profunda sobre aspectos mais complexos. Uma análise dessa complexidade ainda está longe de se realizar, mas começam a aparecer os efeitos de uma reflexão sobre o contexto e os canais de comunicação com os pais.

O trabalho de aprofundamento conduzido sobre a temática da adaptação levou os educadores a fazerem um mapa dos momentos típicos que marcam a aproximação com a creche: a coleta de informações, a visita à creche e o primeiro contato com o pessoal que nela trabalha, a matrícula e as outras obrigações burocráticas, o momento sanitário, as eventuais reuniões, o diálogo com a educadora, os primeiros dias na creche com a criança, etc. Reconhece-se que para os pais esses momentos não são certamente neutros ou rotineiros. É preciso levar em consideração a situação psicológica na qual se encontram: um pouco desorientados dentro de uma nova experiência, em um ambiente muito diferente daqueles mais conhecidos, com a perspectiva, ou durante a perspectiva da separação da criança. Às vezes, a programação chega a dar indicações bastante detalhadas sobre as atitudes dos educadores que podem "acolher" corretamente os pais da maneira que eles se propõem, e da forma como se sentem na interação com o pessoal da creche (Gay, 1986). A situação normalmente organizada e preparada com mais cuidado é a do primeiro diálogo, na qual, junto com os conteúdos sobre a história da criança, aparece em primeiro lugar o problema do estilo de comunicação entre os educadores e os pais. Existem também indicações sobre o ambiente físico, no qual realizar o diálogo e outras breves comunicações, a partir do momento em que as mensagens não-verbais que chegam aos pais entram diretamente na comunicação.

Para a apresentação daquilo que as crianças fazem na creche são previstos canais diversificados, como: cartazes e filmes; contatos cotidianos nas reuniões de grupo/seção, enquanto que para a apresentação da programação educacional e do trabalho do coletivo de educadores adota-se, normalmente, a distribuição de material mimeografado e o debate na assembléia geral.

As assembléias e reuniões tiveram sempre um lugar específico na programação, mas parecem ser temas menos aprofundados nos últimos anos. Na realidade, neste caso também seria necessária uma particular atenção às condições concretas nas quais se desenvolvem. Os problemas da participação e da gestão social são bem conhecidos, mas alguma sugestão operativa surge da constatação de que mesmo uma grande vontade de participação pode ser colocada a dura prova por reuniões em que as ordens do dia não são muito claras, a condução é incerta, a duração é imprevisível e as cadeiras, desconfortáveis.

Da experiência educacional das creches chegam indicações para um outro aspecto que diz respeito aos pais: o relacionamento entre os próprios pais. Esse relacionamento, oficializado no início das assembléias, apresenta sua mais típica dinâmica nas reuniões de grupo/seção e assume um significado particular nas trocas entre os pais de crianças que já freqüentam a creche e os pais de crianças que estão começando a freqüentá-la. Esse aspecto está inscrito eficientemente em alguns casos, mesmo na programação educacional da adaptação.

O relacionamento entre pessoal e "usuários", que se configura nas assembléias gerais, volta na ocasião da "apresentação do serviço". Algumas vezes com a colaboração e o auxílio da Administração municipal, às vezes sozinho, o pessoal da creche procura as modalidades para apresentar a creche (e para se apresentar) à comunidade. Esta apresentação, feita através de folhas mimeografadas ou folhetos, de acordo com o grau de elaboração obtido pelos educadores sobre o problema da comunicação, resume-se a pouco mais de escassas informações sobre a organização ou passa uma imagem sintetizada dos objetivos e das finalidades da creche.

Sem dúvida alguma, nestes últimos anos, a capacidade técnica em identificar as condições de base, para dar informações e iniciar as trocas com os pais sobre temas delicados como o do primeiro diálogo, aumentou consideravelmente. É preciso observar que, frente a essas conquistas, ainda permanece inacessível um nível de comunicação mais profundo sobre a experiência da creche, as expectativas e os conteúdos que ela envolve. Nessa falta de comunicação é determinante a dificuldade, tanto por parte dos educadores, quanto dos pais, em perceber a diferença entre os papéis em base aos quais se encontram nas instituições e as pessoas concretas. Se as mães são normalmente jovens, as educadoras, por sua vez, são na grande maioria moças que trabalham fora de casa e que, muitas vezes, são mães de crianças pequenas. Tudo isso possui um peso notável na instauração das dinâmicas de identificação, rivalidade, etc; mas isso é ocultado pela tomada de posição dos papéis, que de um lado vê exemplares do tipo "educador" e, do outro, do tipo "pais".

A constatação já difundida de que cada pai traz, na aproximação com a creche, modelos culturais e de comportamentos estreitamente ligados à própria história e ao seu envolvimento com o filho, deveria induzir à busca de modalidades individualizadas de relacionamento. Se não se percorrer esse caminho, até mesmo as melhorias ocorridas na "técnica" da comunicação não irão além da funcionalidade um tanto impessoal da instituição. No fundo, para os pais, é necessária, de forma complementar ao que se começou a fazer para os seus filhos, uma atenção individual. O relacionamento personalizado com os pais, que freqüentemente possuem um só filho e sentem-se um pouco isolados em sua nova responsabilidade, é uma das funções mais importantes que uma creche pode ter atualmente e que tem, por si mesma, o significado de uma prevenção.

É incontestável que, no caso dos pais, o relacionamento personalizado é bem mais difícil que com as crianças e sua realização não está prevista a curto prazo. Até mesmo o peso específico que os pais possuem na definição da realidade da creche parece ser pouco relevante, apesar deste serviço ter nascido com uma lógica que requer a formulação de um projeto educacional realizado por várias pessoas.

A apresentação da programação educacional e da atividade da creche freqüentemente assume tons triunfais que reduzem de fato o espaço dos pais. É bastante difícil que isso seja detectado pelos educadores que, muitas vezes, na falta de um reconhecimento por parte das administrações, os vêem como a fonte mais próxima e concreta de um reconhecimento tangível do seu próprio profissionalismo.

O problema do relacionamento entre as "novidades" sobre a educação das crianças e a função da educadora, vistas em situações carismáticas como nos congressos, etc., e o "saber" dos pais é árduo e parece pesar, atualmente, somente sobre os ombros dos educadores.

8. O GRUPO DE TRABALHO DOS EDUCADORES

O trabalho do coletivo dos educadores é tão complexo que requer, por sua vez, um espaço específico na programação educacional da creche. Isso se pressupõe também pelo fato de que a atividade com as crianças e com os pais é administrada por um grupo de pessoas que possui sua consistência psicológica própria e exigências profissionais ligadas à elaboração e à realização das intervenções.

A descoberta da sua própria consistência partiu da atenção dada ao funcionamento do coletivo de educadores como grupo de trabalho. A mesma finalidade do rodízio dos turnos, da pluralidade das presenças e das diversas funções existentes na creche em relação a precisos objetivos educacionais deixa aberta a discussão sobre os temas centrais: as figuras de referência, os caminhos de informação entre educadores, a existência de um projeto comum. O processo pelo qual pode chegar-se a um patrimônio de conhecimentos, objetivos e instrumentos operativos compartilhados por todos, está registrado nas atas das discussões, da programação e, em alguns casos, também no procedimento adotado para a inclusão, na atividade da creche, de uma nova profissional a fim de torná-la informada sobre o percurso precedente e participante do trabalho com o coletivo de educadores.

A referência a um patrimônio comum é o resultado de um duplo percurso: uma lenta elaboração que cresce sobre si mesma, através de uma reflexão conjunta, e um esforço de acomodação recíproca, para dar prioridade àquilo que, em função das exigências das crianças, deve ser comum a todos os educadores da creche, relegando a um segundo plano os elementos centrípetos. A dificuldade em alcançar esse objetivo é conhecida por todos os que trabalham em equipe, jamais é superada definitivamente e coloca a dura prova a disponibilidade pessoal de cada um. Trata-se de fato de adquirir uma disciplina feita de lisura em relação aos usuários e aos colegas, que não nasce espontaneamente nem da amizade, nem da pura e simples convicção da utilidade do trabalho em equipe.

O problema das diferenças individuais é menos discutido, mesmo estando estreitamente ligado ao primeiro. Solidificada a idéia de que todos os educadores da creche possuem responsabilidades iguais na condução da creche, não se compreende por que as diferenças de funções e as diferenças pessoais devam ficar escondidas. Na elaboração da programação existe a possibilidade da valorizar dons e estilos pessoais, mesmo levando em conta a incontestável consideração de que a crianças de carne e osso e pais de carne e osso sentem-se mais à vontade com uma pessoa concreta do que com o "educador".

Os educadores, junto a esses aspectos que se referem ao tornar-se grupo de trabalho, dedicam atenção à discussão sobre os instrumentos e as modalidades com os quais o coletivo de educadores pode realizar um trabalho mais direcionado com as crianças, por exemplo, o emprego da observação, do caderno ou de outros métodos, para recolher o material e para a sua finalização educacional. Existe um certo interesse em definir a sucessão de problemas a serem aprofundados tanto através de uma verificação mais específica da experiência educacional, quanto através de uma documentação mais ampla sobre o assunto. A lembrança dos percursos realizados desde o primeiro levantamento dos problemas ao aprofundamento e à modificação da atividade educacional é outro dos elementos determinantes do "sentir-se um grupo".

Esse empenho em incrementar os próprios conhecimentos e em refletir com sistematicidade sobre o próprio trabalho acompanha-se sempre ao pedido de consulta a um "psicólogo" ou a um "pedagogo", de acordo com o termo mais usado naquela região. Desse ponto de vista, existem grandes disparidades entre as situações em que tal consulta é garantida e institucionalizada como função inerente à própria organização do serviço, situações nas quais isso é disponível como recurso intermitente para a atualização, e outras onde realmente está faltando. Não vem ao caso perguntar-se aqui qual a razão disso, enquanto todos sabem que a presença de um único educador ou de uma equipe incide de maneira decisiva sobre a capacidade do coletivo em elaborar a programação educacional de modo eficiente. Algum efeito do mesmo tipo pode ocorrer pela troca sistemática entre creches diferentes, pela participação em congressos, pela leitura de revistas, etc.

Junto ao aprofundamento de temas específicos, explicitamente solicitado pelo pessoal, é freqüente que o técnico que dá suporte psicopedagógico tenha seguidamente um processo de reconhecimento de conteúdos e de aspectos profissionais que os educadores, normalmente, não desenvolvem por conta própria. Viu-se, várias vezes, que se solicita aos educadores flexibilidade e crítica, capacidade de "se enxergarem" objetivamente nos relacionamentos com as crianças, através, por exemplo, de observações, da disponibilidade e preparação. A ativação constante de todas essas capacidades absorve muitas energias em uma atividade de trabalho que comporta uma fadiga física e psicológica além de uma contínua colaboração com os colegas. Os sinais do cansaço são percebidos nos comentários fora de casa, na resistência à mudança, no fechamento em relação aos pais, no andamento alternado do empenho, etc. É função do técnico facilitar a aquisição de determinados conteúdos e comportamentos profissionais, mas também o reconhecimento do envolvimento solicitado, de maneira que os educadores possam enfrentar de modo claro e contextual essas duas funções como aspectos de grande importância do próprio trabalho. Um primeiro efeito dessa intervenção pode ser uma maior consciência, por parte do pessoal, da importância da previsão, na creche, de alguma coisa específica também para os adultos. Então, começam a aparecer, na organização do ambiente, espaços para encontrar-se em um momento de intervalo, cadeiras mais confortáveis e poltronas, um lugar mais acolhedor para se colocar os pertences.

9. A PROGRAMAÇÃO DO SERVIÇO

Quantos são os aspectos e os problemas da creche que possuem suas raízes fora e antes da creche? Por que uma programação do serviço, em sua globalidade, quase nunca serve de quadro de referência à programação educativa elaborada pelos educadores?

A pura e simples programação educacional, como normalmente é compreendida, não alcança sozinha todos os efeitos que se propõe e corre o risco de permanecer como testemunho de um empenho pedagógico, ao mesmo tempo otimista e míope (Bronfenbrenner, 1979).

Não faltam as tomadas de posição sobre a importância da relação entre a creche e o contexto social mais amplo, ou as declarações de intenção. Em geral, falta a concreta formulação operativa do nexo entre o dentro e o fora do serviço. Existe um vazio, enfim, entre as afirmações de princípio, a programação compreendida por tantas administrações como um simples cálculo numérico da relação entre as crianças e as creches — e entre crianças na creche e educadores — e a percepção de um todo um pouco distante e confuso, que se tem dentro da creche, daquilo que há do lado externo.

Na realidade, os argumentos a serem inseridos nesta programação seriam muito numerosos: limito-me a citar os aspectos que mais se aproximam da função educacional e que se encaixam operativamente com as elaborações feitas pelo pessoal da creche.

Obviamente, o empenho da programação do serviço é tarefa da entidade administrativa. É inútil esconder que esse é um empenho difícil, porque pressupõe uma documentação sobre temas muito específicos e capacidades técnicas que não podem ser substituídas por um entusiasmo geral. Seria um empenho extremamente grave para os pequenos municípios, mas nada, ou pelo menos nada, de fatal e de invencível, devido à ativação de formas de sustenção por parte das regiões ou de parcerias entre municípios que até aqui foram inutilizadas ou inexploradas. Não teria sentido que uma prefeitura gerasse pela sua cabeça uma programação do serviço, descuidando-se de todas as possibilidades de troca sobre os conteúdos com os educadores da creche, com outros educadores interessados, com os pais, com os cidadãos, etc., que forneceriam a matéria-prima para a própria programação. Essa troca sobre os temas de base do serviço seria uma ótima experiência formativa também para os educadores, pois permitiria que levassem o sentido da própria experiência educacional e das próprias requisições diretamente até a sede onde emergem também as instâncias dos usuários e da administração. O Comitê de gestão poderia revitalizar os próprios interesses e as próprias funções, contribuindo nas elaborações sobre estes temas.

Evitando-se partir de problemas mais gerais, vale a pena enfrentar concretamente os indícios que a prática cotidiana da creche evidencia com maior freqüência. Os exemplos não faltam, mesmo em relação às considerações feitas até aqui. A existência e a freqüência de intervenções de suporte psicopedagógico, já vistas como determinantes para a qualidade da elaboração pedagógica e o grau de auto-estima do coletivo de educadores, não são fruto de uma decisão tomada dentro da creche. À decisão tomada pela administração podem ser aliadas avaliações sobre prioridades a serem seguidas a respeito das solicitações, apresentadas pelo pessoal, sobre o tipo de trabalho que a creche comporta, sobre os aspectos do serviço que pretende-se potencializar; são todas as contribuições decisivas para a programação do serviço. Até mesmo a prática de um procedimento ágil para a aquisição dos materiais e para os pequenos reparos pode ser um canal de trocas sobre os conteúdos com a administração e de acordos significativos para todo o andamento da creche.

Existe uma relação com um "fora" que começa dentro da própria creche e que deve ser enfrentado com uma estratégia conjunta de todos os educadores e a administração: a relação entre a atividade da creche e a intervenção sanitária. A sua freqüência e a sua articulação variam muito de situação em situação, mas é raro que se relacione funcionalmente com a atividade educacional da creche.

Já com a consolidação da função educacional, não se justifica uma separação de alguma forma vista como necessária nos tempos da emancipação pela postura sanitária da Onmi, ou melhor, resulta paradoxalmente uma aceitação do caráter absolutista e imutável da intervenção sanitária mais corrente. Com todos os cuidados do caso, essa aceitação não deve acontecer: seja no sentido de solicitar à intervenção sanitária uma lógica de colaboração sobre as condições mais adequadas ao crescimento das crianças, seja no sentido de levar os educadores a uma percepção mais global dos problemas que enfrentam cotidianamente. Existem mil ocasiões para aprofundarem conjuntamente o relacionamento das crianças com o "doutor", o significado da experiência da creche para os pais e as orientações dadas pelas figuras sanitárias, etc.

Acrescentar o que a creche faz no contexto dos serviços para a primeira infância também seria um tema muito concreto a ser enfrentado na programação da própria creche. No momento, parece ser apenas uma matéria futurística, embora os usuários, as crianças e os adultos sejam diretamente atingidos por esses atrasos.

Existe um outro "fora" que tem ligação com o "dentro" da creche. É o relacionamento com a escola materna. Nas situações em que o empenho público levou à organização da creche e da escola materna em um projeto unitário de escola infantil, esse relacionamento é construído com uma atenção específica, capaz de constituí-lo como irrenunciável ponto de referência para todos. Lá onde, pelo contrário trata-se da maior parte das situações, creche e escola materna são administradas por entidades diferentes, o problema é bem mais árduo. Não basta certamente, para resolvê-lo, o esforço dos educadores em contatar os professores da escola materna, aderindo às suas iniciativas ou evidenciando na própria programação os elementos que podem encaminhar um projeto de continuidade pedagógica. A consistência organizacional e institucional desse projeto surge do empenho, por parte das entidades administrativas das duas instituições, em proporcionar momentos de troca e de formação comum, etc.

O núcleo central da programação do serviço não pode deixar de se referir ao usuário. Pela sua complexidade, o tema também pediria uma abordagem sociológica, mas os indícios a serem salientados surgem dos mesmos problemas citados em relação aos pais usuários da creche.

A divulgação da creche deve ser cuidadosamente programada já que, por muitos motivos, permanece ainda pouco conhecida pela maioria da população. Não se trata, obviamente, da pura e simples informação da sua existência e do horário de funcionamento, mas de construir as bases para o conhecimento de um serviço para o qual a modalidade de acesso e de participação são elementos constitutivos (Becchi & Bondioli, 1983). Seria a forma mais correta para o relançamento, em escala mais ampla e institucional, dos esforços realizados nessa mesma direção pelos educadores da creche, através de meios mais modestos. Todas essas possibilidades devem ser coordenadas de maneira a cobrir uma pluralidade de ocasiões muito diversificadas, levando em consideração os canais de informação mais utilizados pelos pais com filhos pequenos. A esse propósito, é útil não esquecer o mapa das intervenções sanitárias obrigatórias, como as vacinações, ou altamente praticadas pela população que tem idade para isso, a fim de não subestimar a importância das mensagens sobre a educação e a creche que inevitavelmente passam através delas.

O aspecto mais complexo da programação do serviço é, sem dúvida alguma, a avaliação. Inconscientes dessa complexidade, as administrações realizam-na, pontualmente, sobre os números que retratam dramaticamente a situação financeira do município e a política nacional sobre os serviços, mas que demostram somente em parte a realidade e a potencialidade da creche. Onde houver a motivação cultural e política para uma verificação mais ampla, elas emergem de forma mais relevante e concreta.

Um primeiro exercício de verificação poderia consistir em colocar-se no lugar do usuário adulto/criança e percorrer novamente os seus passos através do percurso que inicia no primeiro pedido de informações sobre a creche, até a adaptação e a passagem para a escola materna. É um método bem pouco dispendioso para compreender o que acontece concretamente com quem vai para a creche e para verificar o efeito final do entrelaçamento burocrático, dos aspectos sanitários e educacionais que são, quase sempre, organizados separadamente.

A análise da utilização leva ao ponto central da verificação e nos coloca em uma perspectiva muito ampla de avaliação da realidade creche.

Os problemas de relacionamento entre educadores e pais, evidenciados na prática cotidiana, poderiam ser enfrentados, nesse âmbito, em um quadro mais complexo, aliviados da carga emocional mais imediata e programados sobre a base mais ampla do significado de mediação cultural da creche. É justamente esse o âmbito no qual todas as instâncias "internas" e "externas" à creche estão presentes e podem alcançar uma síntese mais alta em um projeto compartilhado e articulado.

Todos os elementos sobre os modelos e as taxas de utilização, a estratificação social e a estrutura da família, o grau de participação e de motivação devem ser compreendidos à luz de uma questão básica que se refere à relação existente entre os conteúdos e a organização da creche e o usuário (Ciorli & Tosi, 1982). Qual é a função desenvolvida pela creche? Satisfaz a demanda? Mais que a resposta, é interessante definir quais sejam os elementos do problema e como uni-los corretamente. Devem ser escolhidos os critérios com os quais detectar os múltiplos níveis que compõem a demanda, mas também deve-se explicar em que medida a resposta, dada através da organização e da postura adotada pela creche, "atraiu" uma determinada faixa de usuários ao invés de outra. Juntamente com esse efeito de *feedback,* na relação entre demanda e distribuição do serviço, deve-se levar em conta uma dimensão evolutiva que resulta determinante. O que existe de inovador e original na recente transformação educacional da creche parece torná-la capaz de elaborar conteúdos mais complexos e formas de organização mais articuladas e, portanto, de motivar os usuários para uma utilização com demanda diferente da atual.

Esta perspectiva do "interior" não favorece todos os elementos para uma avaliação da função da creche. Esta deve ser constantemente relacionada com um horizonte de referência mais geral, constituída pela demanda de serviços para a primeira infância que requer, juntamente com a creche, outro tipo de respostas. De forma verossímil, é muito útil que a creche se confronte com essas exigências e procure a sua função em uma rede mais articulada de serviços, aproveitando o patrimônio acumulado em todos esses anos.

9

O Relacionamento entre Educadores e Pais

Adriano Bonomi

Compartilhar com adultos o crescimento e a educação de uma criança pequena envolve a prática de uma dinâmica relacional complexa. A criança, como objeto comum de cuidados e atenções, mas também de expectativas e avaliações, é fonte de um tipo particular de experiência conflitante entre os adultos.

O problema possui uma grande relevância independentemente das particulares figuras de adultos que estão em jogo. O problema assumirá contornos e sombreados diferentes, se os pólos adultos do relacionamento forem os próprios pais (pai e mãe), ou então pais e avós, ou parentes, ou ainda pais e babás ou educadoras de creche.

Do ponto de vista cultural, quem cuida da criança pequena, não sendo um dos pais, é tradicionalmente considerado como uma figura substituta da mãe e do professor, papéis que recebem, no relacionamento com a criança, tarefas e funções precisas.

Na experiência de muitos anos nas creches, procurou-se fugir dessa alternativa "obrigatória", identificando na educadora uma figura profissional capaz de relacionar-se com a criança sem "imitar" a mãe e sem refugiar-se na tarefa do professor, inadequada e insuficiente diante da criança pequena.

Assim, a creche não foi somente um observatório especial pelo qual estudar a evolução da criança em um contexto social amplo, mas foi, com o passar do tempo, a elaboração de uma especificidade própria na atenção colocada sobre os aspectos relacionais na educação da criança.

O percurso não foi simples nem linear, e da ênfase sobre relacionamento adulto-criança foi possível colocar em prática um outro ponto central: o do relacionamento entre adultos que compartilham os cuidados da criança.

Atualmente está mais claro o caráter crucial que o relacionamento educadoras-pais possui sobre a evolução da imagem e da idéia de creche e sobre o significado do profissionalismo da educadora.

Também é evidente que esse é um dos aspectos mais problemáticos e difíceis da vida da creche e um dos pontos onde mais se solicita um trabalho de reflexão e pesquisa.

No interior da história e da evolução das creches, esse problema encontrou posições específicas e diversidade de importância em relação à imagem de si e das tarefas que a creche estava elaborando. São basicamente três as modalidades perseguidas, mesmo de maneira entrelaçada, nos anos passados, na tentativa de estabelecer, por parte das educadoras (compreendidas coletivamente como grupo), um relacionamento "satisfatório" com os pais.

Uma primeira modalidade é a que se resume ao objetivo da "participação social" (Vários, 1983)

Esperava-se que os pais participassem da vida da creche como sujeitos coletivos, solidários com a nova experiência educacional que a creche poderia inaugurar, defensores e aliados nas reivindicações das educadoras em relação às administrações, como auxílio contra "os inimigos da creche".

Os próprios pais, pelo menos uma parte deles, podiam reencontrar-se nessa imagem, já que deviam defender a própria escolha de levar a criança para a creche, mesmo como escolha de progresso contra um modo de pensar tradicional que desconfiava de qualquer distanciamento da criança pequena da família. Além disso, nessa fase, as modalidades que expressavam necessidades e aspirações assumiam rapidamente formas coletivas e criavam a necessidade urgente de posicionamento.

Uma segunda modalidade, que se tornou rapidamente dominante, era caracterizada por um comportamento para com os pais do tipo "didático-educacional". Os pais eram convidados a encontrar-se com as educadoras no "terreno" destas últimas. O objetivo explícito ou implícito do encontrar-se era o de mostrar aos pais as coisas interessantes e importantes para o desenvolvimento que as suas crianças realizavam na creche, quando não, mais sutilmente, o de impressionar os pais a respeito do quanto eram capazes as suas crianças com a condução das educadoras.

Em tudo isso não existia freqüentemente a possibilidade de uma troca, visto que a experiência do pai com o filho não encontrava espaço, senão como campo de autocrítica em relação ao modelo educacional proposto pela creche.

O relacionamento educadoras-pais, fixado nesse modelo, revelava-se seguidamente frustrante para ambos os interlocutores.

A participação dos pais era sempre mais escassa e as educadoras sentiam-se desencorajadas, já que seus esforços não produziam os resultados esperados.

Sem dúvida, atrás desse posicionamento, havia uma idéia dominante de creche não como lugar de encontro entre diversas experiências e práticas relacionais e educacionais, mas como local que adquiria valor enquanto oferecia à criança mais estímulos, mais ocasiões de aprendizagem, mais espaços e materiais, mais impulsos para a autonomia.

Naturalmente, nas competências profissionais das educadoras havia muito mais, mas isso era somente o que elas conseguiam explicitar, visto que a imagem consciente do seu próprio profissionalismo também se ligava mais estreitamente àquela imagem das especialistas nas atividades didático-educacionais para a criança pequena, e não àquela de especialistas na administração de relacionamentos complexos como os de educador-criança-pai.

A terceira modalidade, mais marginal, e muitas vezes contemporaneamente presente nas duas primeiras, era uma tentativa de envolvimento dos pais no plano da colaboração prática. A solicitação implícita era a de uma contribuição do pai para a comunidade da creche. Ele poderia participar oferecendo materiais úteis para as brincadeiras das crianças ou, se possuísse competências mais específicas, construir jogos ou equipamentos destinados ao uso de todas as crianças.

Essa colaboração, rica também em conotações simpáticas e freqüentemente útil como passagem preliminar para a construção de relacionamentos mais significativos, às vezes transmitia mensagens mais complexas que contribuíam para uma maior solidariedade recíproca. Eram e são, de qualquer forma, "provas de confiança", ocasiões para o pai agradecer e recompensar as educadoras pelo que fazem pela criança, momentos em que a creche é local comum a ser enriquecido e equipado em conjunto.

Um outro momento particular, do qual os pais participam diretamente e com a própria presença na vida da creche, é a ocasião da festa. O aniversário do filho só para ele, as festas de Natal, de Carnaval, da primavera ou antes das férias de todo o grupo.

São ocasiões prazerosas e divertidas, embora às vezes um pouco confusas, que rompem com a rotina cotidiana das educadoras e talvez possuam também a função, devido ao fato de serem extraordinárias, de assegurar a todos que os pais, as educadoras e as crianças podem ficar juntos.

Essa reconstrução, mesmo simplificada e parcial, de como foi tematizado nestes anos o relacionamento das educadoras de creche com os pais detecta, pelo menos nas suas grandes linhas, o motivo dominante de seus esforços e de suas intenções.

É o que se pode definir como uma tentativa de "envolvimento ideológico", isto é, o esforço de envolver e fazer com que os pais participem das várias ideologias da creche: a educacional, a institucional e organizacional, a social, deixando de lado, por ser muito complexo e conflitante, o aspecto relacional, do confronto entre indivíduos empenhados, a partir de pontos de vista diversos, em uma experiência com a criança.

Todavia, junto com a evolução da imagem profissional das educadoras, e com a identificação desse profissionalismo específico da creche como competência na gestão de relacionamentos entre adultos, e entre estes e as crianças, o espaço para enfrentar o aspecto delicado e complexo do relacionamento com os pais ampliou-se notavelmente. De um problema implícito e um tanto escondido, vivenciado mas não mencionado, tornou-se, para as educadoras, objeto sobre o qual a exigência de reflexão e confronto é sempre mais urgente.

Para isso contribuíram particularmente a experiência e a reflexão sobre a inserção da criança.

O projeto de inserção (adaptação), centrado não somente na gradação, mas também na presença do pai junto à criança, evidenciou o quanto era decisivo o estabelecimento de uma eficaz comunicação para os três e o quanto era complexa e difícil a compreensão entre adultos nessa situação crítica. O instaurar-se de um bom relacionamento entre adultos é reconhecido como passagem obrigatória para a boa inserção da criança (Perani, 1982).

Assim, o relacionamento educadora-pai, como fenômeno que compreende antes de tudo experiências vividas, emoções, conflitos e dinâmicas interativas complexas, pode hoje ser analisado suscitando defesas menos rígidas e resistências menos fortes.

Gostaria, sem chegar a conclusões, de tentar algumas reflexões sobre como se apresenta, sob este aspecto, o relacionamento entre educadoras e pais, na vida cotidiana da creche.

1. AS DIFICULDADES E OS CONFLITOS

A forma mais espontânea e imediata que freqüentemente se verifica, escutando as educadoras falar dos pais, é a da recriminação. As educadoras se "queixam" de uma série de comportamentos e atitudes dos pais que elas consideram inadequados em relação às crianças e "desrespeitosos" em relação a elas mesmas.

O que choca é que essas "recriminações" apresentam-se idênticas, salvo algumas exceções, em creches que às vezes possuem histórias e percursos diversos; sinal de uma dificuldade geral, somente em parte imputável a contingências particulares.

Essas "recriminações" podem ser divididas em três grupos.

Algumas críticas referem-se à transgressão, por parte dos pais, de regras que a creche pede que sejam respeitadas: "Trazem a criança fora do horário estabelecido para a entrada"; "Não deixam no armário pessoal da criança o enxoval necessário", etc.

Outras dizem respeito ao comportamento dos pais quando estão na creche, em particular frente ao problema de afastar-se da criança e de confiá-la à educadora ou ainda no momento de buscar a criança. De manhã, quando levam as crianças: "Estão sempre apressados e vão embora sem se despedir delas", ou ainda, "São indecisos e não resolvem ir embora até a criança chorar", ou então, "Têm a pretensão de encontrar sempre a mesma educadora e têm algumas preferências"; "Não confiam quando dizemos que logo em seguida a criança parou de chorar".

À noite, quando retornam para buscá-las: "Perguntam somente se a criança comeu e dormiu, e não se interessam por mais nada"; "Ficam conversando por muito tempo sobre coisas sem importância e criam confusão"; "Se a criança criar algum problema ou fizer algo que não deve, eles não interferem"; "Mesmo que saiam do trabalho cedo, freqüentemente buscam as crianças no último momento".

Um terceiro grupo de críticas sobre os pais diz respeito aos "errôneos comportamentos educacionais", que fazem com que a criança adquira maus hábitos que, depois, devem ser corrigidos e administrados pelas educadoras. Podem referir-se a todos os aspectos do crescimento de uma criança, mas com mais freqüência centram-se nos problemas ligados aos cuidados do corpo (alimentação, sono, o controle das fezes, às vezes a higiene).

De certa maneira, é lógico esperar que ocupar-se da mesma criança, a partir de posições e em contextos tão diferentes como a família e a creche, faz com que surjam dificuldades e conflitos.

Todavia, com freqüência, esses conflitos levam muito tempo para encontrar uma solução e se tornam crônicos, até criar-se, entre educadoras e pais, um clima relacional bloqueado, no qual parece impossível que de alguma parte surjam iniciativas ou sejam acionados procedimentos voltados a uma efetiva superação do conflito. É quase como se um surdo conflito fosse irrenunciável e servisse à manutenção de uma rotina relacional que não satisfaz completamente a ninguém, mas salva a todos do perigo de ter que renunciar às suas próprias posições.

O fato de manter as próprias posições, o manter, em suma, bem separados os âmbitos de intervenção sobre a criança, seja no tempo como no espaço, e o não permitir fazer-se incursões no território do outro, parecem regras implícitas freqüentemente presentes no relacionamento entre educadora e pai.

As características desse relacionamento parecem freqüentemente mais defensivas e marcadas por uma grande cautela, pelo menos no que tange ao "poder contar com o outro" como interlocutor válido e significativo no próprio relacionamento com a criança que é o objeto comum, o próprio motivo do relacionamento.

Podem ser evidenciadas algumas dessas características, aquelas que mais do que as outras indicam a dificuldade desse relacionamento, que impedem o pai e a educadora de sentir-se aliados na tarefa comum de criar a criança. Correspondem a modalidades comunicativas particulares que tentarei, mesmo que empiricamente, definir.

1.1. O temor do juízo do outro

Trata-se de um sentimento freqüentemente muito carregado, quase nunca explicitado, que assinala sobretudo a fase inicial do relacionamento.

Com muita freqüência isso faz com que o pai apresente à educadora uma imagem do próprio filho baseada naquilo que ele acredita ser apreciado pela educadora, omitindo muitas vezes fatos importantes. A educadora quase nunca está disposta a "perdoar" este comportamento e a detectar a necessidade de confirmação que freqüentemente o inspira. Ela o recebe mais como mensagem de desconfiança e retira disso um juízo de não-credibilidade nas palavras do pai, situação que se mantém também nas fases sucessivas do relacionamento.

Por outro lado, a educadora também teme o juízo do pai tanto sobre a sua pessoa quanto sobre o seu profissionalismo, e às vezes busca proteger-se atrás das regras da instituição.

O próprio período da inserção, em que a presença do pai é solicitada e desejada, comporta, na subjetividade da educadora, não só o risco de que a criança tenha dificuldades e que isso seja debitado pelo pai à sua pessoa, mas também o risco de que o pai assista a episódios da vida da creche que influam negativamente em seu juízo: crianças que choram, momentos de confusão. Episódios dos quais provavelmente o pai não tem conhecimento.

A presença do pai, racionalmente considerada necessária, é emotivamente percebida como incômoda, e essa experiência, na fase inicial do relacionamento, funciona como marca negativa mesmo no relacionamento sucessivo. Se a ajuda recíproca não surgir nessa fase, corre-se o risco de ela não surgir mais.

Como se pode ver, o trabalho sobre o relacionamento é considerado importante, e a educadora o percebe, procurando enfrentá-lo, mas culturalmente e profissionalmente ainda não entrou nas tarefas que designam a sua competência. Institucionalmente, ainda não é considerado trabalho pedagógico.

1.2. O temor da perda de autoridade no *status*

É um sentimento semelhante ao anterior, porém envolve mais a educadora e os pais nos seus respectivos papéis, assim como são conotados socialmente e culturalmente, e também como se definem no jogo de atribuições recíprocas (Bondioli, 1985b).

Supõe-se que os pais sejam dotados de um *status* natural que lhes atribui autoridade em relação à criança e lhes reconhece o direito de decidir por ela, mas a sua bondade e capacidade são continuamente expostas ao juízo dos outros e eles, de certa forma, devem demonstrar continuamente que merecem o atributo de bons pais. Portanto, nos seus confrontos, existem expectativas precisas que freqüentemente são diversas e contraditórias a ponto de, às vezes, colocá-los entre dois fogos, visto que, já na escolha de levar a criança para a creche, podem sentir-se julgados negativamente por parentes e conhecidos que os levam a duvidar das educadoras prontas a detectar e criticar cada indecisão sua e a pedir-lhes desde o começo uma total confiança.

Esse é somente o começo. Quando a criança freqüenta a creche, cada diversidade no seu comportamento entre creche e casa é potencialmente objeto de confronto entre capacidade e competência dos pais e capacidade e competência da educadora. A criança que em casa é destruidora, mimada, rebelde, que joga tudo no chão e "tiraniza" os pais, enquanto que na creche é colaboradora e aceita as regras; a criança que em casa não come e no momento da refeição obriga os pais a passar por uma estressante fadiga, quase sempre ineficaz e inconcludente, enquanto na creche aceita com prazer o alimento e come tranqüilamente sozinha; a criança que em casa tem problemas de sono, acorda com bastante freqüência, dorme somente se estiver no colo ou se for ninada, enquanto na creche aceita ficar na caminha e adormece com facilidade.

Esses são somente alguns dos quadros às vezes encontrados nas creches. Correspondem a complexas dinâmicas de relacionamento não fáceis de serem analisadas e freqüentemente corre-se o risco, por parte das educadoras, de deter-se na aparência e explicar esses fenômenos com a inadequação e os erros dos pais: demasiada solicitude ou falta de firmeza, incoerência, nervosismo ou excesso de exigências para com a criança.

Nesses casos, o concreto comportamento da criança parece dividir educadoras e pais, complicar seu relacionamento, tornar difícil uma aliança (Perani et al., 1985). O pai é colocado sobretudo em uma posição na qual o seu "poder" em relação à criança é impedido com a conseqüente perda de credibilidade junto às educadoras.

Um outro exemplo de situação recorrente na creche, no interior da qual se determina uma dinâmica comunicativa semelhante, é o momento do reencontro no final de tarde, entre criança e pais.

Todos sabemos que o comportamento da criança nessas ocasiões nem sempre corresponde às expectativas talvez um pouco ingênuas de pais e educadoras. Nem sempre a criança larga imediatamente os jogos ou os amigos para correr ao encontro do pai, que freqüentemente encontra-se exposto a uma situação penosa de impotência ao tentar convencer o filho a ir embora com ele. E ainda mais embaraçoso para ele é constatar que a mínima intervenção da educadora às vezes resolve o problema.

Aqui também parece que a ambivalência das mensagens da criança paralisa os adultos e os induz, por sua vez, a transmitir comunicações ambíguas, com o resultado de o pai ver desmentida a sua autoridade sobre a criança, mas sobretudo perde credibilidade a tese que ele gostaria de demonstrar à educadora: de ser o objeto primeiro e incontrastável do desejo e dos afetos da criança.

Naturalmente, não é esse o significado dinâmico dos episódios, mas sem dúvida alguma é freqüentemente interpretado dessa maneira pelos adultos em questão.

No outro vértice, a educadora também pode sentir o seu *status* ameaçado, que neste caso é o de pessoa competente e supostamente capaz não somente de motivar "cientificamente" o próprio modelo educacional, mas também de dar respostas às dúvidas ou interrogações que surgem durante o crescimento de uma criança.

Tanto a imagem que a educadora tem de si, quanto aquela que o pai está disposto a reconhecer nela, naturalmente nunca são tão compactas, e sim, cheias de nuanças e mais complexas.

Freqüentemente, o pai tende a relegá-la à posição de pessoa que tem muita paciência e uma certa habilidade para ficar com as crianças, pessoa na qual pode-se confiar, pois "sabe lidar com as crianças", mais que a considerá-la pessoa capaz de reconhecer como ele, ou ainda melhor que ele, as necessidades do filho. É sobre a identificação das necessidades da criança que com muita freqüência o pai coloca em discussão a "autoridade" da educadora, a qual, neste aspecto, está pouco disposta a ceder.

Além disso, talvez a educadora, também devido a uma certa insegurança profissional, se sinta até provocada pelo pai, sutilmente e cinicamente testada, quando este lhe pede para que "documente" a sua competência, exigindo saber quais são os programas que ela possui, para favorecer este ou aquele aspecto do desenvolvimento, ou quando demonstra que espera dela respostas e explicações precisas sobre determinados comportamentos da criança.

1.3. A espera do primeiro passo

Se o que até o momento analisamos são algumas vivências mais típicas no relacionamento educadoras-pais, é lógico esperar não somente que influam na comunicação, mas que também determinem particulares modalidades comunicativas.

Uma das que se encontram com bastante freqüência poderia ser definida como "estar à espera de que o outro dê o primeiro passo".

É essa uma posição assumida reciprocamente que cria uma espécie de bloqueio da comunicação. Às vezes, é percebida até nas saudações: "quem deve cumprimentar primeiro?". Mas sobretudo: é dever da educadora contar ao pai como foi o dia da criança ou cabe ao pai perguntar? É paradoxal como algumas vezes pais e educadores, ambos insatisfeitos com essa situação, permaneçam por muito tempo nessa atitude, sem conseguir explicitar as próprias expectativas ou tomar iniciativas que encorajem, no outro, a comunicação.

Uma incompreensão semelhante acontece com bastante freqüência em alguns comportamentos dos pais que "impedem ou perturbam" o trabalho das educadoras.

Valha para todos o exemplo do pai que fica mais tempo do que o necessário quando leva a criança ou quando vai buscá-la. As educadoras acham que é ele quem deve perceber, sofrem com suas ações "perturbadoras" e acreditam ser inútil ou impossível acertar-se com ele. Acumulam ressentimento que, às vezes, resulta em comunicações não-verbais de hostilidade, distanciamento ou a imposição, como grupo, do respeito a regras rígidas e inapeláveis, de modo a impedir que o pai tome um espaço antes de tê-lo solicitado ou concordado.

É como se fosse difícil sair de uma lógica na qual alguém necessariamente devesse sofrer pressões, para alcançar um tipo de relacionamento em que as regras podem ser negociadas.

Complexivamente, parece que o relacionamento encontrado muitas vezes na creche, entre educadoras e pais, seja caracterizado por:

— uma grande ambivalência na comunicação;
— uma prevalência da comunicação comportamental sobre a comunicação verbal;
— uma dinâmica bloqueada que deixa dificuldades e conflitos em suspenso.

Procurei evidenciar de propósito os aspectos que seguidamente conduzem à falência desse relacionamento, arriscando, com isso, referir-me em alguns casos às situações menos evoluídas. Indubitavelmente, a experiência dos últimos anos mostrou amplas possibilidades de identificar, no interior da creche, procedimentos que facilitam o relacionamento entre educadoras e pais; que por parte das educadoras existe a disponibilidade de modificar comportamentos, atitudes, experiências, maneiras de enfrentar o relacionamento em favor de uma maior consciência das dinâmicas e de menores conflitos e competições.

Mesmo que difícil, o objetivo que o nível de maturação da experiência nas creches permite hoje colocar-se é o de identificar e promover as condições para que, entre educadoras e pais, seja possível estabelecer uma aliança frente ao objetivo comum dos seus próprios cuidados: a criança; para que se consiga pensar e estabelecer estratégias comuns, constituir um triângulo onde a comunicação circule; para criar um local onde se encontram as diversas competências, onde também a competência da criança pode expressar-se, exatamente porque não é ocultada pelo conflito e pela contenda dos adultos.

Promover esses objetivos provavelmente significa reexaminar a questão da identidade da creche, considerando a experiência dos adultos não menos central que a das crianças: na creche, a experiência de crescimento não é somente da criança, mas é, ao mesmo tempo, ou pode ser, pelo menos potencialmente, uma experiência de crescimento dos adultos.

Significa, ainda, traçar novamente a imagem profissional das educadoras em chave mais complexa, em que o relacionamento com os pais não seja um dos tantos aspectos a serem cuidados na ótica de um bom funcionamento da creche, um entre os problemas a serem enfrentados nos cursos de atualização, mas sim um elemento crucial na definição de uma identidade da creche (Noziglia, 1985).

É também a única maneira para que não se desperdice um enorme patrimônio acumulado nestes anos, exatamente neste campo.

A creche é a única instituição educacional que se colocou, no relacionamento com a família, de modo original, que soube criar, na empresa educacional, espaços de verdadeiro confronto entre competências e profissionalismo do educador e projeto racional-afetivo do pai.

As dificuldades que surgem na gestão desse relacionamento-confronto devem-se também ao fato de que este é o resultado do complexo entrelaçamento de vários fatores, todos de natureza conflitante.

Cada um desses fatores corresponde a um possível nível de análise do problema.

2. O CONFLITO ENTRE INSTITUIÇÕES

O movimento cultural que acompanhou a evolução das creches teve um de seus eixos marcado pela idéia de que a creche tivesse que renunciar aos aspectos institucionais que a caracterizavam, para tornar-se um serviço maleável, sensível, capaz de adaptar-se com elasticidade e de comunicar-se com as instâncias e as expectativas diferentes que famílias de tipo diverso lhe dirigiam.

Nessa perspectiva, a família não foi considerada como um todo compacto e diferente da creche, mas como um conjunto diversificado de situações sociais, culturais e projetos educativos em relação ao qual as estratégias de comunicação e confronto deviam, por seu turno, ser diversificadas (Rinaldi, 1985).

Essa, creio eu, permanece a correta perspectiva: posto que não existe "a família", como não existe "a creche".

Todavia, não devemos esquecer que em muitos aspectos creche e família se colocam inevitavelmente, uma e outra, como instituições em confronto, criando um jogo complexo de dinâmicas voltadas a demonstrar não somente o aspecto indispensável, mas também a prioridade de suas funções.

Cada instituição possui, junto com as finalidades declaradas, finalidades "secretas", em que a primeira é garantir os espaços para perpetuar a sua própria existência e para manter a marca exclusiva em seu território e sobre suas próprias tarefas.

Além disso, a instituição possui tarefas de natureza protetora para com os próprios membros. Proteção dos perigos externos, mas também dos perigos internos: conflitos interpessoais e ansiedades individuais ou coletivas; e, como se sabe, um dos procedimentos defensivos mais simples e difundido é o de transformar os conflitos interiores em conflitos com o exterior (Jaques, 1955).

No caso da creche e de seu relacionamento com a família, deveriam ser analisados os caracteres específicos que essas dinâmicas assumem.

Nessa chave de confronto e conflito entre instituições, devem provavelmente ser interpretadas muitas das comunicações que passam entre pais e educadoras; mesmo que esse não seja indubitavelmente o único fator em jogo, mas tão-somente um elemento que supradetermina o sentido e complica o significado do relacionamento.

Em particular, em toda a fase inicial do relacionamento, no qual estão implicadas, de um lado, as "necessidades" burocráticas (documentos, matrículas, certificados) e, do outro lado, todos os procedimentos de contato (o diálogo inicial, a permanência do pai na creche durante a adaptação, o conhecimento de hábitos, exigências e regras recíprocas), deveria ser analisada também levando em conta o primeiro confronto entre duas instituições, onde à exigência declarada de facilitar reciprocamente as tarefas se sobrepõe a de esclarecer as regras do jogo e de comunicar proibições e limitações recíprocas.

2.1. O conflito entre códigos e culturas

Um elemento central do relacionamento entre educadoras e pais está ligado ao fato de que, na educação da criança, esses operam em âmbitos e contextos diversos e fazem referência à educação individual, no caso do pai, e à educação coletiva, no caso da educadora. Há algum tempo, esses dois modelos eram contrapostos também de forma ideológica. Atualmente, não só educadoras e pais são respectivamente mais capazes de avaliar as vantagens do "modelo concorrente", mas estão disponíveis para a pesquisa de um modelo mais integrado.

Na creche houve um grande aumento da atenção para com a criança tomada individualmente e do interesse pela individualidade: a história da criança e o percurso individual na construção da personalidade estão mais presentes no relacionamento com a criança e, conseqüentemente, também com os pais.

Todavia, no seu trabalho cotidiano, a educadora relaciona-se prevalentemente com o grupo de crianças. É um grupo de crianças que devem brincar, comer, dormir, ser trocadas, etc.

A sua percepção de cada criança é sempre a percepção da criança em grupo.

O pai, pelo contrário, está relacionado com a sua criança de modo individual, e freqüentemente tem dificuldades em compreender que para a educadora não é a mesma coisa. Isso provoca uma série de conseqüências.

Antes de tudo, é um dos fatores que torna difícil a administração de momentos da vida da creche em que pai, criança e educadora estão presentes contemporaneamente.

O pai que leva o filho à creche ou vai buscá-lo é naturalmente orientado a respeito dele e, em segundo lugar, a respeito da educadora, percebida naquele momento apenas como educadora que se ocupou e deve ocupar-se da criança. Se não consegue inserir-se de maneira adequada na situação que encontra, quando entra na creche, se não sabe esperar ou detectar o momento e a maneira correta para separar-se ou encontrar-se novamente com a criança, freqüentemente é considerado pela educadora como elemento de perturbação do grupo. A educadora pode sentir-se duplamente frustrada: porque não se sente ajudada pelo pai na difícil tarefa de manter o relacionamento com o grupo de crianças que brinca e, ao mesmo tempo, porque deve dar uma atenção particular ao pai e à criança que se separam ou se reencontram; e também porque é "rebaixada" de educadora de um grupo de crianças a "babá" daquela criança.

Dividir a atenção entre uma única criança e o grupo freqüentemente faz com que surjam situações conflituosas na educadora.

Às vezes, na inserção de uma criança em um grupo já consolidado, ou frente à criança que não se integra, verifica-se que a educadora sente-se "culpada" por deixar de lado as outras crianças.

O foco da atenção sobre uma única criança, ou, vice-versa, sobre o grupo, cria códigos de comportamento totalmente diversos, e tenho a impressão de que esse seja um fator a mais de incompreensão entre educadoras e pais. Esse fator condiciona também a avaliação que as duas figuras elaboram de certos comportamentos ou aquisições da criança. Refiro-me, por exemplo, à capacidade da criança em tolerar a separação, a frustração ligada às proibições ou ao respeito às regras, ou ainda a sua autonomia no jogo e no cuidado do corpo.

É normal que com uma certa idade a criança na creche coma sozinha ou seja fortemente encorajada para tal tarefa, e isso não só porque a iniciativa e a autonomia da criança são consideradas sinais do seu bem-estar, mas porque é importante para o trabalho da educadora, visto que deve ocupar-se de várias crianças, que uma única criança não seja muito dependente dela, que não a sinta indispensável para o seu conforto.

A criança que come sozinha, que não procura muito a educadora, que dorme sem ter que ser ninada ou pega no colo, que fica à vontade com todas as educadoras torna-se a prova concreta do sucesso alcançado pela creche e a demonstração do carisma educacional da própria educadora.

Os pais que confiam a criança a outras pessoas, que passam o dia inteiro distante dela, que freqüentemente perdem a possibilidade de ser a primeira testemunha de suas conquistas, são levados a confiar em critérios diversos, para avaliar e confirmar a própria importância central no mundo da criança. Então pode acontecer, diversamente da educadora, que para os pais seja vital sentir-se indispensáveis à criança, demonstrar que a criança não gosta de separar-se deles, que seja difícil para eles acreditar que a criança "ficou muito bem" na creche, como lhe disseram as educadoras, que no fundo considerem a experiência da criança na creche mais como uma necessidade, o menor dos males, do que um privilégio (como as educadoras gostariam que eles acreditassem).

Naturalmente, tudo isso depende também da diversa posição emocional na qual se encontram educadoras e pais no relacionamento com a criança, mas se traduz em uma falta de reconhecimento recíproco que certamente não facilita um relacionamento colaborador.

3. O CONFLITO EMOCIONAL

O terceiro grupo de fatores de conflito, que deveria ser analisado para esclarecer a natureza do relacionamento educadora-pais, está diretamente ligado à experiência emocional das pessoas envolvidas.

Certamente, nesse âmbito de fatores, as variáveis individuais possuem uma grande importância. Todavia, creio que seja possível tentar encontrar os núcleos afetivos comuns que são mobilizados, para além das variáveis de personalidade, na experiência de compartilhar do cuidado de uma criança pequena.

Essa experiência comporta uma situação triádica que, para constituir-se, necessita, por definição, que a dupla pais-criança se abra a um terceiro, que seja enfrentada e aceita uma experiência inicial de separação ou de distanciamento. Uma vez constituída, pode manter todos os "riscos" típicos da situação: os que comportam a possibilidade de uma união a dois, excluindo o terceiro.

Assim definida, parece assemelhar-se à situação que o casal deve normalmente administrar com a criança.

Talvez não seja uma hipótese tão absurda o fato de que, ao menos em parte, as dinâmicas afetivas, protótipos do relacionamento pais-educadora-criança, devam ser buscadas na experiência típica da tríade pai-mãe-criança.

Certamente as diferenças num plano de realidade são mais fortes que as analogias: a criança, para o casal, corresponde a um projeto afetivo e criativo comum e não limitado no tempo; para pais e educadora pode, no máximo, ser um projeto que possui um prazo exato.

Não teria sentido assimilar uma situação à outra, visto que também a disparidade de posições entre educadora e pais, no relacionamento com a criança, não é comparável com aquela que há entre pai e mãe, e o relacionamento entre os dois adultos preexiste e possui características precisas no caso dos pais, enquanto é somente potencial entre educadora e pais.

Mas no plano das experiências profundas é o relacionamento com os próprios pais internos e com o fato de terem sido pequenos e amparados que se mobiliza nessa situação.

É inegável o fato de que o cuidado da criança move sentimentos e emoções profundas não somente no pai, mas também no não-pai, e que esses sentimentos entram de forma compacta no relacionamento entre os adultos que se ocupam da mesma criança.

Freqüentemente encontra-se essa situação paradoxal no relacionamento entre educadora-pai-criança: o fato de que a criança estabeleça um relacionamento e se afeiçoe à educadora é considerado uma premissa para que o pai possa dar-lhe confiança: isso atenua os seus sentimentos de culpa e o temor de ter deixado a criança em não muito boas mãos, mas desencadeia freqüentemente o temor oposto: que a educadora se torne mais importante para a criança do que o pai (Fraccon & Maschietto, 1985).

A educadora, por sua vez, encontra-se em conflito, ao dar espaço a um certo envolvimento emocional no relacionamento com a criança, aquilo que sente que lhe asseguraria afeto e apego da criança, mas a colocaria em competição com o pai, e nós sabemos que uma criança não pode ter duas mães. Tudo isso, entre outras coisas, faz com que os aspectos prazerosos e emocionantes do próprio relacionamento com a criança sejam raramente explicitados tanto por parte dos pais, quanto por parte da educadora. As comunicações dizem respeito aos comportamentos da criança, mas dificilmente às próprias emoções.

Sobre essas três ordens de fatores: institucionais, culturais e emocionais, que fazem parte do relacionamento entre educadoras e pais, o material acumulado na experiência de quem participou da vida da creche nestes anos é enorme.

Neste artigo, os problemas foram apenas abordados, mas a pesquisa sobre o tema deve ser aprofundada, pelas implicações que possui sobre a imagem e a identidade da creche, sobre a qualidade do profissionalismo das educadoras, mas sobretudo pela contribuição que a experiência do adulto, pai ou não, pode dar, para esclarecer a educação da criança pequena.

Atualmente, na creche existem todas as condições para que isso aconteça. Antes de tudo, existe nas educadoras uma difundida e profunda sensibilidade para com os aspectos mais delicados de seu relacionamento com a criança e com os pais. Colocam-se o problema, reconhecem a sua complexidade, e o "relacionamento com os pais" é talvez o tema sobre o qual a exigência de atualização e formação é mais elevada.

A partir das experiências de adaptação de crianças e pais, das reuniões de pequeno grupo com mães e pais e ainda mais da prática dos diálogos individuais, as educadoras retiraram não só a consciência de terem que se relacionar cada vez com uma pessoa diferente, mas sobretudo descobriram que existe espaço também para elas como pessoas, que se pode sair de um papel rígido e definido, que a própria experiência profissional e pessoal é enormemente enriquecida por essa ampliação de perspectiva que consiste em incluir o relacionamento com os pais, a sua construção e administração entre as características que definem a sua profissão.

Muitas educadoras descobriram que cada vez que o relacionamento com um casal, ou com vários, sai de uma lógica defensiva e puramente rotineira de consignação e devolução, abre-se um espaço de compreensão recíproca, de diálogo e de escuta às vezes inesperado e surpreendente.

Desaparecem o sentido de decepção e a impressão de ser objeto de ingratidão, tornando-se possível uma extraordinária experiência de crescimento para todos os protagonistas: a educadora, os pais e a criança. Essa é uma descoberta que transforma radicalmente e intrinsecamente o modo de trabalhar de uma educadora e de um coletivo de educadores.

Leva consigo também a capacidade de conviver com as dificuldades, as contradições, as esperas e os longos tempos que às vezes requerem o estabelecimento de um relacionamento de confiança entre educadora e pai. Este espaço de crescimento das pessoas é espaço de crescimento da creche que, no caminho já empreendido de renunciar a ser "instituição", torna-se local capaz de acolher muitas famílias diversas e de oferecer a cada uma delas a ocasião de uma experiência humana significativa.

10

A Inserção

Susanna Mantovani e Nice Terzi[1]

1. AS RAZÕES DE TANTA ATENÇÃO

Uma estranha variedade de circunstâncias levou à afirmação de uma experiência única, sobre o panorama internacional, por sistematicidade e difusão capilar de reflexões e experimentações: a tentativa de criar uma continuidade emotiva entre família e creche, através da elaboração de um projeto daquele delicado momento de transição que é a adaptação da criança no novo ambiente ou, como costumamos dizer, a inserção na creche.

As objeções em relação à creche, ainda existentes em nome do perigo de um trauma da separação, revelaram-se sem fundamento científico, mas estimularam o emprego de uma grande delicadeza e a realização de análises atentas do processo de inserção, até torná-lo a primeira experiência educacional, uma coluna peculiaríssima sobre a qual se sustenta esta instituição também peculiar que, diferentemente de outro espaço dedicado à criança, apresenta-se como lugar de encontro e rede de relações complexas, nas quais os problemas e os comportamentos dos adultos também são tão importantes e dignos de atenções quanto os da criança. Trata-se de uma consciência muito atual que acompanhou, ou até antecipou — em sede educacional e institucional —, a perspectiva de pesquisa que vê, *nas relações e nas interações entre adulto e criança*, e não no comportamento da criança ou do adulto separadamente, a raiz do desenvolvimento cognitivo, afetivo e social (Schaffer, 1977; Kaye, 1982). Acrescentaremos até que talvez em nenhuma outra reflexão ou pesquisa consideraram-se realmente, além das intenções declaradas, *tanto* o adulto *quanto* a criança. De fato, as pesquisas sobre as interações precoces, excetuando-se os estudos sobre o desenvolvimento comunicativo pré-lingüístico, que analisam com precisão a linguagem da mãe, mesmo salientando a necessidade teórica de considerar o relacionamento, na realidade descrevem, mais uma vez, sobretudo os comportamentos da criança que indicam o desenvolvi-

---

[1] Os subtítulos 1,2 e 3 são de autoria de Susanna Mantovani; o subtítulo 4 teve a colaboração de Nice Terzi.

mento cognitivo e social (no caso da literatura sócio-cognitiva) ou suas experiências emocionais (no caso das pesquisas de matriz etológica, como os trabalhos de Ainsworth, ou de matriz psicanalítica, como os de Mahler).

Os temores de que a creche cause "traumas da separação" não possuem fundamento científico. Devido a duas ordens de motivos:

a) a literatura sobre a separação (dos clássicos trabalhos de Spitz, 1958, e Burlingham & Freud, 1944, a Bowlby,1968, aos trabalhos dos Robertson, 1962, sobre crianças hospitalizadas), fala de separações totais (dia e noite), imprevistas, que acontecem sem preparação, introduzindo a criança em um ambiente desconhecido e estranho, onde não existem outras figuras adultas estáveis de referência (por exemplo, pelo rodízio, dia e noite, de enfermeiras ou educadores em hospitais ou orfanatos), onde freqüentemente acontecem fatos desagradáveis para as crianças (como os cuidados médicos, as refeições forçadas, a ausência de interações lúdicas, etc.).

Nada disso acontece (ou deve acontecer) na creche. A creche é uma separação parcial e temporária (a criança mantém uma rotina diurna e noturna em família), introduz a criança em um ambiente acolhedor, acompanhada pela mãe ou por uma figura familiar, gradualmente com uma, duas ou no máximo três educadoras de referência. Isso já é possível e acontece em todas as creches italianas, mesmo lá onde as modalidades e as técnicas para facilitar-se a adaptação não são particularmente desenvolvidas;

b) as pesquisas — conduzidas em sua maioria nos Estados Unidos, mas também em alguns países europeus — sobre os *efeitos* da creche, particularmente sobre os comportamentos sócio-emotivos (apego à mãe, dependência-autonomia, tolerância à frustração, agressividade, comportamento social com os adultos e com as outras crianças), não mostram diferenças significativas entre crianças educadas em família e crianças provenientes da creche, nem em sentido positivo, nem em sentido negativo (Bronfenbrenner 1986a; Lazar 1984).

Na realidade, encontram-se algumas diferenças positivas no que diz respeito à autonomia e socialização com as outras crianças, para os pequeninos provenientes da creche, e em algum estudo — porém refutado por outros — leves diferenças negativas no que tange à tolerância das frustrações e um apego à mãe um pouco mais ansioso nos momentos de separação (Blehar, 1974). Se considerarmos que tais pesquisas foram efetuadas lá onde não se tomou um cuidado nem ao menos comparável com o nosso, no período de transição entre família e creche, nem às dinâmicas sócio-emotivas, é lícito considerar que os efeitos, entre nós, talvez poderiam cair mais decisivamente a favor da creche.

Sabemos, através de outros estudos (Bronfenbrenner, 1986a-b) que confrontam os efeitos do trabalho materno sobre a criança, ou a permanência junto à mãe, nos primeiros anos de vida, que as variáveis significativas são:

a) o *grau de satisfação* que a mãe experimenta pela escolha realizada (trabalhadora satisfeita, dona de casa satisfeita, etc.) e não o fato de que a mãe trabalhe ou não, e que isso é proporcional a um desenvolvimento sócio-emotivo equilibrado da criança;

b) a *regularidade* nos ritmos de vida da criança, com a mãe trabalhando ou não: para nos entendermos, é melhor a creche, mesmo que por muitas horas, junto a rotinas certas, regulares e previsíveis com as figuras familiares, do que um pouco de mãe, um pouco de avó e um pouco de babá, de forma irregular. De fato, nos primeiros anos de vida, quando a criança enfrenta a total novidade do mundo e da existência, a descoberta das sensações do seu corpo e do de outros, a raiva e a alegria, a alegria e o tédio, a cor e o som, o movimento e a linguagem, ela tem necessidade de algo certo, reconhecível e regular, de relações e trocas decodificáveis e, portanto, suficientemente estáveis a ponto de serem conhecidas, reconhecidas, de se tornarem previsíveis e portanto emotivamente relevantes e seguras. O equilíbrio novidade/regularidade — o nível ótimo de discrepância — é sempre delicado, e sobretudo nessa idade, principalmente nas relações com as pessoas e com os locais que envolvem o máximo de energia emocional.

A criança e a mãe mostram "sofrimento" na separação, pode-se objetar. Pode ser verdade, mas seria bom não confundir o "cansaço" de crescer, de enfrentar as novidades (e a conseqüente possível segurança que disso deriva, se a dificuldade for graduada, gradual e não invencível), com o "trauma", que é raro e completamente diferente. Um certo nível de frustração é necessário para crescer, e Winnicott (1957) sabia muito bem disso quando afirmava que a criança tem necessidade de uma mãe "suficientemente boa", entendendo, a meu ver, com "suficientemente", que no relacionamento mãe-criança, por possuir tamanhas possibilidades de recuperação, uma mãe não precisa ser perfeita, que é oportuno a mãe não ser sempre muito bondosa, que ela produza alguma frustração, ou então a criança não conseguirá jamais separar-se dela: uma mãe que comete seus pequenos ou grandes erros, e que está consciente das carências da sua própria humanidade, das próprias frustrações e dos limites que a criança inevitavelmente coloca em sua vida de mulher, é provavelmente mais serena, menos ambivalente, mais tolerante com as "imperfeições" da sua criança e com os altos e baixos do processo de crescimento.

Não estamos sustentando, fique bem claro, que a creche seja uma escolha necessária. Existem outras possíveis formas para fazer com que o relacionamento cresça, para acostumar a criança à frustração inicial da separação temporária e depois ao entusiasmo de uma progressiva autonomia. Digamos que a creche, e a experiência de uma boa inserção o demonstra, *pode,* com certos cuidados, ser um caminho válido e *potencialmente* bom para todos.

Até aqui, no que tange à criança, embora nas linhas precedentes já tenhamos citado a variável adulto, isto é, a importância de que a mãe e a família estejam satisfeitas e convencidas da escolha realizada para si e para a própria criança, qualquer que seja. Fixando-nos na perspectiva teórica indicada, que vê em todos os membros do relacionamento, considerados em conjunto, a única possibilidade de se compreender o comportamento e o desenvolvimento, gostaríamos de introduzir outro elemento de reflexão. Algumas contribuições (Bronfenbrenner, 1986a) indicam que a criança tem necessidade de várias experiências para crescer rica e emotivamente sólida: de uma ou mais pessoas que sejam "loucas por ela", no duplo sentido de que experimentem por ela um relacionamento emotivamente muito intenso e com aquelas características irrefletidas de possessividade e irracionalidade, típicas do relacionamento de amor, e de *um ou mais adultos que funcionem como suporte externo à mãe,* nesta difícil tarefa de ser louca pela própria criança e, ao mesmo tempo, de permitir-lhe que cresça cada vez mais autônoma dela. Tradicionalmente, pode-se ver no pai, ou em membros da família ampliada, quem pode realizar esta função. Hoje, porém, o pai e os avós estão eles mesmos positivamente envolvidos neste relacionamento muito intenso com a criança, que é, em um crescente número de casos, a única e muito esperada, sendo portanto útil que esta função de pólo externo, de suporte sereno, seja desenvolvida por outros adultos ou por uma instituição externa à família: o bem-estar psíquico e o não-isolamento da família tornam-se assim condição para o bem-estar emocional, para a disponibilidade intelectual e a socialização da criança.

2. AS CONSEQÜÊNCIAS PARA A CRIANÇA E PARA O DESENVOLVIMENTO

Uma vez estabelecido que a creche é uma solução possível, e definido que tipo de situação relacional estamos enfrentando, quando ajudamos criança e família nesse momento delicado de abertura e de passagem, podemos ver de maneira positiva as indicações que podem ser extrapoladas por pesquisas sobre o desenvolvimento, para criar-se uma situação adequada. Trata-se, na realidade, simplesmente de explicitar, também no plano teórico e dos dados empíricos, a validade de procedimentos já testados nas creches, embora ainda, talvez e nem sempre, com suficiente segurança e conscientização cultural.

2.1. A presença da figura familiar

As já clássicas pesquisas de Ainsworth, Bell (1970) e Main (1973) demonstraram — mesmo depois de variações e réplicas em diferentes ambientes e culturas — que a criança (entre 1 e 2 anos), se acompanhada em um ambiente novo por uma figura familiar, que fica tranqüila num canto sem tomar iniciativas particulares, torna-se mais disponível e interessada em explorar, brincar, aceitar os contatos com os outros. O distanciamento furtivo da mãe gera, pelo contrário, reações diversas de ansiedade e um sucessivo e excessivo comportamento de apego com fortes reações de dependência e de maior recusa em relação ao ambiente e às pessoas novas. Assim como a ausência da mãe, logo que percebida, gera comportamentos mais bloqueados, menos exploradores e autônomos. A mãe, então — ou a figura familiar —, é a "base segura" da qual a criança pode partir para as suas "incursões" no ambiente externo, a condição de segurança emocional pela vontade de conhecer e, portanto, chegar a aceitar e a consolidar novas relações.

Indicações semelhantes podem ser retiradas das observações de Margaret Mahler (1975) em sua detalhada descrição do processo de separação-identificação. A proximidade e a distância, o reabastecimento dado pela mãe à criança que, graças a sua presença, aceita o desafio e vai em direção ao novo, são conceitos assimiláveis, mesmo sendo de origem diversa, aos dos outros autores.

Naturalmente, tanto os estudos de Ainsworth quanto os de Mahler dizem muito mais: descrevem a *qualidade* do relacionamento com a mãe, indicam as suas dificuldades, mesmo no âmbito da normalidade — no sentido de uma excessiva dependência ou da incapacidade da criança em detectar sinais importantes como os sinais de perigo emitidos pela mãe —, causadas por relações ansiosas e com características de incoerência no comportamento materno. Alcançam conclusões semelhantes, através de diversas observações, Irène Lézine e Mira Stambak (1959) a respeito de crianças muito pequenas e de sua adaptabilidade ao regime educacional ao qual são expostas, contanto que ele seja coerente.

Iremos nos deter nas primeiras considerações: a presença de uma figura familiar à qual a criança seja fortemente apegada (a mãe, o pai ou quem cuidou dela) é certamente uma condição importante para que a criança aceite com alegria e curiosidade o novo ambiente e esteja disponível a estabelecer novos relacionamentos. Se isso acontecer, deixando-lhe o tempo necessário, é evidente que a separação será mais fácil e menos dolorosa, ou pelo menos a criança terá um ponto de referência significativo e já familiar na educadora. Até os autores que poderíamos definir mais "alarmistas" (mesmo que não se refiram à creche!), como, por exemplo, Bowlby e os Robertson, vêem no relacionamento com uma figura estável, e à qual possivelmente a criança tenha-se progressivamente adaptado na presença da mãe, o melhor antídoto aos eventuais prejuízos causados pela separação. É de resto uma experiência óbvia e comum que a criança em família, na ausência da mãe, fique bem com uma avó ou uma babá que ela conhece, que se tornou familiar e que cuida dela regularmente.

2.2. Regularidade e gradualidade

Coloca-se aqui uma segunda questão amplamente debatida: é possível para a criança muito pequena ter outras figuras significativas de referência além da mãe e do pai? Entendemos por figura significativa de referência alguém que a criança conheça e reconheça, com quem estabeleceu um relacionamento comunicativo, de quem saiba prever os comportamentos e de quem aceite ser cuidada nos momentos de intimidade física, de quem aceite ser consolada, mesmo não tendo com esse alguém o relacionamento exclusivo que caracteriza o relacionamento com a mãe e, freqüentemente, também com o pai. Se a resposta for afirmativa, com que idade? E em que condições? Bowlby, nas mais recentes formulações de seu pensamento (1985), considera outras relações significativas que forneçam à criança os cuidados maternos com regularidade, como um "seguro de vida" para o bem-estar da criança, caso a mãe venha a faltar por algum motivo, ou não seja fisicamente ou emotivamente disponível por um certo período. Para este autor, trata-se sempre de uma segunda escolha, o relacionamento com a mãe permanece evidentemente insubstituível, entretanto outros relacionamentos são considerados possíveis e importantes.

Pesquisas recentes (Brazelton,1982) mostram como a criança, desde os primeiros dias e as primeiras semanas de vida, é ativa, influencia o parceiro adulto e é capaz de responder com comportamentos diferenciados aos diversos adultos, tais como a mãe e o pai: existe a possibilidade de que haja diferenças no tom de voz, postura, de maneiras de tocar e de responder a uma criança pequena que são medianamente típicas do homem ou da mulher. Irène Lézine (1981) salienta como a criança é capaz de adaptar-se de modo plástico a diversos regimes, isto é, a diversas maneiras de ser tratada, manipulada, alimentada, mais rígidos ou mais flexíveis e de resposta, porém sempre suficientemente estáveis e coerentes que acabam tornando-se previsíveis. Outras observações (Mantovani, 1983c) mostram como já aos 7 ou 8 meses, antes que se possa dar por adquirida a assim chamada permanência do objeto, as crianças sabem antecipar rituais típicos com uma pessoa específica, em situações específicas: por exemplo, antecipação de gestos, brincadeiras ou movimentos habituais nos momentos da refeição ou de ir dormir; em alguns sujeitos também percebeu-se a recusa do mesmo ritual se proposto por uma pessoa diferente daquela com a qual o ritual foi estabelecido. Isso significa, a nosso ver, que a criança é capaz de reconhecer pessoas diferentes e de distinguir e recordar alguns de seus estilos comunicativos através de hábitos comuns ou rituais, que se criaram em geral nos assim chamados momentos de rotina (refeição, troca de roupa, preparação para dormir), quando é mais intensa a intimidade, o relacionamento é individualizado e a participação é recíproca. *Vemos portanto que conhecimento* — atenção, memória, expectativa do jogo, sinais comunicativos — *e emotividade são, nessa idade, indissoluvelmente ligados.* Se a criança é capaz de reconhecer e de antecipar o comportamento de vários adultos, podemos considerá-los cognitivamente e emotivamente significativos e, portanto, capazes de estabelecer um relacionamento com a criança, válido também na ausência da figura de referência privilegiada.

A idade não é pois um problema em si, mas sim a maior atenção à criança pequena, que dá sinais menos imediatamente perceptíveis e mais sutis, para indicar a formação ou o formar-se do relacionamento com a mãe, o pai e a educadora. O relacionamento com a educadora *pode assim* criar-se de maneira válida, mas quanto mais precoce for a idade, mais se deverá prestar atenção para *não interferir* no relacionamento ainda em formação com os familiares.

O primeiro objetivo consiste, pois, em levar a criança a reconhecer com certeza e a saber manifestar — ainda que com o protesto e o choro — as próprias exigências de contato. A separação parcial não é por si só traumática (a vida cotidiana em família é uma sucessão de pequenas separações durante as quais a criança é temporariamente confiada a outros familiares) contanto que ela seja seguida por uma experiência constante de retorno, uma mudança de custódia suave, que reproduza, da melhor maneira possível, o *conhecido,* isto é, os hábitos da criança. Por isso é crucial que a educadora, observando mãe e criança, chegue a conhecer o tom de seu relacionamento e os costumes da criança, para poder recriar situações conhecidas que só progressivamente irão diversificando-se e para *criar* um novo relacionamento dotado de especificidade. Portanto, trata-se de fornecer o máximo de continuidade, o máximo de âncoras sensoriais, perceptivas de imagens e de hábitos, para que a criança se reconheça no ambiente, sem ser bloqueada pelo excesso de discrepância do "tudo novo" e para que possa, a seguir, estabelecer ativamente novos hábitos e novas relações. A continuidade, para os bem pequenos, explica-se antes de tudo nos cuidados físicos. Daqui a necessária atenção ao "como a mãe faz", a identificação de rituais e hábitos a serem repropostos desde o começo, até que ela reconheça também a educadora e possa iniciar a estabelecer um relacionamento específico com ela, acompanhando-a com novos rituais que lhe permitam assinalar o fato de ter-se acostumado com a nova situação. É nessa ligação atenta, paciente e cuidadosa entre conhecido e novo, sem saltos excessivos, com extrema gradualidade, possível somente se a educadora puder observar mãe e criança *juntas*, que está também a possibilidade de a inserção da criança pequena ser um crescimento, a criação de oportunidades a mais e não a interrupção de um processo delicado ainda em formação: uma experiência de conquista e não de perda.

Tudo isso do ponto de vista da criança. Mas o relacionamento é composto por dois sujeitos. Com sempre maior freqüência vemos mães, ou melhor, pais que não têm certeza e que procedem cheios de dúvida sobre a própria adequação em construir um relacionamento com seu filho. Se esse processo for interrompido, ou mostrando ao pai que ele não é essencial para o desenvolvimento feliz da criança, ou devolvendo-lhe uma criança que se torna um pouco estranha, que muda rapidamente, sem que a mãe ou o pai possam seguir e reconhecer as etapas dessa mudança, provavelmente veremos no pai comportamentos de crise bem parecidos com os que estamos acostumados a estudar na criança: apego ansioso ou recusa incoerente: a mãe sente-se "abandonada", sente-se inútil e vive incoerentemente a experiência de separação da criança. A inserção, a permanência da criança na creche no primeiro ano de vida, no período em que os pais estão aprendendo a adaptar a sua vida ao recém-chegado, a tornar-se pais, pode ser *para eles* uma experiência traumática que altera o relacionamento com a criança e os torna inseguros e freqüentemente ambivalentes. Ajudar os pais, durante e depois da inserção, a compreender que o relacionamento com a criança possui analogias com aquilo que se vai formando entre criança e educadora, mas que é qualitativamente diferente, mais importante, mais exclusivo, pode ser essencial para sustentar os pais: os comportamentos da criança que indicam protesto, apego, recusa, ciúmes, a maior dependência que às vezes a criança mostra em casa, são sinais desse relacionamento intenso e insubstituível. Um trabalho de *sustentação ao processo de apego ao pai* é parte qualificante do profissionalismo da educadora. As crianças, em uma boa creche, sempre se adaptam. Para as mães, geralmente é mais difícil.

No caso da criança maior, será principalmente a gradualidade que contará: o relacionamento com a mãe está consolidado e a *novidade* das formas de cuidados e dos estímulos oferecidos pelo ambiente creche pode ser jogada logo, mesmo que de modo gradual, como elemento positivo e de atração; assim como a mudança progressiva dos hábitos — a refeição coletiva, o ir ao banheiro e dormir com os colegas —, embora tenha antes observado a mãe, poderá ser proposta pela educadora desde o início, como uma série de ocasiões prazerosas e já com seu estilo particular.

As condições de uma boa inserção, assim como foram identificadas nestes anos, neste momento derivam de si mesmas: regularidade de adultos de referência, grande atenção ao observar as interações entre pais e criança para detectar o tom do relacionamento e não interferir na sua formação; relacionamento fortemente individualizado no estabelecimento de rotinas, rituais de cuidados lúdicos e comunicativos com a criança como "ponte" para a inserção ativa no grupo.

3. RELAÇÕES CLARAS E LÍCITAS

As pesquisas que já citamos indicam e descrevem os diversos *estilos* de apego entre mãe e criança. Estilos que privilegiam o contato físico, outros que utilizam o contato a distância, estilos prevalentemente coerentes nos quais a mãe envia sinais previsíveis e reconhecíveis, estilos incoerentes ou ambivalentes. A incoerência no comportamento materno é assinalada por muitos autores (Beller, 1985) como um elemento que obstaculiza a criança na construção de um comportamento evoluído e autônomo.

3.1. Os problemas dos pais

A situação de inserção da criança na creche, sobretudo se não for preparada e vivenciada com clareza de idéias e de mensagens por pais e educadores, pode reforçar ou até induzir comportamentos incoerentes: os educadores possuem familiaridade com os pais que mostram desejo de deixar a criança na creche e de reconquistar espaços próprios, e tendem a "fugir" às escondidas, mas que depois, quando vêem que a criança não chora ou "está muito bem" com a educadora, voltam atrás até que a criança comece a chorar. Compartilhar os cuidados de uma criança pequena é difícil, assim como é difícil viver com clareza e segurança o próprio papel de pai/mãe que é essencial e insubstituível, mas que não deve ser totalizante e ininterrupto. Freqüentemente, parece que no apego ansioso, e na dependência da própria criança, os pais busquem uma confirmação para a própria importância enquanto pais e uma compensação ao não-declarado sentido, composto de alívio e de culpa, ao confiar a criança a outras pessoas. Esse estado de incerteza e de tensão vivido pelos pais é transmitido à criança através de sinais ambivalentes: "vá e divirta-se", "vá e seja autônomo" e, ao mesmo tempo, "não fique muito feliz longe de mim", "demonstre-me que eu sou o mais importante". A criança é convidada a ficar com a educadora, mas ao mesmo tempo percebe tensão na mãe, desconfiança, ciúmes em relação a ela: sentimentos não expressos ou expressos de maneira mascarada e, por isso, mais ameaçadores. Trata-se de verdadeiros comportamentos de "duplo laço" que não facilitam na criança a leitura do novo ambiente, a busca e a construção de novas relações.

O comportamento ambivalente dos pais, sobretudo da mãe, hoje já é amplamente compreensível. De um lado o filho é algo de muito especial: é sempre com maior freqüência o único, nasce em média relativamente mais tarde, de casais consolidados e que programaram o seu nascimento. Há portanto, sobre ele, um forte investimento emocional, o projeto *de* "ser o melhor" e de "dar-lhe o melhor".

Por outro lado, a família, e sobretudo a mulher, está submetida a solicitações contraditórias: a ênfase em seu papel insubstituível e um mundo modificado que conclama a uma vida social e profissional ativa para a mulher, não concluída apenas na função materna. A isso acrescenta-se — sobretudo nos centros urbanos — o forte isolamento dos jovens casais e o sentimento de solidão experimentado na vida cotidiana com a criança, que geram sentimentos censurados de opressão e de difícil aceitação, que se traduzem em comportamentos ambivalentes, tais como o excesso de proteção ou a inesperada negação.

Com bastante freqüência, parece difícil para a mãe encontrar uma distância ou uma aproximação equilibrada e reciprocamente satisfatória com a criança: a borrachinha elástica ideal que liga a mãe à criança pequena é muitas vezes perigosamente esticada até romper-se e traduzir-se em um excesso de transmissão de poderes, ou apertada demais até impor um contato contínuo, oprimente para ambos. Nesta situação, comum entre as mães que educam o seu filho na solidão, a creche é vista contemporaneamente como uma libertação e como um adversário.

Para as educadoras resta a delicadíssima tarefa de desfazer esses comportamentos ambíguos e ajudar mãe e criança a se deixarem e a se reencontrarem com serenidade.

Uma outra condição para a inserção é que a educadora saiba reconhecer essas situações e que, de uma certa maneira, saiba incumbir-se delas e preveni-las: através de um contato preliminar com os pais que estabeleça um relacionamento de confiança, em que se comunique com clareza ao pai que não se pretende suplantá-lo, mas ajudá-lo a viver melhor e mais serenamente o seu papel insubstituível; que o papel da educadora com a criança é rico mas *diferente*, feito para mediar outras experiências de conhecimento do ambiente, de jogo, da vida em grupo; enfim, um relacionamento "quente", porém mais *cultural*, ou seja, *profissional*. Neste sentido, a educadora não é o substituto materno, mas um pólo externo à família, aliado e não rival dos pais.

4. OS INSTRUMENTOS DO PROFISSIONALISMO: A EXPERIÊNCIA DE PARMA

A comunicação dessa mensagem não é simples e se joga em dois planos: o contato preliminar entre adultos — pais e educadores — e o painel previsto para o primeiro período da inserção da criança, acompanhada da mãe ou do pai.

A primeira referência por nós considerada para a realização da inserção de uma criança nova na creche é o óbvio mas não assimilado conceito de que a dupla mãe-criança não constitui uma dupla de indivíduos separados, mas em fase progressiva de separação. Isso teve como conseqüência que a inserção fosse programada não apenas em função da criança, mas de ambos.

A experiência de vários anos convenceu-nos de quão determinante seja o comportamento do pai nessas situações, quantas emoções, sentimentos e ambivalências sejam inconscientemente comunicados à criança e, por isso, quão importante seja conhecer e prover as necessidades da mãe, para construir uma colaboração real e não só declarada, um relacionamento de confiança baseada em um conhecimento direto daquilo que fazemos. Fornecer conhecimentos precisos e antecipados das intervenções que se realizarão, explicando seus motivos, levar os pais a não submeter-se passivamente mas a compartilhar e controlar a inserção, ajuda-os a "conter" uma ansiedade que poderia ser transferida para a criança, gerando nela também insegurança e desconforto.

Se partirmos em boa aliança com os pais, a sua presença física e o seu comportamento podem desenvolver importantes funções de mediação dos conhecimentos.

Esses pressupostos iniciais, que guiaram as experiências dos primeiros anos, haviam-se mostrado todavia insuficientes, pois, para além da consciência do quanto é importante, para a serenidade da mãe, conhecer e controlar pessoalmente as fases deste momento delicado, e o quanto é importante para a criança a presença tranqüilizadora de uma pessoa conhecida, para facilitar-lhe a exploração e a conquista do novo ambiente e das novas pessoas, não haviam sido suficientemente esclarecidos os papéis que pais e educadores deveriam desempenhar nos momentos seguintes.

Por exemplo, até que ponto a presença dos pais facilita a instauração de um relacionamento entre educador e criança? Quais as estratégias úteis para uns e outros? Quando a sua permanência prolongada na seção interfere na "incumbência" do educador? Não se pode negar que as primeiras experiências tenham sido conotadas por muito boas intenções, mas também por bastante desconforto e falta de segurança.

As educadoras que, mesmo com profunda convicção, haviam desejado tal disponibilidade dos pais sentiam-se "expostas" na sua maneira de trabalhar e ainda inseguras no proceder, titubeantes ao assumir a iniciativa de dar ordens precisas também aos adultos, temerosas de serem cada vez mais invasivas ou muito pouco direcionadas no momento da separação, ou nos momentos de permanência dos pais.

Apesar dos acordos realizados, o pai/mãe presente na seção freqüentemente percebia insuficiente e inútil aquela sua atitude de não intervir e temia não tomar conta de modo suficiente do próprio filho.

Definir melhor o significado do "observador participante" e de "incumbência" contribuiu para esclarecer os papéis e as tarefas.

Atualmente, aos pais pede-se com precisão que colaborem com uma presença discreta e disponível; que não intervenham senão por solicitação explícita da criança através de palavras, olhares ou gestos; que não tomem iniciativas para com outras crianças. Explica-se a eles que será a educadora a assumir a responsabilidade de acolher o recém-chegado, de propor-se como aquela que naquele lugar tomará conta dele e o introduzirá aos colegas; por isso, será ela a articular os tempos e as formas da inserção. Isso não significa cortar autonomia e espontaneidade em relação à criança, mas é funcional em relação ao fato de que o educador deve progressivamente sentir a situação em suas mãos, conhecer estilos e formas de relacionamento daquela criança e intervir de acordo, passando desde o início a mensagem que a mãe é bem-vinda, mas que a responsável pelo novo ambiente é *ela*. Onde não houver clareza a respeito das duas diferentes tarefas, a incerteza dos adultos arriscará envolver também a criança e colocá-la em dinâmicas ambíguas, interferindo com o seu natural desejo de explorar e de medir-se no novo ambiente, com os brinquedos e as outras crianças. A mensagem deve ser clara: "este é um lugar onde a mamãe aceita e permite que eu estabeleça relações com outra pessoa adulta". O comportamento solicitado aos pais — discreto, de observação —, evitando iniciativas sem *pedir* à educadora, para marcar seu papel aceito de responsável pela criança no novo ambiente, torna-se altamente significativo para a criança.

Os instrumentos para explicar e concordar com tal colaboração atualmente são identificados em dois momentos sucessivos:

a) um encontro preliminar com todos os pais da turma para explicar o que é a inserção, por que a realizamos com gradualidade, quais os objetivos que nos propomos e como procuramos realizá-los. É importante fornecer todos os conhecimentos que possam permitir compreender, avaliar e também verificar o trabalho desenvolvido. Por isso, identificamos e também antecipamos alguns comportamentos previsíveis na criança e nos seus pares; alguns sentimentos que, embora diferentemente conjugados caso a caso, podem caracterizar esses momentos. Esse encontro possui um caráter de informação e programação: ilustramo-lhes a nossa linha de conduta, pedimo-lhes uma conduta complementar e explicamo-lhes os conteúdos que a motivam;

b) um diálogo individual com cada pai ou casal, com o objetivo de conhecer e possivelmente de compreender a pessoa com quem colaboraremos, para começar a construir uma boa aliança e um relacionamento de confiança. Por isso, tal diálogo não terá as características de uma coleta de informações, visto que este não é seu objetivo, mas de "detectar" quanto o outro quer falar de si ou da criança. Isso pode compreender os hábitos da vida da criança, pequenos fatos, como o cansaço da mãe para levá-la até ali, as suas opiniões sobre o filho, ou os pedidos que nos faz, as suas preocupações ou a negação das mesmas. De qualquer maneira, seja falando abertamente, seja evitando abrir-se, o pai/mãe falará de si e de seu relacionamento com a criança. Para nós é importante ter alguma percepção de tal relacionamento, visto que é sobre essa base que se estabelecerá nosso trabalho. Sem nenhuma pretensão de psicologismo, é claro para cada educador que é muito difícil prescindir das modalidades de relacionamento, instauradas entre criança e mãe, que deve ter compreensão daquilo que acontece e que deve ser capaz de modular os tempos e as formas da sua intervenção, presente e futura, com a criança. Outros serão os momentos para se conhecer melhor aquelas informações que nos interessam: mãe e criança estarão presentes juntas nos primeiros dias e haverá forma de trocar ainda muitas informações; por outro lado, a própria presença da criança será o elemento mais rico de informações.

Aprender a conduzir um bom diálogo não é fácil: exigiu um notável esforço daqueles que adotaram estas modalidades e continua sendo um dos momentos mais aprofundados de atualização. É imediatamente evidente a reciprocidade que caracteriza esse momento: o relacionamento possui inevitavelmente dois pólos e ambos estão envolvidos e se colocam em jogo; cada um dos dois conhece e se faz conhecer.

Caracteriza-se assim, nos fatos, um relacionamento que não será somente com uma instituição, mas também entre algumas pessoas.

Houve, no passado, uma tendência nas creches em estruturar um relacionamento de grupo a grupo (o grande grupo das crianças, a turma inteira, e o grupo dos adultos, as três educadoras e freqüentemente a auxiliar) sustentado por um pressuposto teórico implícito segundo o qual todas as educadoras são iguais, para crianças iguais entre si, e para pais iguais, confundindo assim os direitos das crianças às suas necessidades. De fato, nesse contexto era muito trabalhoso conjugar respostas diferenciadas para necessidades diversas e colocar-se concretamente como ponto de referência privilegiado para a criança, lá onde faltava uma divisão clara de ordens entre adultos. Falar novamente em inserção significou especificar algumas questões.

As educadoras dividem entre si, no início do ano, a tarefa das novas inserções, e cada uma leva adiante sozinha as suas durante os primeiros meses. Disso decorre que o grupo das crianças permanece subdividido em dois pequenos subgrupos, cada um com uma educadora que o coordena. Tal organização permanece até o final de todas as inserções e até a consolidação das mesmas, quando uma gradual passagem de ordens entre adultos conduz a uma fluidez maior.

Isso permite uma continuidade de intervenções para a educadora, desde o diálogo à inserção, até a separação dos pais e, portanto, um conhecimento e uma atenção aos detalhes importantes do relacionamento, enquanto tanto a criança como o pai aprendem que é aquela, e não outra qualquer, a pessoa que cuida deles, com a qual colaborar, em quem confiar e a quem *recorrer*.

Os pais, enquanto estiverem na sala, terão prazer em observar diretamente a vida na creche, em conhecer os costumes e as brincadeiras das crianças, em reconhecer, nos outros, comportamentos semelhantes aos de seu filho, em comentar com a educadora a euforia ou a timidez da criança, a sua curiosidade, os seus primeiros contatos com os outros e sobretudo aprenderão a conhecer o estilo pessoal de intervenção daquela educadora.

Nas primeiras separações, a mãe poderá entregar a criança a uma pessoa que se apresente como ponto de referência estável e que se "encarregue" daquela criança, compreendendo por este termo a intenção de assumir para si a responsabilidade da condução do relacionamento. Será a educadora, por exemplo, a fazer com que a mãe não fuja, enquanto a criança está distraída, e a fazer com que a criança se despeça dela; para que esteja consciente de que a mãe vai embora, mas depois volta; será ela quem irá consolá-la se chorar, será ela também que se imporá docemente e gradualmente se a criança tentar isolar-se, fugir, "dar uma volta", para não permitir-lhe negar por muito tempo, ou de modo improdutivo (como às vezes acontece), a separação que vive, e para ajudá-la a enfrentá-la, lembrando-a, com as palavras e os fatos, que a mãe está ali e deseja que a criança fique ali mesmo, embora esteja zangada e descontente a ponto de querer ir embora. A compreensão dos sentimentos de recusa e desejo de evitar a situação nova, que podem caracterizar a fase da inserção, é determinante para se interpretar precocemente alguns comportamentos infantis e intervir positivamente. Ainda, será sempre a mesma educadora que irá tomar conta da criança nos momentos da troca, da refeição e do sono, tão importantes para consolidar um relacionamento mais íntimo e significativo.

A divisão em subgrupo, com um só educador responsável, nos parece mais funcional para a inserção da nova criança no grupo dos coetâneos. É mais fácil para uma criança bem pequena ambientar-se, relacionar-se e, enfim, reconhecer-se em um grupo não muito numeroso de crianças; de fato, mesmo que em um primeiro momento pareça mais interessada no ambiente e nas brincadeiras, logo começará a defrontar-se com os outros, apanhando um brinquedo e tirando-o de outra criança, imitando a atividade de alguém, puxando ou empurrando uma criança, e com outros tantos comportamentos que, pouco a pouco, deverão tornar-lhe evidentes as normas de convivência que regulam o grupo e quem é que as faz respeitar. Essa é uma tarefa difícil, tanto do ponto de vista cognitivo quanto afetivo, que as crianças podem aprender com entusiasmo e rapidez, desde que as condições sejam claras e legíveis; agora, a aproximação com um grupo de 18/20 crianças não facilita e pode provocar mais confusão do que clareza.

O momento é complicado também para a educadora. É freqüente que durante a permanência de um dos pais na seção a nova criança inserida venha a sentir-se suficientemente apoiada e segura, para realizar muitas atividades de exploração e de jogo autônomo e individual, e que a intervenção do educador se limite a uma progressiva aproximação, a propostas de brincadeiras, a confirmação, ou à explicitação em voz alta de alguma simples regra. É também freqüente, porém, que alguma criança, entre as últimas inseridas ou entre as mais inseguras, reaja na presença de um pai ou às primeiras saudações de um coetâneo com um recrudescimento da crise de separação e que, portanto, necessite das atenções e dos cuidados da educadora até mais do que o recém-chegado.

Também as outras crianças percebem e reagem ao recém-chegado. Ainda que seja importante a educadora preparar com antecedência o pequeno grupo para a chegada de um novo amigo, criando expectativas e curiosidade, a chegada torna-se real somente quando está concretamente acontecendo, e sabemos que, com freqüência, depois das primeiras reações de indiferença, a expulsão é a modalidade mais difundida. Então, a tarefa do adulto é a de dar-lhe espaço entre os outros, tranqüilizando-os com o fato de que a nova criança não tirará nada de ninguém, que tudo funcionará como antes e que embora a educadora se ocupe um pouco mais com ela agora, não se esquecerá de ninguém.

Não é infreqüente, enfim, que as crianças, depois de um começo de grande entusiasmo com a creche, quando pedem para "ficar com as crianças", atravessem uma crise de recusa, ao perceber que a mudança é permanente e que a mamãe irá embora. Para superar a crise já deve existir um relacionamento com a educadora: após superá-la, com a segurança do relacionamento com a mãe e com a aceitação real do relacionamento com o novo adulto, as crianças dirão: "Vou com a educadora". Poderíamos dizer que, neste ponto, a consciência das relações permitiu uma real inserção. Agora é novamente a mãe quem deverá ser ajudada a não perder a consciência da sua própria importância e a não cair no ciúme.

Tudo isso requer uma grande *segurança* por parte dos educadores; segurança que só pode fundamentar-se em uma real *compreensão empática*, mas também *intelectual*, do complexo jogo relacional: na construção dessa segurança, no interior da qual é possível flexibilidade sem confusão, se constrói o profissionalismo do educador.

Parte III

As Crianças

Introdução à Parte III

A sociabilidade, a comunicação, o jogo como experiência emotiva e fantástica e como atividade cognitiva sempre mais articulada: esses foram os grandes temas da pesquisa sobre a criança pequena e sobre a creche, e da experimentação educacional dentro da creche.

A nossa convicção é a de que, sabendo mais sobre a criança, conhecendo-a melhor, a organização e a proposta de atividades pouco a pouco mais estimulantes e complexas prosseguirão de maneira natural e pertinente.

As contribuições desta terceira parte salientam os conhecimentos sobre a criança na creche, relativos aos aspectos mais característicos, coletados através das pesquisas e das experimentações conduzidas nestes anos.

Dois exemplos das pesquisas, que se referem às relações entre crianças e a descoberta de si, que a criança faz através do espelho ("material" didático presente em todas as creches), permitem enfocar melhor alguns conceitos e conhecimentos que podem permitir uma programação educacional mais pertinente.

11

Modalidades e Problemas do Processo de Socialização entre Crianças na Creche

Tullia Musatti

Na creche, as crianças se defrontam com uma ecologia diferente daquela onde vivem com seus familiares, conotada por alguns aspectos estruturais específicos. Um destes, e talvez o mais característico, é o encontro repetido quotidianamente de várias crianças da mesma idade. Este dado, que é próprio de todas as agências educacionais na nossa sociedade, assume uma relevância particular para a reflexão sobre a finalidade e o funcionamento das creches e para a pesquisa científica que decorre, devido à faixa etária interessada: os primeiros anos de vida. Tem-se a hipótese, jamais provada, mas amplamente aceita, de que a qualidade de vida nesses primeiros anos e as experiências que a criança faz nesse período deixam uma marca permanente na estruturação dos seus processos cognitivos e afetivos. Por outro lado, coloca-se em discussão e verificação o fato de que, nessa faixa etária, o peso das relações com crianças da mesma idade, na estruturação desses processos, seja escasso ou bastante marginal. Essa hipótese foi seriamente questionada, e em parte invalidada, por uma literatura científica que encontrou, exatamente na creche, um ponto de referência e um campo de observação, verificação e às vezes de experimentação da existência, natureza e dinâmica das relações entre crianças. Essa literatura, que o presente trabalho em parte se propõe a reassumir, mesmo sendo já bastante rica, deixa ainda abertas muitas questões absolutamente fundamentais. Entre estas, é urgente aqui salientar principalmente as questões ligadas à análise e à interpretação dos dados relativos às relações sociais entre crianças em uma perspectiva dinâmica e global, isto é, que se refere ao processo de socialização mais vasto que envolve as crianças na creche. A meu ver, somente essa perspectiva é capaz de garantir a possibilidade de uma gestão educacional profícua das relações entre crianças.

Observou-se (Becchi, 1979; 1985a) que os limites entre aquilo que tradicionalmente era definido respectivamente como socialização primária (de incumbência da família) e de socialização secundária (de incumbência de outras agências) vão se diluindo cada vez mais. No plano do desenvolvimento psicológico este dado coloca em crise as teorias (A. Freud,1965) que afirmam a necessidade das crianças em adquirir estruturas estáveis de socialização primária antes de ampliar suas experiências a outras formas de sociabilidade. As crianças que freqüentam uma creche durante uma parte de seu dia fazem ao mesmo tempo experiências de formas de sociabilidade na família e na creche. Isso possui uma dupla conseqüência: por um lado, não é possível realmente isolar a contribuição da experiência na creche do desenvolvimento da criança nos seus diversos componentes; por outro, a freqüência na creche modifica direta e indiretamente a natureza da experiência em família. Pelo contrário, o que não é só possível, mas necessário, é identificar a dinâmica do processo de socialização no interior das diversas ecologias. No que diz respeito à creche isso significa também, e não de forma secundária, compreender os percursos da sociabilidade entre crianças da mesma idade, a sua importância e a sua natureza, mas compreendê-los com referência a toda a globalidade da ecologia creche. E essa ecologia não é definida somente pela presença dos coetâneos, como algumas abordagens etológicas gostariam de colocar, mas pela presença de uma pluralidade de adultos e de crianças pequenas da mesma idade (ou quase) em um determinado contexto ambiental. Esses dois elementos, o entrelaçamento de sociabilidades adultas e infantis (e nem tanto o comportamento educacional dos adultos em relação às crianças) e a organização espaço-temporal do contexto convergem ao determinar os percursos da sociabilidade infantil na ecologia da creche; ou melhor dizendo, nas ecologias da creche, pois já se deve salientar continuamente a variabilidade desses percursos com a variação da ecologia das diversas instituições.

Análises desse tipo, que nos conduzem pois à identificação dos processos em curso nas várias instituições, à interpretação dos dados de comportamento e dos prognósticos evolutivos das crianças que as freqüentam, raramente foram conduzidas também para outras faixas etárias e, para a primeira idade, somente se referiram a instituições diferentes da creche. Certamente não é esse o objetivo ambicioso que o presente estudo se propõe. Aquilo que mais modestamente gostaríamos de realizar aqui é um confronto e uma discussão dos dados surgidos da pesquisa sobre as relações entre crianças com esta perspectiva de análise. A pesquisa refutou a teoria da impossibilidade dos relacionamentos entre crianças pequenas e, pelo contrário, demonstrou que as trocas entre crianças existem e são precoces; que elas se integram no processo de estruturação e aquisição dos conhecimentos; que se inserem na dinâmica do desenvolvimento da identidade e da afetividade das crianças. Como se inserem esses processos no fazer e no desfazer da vida cotidiana das creches?

1. A INSERÇÃO

Uma reflexão sobre os aspectos de socialização entre crianças implica também uma reconsideração do momento da inserção.

O problema da inserção em geral foi enfrentado pelos seus aspectos de ruptura do relacionamento exclusivo da criança com seu próprio ambiente familiar. Da mesma maneira, e com razão, na intervenção educacional consideram-se a separação da mãe, a familiarização com os educadores, a alternância destes, etc. Se levamos em consideração a presença de mais crianças é para reduzir os eventuais efeitos negativos: garantir à criança a atenção exclusiva de um adulto ou limitar os eventuais comportamentos de ciúmes por parte das outras crianças em relação ao recém-chegado.

Mas a chegada à creche também envolve outros aspectos. Ao entrar na creche, a criança se depara com um ambiente muito diferente do habitual, defronta-se com uma ecologia diferente daquela da família, cujo traço mais distintivo é de fato a presença de tantas crianças pequenas. Quais são as reações da criança frente a isso?

É um dado já consolidado na pesquisa sobre as interações entre crianças pequenas o fato de que a familiaridade, isto é, a existência entre as crianças de um conhecimento recíproco baseado no ato repetido de ir à creche, é um fator fundamental sobretudo na determinação da qualidade, mas também a freqüência de comportamentos dirigidos a um coetâneo por parte de uma criança nos primeiros dois anos de vida (Lewis, Young, Brooks *et al.*,1975; Becker,1977). No universo reduzido da sociabilidade da criança pequena, o fator da familiaridade aparece com bastante freqüência intrinsecamente ligado ao fator da própria experiência de relações com os coetâneos, e as tentativas de dissociar esses dois aspectos somente trouxeram novos problemas. Mueller & Brenner (1977) confrontaram dois grupos de crianças de 17-18 meses, ambos compostos por crianças que se conheciam, mas com experiência diversa de relações com coetâneos, no interior de um grupo de jogo realizado na parte da manhã. Enquanto as crianças de ambos os grupos estavam desejosas e eram capazes de dirigir-se aos seus coetâneos, as crianças com mais experiência de relações com as outras crianças no grupo de jogo interagiam através de seqüências mais longas. À luz de um estudo sucessivo sobre o mesmo *corpus* de dados (Brenner & Mueller, 1982) pareceria, porém, que essas seqüências mais longas de interação devam ser atribuídas à existência de um patrimônio de conhecimentos comuns entre as crianças, conhecimentos estes que sustentam e consolidam o contexto interativo. Essa interpretação daria razão àquela que parecia uma contradição (Mueller & Vandell, 1979), entre as pesquisas anteriormente citadas, que viam na família um fator fundamental para as interações entre crianças, e outras pesquisas que registravam numerosos comportamentos interativos também entre crianças que não se conheciam, na ocasião de propostas de jogos bastante familiares, como brincar de bola (Ross & Goldmann,1977).

Pareceria, substancialmente, que ao determinar a sociabilidade entre crianças confluam elementos de conhecimento de uma outra criança específica (familiaridade), de outras crianças em geral (experiência do semelhante) e elementos de conhecimento do contexto onde as interações acontecem repetidamente.

À luz dessas pesquisas, como recompor o quadro do primeiro ingresso na creche? Antes de tudo, é preciso verificar se a separação da mãe prevalece, ao determinar o comportamento da criança que entra na creche pela primeira vez, sobre os aspectos de integração no novo ambiente. Em segundo lugar, identificar através de quais processos se articula o impacto da criança com a nova ecologia, se o processo de familiarização envolve unitariamente a estruturação das relações com os adultos e com as crianças e o conhecimento do contexto físico ambiental da creche.

Todos esses temas são pouco explorados tanto na reflexão dos educadores e na verificação da programação educacional, quanto na pesquisa científica. A razão dessa carência talvez seja devido ao fato de que uma reflexão desse tipo não encontra referência apenas em uma visão da creche como ecologia, com uma fisionomia própria e não como reprodução deficiente de outra, a família, mas também em uma visão do desenvolver-se do tempo na creche como história de uma coletividade composta por muitos indivíduos distintos que com a coletividade possuem relações diversas.

Em pesquisa recente (Fiorani & Musatti, 1986) tentamos identificar os processos de socialização no período de inserção, a partir daquilo que se pode chamar uma experimentação *in natura*. Em uma creche municipal de Roma aconteceu que com a ampliação do espaço físico da creche e na repentina mudança da sistematização do trabalho houve a inserção de um grande grupo de novas crianças semidesmamadas e desmamadas, oito meses após o início das aulas, quando então já havia sido estruturado um grupo bastante compacto com outras crianças que freqüentavam a creche desde o início do ano escolar. Esta situação extraordinária, e certamente não desejável em uma fisiologia normal de creche, permitiu não só descrever o processo de socialização das novas crianças inseridas, com idade entre 18 e 28 meses, mas também de confrontá-lo com a expressão da sociabilidade de um grupo de crianças inseridas há mais tempo e de idade correspondente. As observações do comportamento das crianças novas, inseridas nos primeiros dois dias de ingresso na creche, e depois de quinze dias, permitiram evidenciar que é obviamente verificável um certo desconforto e mal-estar por parte das crianças, devido à separação dos familiares e à introdução em um ambiente desconhecido, assim como se expressa por solicitações de conforto e contato com os adultos, ou pelo estado de isolamento (bastante raro) da criança observada. Esses aspectos tendem pouco a pouco a ser substituídos por um comportamento mais ativo, também individual, e pelo progressivo referir-se ao adulto mais como mediador de conhecimento sobre a vida da creche do que como aquele que consola. Esses comportamentos jamais predominam, pelo contrário, são amplamente minoritários já desde os primeiros momentos, em relação a um forte interesse pela presença e atividade das outras crianças, e em relação à vontade e capacidade de interagir com estas. Essa expressão de sociabilidade direcionada às crianças cresce com o tempo e se desenvolve lentamente em direção a uma maior participação na atividade e nas brincadeiras, tanto das crianças sozinhas quanto de todo o grupo. Porém, nos primeiros meses de inserção, perdura uma clara diversidade na expressão, não somente da sociabilidade nas suas diversas formas, mas também na autonomia e no ritmo do comportamento das crianças novas inseridas em relação ao grupo das crianças com uma história de creche mais longa. Uma réplica das observações, depois da pausa das férias de verão, nos primeiros dois dias de reingresso e ainda depois de quinze dias, sugere que tais diferenças vão lentamente desaparecendo. Na mesma pesquisa também foi analisado o comportamento dos adultos em relação às novas crianças inseridas, que se modifica, com o tempo, na mesma direção da evolução dos comportamentos direcionados pelas crianças aos adultos, mas não resulta jamais correlacionado diretamente às exigências expressas individualmente pelas crianças. Parece quase que os comportamentos dos adultos sejam mais função de uma interpretação global, do papel a ser assumido no momento da inserção, do que da dependência flexível das exigências expressas momento a momento pelas crianças. Esses resultados, tomados globalmente, dizem que a inserção das crianças na ecologia da creche, para além da expressão do desconforto, apresenta-se como um processo lento e complexo durante o qual se modifica não o interesse por outras crianças, presente desde o início, mas o relacionamento entre a atividade geral da criança naquele contexto e a expressão da sua sociabilidade, tanto com os parceiros adultos quanto com crianças. Pode-se supor que exista amplo espaço para um reconhecimento desse processo em direção a uma diferente assunção do papel de guia por parte do adulto, na descoberta da ecologia-creche por parte das crianças.

2. AS CRIANÇAS MENORES

Os exemplos relatados e toda a argumentação desenvolvida até aqui tiveram como referência, como freqüentemente acontece mais ou menos implicitamente, as crianças no segundo e terceiro ano de vida. Se a interpretação dos processos de socialização para essa faixa etária coloca diversos problemas, a reflexão sobre a sociabilidade entre crianças menores, os lactentes das creches, levanta duas questões básicas. Quando as crianças começam a ter interesse e capacidade de interagir com as outras crianças? A expressão e o desenvolvimento dessa sociabilidade diferenciam-se daquelas referidas a parceiros adultos?

Deve-se dizer logo que a pesquisa sobre o comportamento dos bebês na creche é praticamente inexistente. As causas prováveis disso são tanto as dificuldades materiais, encontradas ao coletar dados desse tipo, quanto impedimentos psicológicos e ideológicos que se confrontam com as questões acima citadas. Existe, no entanto, um certo número de pesquisas, realizadas recentemente ou não, em diversos países que, embora referindo-se a instituições para a infância diversas da creche, oferecem interessantes oportunidades de análise e reflexão.

A primeira questão realmente constituiu o foco das primeiras pesquisas que nos anos 30 assinalaram o início do estudo das relações entre coetâneos na primeira infância. De acordo com Bühler (1931), o reconhecimento do semelhante como estímulo que desencadeia respostas sociais (como o sorriso) não se apresenta antes dos 4/5 meses, ou um pouco antes, segundo Bridges (1933). As duas autoras, porém, afirmam que somente com 6 meses as crianças conseguem atrair intencionalmente a atenção de uma outra criança da mesma idade. Essa distinção encontra a sua razão de ser em um velho debate destinado justamente a diferenciar comportamentos sociais e comportamentos voltados ao mundo físico. Recentemente, afirmou-se que é o aspecto de "mutualidade", ou seja, da reciprocidade, que distingue os comportamentos sociais, que solicitam em si reações similares no referente. No caso das relações entre crianças pequenas, de defasagem evolutiva postulada por Bühler e Bridges, naquela que pode parecer uma genérica reação de interesse ou prazer a um estímulo de qualquer forma atraente (o rosto ou a mímica do coetâneo), o comportamento social intencional não parece ser confirmado pelas sucessivas observações de outros autores. Dubon, Josse & Lézine (1981) encontraram, já aos 2/3 meses, tentativas de capturar o olhar da outra criança, mímicas para atrair a atenção (o levantar das sobrancelhas, protrusão do queixo, abertura da boca, sorrisos) e verdadeiras trocas de olhares e sorrisos entre bebês de 3/4 meses.

Observações semelhantes também são encontradas em Vincze (1971), que conduziu suas observações no interior da instituição húngara "Loczy" e que foi a primeira a expressar uma reflexão aparentemente banal, mas de fundamental relevância teórica e prática. Trata-se do fato de que a própria possibilidade de comportamentos sociais referidos a um coetâneo em idade tão precoce é função direta da possibilidade de encontrar facilmente, no próprio campo perceptivo, o próprio coetâneo. No plano prático, isso implica uma atenção particular por parte dos educadores, se o objetivo for o de favorecer as relações entre os pequeninos, tanto para permitir fisicamente o seu encontro (por exemplo, no tapete da seção dos lactantes) quanto para sustentar e guiar a expressão do comportamento. No plano teórico, esta observação nos conduz paradoxalmente a refletir sobre aquela que era a nossa segunda questão, isto é, as eventuais diferenças entre sociabilidade relacionada ao adulto e sociabilidade relacionada aos coetâneos.

Na realidade, também com base nas observações recém-descritas, o comportamento social voltado ao adulto, que na maior parte dos estudos evidentemente coincide com a mãe, e aquele voltado às outras crianças, parece não diferenciar-se nem por natureza, nem por época de aparecimento (pelo que é possível comparar comportamentos observados em situações e contextos sócio-afetivos completamente diferentes). Ao contrário, o que parece diferenciar-se grandemente, ao menos para os primeiros 6 meses de vida, é o papel interpretado pelo parceiro, ao atrair e manter o comportamento social da criança. Enquanto o adulto mantém com olhares, sorrisos, mímicas faciais e vocalizações a atenção da criança sobre si (Shaffer, 1977; Stern 1977), na interação com a criança da mesma idade, à labilidade da atenção desta acrescenta-se a da outra criança, os meios comunicativos são menos precisos e menos eficazes. Depois dos 6 meses, Vandell (1980), observando duplas de crianças na presença de suas mães, descobriu que as crianças eram atraídas (endereçavam olhares ou sorrisos) de maneira substancialmente equivalente pela mãe ou pela outra criança. Esse resultado nos faz pensar que, uma vez adquirida uma maior autonomia por parte das crianças, continuam a intervir as mesmas dinâmicas (novidade *versus* familiaridade, etc.) do campo da atenção, já descritas a propósito de outros referentes.

No entanto, já nessa idade são registrados numerosos comportamentos sociais direcionados aos coetâneos, ou seja, na definição de Mueller & Brenner (1977), olhares acompanhados por uma (comportamentos simples) ou por mais ações motoras ou vocalizações (comportamentos coordenados). De acordo com Vandell (1980), sua freqüência não varia significativamente entre os 6 e os 12 meses. Também não variam, nessa faixa etária, mesmo sendo comparativamente menos numerosos daqueles registrados em outros estudos, entre crianças no segundo ano de vida (Mueller & Brenner, 1977), os episódios interativos entre as crianças, ou seja, quando um comportamento social direcionado a um coetâneo recebe uma resposta da mesma natureza. Pareceria portanto que já durante o primeiro ano se estruture, com um certo grau de precisão e consistência, um sistema de sociabilidade único, mas que se articularia diferentemente em função dos elementos do contexto externo. No caso da expressão da sociabilidade em relação a um coetâneo, também foram descritos os repertórios de ações que a compõem.

Além dos já citados (olhares, sorrisos, mímicas, busca de contato físico) pelo final do primeiro ano, neste caso com um certo atraso em relação ao ritmo evolutivo da sociabilidade referida ao adulto (Hvastja-Stefani, 1983), as atividades sociais das crianças começam a integrar-se com as relacionadas ao mundo dos objetos. Entre os 9 e 12 meses, foi seguida e variadamente descrita uma atividade de simples oferecimento ou troca de objetos entre crianças (Vincze,1971; Bronson,1975; Musatti & Panni,1981). Esta, que como foi amplamente analisado em situações de interação adulto-criança (Lock, 1978), talvez seja a primeira forma de integração entre comportamento social e ação motora com objetos, se constrói com esforço na interação entre coetâneos. Neste caso, a falta de explicitação plena da intenção (oferecimentos *cegos* de objetos, isto é, não acompanhados de olhar em direção ao parceiro, junto ao qual um objeto é colocado bruscamente), gestos mal executados, uma imperfeita coordenação do gesto de oferecimento com o de aceitação entre os dois *parceiros*, tornam o alcance desse comportamento obviamente mais difícil, mas, talvez por isso, extremamente atraente para as crianças, que o repetem freqüentemente e sem qualquer outro objetivo a não ser o do prazer de realizá-lo.

O desenvolvimento da integração entre atividades com os objetos e atividades sociais entre crianças parece ser de qualquer forma bastante trabalhoso, mesmo num plano mais geral que a simples atividade da troca de objetos. Alguns estudos registram que nos encontros entre crianças que não se conhecem, na segunda metade do primeiro ano de vida, a atração e a atividade com os objetos é alternativa ao interesse e à interação com o coetâneo (Eckerman & Whatley,1977;Ramey,Finkelstein & O'Brien, 1976; Vandell, Wilson & Buchanan,1980),ainda que se observe também, no mesmo período, a evidência de um claro desenvolvimento do processo de integração das atividades com objetos, nas interações entre crianças (Vandell *et al.*,1980). Esses estudos são todos relacionados a encontros entre crianças que não se conhecem e fornecem, portanto, indicações interessantes mas pouco úteis para o conhecimento e interpretação do comportamento das crianças em um contexto físico-social e familiar como a creche. Mais interessantes para esse objetivo são, pelo contrário, as pesquisas sobre a relação das interações entre coetâneos e atividades com os objetos, no segundo ano de vida, e o debate a elas ligado.

3. A IDADE INTERMEDIÁRIA: O SEGUNDO ANO

As crianças no segundo ano de vida não são somente crianças que fazem coisas diferentes — comem, se comunicam e se movimentam — daquelas que fazem os pequeninos da seção "lactantes"; são também crianças que se comportam de maneira semelhante, mas ainda não tão em harmonia com os maiores da seção "desmame". Disso deriva a sua qualificação em "meio-desmame" ou "pequeno-desmame", com a qual se pode perceber, mascarada pelo diminutivo, uma avaliação substancialmente negativa sobre a geral "governabilidade" mais do que simples "educabilidade" das crianças nessa faixa etária. Ainda, nessa terminologia pode-se também perceber uma incapacidade em considerar esse momento de desenvolvimento na sua especificidade, que seguramente coloca grandes problemas para o educador, mas que espelha também a riqueza das aquisições evolutivas que as crianças realizam nesse ano: uma fundamental reestruturação dos processos cognitivos, o caminhar autônomo e o uso da linguagem. A presença entrelaçada e freqüentemente desarmônica dessas aquisições, no comportamento de cada criança, torna particularmente heterogênea essa faixa etária e contribui para aquela aparente ineducabilidade das crianças durante esse período. Essas modificações evolutivas no funcionamento psicológico e no comportamento não ocorrem sem conseqüências, nem para aquilo que concerne às relações entre coetâneos.

Antes de tudo a mais evidente: o movimento. Ao redor da passagem do ano as crianças não aprendem somente a caminhar, mas são estimuladas por essa conquista a uma marcada mobilidade. Nesta conflui provavelmente também a aumentada capacidade das crianças em processar mais informações e, portanto, de serem atraídas por mais elementos do mundo externo em um breve período de tempo. Tudo isso determina uma certa fragmentariedade do comportamento das crianças dessa idade que, se não corresponde a uma fragmentariedade do processo cognitivo que está por trás do comportamento (Mayer & Musatti,1986), de fato materialmente decompõe aquele quadro de coordenação recíproca do comportamento que, mesmo com esforço, os lactantes haviam conquistado. A esse propósito registram-se duas ordens de problemas: dificuldade na comunicação e dificuldade no encontro.

As modalidades comunicativas que haviam garantido aos pequeninos proceder a até longas seqüências de deliciosas trocas de sorrisos e vocalizações ainda não foram substituídas pela linguagem, mas não são mais eficazes a distância e num quadro mais mutável de relações espaciais (Musatti & Panni,1983a).

O encontro físico não pode mais ser garantido por uma intervenção dirigida do ambiente externo (colocar os dois lactantes frente a frente, num tapete no chão, etc.). Na seção do "meio-desmame" é toda a organização da sala que entra em jogo, ao determinar a freqüência, consistência e qualidade das relações entre crianças. Mais adiante falaremos de como a organização espaço-temporal e social da creche intervém na determinação de conflitos entre crianças. Aqui nos limitaremos a descrever e discutir um certo número de pesquisas sobre o papel dos objetos na organização das interações entre crianças no segundo ano de vida.

Mueller & Rich (1976) perceberam que com as cinco crianças, que se encontravam quotidianamente em um grupo de jogo entre os 12 e os 18 meses, havia a tendência de serem criados, desde os primeiros dias, reagrupamentos de três ou, mais freqüentemente, quatro crianças em torno de um mesmo objeto, quando este fosse manipulado por uma das crianças. A freqüência desse fenômeno não se modificava com o passar dos meses, enquanto que, pelo contrário, aumentavam as interações diretas entre as crianças, por ocasião desse encontro. Fenômenos desse tipo podem ser observados continuamente nas seções do "meio-desmame" e substancialmente parecem corresponder àquilo que foi detectado experimentalmente entre adulto e criança: ou seja, o fato de que um adulto, mesmo desconhecido, manipule um determinado objeto é suficiente para atrair, mesmo que sucessivamente, a atenção das crianças de 12 meses justamente sobre aquele objeto, entre uma ampla escolha (Eckerman, Whatley & McGhee, 1980). Se a atividade de uma criança com um objeto serve por si só para atrair a atenção e a presença de outras crianças em torno daquele objeto, as interações que surgem daí podem ser de vários tipos. Enquanto é provável (Hay & Ross, 1982) que esse fenômeno esteja na origem de alguns conflitos, foram registrados dois tipos de interação estruturalmente diversos: aquela em que as crianças produzem separadamente a mesma atividade com o mesmo objeto (modalidades imitativas) e aquela na qual as suas atividades são complementares. Alguns autores quiseram hipotizar um percurso evolutivo da primeira à segunda forma de interação (Mueller & Lucas,1975; Camaioni,Gerbino & Hvastja-Stefani, 1978). Também Bonica, Finzi & Spadaccini (1983) encontram esse percurso entre os 13 e os 18 meses, mas observam que ele é relativo ao desenvolvimento das interações entre crianças centradas sobre objetos. No mesmo período, de fato, também é possível observar, mesmo que precocemente, interações complementares centradas diretamente sobre o parceiro de brincadeira e onde o objeto ou não está presente ou assume um papel diferente de mediação. Ao determinar essas diversas modalidades interativas, a natureza dos objetos e as suas dimensões possuem um papel determinante.

A relação entre qualidade dos objetos e qualidade da interação já foi confirmada por diversas pesquisas. Em particular, foi sublinhado o papel dos grandes objetos como motivadores de atividades motoras ou de atividades relativas aos aspectos de "contentor" do próprio objeto (caixas, casinhas, etc.) na produção de interações alegres e de alto valor emocional entre as crianças (explosões de excitação motora, de risos, abraços, etc.) (De Stefano & Mueller, 1982; Maisonnet & Stambak,1983). Ao redor dessas ocasiões de jogo é também mais fácil que até entre crianças na primeira metade do segundo ano se produzam interações diretas e de estrutura complementar, como no caso das brincadeiras de esconde-esconde (Brenner & Mueller, 1982; Stamback, 1983b; Stambak & Verba, 1986). Na mesma idade também pode-se observar um desenvolvimento em torno de elementos de móveis de decoração da creche, jogos altamente ritualizados e com uma estrutura de rodízio, embora mínima, entre as crianças (Musatti & Panni, 1981).

Ao contrário, os objetos de dimensões mais reduzidas e que solicitam das crianças atividades de exploração de suas propriedades físicas, ou relações com outros objetos (Sinclair, Stambak, Lézine *et al.*, 1982), motivam as crianças para formas interativas diferentes, onde a atividade de uma criança pode simplesmente suscitar a curiosidade da outra criança que a imita (imitação simples), a elabora posteriormente (tomada da idéia) ou produz uma outra de alguma maneira direcionada a uma finalidade comum (colaboração).

O entrelaçamento dessas dinâmicas interativas e o desenvolvimento dos processos cognitivos ainda não foram suficientemente aprofundados para poder-se dar uma síntese orgânica. Sabe-se porém que nesses meses modifica-se basicamente toda a organização do conhecimento das crianças, que adquirem a capacidade de usar símbolos e sinais e, mais geralmente, de processar seqüências mais longas de informações e de programar as suas atividades (Piaget, 1936, 1945). Esses mesmos processos podem ser identificados também em seqüências de interações entre crianças, durante a organização de atividades com objetos de natureza variada. Os processos de abstração e de generalização que as crianças dominam nas suas atividades individuais com os objetos podem ser igualmente observados no desenvolvimento paralelo de atividades de exploração das propriedades físicas dos objetos (Verba, Stambak & Sinclair,1982). A coordenação em seqüência de atividades do "fazer de conta" com objetos de significado convencional, que se encontra novamente na segunda metade do segundo ano, durante a manipulação individual (Inhelder, Lézine, Sinclair & Stambak,1972; Nicolich McCune, 1977), é observável também entre as atividades de mais crianças (Musatti, 1983).

Parece assim que os processos de reflexão e elaboração cognitiva que as crianças realizam relativamente ao mundo dos objetos não permanecem separados, estranhos ou alternativos à expressão da sociabilidade em relação às outras crianças. De fato, se compusermos as diversas e fragmentárias contribuições que a pesquisa nos forneceu sobre a relação entre atividade com os objetos e interações entre pequenos e muito pequenos, infere-se um quadro coerente de uma substancial consonância ou de uma remessa recíproca de elementos e de estímulos entre as duas áreas comportamentais. As atividades relativas aos objetos remetem e incentivam as interações com os coetâneos, assim como estas ampliam ou evidenciam as primeiras. Nessa perspectiva, Verba, Stambak & Sinclair (1982) levantam a hipótese de que, ao desenrolar-se sincrônico das atividades no interior de seqüências interativas, se evidenciem melhor, para o observador externo (mas talvez também para as crianças envolvidas?), aqueles processos de elaboração cognitiva que na atividade individual se apresentam somente em momentos sucessivos (diacronicamente). Essa perspectiva alcança, além disso, em nível mais geral, aquela indicação piagetiana (Piaget, 1923, 1945) que vê na condição de paridade cognitiva entre crianças da mesma idade um grande estímulo à elaboração cognitiva e à superação dos aspectos mais egocêntricos do pensamento (Musatti, 1986). Para uma reflexão mais centrada nos problemas da relação entre comportamento das crianças e ecologia da creche, como se deseja desenvolver aqui, essas considerações induzem ainda mais a se ter presente também a farta relação entre o comportamento social das crianças e o contexto onde ele se produz. Na mesma direção conduzem as reflexões sobre a relação entre disposição espacial e decoração das creches, e interações entre crianças (Grupo educacional creche da Rua Boito, Musatti, 1979).

Uma indicação ainda mais forte vem dos estudos e das reflexões sobre a relação entre desenvolvimento da capacidade de representação e relações com os coetâneos.

4. NO GRUPO DE CRIANÇAS: SOCIABILIDADE E REPRESENTAÇÃO

Durante o segundo ano, como já se frisava, as crianças adquirem o uso da linguagem. Esta não passa de uma das manifestações de uma nova capacidade de base, a representação, que intervém para modificar comportamentos diversos (exploração, comunicação, jogo) e a própria expressão da sociabilidade. É a plena aquisição dessa capacidade que mais expressa as diferenças que se evidenciam no comportamento das crianças não-lactantes em relação às faixas etárias precedentes.

A opinião corrente esboça uma imagem negativa das relações entre a aquisição da linguagem e as trocas sociais entre coetâneos, embora as pesquisas comparativas sobre o desenvolvimento da linguagem em crianças que freqüentam ou não a creche tenham sempre mostrado que são outras as características da creche (estilo comunicativo dos educadores, grupos de crianças muito numerosos, etc.) que podem incidir negativamente na aquisição da linguagem. Pelo contrário, as poucas pesquisas sobre a comunicação entre crianças na creche demonstraram que o uso da linguagem está presente e se desenvolve também nas interações entre crianças, embora com tempos e modalidades diversos. Analisando a freqüência e a natureza das iniciativas comunicativas das crianças nas várias faixas etárias em grande grupo, Musatti & Panni (1983a) salientam que se entre os semi-lactantes a linguagem é claramente mais usada na comunicação com os educadores, entre as crianças desmamadas esta é predominante nas comunicações, em percentuais bem mais numerosos, dirigidas às outras crianças. Morra Pellegrino, Scopesi & D'Aniello (1983) concluíram que em pequenos grupos de crianças de 30-33 meses se produzem muitas trocas verbais entre elas, mesmo na ausência dos educadores, e que a análise das funções pragmáticas revela que as crianças adaptam a forma e o objetivo da comunicação ao interlocutor pré-escolhido, seja este adulto ou criança. Em situação de pequeno grupo encontra-se o uso freqüente da linguagem também entre crianças menores — 20 a 33 meses — (Musatti & Panni, 1983). Essas pesquisas fazem pensar que, embora seja óbvio que a introdução da linguagem é confiada aos adultos, seja necessário refletir melhor sobre quais os aspectos da aquisição a serem mais solicitados ou solicitáveis nas interações entre crianças.

O desenvolvimento da capacidade de representação influencia também outros aspectos das interações entre crianças, como, por exemplo, os conteúdos dos jogos comuns, que de jogos do tipo sensorial e motor podem tornar-se jogos de faz-de-conta e jogos simbólicos (Musatti, 1983). Contudo, o aspecto talvez mais importante da relação entre desenvolvimento da capacidade de representação e relações entre coetâneos seja o da progressiva capacidade da criança em representar a própria troca social e o seu contexto. Demonstrou-se (Brenner & Mueller, 1982) que entre os 12 e os 24 meses aumentam consideravelmente as interações entre crianças onde os parceiros fazem referência comum a uma brincadeira (por exemplo, brincar de esconder) ou outra modalidade interativa (imitação vocal ou troca de objetos), o que faz pensar que entre as crianças se constitua um verdadeiro (mesmo se limitado) repertório de conhecimentos comuns. Foi também provado que entre os 12 e os 18 meses pode-se encontrar sinal do desenvolvimento dessa representação do contexto comum no modo pelo qual a criança comunica com um coetâneo, sobre esses temas (Musatti & Mueller, 1983). Parece que, assim como nos primeiros anos de vida, as crianças adquirem lentamente elementos de representação dos eventos sociais da vida cotidiana, da mesma forma que os eventos sociais, limitados a um contexto interativo específico, sejam tomados pelas crianças como elementos de um conhecimento cujo caráter idiossincrático deve ser ainda totalmente avaliado. Um sinal ainda mais preciso desse acúmulo de conhecimentos, segundo Musatti & Mayer (1985), também pode ser encontrado nos conteúdos dos jogos simbólicos cujos temas são às vezes recorrentes nas turmas de desmame, entre grupinhos e grupinhos e de semana em semana. Também podem observar-se episódios de transmissão direta, de um grupo de crianças a outro, de elementos de ficção simbólica. No repertório de conhecimentos comuns, por isso, são assumidos também elementos simbólicos. Também entre crianças pequenas parece assim que se possa assistir a uma socialização (e generalização) de aspectos ligados à esfera afetiva (Vygotsky, 1966) e a formas do imaginário coletivo.

Esses processos envolvem não somente aspectos de jogo e da vida imaginária das crianças, mas também aspectos da vida cotidiana das crianças na creche. As crianças não-lactantes demonstram possuir ou estar adquirindo um conhecimento detalhado das rotinas que dão o ritmo da vida cotidiana do grupo na creche, das normas que a regram, das preferências, manias e hábitos de cada criança que compõe o próprio grupo. As relações entre crianças constituiriam, portanto, terreno de aplicação e estímulo para aquela área de conhecimento das relações sociais, cujo desenvolvimento foi até agora estudado somente na idade escolar a nas idades sucessivas.

5. AS RELAÇÕES ENTRE CRIANÇAS NO GRUPO: COMPONENTES SOCIAIS E AFETIVOS

Singularmente, é justamente da análise do entrelaçamento entre aspectos de desenvolvimento cognitivo e relações sociais entre crianças que se chegou a enfrentar aquele que é um aspecto fundamental das relações entre crianças na creche, isto é, o fato de que esses aspectos se desenvolvem no interior de um grupo mais ou menos harmônico e estruturado, mas seguramente definido pela dimensão coletiva que o desenvolver-se da vida cotidiana nele adquire (Musatti,1985). Não se podem, porém, compreender completamente os processos sociais que se desenvolvem no interior do grupo das crianças, se não forem examinadas também as dinâmicas sócio-afetivas.

Observa-se em geral que qualquer pessoa, ao defrontar-se com um grupo de crianças pequenas, percebe entre elas um sentimento de comunhão (Montessori, 1952). Este provavelmente não corresponde somente àquele sentimento de camaradagem que se cria entre indivíduos que compartilham da mesma situação, sobretudo uma situação institucional, mas está ligado mais profundamente à percepção, por parte das crianças, de seu estado de igualdade cognitiva e afetiva além da social. Esse sentimento pode produzir comportamentos de fechamento do grupo das crianças ou de uma parte deste em relação aos adultos, assim como provavelmente está de alguma forma entrelaçado com o nascimento e o desenvolvimento de relações privilegiadas (amor, amizade) que também se observam entre crianças bem pequenas. Esses fenômenos mereceriam maior atenção por parte dos educadores e da pesquisa científica.

Também pouco estudados são os comportamentos empáticos (abraços, atos de consolo, etc.) tão freqüentes entre crianças familiarizadas. A freqüente associação desses comportamentos com comportamentos agressivos (Dorney Marvin,1977) indica que comportamentos afetivos e comportamentos cognitivos convergem, ao determinar o comportamento social das crianças (Radke-Yarrow, Zahn-Waxler & Chapman, 1983). Essa imbricação de motivações instintivas e de intenções racionais apresenta-se particularmente complexa na primeira infância e torna difícil uma leitura unívoca de alguns comportamentos sociais voltados aos coetâneos. É esse o caso dos comportamentos imitativos nos quais convergem aspectos cognitivos e de identificação afetiva (Nadel-Brulfert & Baudonnière, 1982). É também o caso dos comportamentos agressivos.

Superadas as posições mais tradicionais sobre a natureza puramente instintiva e inevitável da agressividade infantil, sobretudo se direcionada aos coetâneos, os estudos mais recentes evidenciam com ênfase diferente os diversos componentes da agressividade entre crianças. De acordo com Conte & Miceli (1983), a freqüência e a natureza dos comportamentos agressivos variam muito entre a turma dos semilactantes (mais numerosas as atitudes agressivas) e dos não-lactantes, onde a aquisição de normas de comportamento modera a freqüência dos atos agressivos, mas sobretudo modifica sua natureza, endereçando-os mais diretamente à regulamentação das relações de poder entre as crianças. Esse caráter dos conflitos entre crianças, como exercício de capacidade sócio-cognitiva, é salientado também por Barrière, Bonica, Goma *et al.* (1983), que analisam a forma como as crianças conseguem resolver entre si, sem intervenções dos adultos e no plano das negociações, conflitos sobre objetos. Hay & Ross (1982) demonstram, ao contrário, a natureza intrinsecamente social dos conflitos entre as crianças, ou seja, o fato de ser a manipulação de um objeto por parte de um coetâneo que estimula a competitividade para a sua posse, assim como a verificação de um conflito resolvido negativamente faz aumentar a probabilidade de outros conflitos na mesma dupla de crianças. Os mesmos autores salientam que as crianças aprendem rapidamente a conhecer as estratégias interativas agressivas ou não das outras crianças.

No que diz respeito à vida das crianças na creche, essas pesquisas sugerem uma série de ocasiões interessantes de reflexão e intervenção educacional não somente no desenvolvimento dos processos da sociabilidade entre crianças em geral, mas também nas intervenções e no possível papel do educador adulto, ao conduzir o próprio conflito. A reflexão sobre as relações entre contexto ambiental e agressividade entre crianças oferece momentos igualmente estimulantes para a programação educacional dentro das creches. De fato, a freqüência dos episódios conflituosos, ou também de simples atos agressivos na creche, parece variar de maneira considerável de uma instituição a outra. Magri & Pinter (1983) verificaram que a freqüência dos atos agressivos nas seções dos semilactantes e não-lactantes deve-se ao contexto ambiental (grande grupo em situação de assim chamado jogo livre contra pequeno grupo), ao horário e ao calendário semanal (últimos dias da semana contra os primeiros).

A propósito da recomposição de todos esses elementos afetivos e cognitivos, na dinâmica das relações entre crianças na creche, Levi (1983) lembra que tanto os comportamentos agressivos quanto as dinâmicas imitativas, ou ainda mais geralmente toda a relação de cada criança com o grupo de coetâneos, no desenrolar da atividade cotidiana, devem ser interpretados na perspectiva do processo de aquisição da própria identidade (desenvolvimento da representação do Eu) que se realiza nesses anos. Nesse processo tão delicado e fundamental é necessário que se compreenda melhor o papel desempenhado pelo defrontar-se cotidiano com um grupo de outras crianças, iguais nas exigências, desejos, capacidades e problemáticas.

6. CONCLUSÕES

As reflexões que acompanharam a discussão dos diversos dados da pesquisa configuram um quadro complexo e variado do desenvolver-se das relações entre crianças na vida cotidiana da creche. O dado objetivo mais evidente é a existência e a consistência desses relacionamentos: as crianças *não* são indiferentes à presença, atividade e sentimentos das outras crianças; elas *não* consideram os seus coetâneos somente como obstáculo ao desenvolver de sua própria atividade, desejos e afetos; com eles *entrelaçam* atividades, jogos e relações afetivas de acordo com processos de sociabilidade que possuem tanto aspectos de semelhança quanto de diversidade com aqueles que podem ser identificados na expressão da sociabilidade com os adultos. Além disso, parece que as crianças em idade de creche desenvolvem uma alta e sofisticada capacidade da produzir estratégias interativas diferentes, em função do parceiro do qual aprendem a conhecer precocemente os estilos interativos e com o qual entrelaçam relações diferentes. A leitura das relações específicas que se estabelecem entre as crianças tomadas individualmente, e entre cada uma destas e a globalidade da coletividade infantil, deve constituir o objeto de uma reformulação das intervenções educacionais.

Evidenciou-se também que esses processos estão totalmente imbricados com a ecologia física e social global da creche, que dela dependem a sua existência, natureza, qualidade cognitiva e afetiva. É sobretudo esta última consideração que induz, a meu ver, a reformular o papel do adulto/educador, dentro da creche, de única e principal referência relacional e estimuladora de conhecimentos a um papel mais sutil, mas também mais complexo, de quem garante as relações harmoniosas entre as crianças e um ambiente no qual ele próprio é, ao mesmo tempo, protagonista e cenógrafo.

12

O Desenvolvimento da Linguagem

Ottavia Albanese e Carla Antoniotti

No interior das problemáticas inerentes ao desenvolvimento global da criança, a linguagem assume uma importância particular salientada por estudos recentes que evidenciaram como ela está contida em uma capacidade comunicativa e cognitiva mais ampla (Parisi, 1972) e como se estrutura e desenvolve até os três anos de idade (Parisi & Antinucci, 1976). De fato, se por um lado a linguagem pressupõe a capacidade de construir conceitos, por outro condiciona a construção dos próprios conceitos (Vygotsky, 1966a), pois estes são expressos e formulados justamente com a linguagem. Mas a linguagem também é um meio de comunicação e, neste sentido, existe uma modalidade para a aquisição de conhecimentos sobre o mundo que é específica da linguagem: através da linguagem é possível construir uma representação do mundo, compartilhando-a e intercambiando-a com um interlocutor. Em particular, criança e adulto, desde o momento em que a criança entra no cenário humano, formam um microcosmo comunicativo sobre o qual situa-se o fundamento da sucessiva aquisição de gramática, referências e significado e a realização das intenções da criança. Essa relação social fornece um sistema de suporte para a aquisição da linguagem (Bruner, 1983, chama de "Lass", *Language Acquisition Support System,* esse sistema) sem o qual o dispositivo inato "Lad" *(Language Acquisition Device)* não pode funcionar.

Nessa contínua interação adulto-criança estrutura-se a linguagem, cuja evolução no processo de aquisição é a mesma das estruturas fundamentais da proposição, que é a unidade lingüística fundamental. No início, a criança expressa somente o performativo, isto é, a intenção comunicativa e o núcleo, ou seja, a parte necessária da proposição, formada pelo predicado e pelos seus argumentos, e somente depois produzirá o modificador, que fornece uma informação somatória sobre um argumento do núcleo, e o adverbial, que fornece uma informação sobre todo o núcleo[1]. Será preciso esperar até

---

1 Podemos considerar "performativo" o ato lingüístico que acompanha a intenção comunicativa, isto é, *declaração e pedido.* Por exemplo: "Dê-me" = pedido de ação; "fui ao parque" = declaração sobre a própria criança. O *núcleo* é o conteúdo essencial da proposição. Por exemplo: "A criança come a maçã", onde " A criança" e "a maçã" são os *argumentos* solicitados pelo *predicado* "comer". O *modificador* acrescenta uma informação a um argumento do núcleo. Por exemplo: "A criança come a maçã vermelha", onde "vermelha" é o modificador. O *adverbial* acrescenta uma informação a todo o núcleo. Por exemplo: "Na creche a criança come a maçã", onde "na creche" é o adverbial.

aproximadamente os dois anos e meio de idade para a inserção de estruturas frasais inteiras, como argumentos do núcleo e, depois, do adverbial e do modificador (Parisi & Antinucci, 1976). Aos três anos as estruturas fundamentais da linguagem são adquiridas e sucessivamente o desenvolvimento da linguagem será assinalado somente pelo uso simultâneo dos mecanismos de uma mesma frase.

Por esses motivos a atenção de psicolingüistas evolutivos, psicólogos e educadores dirigiu-se à creche, percebendo nesta o local da comunicação e da interação, fundamentais para a aquisição da linguagem, devido também à pouca idade dos sujeitos usuários. Inicialmente, os estudos realizados sobre o assunto deram atenção às condições através das quais a linguagem pode desenvolver-se de maneira adequada. Somente mais tarde passou-se a analisar as interações comunicativas entre adulto e criança e entre criança e criança.

É sobretudo sobre esses últimos aspectos, relativos ao desenvolvimento da comunicação e da interação lingüística, que iremos nos deter nos próximos parágrafos.

A criança, envolvida precocemente em interações sociais, emite sinais comunicativos voltados aos "objetos sociais", ou seja, às pessoas para as quais dirige uma atenção seletiva, distinguindo-as dos objetos físicos. Os primeiros sinais comunicativos da criança (o choro, o sorriso, as vocalizações) modificam-se com o tempo, através de fases diferenciadas. Inicialmente, são sinais ativados de maneira autônoma por determinados estímulos físicos, sem que o recém-nascido possa controlar as possíveis conseqüências; a seguir, recebendo respostas contingentes aos sinais por ele emitidos, sabe utilizá-los para obter os efeitos desejados.

Desenvolve-se assim no recém-nascido a capacidade de comunicar as suas intenções através de sinais gestuais, mímicos e vocais e, ao mesmo tempo, desenvolve-se a capacidade cognitiva, que precede o desenvolvimento da linguagem

Além disso, existe uma continuidade entre linguagem gestual pré-lingüística e o início da linguagem verbal, ambas complementando e interagindo, mesmo quando a linguagem verbal alcança seu pleno desenvolvimento. De fato, quando a criança começa a penetrar o seu mundo de relações com a verbalização, transforma a sua comunicação não-verbal em uma espécie de reforço para a verdadeira linguagem.

Por exemplo, percebeu-se que a criança que acompanha a comunicação verbal com alguns gestos, como sorrir, acariciar, pegar na mão, mostrar, etc., obtém mais respostas quando se dirige aos amigos do que a criança que não utiliza esses canais não-verbais.

Uma primeira pesquisa, conduzida na creche sobre a comunicação não-verbal (Josse et al.,1973), evidenciou na criança o aparecimento precoce de uma mímica de chamamento e a presença de estruturas coerentes constituídas por comportamentos comunicativos. Uma pesquisa posterior, em 1975 (Lézine et al.), constatou a existência na criança de sinais específicos de comunicação, a sua variabilidade e a sua evolução na interação com o adulto. Segundo esses autores, a relação entre criança e adulto se constitui a partir de um repertório de sinais aos quais a criança irá atingir seletivamente, para atrair a atenção.

Com 3-4 meses a criança serve-se do chamamento com o *olhar*; com 5-6 meses, através da *vocalização,* ela introduz na relação com o adulto uma modalidade de chamamento, e essa modalidade permanecerá na criança também nos meses posteriores. Em torno dos oito meses a criança combina olhar, sorriso e contato com o objetivo da comunicação; as vocalizações se diversificam e são o prelúdio para a linguagem como meio de sinalização. Parece haver entre adulto e criança uma sincronia no domínio dos sinais de sorriso e de contato; enquanto que no sinal verbal com muita freqüência é o adulto quem se coloca como iniciante ou como aquele que responde. Em torno dos 9-10 meses a criança manifesta pela primeira vez o uso intencional de sinais gestuais e vocais, não só nos pedidos, mas também nas tentativas de compartilhar com o adulto eventos particularmente interessantes. Nesse período desenvolvem-se jogos e condutas, mais ou menos ritualizados, e é no final dessa importante fase que a criança começa a utilizar as primeiras palavras para a comunicação: a experiência pré-lingüística foi uma condição indispensável para a passagem ao uso da verdadeira linguagem.

Diversos autores sugeriram a existência de uma conexão causal entre desenvolvimento gestual e sucessivo aparecimento da linguagem (Lock, 1976; Dore, 1974; Carter, 1974; Bruner, 1975); outros (Bates *et al.*, 1979) tentaram reforçar esse hipotético laço causa-efeito, analisando suas relações em crianças entre 9 e 13 meses de idade, através de dois modelos.

Um modelo sugere a substituição das primeiras formas de comunicação com os comportamentos posteriores; o outro, a expansão do repertório comunicativo da criança que, graças à freqüente experiência dos sinais mais simples e primitivos, conseguiria utilizar os mais elaborados. Da pesquisa emergiu uma expansão do repertório tanto para o que tange ao desenvolvimento gestual, quanto para o que concerne o desenvolvimento verbal: a linguagem referencial, pelo menos até aqui, não substitui a linguagem não-referencial.

Além disso, foram evidenciadas interdependências entre o desenvolvimento da linguagem e as variáveis que constituem o complexo gestual. O fato de que tal relação se reforce com o tempo leva a pensar que a linguagem não substitua a comunicação gestual, mas que as crianças mais precoces parecem continuar a utilizar e a enriquecer seus próprios esquemas gestuais na expressão verbal. Pensa-se, portanto, que não seja tanto o desenvolvimento pré-verbal que determina a linguagem, mas que ambos, pelo contrário, se baseiem em uma capacidade comum de comunicar através de sinais convencionais (Bates *et al.*, 1979).

Partindo dos estudos que se interessaram da creche como local que pode promover a aquisição da linguagem de maneira mais ou menos válida, de acordo com a sua qualidade de organização interna e da preparação do pessoal que nela trabalha, Volterra *et al.* (1979) conduziram uma pesquisa com o objetivo de analisar como e em que medida se expressam as intenções comunicativas nas crianças que freqüentam a creche, em relação às crianças educadas em família.

Para evitar uma eventual heterogeneidade nos dados, todas as crianças, tanto as que freqüentam a creche quanto as que não a freqüentam, foram observadas nas respectivas residências, pretendendo-se avaliar a competência comunicativa. Com tal objetivo, os autores elaboraram uma ficha para analisar as intenções comunicativas que são implícitas nos enunciados produzidos pelas crianças. Referindo-se a pesquisas anteriores, os autores identificaram duas categorias fundamentais: os "pedidos" e as "declarações", que posteriormente foram subdivididas em: pedidos de ação, de informação e de atenção; e, para as declarações, em descrições de objetos e eventos relativos ao mundo externo e ao sujeito; em relação ao tempo, em presentes, passadas e futuras. Enfim, identificaram as sentenças gerais e as narrativas de eventos passados e futuros.

Essa subdivisão espelha a crescente descentralização da criança que tende, pouco a pouco, a não falar mais da situação que a circunda, mas a falar de eventos e situações além do contexto imediatamente presente. Do ponto de vista do confronto casa/creche, os autores puderam salientar que a quantidade global de enunciados produzidos pelos dois grupo é extraordinariamente semelhante. Além disso, também a relação entre enunciados de pedido e declarativos resultou extraordinariamente semelhante para os dois grupos, ao longo das três faixas etárias (18-24 meses, 28-29 meses, 31-36 meses). Isso significa que o pertencer ao grupo creche ou ao grupo casa, ter ou não uma determinada idade, pode fazer com que se produzam mais sentenças declarativas ou de pedido em termos absolutos, mas que em termos relativos isso não implica que a criança produza um maior número de declarativas em relação às sentenças de pedido ou vice-versa.

Somente a partir de uma análise mais detalhada, conduzida no interior das classificações posteriores, surgiram diferenças significativas entre os dois grupos. As crianças educadas somente em família exprimem um número significativamente maior de "indicações", "expressões do desejo" e "expressões de posse". As crianças que freqüentam a creche exprimem, ao contrário, um número significativamente maior de "narrativas de eventos passados e futuros" e "sentenças gerais".

Pode-se então concluir que as crianças que ficam em casa são mais centradas em si mesmas e em seus próprios desejos, enquanto que as crianças que vão à creche são mais atentas aos eventos e às coisas que as circundam.

Parece então que o fato de freqüentar a creche influencie as crianças no alcance mais precoce da fase da descentralização, e tenha assim um efeito inicial positivo no plano do desenvolvimento. É evidente que tal efeito deve-se à precoce experiência de socialização à qual ficam expostas as crianças que freqüentam a creche.

Todavia é preciso ter presente um outro dado muito importante: a vantagem inicial, ou a precocidade inicial das crianças que freqüentam a creche, é recuperada pelas crianças que ficam em casa, nas sucessivas faixas etárias. Esse dado é interpretado pelos autores no sentido de que a creche, para as crianças entre um ano e meio e dois anos e meio de idade, constitui, sem dúvida alguma, um elemento propulsor para o desenvolvimento lingüístico, sempre em relação às intenções comunicativas; enquanto que para as crianças em torno dos três anos de idade tal efeito se perde, provavelmente porque não explicita nem aproveita plenamente as potencialidades comunicativas da criança que são características dessa idade.

A creche, pois, "ainda que inicialmente tenha um efeito positivo sobre o desenvolvimento lingüístico da criança, com o passar do tempo deixa de ser adequada às suas potencialidades comunicativas e lingüísticas" (Volterra *et al.*, 1979).

No que diz respeito à iniciativa comunicativa, ou seja, no que tange às formas e aos meios usados por uma criança para relacionar-se com uma outra criança, é interessante citar uma pesquisa conduzida por algumas educadoras, supervisionadas por sua psicóloga, com a utilização do método da observação direta (Educadoras creche Milão 2. Albanese, 1982).

As educadoras observaram e transcreveram, por um determinado período de tempo, cerca de 30 minutos, aquilo que acontecia na situação preestabelecida. A ordem para as observações era a de "descrever de forma objetiva" aquilo que acontecia em um espaço de tempo definido. Os comportamentos assim observados foram então objeto de discussão em grupo, com a intenção de refletir-se em conjunto sobre a vida da criança, na instituição creche, sobretudo para retirar indicações sobre a função da intervenção adulta em tal instituição.

A situação preestabelecida para a observação da iniciativa comunicativa foi diferente para os diversos grupos de idade em questão. Para o grupo com idade entre 2/3 anos, a observação deu-se a partir da estruturação de uma situação de jogo; depois passou-se para a observação de uma situação "livre", pois no primeiro caso havia sido possível observar que as crianças continuavam a fazer referência ao adulto que havia estruturado a situação e que depois intervinha, não deixando muito espaço para as crianças.

A situação para o grupo com idade entre 7/14 meses jamais foi estruturada. A intervenção das educadoras foi simplesmente a de aproximar entre si as crianças pequenas que ainda não caminhavam.

Nesse grupo foram observadas tanto situações de interações entre uma criança maior e uma menor, quanto entre crianças da mesma idade. Quando houve comunicação entre "grande" e "pequeno", foi sempre a criança maior a tomar a iniciativa. Um exemplo de gradualidade, na iniciativa comunicativa entre uma criança de 13 meses e uma de 11 meses, é o seguinte: no início há uma aproximação da criança de 13 meses com o arremesso de jogos diante de outra criança que não reage. A mesma criança experimenta de novo, interferindo novamente com os jogos da outra que, desta vez, reage chorando. Depois de ter tentado mais uma vez com os objetos, a criança de 13 meses passa para a intervenção direta, pulando nas costas e puxando o pé da outra criança; a outra criança chora. A tentativa final é a "agressão": a criança de 13 meses morde a outra que chora e procura o adulto.

Algumas vezes a criança maior entrou imediatamente em "comunicação corporal" com a menor, puxando seus cabelos ou mordendo-lhe um pé. A reação da menor foi sempre o choro. A mesma reação foi observada também quando a criança, destinatária da iniciativa, não queria interagir: nesse caso, era a criança que havia tomado a iniciativa comunicativa que começava a chorar e a procurar o adulto. O adulto resulta ser assim sempre o ponto de referência desse grupo de crianças com idade entre 7/14 meses. Entre crianças da mesma idade, a interação aconteceu por meio da troca de um objeto de jogo, e isso ocorreu com freqüência. Dos dez meses em diante, a iniciativa comunicativa foi tomada imitando também o jogo da outra criança: não é somente o pequeno que imita o grande, mas também o grande que imita o pequeno, por exemplo, engatinhando.

Nas crianças com dois anos e meio, ainda não detentoras da linguagem, a iniciativa comunicativa acontece através do objeto e sempre entre duas crianças. Quando aconteceu que uma terceira criança colocou-se em substituição da criança à qual tinha sido dirigida a proposta, a dupla dividiu-se em favor do recém-chegado, ou então a tentativa de comunicação foi abandonada.

A comunicação das crianças de três anos inicia normalmente de maneira verbal: "Vamos fazer juntos?"; "Gatinho, gatinho, onde estás?" O fracasso da tentativa verbal inicial leva ao retorno de uma iniciativa comunicativa através do objeto.

Concluindo, os diversos aspectos observados na iniciativa comunicativa foram os seguintes: os comportamentos das crianças diferenciam-se de acordo com a idade, mas também segundo as situações e é possível, portanto, utilizar este dado para reestruturar as situações na creche, de modo a favorecer as iniciativas; a iniciativa comunicativa pode surgir em todos os momentos do dia, independentemente de ter-se predisposto uma ocasião, sempre que isso seja possível; as intervenções "reparadoras" do adulto não são sempre necessárias, mesmo quando ele intervém para consolar quem chora.

Esses resultados, coletados com a metodologia da observação escrita, adquirida pelas educadoras em particular, contribuem para a formação de um profissionalismo que se constrói assim de ano para ano, através do trabalho desenvolvido e dos novos conhecimentos alcançados, e ainda através da reflexão sobre as próprias experiências.

Uma pesquisa conduzida por Musatti & Panni (1983) pretendeu analisar as iniciativas comunicativas da criança, tanto voltadas ao adulto, quanto a uma outra criança na creche. Não se trata de uma análise das respostas, mas dos atos comunicativos com os quais a criança se dirige primeiro aos outros.

As crianças, ainda que colocadas em situações não perfeitamente adequadas à estimulação da comunicação (grande grupo, jogo livre, adulto não interventor), mostraram em todas as faixas etárias uma rica produção comunicativa voltada tanto aos adultos quanto aos coetâneos.

Sobre a escolha do parceiro, a variável do desenvolvimento parece não ter nenhuma influência. De fato, "a produção comunicativa da criança parece ser o resultado global das diversas aquisições do desenvolvimento e de sua relação mutável com as condições ambientais" (Musatti & Panni 1983).

As autoras enfrentaram também o problema da relação entre as capacidades comunicativas da criança e o papel do educador no interior de um pequeno grupo de crianças na creche, problema que havia sido enfrentado somente com crianças em idade imediatamente pré-escolar (Mantovani, 1974).

O que se deseja evidenciar não são tanto os dados relativos às competências dos parceiros individualmente, mas sobretudo aqueles relativos às suas dimensões comunicativas.

Desejou-se, pois, identificar quem é que produz expressões comunicativas no grupo, a quem é direcionada a comunicação de uma única criança e também o sucesso em obter respostas por parte do interlocutor escolhido.

Resultou muito importante dar à criança a possibilidade de endereçar a sua comunicação a diversos interlocutores ao mesmo tempo; e, percebida a co-presença de adultos e crianças, teve-se a possibilidade também importante de detectar diferentes modalidades comunicativas em função da escolha do interlocutor.

Também foi evidenciado o uso anômalo que as crianças fazem da possibilidade de multidirecionar a sua comunicação. Realmente, se esta parece em parte induzida por um comportamento análogo do educador, que freqüentemente se dirige ao grupo das crianças, estas últimas são as únicas que dirigem comunicações a um auditório não definido nem pela direção do olhar, nem pelo conteúdo do discurso.

Isso poderia ser reconduzido ao fenômeno do egocentrismo comunicativo (Piaget,1923) em situação institucional. Todavia, "parece que alguns comportamentos comunicativos das crianças, aparentemente reportáveis ao egocentrismo, possam neste caso, pelo contrário, ser uma forma de adaptar-se à dimensão de ressonância do ambiente comunicativo, se não forem até produzidos por ela"(Musatti & Panni, 1983).

No que diz respeito à educadora, esta resulta ter um papel relevante na produção comunicativa do grupo, mas não um papel exclusivo. O adulto também parece utilizar as características de ressonância do ambiente, e também aquilo que ele comunica parece freqüentemente cair no vazio.

2. A INTERAÇÃO LINGÜÍSTICA

Os recentes estudos sobre a aquisição da linguagem infantil, superando a teoria ambientalista (Skinner) e a inatista (Chomsky), esclareceram que a linguagem não é somente uma capacidade que pertence ao indivíduo, mas é também uma capacidade interindividual. É justamente a interação que se estabelece entre adulto e criança a permitir o nascimento e o desenvolvimento da linguagem. Esta posição, que pode ser definida como interacionista, possui o mérito de reconhecer a importância do ambiente no desenvolvimento da linguagem da criança e ao mesmo tempo a importância do *Language Acquisition Device* (Lad), ou seja, daquele mecanismo específico com base inata, que se coloca em ação e se desenvolve no momento em que recebe do ambiente o *input* adequado. Por ambiente entende-se aquilo que circunda a criança: antes é a mãe, depois são as educadoras da creche e, pouco a pouco, o ambiente social.

A posição interativa, portanto, coloca em recíproca relação não somente as qualidades inatas das estruturas lingüísticas de base e a influência do ambiente circundante, mas também a contribuição da pessoa que "educa" a criança. Essa pessoa é responsável pela continuidade do desenvolvimento das capacidades comunicativas da criança, continuidade que, partindo de uma fase pré-lingüística, alcança a fase lingüística através de uma constante motivação em comunicar e interagir por parte da criança.

As trocas interpessoais são muito precoces na criança; vários autores mostraram a sua capacidade de interação comunicativa já em nível pré-verbal, a alternância dos tempos e um foco comum de atenção (Ryan, 1974; Bates, Camaioni & Volterra, 1979; Bruner, 1975). Já Schaffer (1971) havia evidenciado a precocidade da intenção comunicativa entre mãe e criança, e Bruner (1976) havia sublinhado que a interação acontecia com base em um sistema de regras complexas.

A contingência interpessoal, o oposto de um comportamento egocêntrico, verifica-se através de uma estratégia de pedidos pela qual se leva em conta tanto a situação contextual, quanto a do interlocutor e a do mundo físico.

Os primeiros estudos sobre a interação adulto/criança evidenciaram que os adultos, em particular a mãe, quando se dirigem à criança, usam uma linguagem diferente daquela que normalmente os adultos usam entre si (Snow & Ferguson, 1977).

Percebeu-se que a *motherese* — como é chamada essa linguagem simples, breve, repetitiva e redundante — adapta-se à capacidade comunicativa da criança para facilitar o desenvolvimento não apenas da linguagem, como também da comunicação.

De fato, o papel do adulto no desenvolvimento lingüístico infantil não é somente o de facilitar na criança a aprendizagem do sistema lingüístico como tal, isto é, do sistema de sons, sintaxe, vocabulário, mas também o de transmitir-lhe as regras de uso da comunicação, fazendo com que as mensagens sejam apropriadas e que respeitem as convenções sociais exigidas pela situação (Camaioni, 1983).

As estratégias comunicativas realizadas pelo adulto na interação com as crianças da creche foram recentemente estudadas por pesquisadores italianos. Zani & Emiliani (1983) analisaram a linguagem das educadoras de duas creches diversamente orientadas no plano educacional: uma, centrada na instituição, a outra, na criança.

Constatou-se que o adulto orientado na criança possui um estilo de intervenção que se adapta aos pedidos das crianças e deixa a elas a iniciativa da conversação, estimulando assim as crianças ao diálogo.

Se, ao contrário, as educadoras estão mais atentas às regras institucionais e precedem as crianças nos diálogos, elas permanecem passivas e se limitam a responder às perguntas do adulto, ou simplesmente não respondem. Barbieri, De Vescovi & Bonardi (1983) identificaram o estilo da educadora ao contar uma história. Se o estilo é narrativo, como um monólogo, as intervenções das crianças são raras; se o estilo é dialogado, a criança é estimulada na interação verbal.

Scopesi *et al.* (1986) examinaram o *baby talk*, ou seja, a linguagem usada pelos adultos quando se dirigem às crianças pequenas, partindo do pressuposto de que o objetivo principal do *baby talk* é o de facilitar a comunicação.

Examinando, em um grupo numeroso, a linguagem das educadoras em relação à idade das crianças, o estudo evidenciou a estrutura e a função da linguagem adulta em um contexto educacional coletivo, onde a educadora deve conseguir envolver a todos, para que aconteça a comunicação e a interação entre adulto e criança, e entre crianças.

Pesquisas anteriores já haviam detectado que, mesmo em pequeno grupo o adulto procura usar uma linguagem "média" que considere as diferenças de idade das crianças (Zani & Emiliani, 1983) e que o comportamento verbal adulto relaciona-se ao patrimônio comum do grupo (Barbieri, De Vescovi & Bonardi, 1983).

Scopesi *et al.* (1986) salientaram que a linguagem adulta é influenciada pela idade do grupo, seja do ponto de vista da estrutura, no sentido de que é bem mais simples e semelhante ao *motherese*, isto é, redundante e repetitiva, quando as crianças são menores, seja do ponto de vista da funcionalidade, no sentido de que a linguagem é mais direcionada e incisiva com os pequenos do que com os grandes, com os quais tenta-se um envolvimento mais proposital.

Uma pesquisa de Morra Pellegrino & D'Aniello (1986) salienta o problema de saber se a educadora é capaz de detectar a competência comunicativa das crianças e de que maneira sabe incentivá-la através de uma interação.

Dos dados surge o fato de que se o adulto é atento e disponível, ele desempenha um papel de sustentação e de facilitação no interior da interação verbal. A situação do jogo em pequeno grupo resulta ser um contexto ideal para a aquisição da linguagem e das regras conversacionais.

Mas no desenvolvimento lingüístico, e na interação comunicativa, considera-se também o papel da criança. A visão unidirecional da adaptação do adulto com a criança, mesmo tendo fornecido uma grande contribuição à pesquisa, todavia perdeu de vista o outro elemento, ou seja, a criança.

É necessário pensar na adaptação como sendo um processo bidirecional, pois "este é o resultado do modo com o qual ambos os interlocutores, com base nas respectivas competências e expectativas, decidem os seus papéis na interação" (Camaioni, 1983).

Algumas pesquisas evidenciaram um envolvimento da estrutura da interação através de algumas modalidades peculiares (Camaioni, 1979).

A forma mais simples e elementar de interação é a especulativa e contemporânea, na qual os parceiros assumem papéis idênticos e realizam uma ação idêntica; utilizam um objeto idêntico, e os seus comportamentos são contemporâneos. Portanto, tem-se similaridade e contemporaneidade dos comportamentos.

Uma outra estrutura levemente mais complexa é a da interação especulativa diferenciada, em que os parceiros assumem papéis idênticos, mas o comportamento de um inicia após a conclusão do comportamento do outro. Tem-se, assim, similaridade dos comportamentos e alternância dos tempos.

Na interação complementar, os parceiros assumem papéis complementares e realizam os seus comportamentos em sucessão: tem-se, portanto, complementaridade dos papéis e alternância dos tempos.

Enfim, a interação recíproca é aquela onde os parceiros assumem papéis complementares, mas em sucessão, e realizam uma inversão dos papéis, no sentido de que cada um assume o papel complementar em relação ao seu próprio papel anterior. Tem-se, portanto, através dessa forma mais complexa e madura de interação, uma reciprocidade dos papéis. Essa forma é mais madura, pois a sucessão de estruturas diferentes na interação da criança resulta estar mais relacionada ao nível de desenvolvimento da própria criança do que às diferenças das situações, e não depende tanto do interlocutor ao qual a criança se dirige, ou do contexto onde a interação acontece, mas sim do nível de desenvolvimento da criança.

Se, em vez de olhar a estrutura da interação, olharmos o seu conteúdo, ou seja, a função dos comportamentos comunicativos, como a função de controlar a ação ou de adquirir ou trocar conhecimentos, de confirmar ou não confirmar o comportamento do interlocutor, então podemos notar que existem diferenças ligadas à situação, que não dependem tanto do nível de desenvolvimento da criança quanto dos interlocutores aos quais ela se dirige e do contexto em que a interação acontece (Morra Pellegrino & D'Aniello, 1986).

As pesquisas sobre a interação entre coêtaneos, mesmo bem pequenos, iniciaram nos anos 30, quando se observava o contato social entre crianças com menos de um ano, em termos de sorriso, olhar recíproco e vocalização. Todavia, foi somente a partir dos anos 70 que houve uma intensa retomada dos estudos sobre a interação entre pares, retomada favorecida pela contribuição da etologia, do desenvolvimento de instrumentos técnicos e sofisticados (por exemplo, videocassete) e sobretudo pela superação do nível descritivo para passar à fase em que se colocam alguns quesitos teóricos relativos às interações entre coêtaneos.

Os quesitos mais recentes são: a interação que acontece entre adulto/criança é paralela à que acontece entre criança/criança? Trata-se de dois sistemas comunicativos independentes ou relacionados, pelos quais se realiza uma transferência de competências de um a outro?

Que papel possuem os objetos inanimados na interação entre crianças de várias idades?

Como se estrutura a comunicação entre crianças? Quais são os conteúdos?

A premissa teórica para esse discurso é a consideração segundo a qual o comportamento comunicativo das crianças pequenas não é egocêntrico, como afirmava Piaget (1923), mas há entre os pequeninos um alto grau de comunicação.

Uma pesquisa de Morra Pellegrino *et al.* (1983) se propõe a salientar, em crianças de três anos, em uma situação de pequeno grupo, na presença ou na ausência do adulto, as seqüências que vão desde as conversações pré-dialógicas às dialógicas.

Fala-se de diálogo quando existe uma unidade temática, uma alternância de papéis de conversação sem dominação, um incremento da informação. Na falta de um desses três critérios conversacionais, as trocas verbais são consideradas pré-dialógicas.

Outras pesquisas foram conduzidas sobre a interação social precoce entre coêtaneos na creche (Stambak *et al.*, 1979; Musatti & Panni, 1981), e outras salientaram a função dos coêtaneos no desenvolvimento da comunicação verbal em relação à dos adultos que interpretam com demasiada freqüência a linguagem infantil (Bates *et al.*, 1975; Slama Cazam, 1977).

Da pesquisa de Morra Pellegrino *et al.* (1983) resulta que os coêtaneos realizam relevantes trocas verbais entre si, e que a presença ou a ausência do adulto não influi sobre tais trocas.

Já em idade precoce, a criança adapta a forma dos pedidos ao interlocutor. Por exemplo, os pedidos de ação ao coêtaneo são expressos em forma de comando, enquanto são feitos ao adulto em forma de pergunta. As interações verbais são freqüentemente ligadas às atividades desenvolvidas e aos objetos utilizados, especialmente se o adulto ficar de lado. Além disso, nas seqüências dialógicas detectou-se a estabilidade e a duração dos tempos de diálogo.

Em todas essas pesquisas, que não pretendem exaurir o panorama dos estudos conduzidos sobre a linguagem na creche, fica bem evidente que a creche é a sede mais propícia para "observar", em ambiente natural, o comportamento verbal infantil e, portanto, preordenar as intervenções mais adequadas.

Realmente, os estudos que nela foram conduzidos revelaram como o "estilo" das educadoras influencia o desenvolvimento cognitivo e lingüístico da criança e como, por outro lado, a presença contemporânea de outras crianças influencia o estilo comunicativo das próprias educadoras.

De qualquer forma, também é importante salientar a necessidade de um maior e melhor conhecimento das condições que favorecem o desenvolvimento da comunicação verbal no contexto institucional, para modificar estruturas e espaços em função das necessidades e das potencialidades da criança.

Mas para que a creche possa preencher essa função é necessário que a família não possua um papel secundário no processo educacional da criança. Realmente, a creche não é um serviço capaz de substituir a família, mas de fortalecer a sua função, fornecendo um sistema de suporte para recursos, valores, convicções e ajuda no estresse. Somente através da colaboração entre instituição e família, a criança terá grandes vantagens da experiência de interação e comunicação que lhe é possibilitada na creche.

13

A Dimensão Lúdica na Criança de 0 a 3 Anos e na Creche

Anna Bondioli

Após a reavaliação do jogo como modalidade fundamental de aquisição e organização da experiência das crianças pequenas, encontrável em cada contexto cultural e até no mundo animal, derivou-se a idéia de que haja uma relação entre jogo e possibilidades evolutivas. A partir daí foi delineando-se uma pedagogia do jogo que se casava bem com uma concepção de maturação do crescimento, do tipo: "deixem as crianças brincarem e certamente seu desenvolvimento motor, lingüístico, intelectual e social melhorarão". Em recente entrevista, Garvey desmente essa convicção radicalizada, sustentando que se é verdade que as pesquisas confirmam o binômio jogo/saúde psicofísica da criança, elas ainda não conseguiram estabelecer a função e o papel do jogo no desenvolvimento infantil (Mayer, 1985). Tal constatação parece-nos salientar que o jogo pode ser considerado, com razão, um aspecto normal do desenvolvimento optimal, mas que ainda há muito o que se estudar, aprofundar e experimentar acerca das condições que fazem do jogo um instrumento evolutivo e, com maior razão, um espaço privilegiado da educação pré-escolar. Existe pois o risco de querer considerar jogo cada manifestação infantil ou, ao contrário, de pensar que se pode transformar em jogo cada situação de experiência das crianças pequenas.

Uma segunda idéia atravessou o debate relativo à formulação de uma "pedagogia do jogo" nas instituições para a primeira infância, a que considera os objetos, os materiais, os brinquedos em primeiro plano, na organização das atividades lúdicas, visto que a curiosidade infantil, em relação ao mundo externo, parece um fenômeno tão geral e precoce que faz pensar ser ela inata e que não necessita de condições particulares para que se manifeste. Algumas pesquisas contribuíram bastante para desmentir essas concepções de caráter tanto psicanalítico quanto interativo-cognitivista que, mesmo partindo de premissas diferentes, evidenciaram como a relação com os objetos, e o desejo de exploração que constitui a sua motivação, não seja um impulso primário, mas que se constitua a partir de situações sociais compartilhadas com o adulto que funciona como *medium* (meio) em relação às coisas e aos eventos do mundo físico. Tais pesquisas mostram que existe uma outra criança, *antecedente* à piagetiana, descobridora e construtora da realidade, e que o jogo apresenta, desde o início, uma forte qualidade social.

Isso também fez repensar ou, pelo menos, conter dentro de limites mais restritos a idéia piagetiana do egocentrismo infantil que vê a criança em idade pré-escolar interagir com os coetâneos por períodos de tempo prolongados de maneira completamente solipsística e não social. Uma linha de pesquisa, que está amplamente apresentada em um outro ensaio desta parte da antologia (cf. Musatti, neste volume), corrige essa hipótese, evidenciando as conotações peculiares das trocas entre crianças em situações de jogo.

Dessas breves considerações surge a necessidade de delinear uma seqüência evolutiva do jogo de zero a três anos que esclareça, para cada etapa considerada, o entrelaçamento entre criança, objetos, pessoas no jogo, e evidencie a inter-relação entre aspectos cognitivos, afetivos e sociais. A partir dessa progressão, apresentada na primeira parte deste trabalho, serão discutidos alguns traços de uma "pedagogia do jogo" na creche, *setting* (ambiente) educacional absolutamente particular que se caracteriza pela presença de várias crianças aproximadamente da mesma idade e de figuras de referência diversas das parentais, com uma preparação pedagógica que deveria permitir a organização e administração de maneira consciente das situações de jogo oferecidas às crianças. Mas, para que essa possibilidade se traduza em realidade, é necessário iniciar a discussão — pelo menos no que diz respeito às atividades lúdicas, que é o tema que aqui nos compete — sobre as modalidades com as quais objetos e pessoas do *setting* creche são colocados para fazê-los interagir no jogo. Portanto, analisaremos algumas pesquisas no campo da avaliação de experiências de jogo na creche e, sem nos determos nas também importantes questões relativas à escolha dos materiais, aos tipos de atividades e à organização temporal da vida cotidiana na creche, identificaremos como problema principal o comportamento e o papel do adulto nas situações lúdicas. Já na família, primeira agência de socialização infantil, o espaço de jogo deveria ser estudado e potencializado. Ainda com maior razão, na creche, que se caracterizou, durante todos estes anos, pela busca de estratégias e modelos pedagógicos na medida da criança. Em particular, a interação adulto/criança e adulto/grupo de crianças constitui um elemento fundamental para caracterizar qualitativamente a creche como espaço educacional sobretudo em relação ao jogo, que é um dos mais difundidos e espontâneos comportamentos infantis. A espontaneidade de tal comportamento não deve, porém, fazer com que se esqueça que o espaço do jogo é, desde o início, um espaço que se constrói, uma experiência que se adquire enquanto compartilhada, que se enriquece através da incorporação de modelos "culturais" participados.

1. A CONSTRUÇÃO DO ESPAÇO DE JOGO ENTRE ADULTO E CRIANÇA: O OBJETO DE TRANSIÇÃO

Enquanto Piaget está atento em estudar o modo com o qual a criança chega, de um estado de indiferenciação inicial, a distinguir a si mesma do mundo externo, compreendido sobretudo no seu aspecto físico, a discriminar entre meios (as próprias ações) e fins (efeitos produzidos pelas ações sobre os objetos), a especificar-se como objeto entre objetos no espaço, o interesse dos psicanalistas infantis está voltando, em primeiro lugar, à questão de como um recém-nascido, partindo de uma total indiferenciação, constrói progressivamente, através das trocas que realiza com o ambiente — compreendido não somente em sentido físico, mas também e sobretudo social — o sentido da sua própria identidade pessoal. Este percurso é descrito por Winicott (1971) como a passagem de um estado de fusão total com o ambiente (a mãe) àquele onde a criança começa a ter consciência da própria individualidade (uma pessoa entre tantas pessoas, uma pessoa diferente de todas as outras); de um estado de não-integração primária, na qual aquele que posteriormente se tornará um Eu é um conjunto de sensações fragmentárias e desconexas, a um estado de integração caracterizado pela percepção de possuir um "dentro" e um "fora"; de um estado de não-personalização a um estado de personalização, caracterizado pela conquista da unidade psicossomática de um estado de dependência absoluta a uma situação de independência. Esse percurso, se bem realizado, leva à construção do Eu que confere ao indivíduo o sentido de ser real. É no jogo recíproco entre mãe e criança que, de forma totalmente paradoxal, a criança encontra o Eu através da descoberta do outro (a mãe), experimentando a frustração conseqüente à perda da sensação inicial de fusão.

Tal frustração é compensada por um sentimento de onipotência que dá à criança a impressão de ter ela mesma criado o objeto de que tinha necessidade. Quando o recém-nascido sente fome, pode vencer essa sensação desagradável *imaginando* de maneira mágica e onipotente o objeto que saciará a sua fome: o seio materno.

Se a mãe, em tempo razoável, satisfizer o impulso da criança, ela contribuirá para que se crie na criança a ilusão de ter ela mesma criado o objeto. "Quando a adaptação da mãe às necessidades da criança é suficientemente boa, ela fornece à criança a *ilusão* de que exista uma realidade externa que corresponde à capacidade da criança de criar (ibidem, p.39). Este espaço da ilusão — e o sentimento de onipotência que provoca na criança — constitui a base da experiência lúdica. Paradoxalmente, é justamente essa ilusão inicial que, fornecendo um grande reforço do Eu embrionário infantil, permite suportar mais tarde a desilusão, isto é, a descoberta da mãe como um ser fora da criança, como não-Eu, como objeto separado. O objeto de transição (um pedaço de lençol, a franja de um cobertor e, mais adiante, um bichinho de pelúcia, um brinquedo) — e o seu uso por parte da criança — assinala, justamente para a criança, a passagem de um estado de fusão com a mãe a um estado no qual, vendo-a como algo separado, pode entrar em relação com ela. O brinquedo de transição é de fato, para a criança, ao mesmo tempo, *eu* e *não eu*; é um objeto possuído, mas que parece gozar de vida própria. O seu valor lúdico é simbólico: substitui algo (a ausência da mãe), está no lugar da mãe, mas ao mesmo tempo não é a mãe, é um objeto independente dela. Se os cuidados maternos são suficientemente bons e dão segurança à criança, o objeto de transição pode tornar-se mais importante do que a própria mãe (a criança leva-o sempre consigo, o quer na cama, o procura ativamente se lhe for subtraído) e contribui, assim, para o nascimento de uma independência afetiva e para o interesse em relação ao mundo externo.

O instaurar-se da relação com o objeto, realizada através da área de jogo que une a mãe à criança, permite ao pequeno brincar sozinho, seguro de que a pessoa que ama "esteja disponível e continue a sê-lo mesmo quando é lembrada depois de ter sido esquecida" (Ibidem, p.93).

Outros estudos também de caráter psicanalítico, em particular os de Spitz e de Klein, tiveram o mérito de evidenciar que o impulso epistemofílico deriva de uma relação mãe/criança exitosa salientando a importância dos cuidados maternos e a qualidade da interação adulto/criança nos primeiros meses de vida[1]. O fato de que tais cuidados não fossem somente físicos mas que tivessem qualidades afetivo-emocionais era fortemente evidenciado nos autores mencionados; muito menos a descrição detalhada dessas habilidades complexas que as mães parecem possuir de maneira completamente natural. As pesquisas relativas aos "cuidados maternos" são, por outro lado, extremamente interessantes para quem, não como mãe, mas como educadora, tem relação com crianças pequenas, pois, demonstrando a possibilidade de estudo e de análise, mostram que são competências sob certos aspectos reproduzíveis, adquiríveis, melhoráveis também por quem interage com as crianças pequenas em contexto extrafamiliar.

2. O ADULTO COMO BRINQUEDO

A criança de poucos meses permanece a maior parte do tempo no berço, quase sempre deitada, o que não lhe permite uma ampla visão do mundo circunstante. Nessas condições, o que mais desperta interesse na criança, quando se encontra acordada, parece ser o rosto humano pelas suas características de mobilidade e expressividade que o diversificam e o destacam em relação aos outros objetos do ambiente (cf. Fantz, 1958, 1961, 1966). Assim como a mímica facial, os gestos e os movimentos do adulto que também atraem a atenção do bebê, em virtude da intencionalidade comunicativa que apresentam. Isso depende do fato de que, quando os adultos interagem com as crianças, o seu comportamento é fortemente influenciado por aquilo que a criança fez, faz ou irá fazer.

Do ponto de vista da criança, o adulto é um objeto interessante enquanto é capaz de responder de maneira ativa, adaptável e contingente em relação às ações e às expectativas infantis. Ainda do ponto de vista da criança, incapaz de governar e controlar os eventos do mundo externo, pela sua limitada possibilidade de movimento e de preensão, o adulto assume o papel de primeiro brinquedo, de primeiro "objeto" que ela pode tentar dominar e colocar sob seu próprio controle. Do ponto de vista do adulto, a eficácia do seu comportamento em relação à criança está estritamente ligada àqueles dotes e competências que Schaffer chama de "sensibilidade" e "prontidão" e àquela *responsividade*, que consiste na capacidade de adaptar de maneira flexível e sincronizada os próprios gestos e o próprio comportamento ao comportamento da criança. Se o adulto é o primeiro brinquedo, o único objeto com o qual a criança pode experimentar o seu próprio poder, então as primeiras brincadeiras são constituídas por situações felizes compartilhadas por adulto e criança.

Em situações favoráveis, ou seja, quando as crianças estão acordadas e mantidas comodamente em posição ereta, estas participam, já desde as primeiras semanas depois do nascimento, de trocas diádicas caracterizadas pela alternância dos turnos. Quando a mãe fala "frente a frente", nos jogos com a criança, ela demonstra uma

---

[1] Spitz confirma que a constituição da relação com o objeto, evidenciada pelo segundo organizador que leva ao reconhecimento da mãe como objeto não só fisicamente mas também afetivamente diferente de si, produz na criança um rápido desenvolvimento do interesse pelo circunstante, tanto físico, quanto social. Cf. Spitz (1958). Também para Klein, a criança que brinca é a criança que elaborou a separação da mãe cuja realidade é guardada no seu mundo interior. A introjeção do bom objeto interior, reduzindo os atos agressivos e libídicos em relação à mãe, permite que a criança se volte aos objetos do mundo exterior e inicie a sua progressiva exploração e conhecimento. Cf. Klein (1950).

notável capacidade de entrar de maneira apropriada na conversação, usando uma linguagem gestual e expressiva, constituída por sorrisos, pelo franzir das sobrancelhas, vocalizações, borbulhas. Parece que o comportamento espontâneo das crianças seja temporariamente organizado por mecanismos endógenos caracterizados por uma seqüência *on-off* (por exemplo: sorriso-pausa; vocalização-pausa) e que a mãe se adapte a este ritmo natural intervindo na interação durante as pausas. Constituem-se o que Schaffer chama pseudodiálogos que, mesmo não sendo verdadeiras conversações — devido à falta de uniformidade na capacidade dos dois *parceiros* —, caracterizam-se pelo perfeito sincronismo dos dois participantes (Schaffer, 1971, 1977 a).

Dois parecem ser os aspectos peculiares destas trocas entre mãe e criança:

— aquilo que inicialmente para a criança possui somente significado expressivo (sorriso, mímica facial, vocalização) pelo fato de ser interpretado pela mãe como sendo carregado de valores comunicativos, torna-se precocemente meio efetivo de comunicação (Spitz, 1958);

— a partir do momento em que a criança é envolvida cotidianamente em seqüências rituais análogas, ela se torna sempre mais capaz de assumir um papel ativo na troca e de produzir ações apropriadas, para manter a seqüência de atividade recíproca.

O valor lúdico desses rituais (conversações frente a frente, gestos e palavras trocados nos momentos da higiene, da refeição, do banho, antes de dormir) consiste no alto grau de previsibilidade para a criança, que os torna tranqüilizadores, juntamente com a sensação de poder assumir neles um papel ativo, de guia e controle do comportamento materno. Segundo Newson (1974), através desses jogos de reciprocidade constrói-se, entre adulto e criança, um sistema de expectativas recíprocas e um patrimônio de significados compartilhados. Salientam, sobretudo, a qualidade e a *coerência* dos cuidados prestados à criança e a importância dos hábitos, ao comunicar-se com uma determinada criança, o que torna única e irrepetível a história social.

Como observamos anteriormente, o aspecto mais relevante da capacidade interativa materna parece depender da sua tendência em atribuir significado e intencionalidade à expressão infantil. Esse precoce "efeito pigmalião", que de fato desenvolve a capacidade comunicativa da criança, a torna também capaz de previsão, lhe induz expectativas, a torna capaz de reconhecer uma cadeia de ações como evento, caracterizado por um início, um meio e um fim. O jogo, nesse período, configura-se como organização ritual de troca que se desenvolve em uma situação previsível com um final "dramático". Jogos típicos entre adulto e criança são os que terminam com um tombo fingido, com as cócegas, com um súbito aumento do tom de voz. São *happening*, como os chamam os Newson (1979), isto é, breves seqüências de ações, detectadas pela criança como unidade coerente que possui um êxito satisfatório. O êxito "dramático", a "cuminância" do *happening*, se torna excitante e chama a atenção da criança; a sua previsibilidade (o fato de que a seqüência de ações é compartilhada e conhecida) torna o êxito final tranqüilizador.

A produção de esquemas de referência, de expectativas e regras compartilhadas que caracterizam esses primeiros jogos evidenciam sobretudo a sua qualidade social. Estes assumem particular relevância em relação à origem do interesse da criança para o mundo dos objetos. Algumas pesquisas (Collis & Schaffer, 1975) mostram que durante o primeiro ano de vida as mães tendem a controlar e a acompanhar o interesse da criança para com o mundo circunstante, sincronizando os próprios olhares com os da criança e estruturando sua experiência através da seleção, assinalada pela ênfase gestual e vocal daqueles aspectos do ambiente ou daquelas ações infantis que o adulto considera relevantes. Esse papel de mediação do adulto em relação ao mundo circunstante é assinalado pelos Newson naqueles jogos interativos que tomam a forma de *triálogos*. A mãe amplia o próprio diálogo com a criança até incluir o brinquedinho, alternando de maneira rítmica a voz, o gesto (por exemplo, balançar um chocalho) e a intervenção da criança (por exemplo, vocalização, olhar) de maneira a deslocar a atenção da criança do próprio rosto ou das próprias mãos ao objeto. Através dessa função mediadora do adulto, o diálogo mãe-criança transforma-se em conversação a três, na qual o brinquedo é dotado daquele mesmo caráter de "prontidão de resposta" que caracteriza o parceiro humano. A partir desses jogos "a três", a mãe tende a sair progressivamente, logo que a criança demonstra ser capaz de apreciar e utilizar o brinquedinho sem a sua ajuda (J. e E. Newson, 1979).

3. O CORPO COMO BRINQUEDO: DA BOCA PARA A MÃO

"Em princípio o jogo é para a criança uma atividade que produz prazer erótico e envolve a boca, os dedos, a visão e toda a superfície do corpo. Esse jogo desenvolve-se sobre o próprio corpo da criança (jogo auto-erótico) ou sobre o da mãe (normalmente em relação à alimentação) sem uma clara distinção entre os dois corpos e sem nenhuma ordem ou preferência, sob este aspecto"(A. Freud, 1965). O brincar com o próprio corpo, de acordo com a interpretação analítica, constitui a fase inicial da atividade lúdica, em particular a sucção a vácuo, e é reforçada por todas aquelas situações prazerosas dos rituais cotidianos (a troca de fraldas, a nutrição, o banho) nas quais a criança é acariciada, tocada, manipulada. Até mesmo as observações de Piaget (1936, 1937) convergem ao considerar esses tipos de atividades lúdicas como primárias. A reação circular primária (repetição de uma nova adaptação casual), durante o segundo estágio da inteligência sensório-motora, prolonga-se em jogos que envolvem a língua (brincar com a língua e sugá-la) e a coordenação da mão e da sucção (sugar a mão e os dedos, sucção antecipatória). O exercício do reflexo da sucção generaliza-se através da repetição funcional lúdica, nas situações mais variadas e novas: o mundo é algo a ser sugado. Novas combinações corporais, junto ao esquema da sucção, são experimentadas pela criança e inseridas em esquemas lúdicos. Ao juntar as mãos, a criança sente uma nova sensação tátil somada a uma inédita visão das duas mãos no interior do campo visivo. O exercício funcional dos movimentos das mãos e dos dedos produz novas e significativas coordenações, entre as quais a da visão e da preensão que consente à criança segurar um objeto e explorá-lo através da visão (primeiramente, só se a mão e o objeto estão contemporaneamente presentes no campo visivo, depois somente na presença do objeto).

Logo que a criança for capaz de sentar de maneira apropriada (isto envolve uma considerável ampliação do raio da visão), embora o prazer da sucção permaneça por muito tempo preponderante, e cada objeto, logo que segurado, é levado para a boca, ela é induzida progressivamente a prestar atenção às suas próprias mãos e a observar as diferentes perspectivas que os objetos assumem quando segurados e vistos por ângulos diferentes. A mudança de interesse da boca para a mão, que permite um melhor domínio da realidade exterior, marca a passagem da fase na qual o interesse da criança refere-se prevalentemente às pessoas e aos objetos, somente enquanto utilizados no diálogo entre mãe e filho, à fase na qual a criança começa a prestar atenção a tudo aquilo que está ao alcance de suas mãos, a tudo aquilo que é possível fazer com as mãos.

4. A DESCOBERTA DO OBJETO

É a partir do terceiro estágio (4-8 meses) que a criança começa a demonstrar atenção em relação aos objetos e ao que se pode fazer com eles. O jogo, como a reação circular secundária, estende-se do próprio corpo aos objetos alcançáveis (a criança procura repetir uma ação realizada casualmente como: bater, golpear, balançar). É uma experiência habitual, para crianças um pouco maiores, ver a transformação da situação da refeição em uma ocasião de experimentação desenfreada e incontrolável, do ponto de vista do adulto. A criança, se lhe for permitido, esmiúça o alimento em pedacinhos, mistura os vários ingredientes, esmaga e faz papa com a palma das mãos e com os dedos, derrama a água contida no copo e observa com atenção as misturas realizadas. Contemporaneamente, os talheres são apanhados, lançados, e batidos repetidamente. Se o adulto permitir, instauram-se aqueles típicos jogos sociais do "dar e pegar", "lançar e fazer com que juntem", que a criança seria capaz de repetir infinitamente. O jogo da curiosidade torna-se prevalente: há uma incessante experimentação das propriedades dos materiais, dos objetos e das ações apropriadas[2]. Por esse motivo, a criança parece estar, para um observador menos atento, em uma fase mais destrutiva que construtiva: esforçando-se para penetrar nos mistérios das coisas, os objetos são sacudidos, dobrados, furados, rasgados. Até os 8-12 meses os objetos ainda não são percebidos como permanentemente estáveis, mas em estreita relação com o exercício dos esquemas de ação.[3] A descoberta da permanência do objeto e a do uso do objeto como instrumento são aquisições que caminham no mesmo ritmo, juntamente com uma outra série de jogos que são centrais para a criança aproximadamente no final do primeiro ano de idade: os jogos do tipo "esconder e achar", que consistem em fazer desaparecer e aparecer objetos. Fazem também parte dessa categoria as atividades do "colocar dentro" e do "tirar para fora" e os jogos sociais como o do esconde-esconde, que Bruner descreve como um dos mais difundidos entre adulto e criança (Bruner & Sherwood, 1976). As observações de cunho psicanalítico também concordam com as que se referem ao desenvolvimento cognitivo, ao confirmar o centralismo dessas situações lúdicas, colocando em evidência o significado emocional-afetivo. Conhece-se muito bem a descrição realizada por Freud (1920) da brincadeira de uma criança de 18 meses que ele observou pessoalmente. O jogo do pequeno Ernst, que os adultos da família consideravam uma criança remissa e

---

2   De acordo com Bruner (1972), o jogo representa a oportunidade para tentar novas combinações comportamentais que não poderiam ser experimentadas sob pressão funcional. Essa experimentação realiza-se através de um modelo muito próximo à estrutura da predicação, uma das mais universais da linguagem, que implica a distinção entre *topic* (sujeito) e *comment* (predicado). No jogo, a qualidade combinatória manifesta-se de acordo com o duplo esquema que diferencia uma função e os seus argumentos. Ou seja, assim como é possível atribuir a um sujeito um certo número de predicados que lhe convêm, do mesmo modo um objeto pode ser adaptado a um certo número possível de ações e uma ação pode ser realizada sobre um certo número de objetos apropriados.

3   Segundo Piaget, no primeiro e no segundo estágio da inteligência sensorial, o desaparecimento do objeto não gera, por parte da criança, nenhum comportamento de busca. Durante o terceiro estágio, o objeto é reconhecido até mesmo quando somente uma parte do mesmo é visível. A seguir, quarto estágio, o objeto é encontrado, afastando o obstáculo que o esconde e, enfim, no quinto estágio, a criança é capaz de remover um número maior de obstáculos a fim de alcançar o objeto.

obediente até mesmo nos momentos em que a mãe não estava presente, consistia em jogar longe todos os objetos que encontrava pela frente, divertindo-se em pedir aos familiares que os pegassem. Uma variante mais complexa do jogo era a de utilizar um carretel preso a um barbante e lançá-lo alternadamente para fora do alcance da sua visão pronunciando a palavra "fort" (longe, embora), para depois trazê-lo novamente para perto de si, exclamando: "da" (êi-lo!). Uma terceira variação do jogo consistia em fazer aparecer e desaparecer a sua própria imagem diante do espelho. Freud interpreta o jogo como uma dramática representação simbólica da perda da mãe e do seu reaparecimento, o que permite transformar de uma situação desagradável enfrentada em outra que a própria criança domina e controla.

Erikson (1950), retomando a interpretação de Freud, coloca em evidência o dispositivo através do qual a criança, no jogo, exercita tal controle. Quando lança os objetos para longe de si, o pequeno Ernst identifica-se com a mãe frustrante (identificação com o agressor) e, contemporaneamente, dá a ela um significado para a sua agressividade ("jogo-te fora, porque tu me abandonas"). Esta introjeção do objeto conduz ao controle da imagem materna ("se tu fores embora, voltarás, como volta o carretel quando o faço desaparecer, ou como volta a minha imagem no espelho, depois que me diverti fazendo-a desaparecer").

A brincadeira do "esconder e achar", nos seus aspectos cognitivos e afetivos, mostra a evolução do relacionamento com o objeto, o realizado reconhecimento do não-eu, que é ao mesmo tempo realidade física, objetivamente percebida, e realidade emocional; evidencia, além disso, como a descoberta do mundo dos objetos e qualquer forma de conhecimento aconteça em função da qualidade do relacionamento que a criança estabelece com as figuras adultas das quais depende, e salienta a estreita ligação entre a inteligência e a afetividade. Mostra enfim que atividades infantis aparentemente situáveis em uma relação solitária entre criança e objetos são dotadas de qualidades sociais e de valores comunicativos.

5. DA APROPRIADA À IMPRÓPRIA UTILIZAÇÃO DOS OBJETOS: O FAZ-DE-CONTA

Garvey (1977, p. 56) diz: "as crianças pequenas estão sempre procurando descobrir o que as coisas são, como funcionam e o que se pode fazer com elas... A criança, diante de um objeto não familiar, tende a estabelecer uma cadeia que, passando da exploração à familiarização, chega à compreensão; uma seqüência muitas vezes repetida que leva a uma visão mais madura das características (forma, estrutura, dimensão) do mundo físico". Existe, portanto, uma evolução progressiva que pode ser esquematicamente resumida da seguinte maneira:

— aproximadamente aos 9 meses, a criança segura o objeto mais próximo, o leva para a boca, o inspeciona e o movimenta utilizando somente poucos modelos de ação;
— em torno dos 12 meses a exploração precede qualquer outro tipo de ação; o objeto não possui ainda uma permanência própria, mas existe em função das ações que a criança realiza sobre ele;
— em torno dos 15 meses aparecem classificações significativas dos objetos: a criança junta objetos que correspondem a atividades similares da vida cotidiana. Os objetos começam a ser usados de acordo com os seus significados afetivos ou convencionais (o uso da escova para pentear-se, o uso da colher para comer, etc.);

— entre os 15 e os 21 meses, há uma transformação: a criança realiza ações sobre objetos imaginários ou então dá um significado incomum a um objeto conhecido. São as primeiras formas do jogo simbólico, a ação do "fazer-de-conta", o uso não-literal dos objetos.

A passagem do uso convencional para o não-convencional situa-se no final do período sensório-motor, durante o qual a criança pode adquirir um conhecimento suficiente dos objetos usuais, para integrá-los às atividades quotidianas. É a partir desse conhecimento que os esquemas de ação são transformados em atos significativos. Alguns dos pesquisadores do Cresas (Lézine *et al.*, 1982) observam que as primeiras formas do jogo simbólico são caracterizadas por ações realizadas sobre os brinquedos (bonecas, ursinhos), que assumem o papel de co-atores (ou atores coadjuvantes) nas brincadeiras (por exemplo, a criança dá de comer para a boneca ou a penteia). Seguem-se imitações de situações mais complexas que envolvem ou mais ações em seqüência (por exemplo, amamentar a boneca, limpar a sua boca, levá-la para dormir) ou mais brinquedos (por exemplo, a criança dá comida para o urso, depois para a boneca e, enfim, para um bichinho de pelúcia). Uma etapa posterior é constituída pela atribuição de comportamentos ativos aos brinquedos, aos quais são entregues pratos e colheres para que comam ou são colocados em frente ao espelho, ao penteá-los. Mais tarde observa-se a representação por meio de substitutos simbólicos ou de objetos imaginários (por exemplo, pedacinhos de papel no prato da boneca representam a comida, ou a criança imita a ação de recolher alguma coisa do chão para oferecer ao seu urso). Somente pelos dois anos e meio de idade é que o jogo simbólico torna-se mais elaborado e a criança é capaz de construir cenários imaginários no qual dramatiza seqüências de ação sempre mais longas.

Na perspectiva piagetina (Piaget, 1945), o jogo simbólico mostra o início da função representativa que permite evocar e antecipar a realidade. Ela torna possível imaginar seqüências de ações e avaliar sua concatenação e seus efeitos, antes de executá-las de fato. A criança pode então pensar no objeto mesmo quando este não está presente fisicamente e pode evocá-lo através de um símbolo, que por analogia remete ao objeto representado. A interiorização de esquemas de ação adquiridos e sua representação mental revelam-se também na "imitação diferenciada", ou seja, na capacidade de reproduzir um modelo não imediatamente presente. Nas formas simbólicas da atividade lúdica, resulta portanto difícil isolar os componentes imitativos do jogo dos componentes propriamente lúdicos, caracterizados, segundo Piaget, pela assimilação dos objetos às exigências do Eu infantil. Não só isso, no jogo simbólico, coisas e significados aparecem, paradoxalmente, distintos e indistintos. Por isso Vygotsky (1966) observa a natureza transicional do jogo, imediatamente entre as constrições puramente situacionais da primeira infância e o pensamento, completamente desvinculado das situações reais. No jogo, as coisas, de uma posição de predomínio, assumem uma posição subordinada. Na estrutura significado/ objeto criada no jogo é o significado, ou seja, é a idéia que domina e determina o comportamento da criança.

O jogo do faz-de-conta, até mesmo nas suas formas embrionárias, possui qualidades emocionais e afetivas que foram salientadas principalmente pela literatura psicanalítica. Observa-se que a criança não reproduz somente variações deformando a experiência real em função dos seus próprios desejos ou para acalmar suas próprias angústias. Os dois mecanismos da projeção e da identificação[4], mediante os quais se estabelecem relações dinâmicas entre o Eu da criança e a realidade, produzem justamente aquelas variações e aquelas mesmas que levam a definir o pensamento infantil como mágico e animista. As interpretações simbólicas, no sentido forte do jogo infantil, mostram como a criança, em torno dos dois anos de idade, não esteja somente empenhada no conhecimento e na descoberta do mundo dos objetos, mas procure controlar e elaborar, através dos meios de que dispõe, o seu mundo interior, constituído de sentimentos, afetos e medos que ainda não é capaz de reconhecer e identificar. Desse ponto de vista, o jogo do faz-de-conta é uma maneira de exercitar e testar o próprio Eu, seja atribuindo algumas de suas partes a outros (brinquedos, colegas), seja imaginando ser um outro, experimentando, assim, diversas possibilidades de ser.

6. A QUALIDADE DO JOGO

Nas páginas anteriores, traçamos uma progressão evolutiva na qual a partir de situações de jogo entre adulto e criança, passando através da exploração e da descoberta do objeto, alcança-se o início do jogo do "faz-de-conta" e a conquista de um comportamento "não literal" em relação à realidade exterior. Dessa progressão, na qual somente alguns aspectos do comportamento lúdico foram examinados — os jogos com a linguagem e as relações entre coetâneos no jogo são amplamente tratados em outros ensaios desta parte da antologia (cf. Albanese & Antoniotti; Musatti, neste volume) —, é de qualquer forma possível evidenciar algumas características do jogo infantil, para tornar mais claro o seu aproveitamento no sentido educacional:

— o jogo é uma atividade automotivada (que pode ser compartilhada, mas não imposta) na qual as ações são tão mais produtivas quanto mais desvinculadas de tarefas específicas (prevalece o interesse pelo "processo" sobre o interesse pelo "produto"), que acontece em um tempo definido pela liberdade das pressões funcionais (depois que as necessidades primárias foram satisfeitas). É então essa possibilidade de livre experimentação em situação protegida que distingue o jogo do não-jogo;

— desde o início, o jogo possui uma qualidade social de alegre troca entre adulto e criança na qual, através de adaptações recíprocas, descobrem-se significados compartilhados. Essa qualidade social se mantém também mais adiante, seja quando a criança amplia a sua atenção ao mundo dos objetos (exploração do ambiente, a partir daquela "base segura" constituída pela figura adulta interiorizada), seja quando começa a compartilhar a sua própria brincadeira com outras crianças;

— aspectos cognitivos e afetivos estão estritamente entrelaçados no jogo, apesar de as pesquisas a esse propósito terem privilegiado ora um aspecto, ora o outro. Isso significa que o exercício da inteligência, a descoberta das propriedades dos objetos, a aquisição das primeiras e embrionárias formas lógicas são favorecidos se o jogo acontece em um clima de tranqüilidade, que permite à criança tentar, e experimentar,

---

[4] A projeção é um dispositivo através do qual se atribui, de maneira inconsciente, um desejo ou impulso próprio a alguma outra pessoa ou a algum objeto do mundo exterior (por exemplo, o brinquedo). A identificação é o processo pelo qual nos tornamos parecidos com alguma coisa ou com alguém. A identificação com o agressor, de modo particular, permite que a criança, no jogo da fantasia, atribua a si própria as características das pessoas que ela considera ameaçadoras, transformando-se de agredido em agressor (cf. A. Freud 1936).

proceder através de tentativas e de erros, sem medo de "errar" ou de ser punida em conseqüência de suas ações. Significa que, também no jogo, não é somente a criança que tenta acomodar-se à realidade, colhendo as propriedades e as características, mas que, ao fazer isso, reveste o mundo externo com algo de si, a fim de torná-lo mais familiar e compreensível: a conquista da realidade e a descoberta de si são processos que se entrelaçam;

— o jogo é um fenômeno que, mesmo manifestando-se precocemente e naturalmente, sofre notáveis variações (de duração, intensidade, articulação) não somente em função da idade, mas também do contexto no qual se realiza. A presença ou não do adulto, a presença ou não de outras crianças, a idade do grupo de jogo, o grau de familiaridade com os colegas, a presença ou não de materiais e de suas características são todos aspectos que influenciam e orientam a qualidade do jogo.

Falar em qualidade do jogo não significa exclusivamente enunciar as características peculiares que o diferenciam de outros "espaços" da experiência infantil, mas significa descrever potencialidades educacionais que ele pode oferecer nos diferentes contextos onde se realiza (a casa, a rua, o quintal, as instituições para a infância, a escola). Em cada um desses territórios, o terreno de jogo não só se especifica em função dos espaços limítrofes que o delimitam (os lugares dos adultos, do trabalho, do ritual, da instituição, só para citar alguns exemplos) e o conotam diversamente como transgressão, recreação, passatempo, mas se qualifica também, em relação à intencionalidade educacional a ele atribuída: inferior, tratando-se de pedagogia espontânea; mais pronunciada quando as finalidades são declaradas e sistematicamente perseguidas.

7. O JOGO NA CRECHE

Muito se falou e foi feito em relação à estruturação física da creche como ambiente de jogo. A preparação de ângulos dotados de material adaptado (brinquedos e material não-estruturado) para o jogo da família, do mercado, da manipulação, dos disfarces, o equipamento dos espaços mais amplos, com estruturas para o jogo motor, a decoração dos locais com materiais e brinquedos típicos, tais como os tapetes, o espelho, o triciclo, os fantoches, as bonecas, a caixa de areia ao ar livre, já são elementos do ambiente adquiridos pela maior parte das creches, contribuindo a torná-las lugares agradáveis, coloridos, atraentes para os pequenos que ali passam o dia. O jogo na creche, deste ponto de vista, se enriquece com muitos elementos em relação àquilo que uma criança da mesma idade pode realizar em casa, onde o ambiente restrito e monopolizado pelos adultos juntamente com as proibições dos pais, referentes ao desenvolvimento de atividades desordenadas ou de atividades que sujam, limita muito as possibilidades motoras e de livre exploração por parte das crianças. Na creche, a criança tem a possibilidade de brincar com materiais e brinquedos de diferentes dimensões muito maiores do que aqueles que os espaços domésticos permitem, enriquecendo assim a sua habilidade motora e as suas experiências com materiais e objetos diversos. Além disso, como já foi muitas vezes observado, a creche oferece a possibilidade de interagir com os coetâneos e isso também pode constituir um enriquecimento em relação às situações domésticas onde, no melhor dos casos, a criança pode ter a ocasião de brincar com um irmão um pouco maior. Enfim, na creche um *set* (uma equipe) de adultos está ao completo dispor das crianças, não somente para garantir a sua segurança e os cuidados necessários, mas também para organizar e preparar as ocasiões lúdicas.

Todos esses elementos, que fazem da creche um espaço de jogo potencialmente rico e estimulante, não parecem ser suficientes, por si sós, para garantir que uma criança de zero a três anos seja capaz de desfrutá-lo positivamente.

Em primeiro lugar, para a inibição ou diminuição das atitudes lúdicas podem contribuir seja a falta de elaboração da angústia pela separação da figura materna devido à percepção de um clima não suficientemente tranqüilizador, seja a introdução no grupo de jogo sem mediações, o que pode assumir conotações "traumáticas" e pode favorecer formas demasiado prolongadas de jogo solitário. Além disto, o interesse pelas atividades pode ser desestimulado por sua monotonia e pelo uso habitual de materiais e objetos: quando o jogo se torna repetitivo e estereotipado podem surgir momentos até prolongados de tédio com as típicas manifestações de comportamentos autísticos, freqüentemente observáveis (sugar o polegar, automanipular-se). Enfim, até mesmo a passagem demasiado brusca de atividades reguladas e estruturadas para situações lúdicas pode contribuir para transformar estas últimas ocasiões de desabafo incontrolável e, às vezes, destrutivo.

A direção do jogo infantil é pois uma competência muito complexa e articulada que certamente deveria ser mais estudada. A única pesquisa sobre o assunto (Callari Galli, 1982, 1983), relativa à situação italiana, denuncia sobretudo a rigidez e a dificuldade das educadoras em interagir de modo "lúdico" com as crianças e em programar ocasiões de jogo variadas e motivadoras. As observações feitas não são generalizáveis, visto que consideram somente algumas creches, em uma particular situação territorial. Trata-se, porém, de uma interação entre o adulto e a criança e da organização do *setting* (conjunto) educacional que aparecem de forma bastante difundida.

Nas creches observadas, salienta-se em particular a predominância de ocasiões lúdicas conduzidas por regras convencionais, ditadas pelo adulto, e pela quase total ausência de jogos de livre movimentação e de fantasia. A esse desequilíbrio correspondem a utilização quase exclusiva de brinquedos estruturados, que objetivam a aquisição de habilidades cognitivas específicas, e a escassa presença de materiais para jogos "sensoriais e afetivos". Essa escolha está enfim relacionada a um típico comportamento do adulto que intervém no jogo exclusivamente para guiar e controlar o uso que as crianças fazem dos objetos (distribuição das tarefas e explicações do funcionamento correto dos materiais), sem participar nem da criação nem do desenvolvimento da atividade lúdica.

Dessas observações surge a hipótese de que a focalização do material de jogo, unida à distância emocional assumida pelo adulto, que funciona exclusivamente como garantia da ordem e da correção, seja funcional para um processo de socialização entendido como interiorização de normas propedêuticas de comportamento para a assunção de papéis pré-constituídos e, contemporaneamente, incida negativamente sobre o desenvolvimento dos processos da comunicação.

Essas observações são confirmadas, indiretamente, por outros estudos que objetivam a descrição das representações sociais das educadoras (imagens das finalidades da creche) e a identificação de tipologias de estilos educacionais (Becchi & Bondioli, 1983; Emiliani & Molinari, 1985). À imagem da creche como " primeira escola" corresponde um comportamento de aproveitamento sistemático de ocasiões de aprendizagem que se configuram mais como atividades guiadas e reguladas pelo adulto do que como verdadeiras situações lúdicas. Por outro lado, a imagem de creche assistencial, voltada a compensar eventuais carências afetivas, não desenvolve uma pedagogia do jogo mais coerente, pois o adulto, mesmo dando mais espaço ao jogo livre, não intervém nele com propostas e estímulos adequados.

As dificuldades encontradas ao produzir uma adequada direção do jogo infantil na creche parecem, então, fortemente ligadas a "ideologias educacionais" enraizadas e muito pouco submetidas a discussão e verificação. A primeira dessas "ideologias" considera o jogo como um espaço no qual a criança pode exercitar habilidades cognitivas, sempre mais complexas, de modo totalmente livre e espontâneo. Isso implica para o adulto assumir a tarefa de organizar o espaço com materiais apropriados, sendo porém moderado na intervenção da seqüência lúdica, devido ao temor de introduzir nela elementos estranhos, de sobrepor de forma demasiado direcionada as próprias idéias às idéias das crianças, de destruir a criatividade infantil. A adesão a teorias psicanalíticas (em suas versões simplificadas e de divulgação) conduz às mesmas conclusões que vêem no jogo, sobretudo no jogo de faz-de-conta, uma ocasião catártica de elaboração de angústias, uma forma de autoterapia que a intervenção do adulto acabaria por inibir ou bloquear. Até mesmo a convicção da precocidade das trocas sociais entre crianças, levando a superestimar o papel dos colegas, acaba considerando o jogo como um espaço exclusivamente infantil, do qual o adulto se auto- exclui por focalizar a sua própria intervenção em situações mais regradas, como as conversações, as atividades guiadas, os momentos de rotina.

Junto a essa ideologia do *laissez faire* (deixar fazer) encontramos concepções educacionais muito mais direcionadas que vêem no jogo uma ocasião que não deve ser desperdiçada para objetivos de aprendizagem, e que deve portanto ser regulada e guiada pelo adulto, para não tornar-se ineficiente e dispersiva. O adulto aproveita sistematicamente o terreno de jogo transformando as atividades lúdicas em situações didáticas (ensinamento de noções e regras de comportamento). Esta segunda estratégia é sustentada pela convicção de que a criança da creche seja essencialmente egocêntrica, tanto do ponto de vista cognitivo quanto social, e que o adulto pode ajudar na superação dessa fase, colocando-se como porta-voz da realidade (em relação ao animismo da criança) e das convenções sociais (em relação à incapacidade infantil de colocar-se no lugar do outro, do ponto de vista do outro).

Se nos detivemos sobre esses modelos "negativos" de direção do jogo infantil, propositalmente esquematizados e oferecidos por contraposição, foi para ressaltar outras possíveis formas de intervenção do adulto no jogo que parecem eficazes para finalidades educativas e mais alinhadas com as qualidades que caracterizam a experiência lúdica. Com base nas pesquisas disponíveis, que não são muito numerosas, tentaremos mostrar que uma adequada direção do jogo infantil passa pelo conjunto das mediações que o adulto pode oferecer a cada criança, referentes às suas necessidades e àquilo que ela já sabe fazer, em relação ao mundo dos objetos e às outras crianças. Ela é, pois, determinada pela qualidade das estratégias e dos dispositivos colocados em prática pelo adulto, a fim de facilitar e enriquecer, no sentido social e/ou cognitivo, a experiência lúdica de cada criança. São muitos os "registros" a serem ativados, e a habilidade da educadora consiste justamente em lidar com esses diferentes registros em função da idade, das competências da criança e das intenções a que se propõe. Apresentaremos portanto algumas dessas modalidades, levando em consideração as pesquisas disponíveis, conscientes de que se trata de uma hipótese de trabalho que deveria ser aprofundada e verificada.

7.1. O comportamento não-direcionado com os bebês

Como interagir de forma lúdica com os bebês que parecem sobretudo necessitados de cuidados físicos, incapazes e inconsistentes na atenção, indecifráveis nas suas manifestações expressivas? A literatura relativa ao *mothering* nos oferece uma série de exemplos retirados da observação da díade mãe-criança que evidenciam como o instaurar-se das primeiras formas de comunicação entre adulto e criança depende de uma série de competências que podem ser adquiridas e melhoradas, as quais podem resumir-se em:

— capacidade de responder aos primeiros sinais infantis (choro, vocalizações, mímicas faciais) e de atribuir a estes um significado, inserindo-os no diálogo a dois;
— atenção aos retrocessos da criança durante a interação que conduz a variações do próprio comportamento, de modo a torná-lo contingente e complementar em relação ao comportamento da criança;
— disponibilidade na criação de situações de prazer nas quais as crianças possam exercitar formas de controle e incentivar aquilo que Schaeffer (1977 a) chama de "motivação ao efeito";
— habilidade ao dirigir a atenção da criança sobre elementos do mundo externo, reforçando os primeiros comportamentos de tipo exploratório;
— coerência ao introduzir ritmos e regularidade nas atividades compartilhadas, para torná-las compreensíveis e previsíveis para a criança, e permitir-lhe a sua participação ativa.

Todas essas habilidades que, como já vimos nos primeiros parágrafos, se manifestam nos primeiros jogos "cara a cara" entre a criança e o adulto disponível podem ser consideradas aspectos de um comportamento não-direcionado, que não pretende ensinar alguma coisa à criança, mas exprime atenção por todas as manifestações do comportamento infantil e tende a confirmá-las, recuperando-as, estendendo-as, dando-lhes assim significado e organização.

Esse comportamento parece ser eficaz não somente na condução e na orientação da comunicação entre o adulto e o bebê, mas também na facilitação das suas primeiras manipulações e explorações (Mantovani, 1982a). Neste caso, as dificuldades são maiores, visto que, para uma criança entre os 12 e 14 meses, o adulto é o pólo privilegiado da atenção. Trata-se, então, de mudar o foco de interesse do pequenino em direção à exploração e à manipulação dos objetos. A pesquisa citada anteriormente salienta a eficácica de um estilo interativo que alterna momentos de confirmação "passiva" (intervenção do adulto apta a permitir as ações da criança, retirando obstáculos ou oferecendo objetos distantes) com momentos de confirmação "ativa", quando a criança mostra claramente que deseja a atenção e a aprovação do adulto.

7.2. A observação participativa

Depois dos 15 meses, as crianças não só voltam em maior grau a própria atenção ao mundo dos objetos que os empenham em manipulações cada vez mais refinadas, mas são capazes de interagir positivamente em um pequeno grupo de coetâneos conhecidos. Algumas pesquisas (Musatti, 1984) relativas às precoces interações sociais mostram como os pequeninos de 12 a 18 meses, em situações de exploração, com pequenos ou grandes objetos, sejam capazes de criar-se problemas e de resolvê-los em conjunto, utilizando duas estratégias de interação: a imitação organizadora, que consiste no aproveitamento de alguma parte da atividade de um outro, enriquecendo assim o seu próprio jogo com novas idéias, e a assunção de um papel complementar, ou seja, a adaptação intencional das próprias ações ao projeto de jogo do colega.

Nesses casos, o adulto que observa atentamente o andamento da atividade das crianças sem intervir diretamente, manifestando atenção e interesse pelas realizações das crianças, respondendo aos seus pedidos através da mímica do rosto e com uma atitude de disponibilidade que não impede a sua aproximação, parece agir como uma presença tranqüilizadora. Observou-se como essa presença tranqüilizadora da educadora favoreça os comportamentos de autonomia e de exploração no jogo (Stambak *et al.*, 1983). Além disso, evidenciou-se que as crianças são capazes de regular o envolvimento do adulto de forma diferente dependendo das situações, formulando pedidos de autorização e de aprovação em situações insólitas ou associadas a precedentes proibições (jogos com água, pintura), de auxílio e informação, quando não são capazes de resolverem por conta própria uma tarefa, e de atenção quando, durante a atividade de manipulação e construção, mostram ou oferecem ao adulto as próprias realizações (Bonica, 1983). Essas pesquisas, realizadas nas creches, confirmam e estendem os resultados de outros estudos (Ainsworth & Bell 1970) que enfrentaram a relação entre apego e exploração, na díade mãe-criança, e mostram como até mesmo uma figura de referência diferente da figura materna pode fornecer aquela "base segura" que permite comportamentos de exploração, de descoberta e de curiosidade em relação aos objetos e às novas situações.

Uma variação dessa modalidade não direcionada de relacionamento entre adulto e grupo de crianças pode ser definida como jogo paralelo. O adulto utiliza o mesmo material da criança sem entrar diretamente no jogo. O adulto, neste segundo caso, além de garantir uma presença tranqüilizadora, necessária para motivar comportamentos lúdicos, pode cumprir uma função desinibidora em relação àquelas crianças que demonstram dificuldade ou medo ao enfrentar materiais pouco conhecidos e situações inéditas.

7.3. Dentro do jogo: o adulto como co-ator

Um dos pontos mais assimilados pela pedagogia da creche é que a intervenção do adulto deva ser a mais "interna" possível à experiência infantil, deva evitar fraturas demasiado profundas entre o adulto e criança, sem por isso perder a função de estímulo e de guia. A capacidade do adulto de entrar no jogo infantil como um companheiro que deixa a criança livre na escolha dos temas, na distribuição dos papéis, no controle do andamento e, ao mesmo tempo, participa desenvolvendo um papel ativo de co-ator foi pouco estudada.

Ponzo (1983) sugere que essa capacidade depende da possibilidade que o adulto possui muito mais do que a criança — mas que nem sempre desfruta — de brincar com o seu próprio papel. Para entrar no jogo "na medida da criança, o adulto é obrigado a abandonar o papel de 'adulto que brinca com a criança' e fazer de conta que é uma criança da mesma idade daquela com quem está brincando". Para conseguir isso, é preciso produzir aquela "potencial regressão ao serviço do Eu" da qual Kris (1952) fala referindo-se à criatividade artística e ao humorismo, que consiste em uma parcial e temporária restauração dos processos ideativos de tipo primário (analogia, simbolismo, mudança, condensação). Instaurar-se-ia, então, entre o adulto que brinca "como se fosse criança" e a própria criança, uma dialética mágica e lógica que enriqueceria a experiência lúdica de ambos. O jogo, que é regido pela ambigüidade (entre realidade e magia, entre símbolo e coisa representada), resultaria potencializado pois o adulto saberia, de maneira controlada, introduzir no jogo, sem alterar a qualidade, elementos novos e variados. Para que isso aconteça é necessário que o adulto preste muita atenção na progressão evolutiva da criança com quem brinca, que saiba reconhecer não somente as atividades lúdicas imediatamente satisfatórias para a criança, mas que saiba intuir quando a criança está pronta para um salto de qualidade, intervindo com propostas de jogo inéditas ou mais complexas. A cada vez, o adulto deveria ser um companheiro dócil, capaz de adaptar-se aos papéis e às situações propostas pela criança, e um aliado capaz de inventar jogos novos. Em todo caso, as retroações que a criança fornece com o seu comportamento trazem para o adulto informações sobre a sua capacidade de estar dentro do jogo sem prevaricar.

A cumplicidade que se cria entre adulto e criança que brincam juntos não possui somente o efeito de oferecer à criança uma gama de possibilidades lúdicas posteriores, em relação àquela que poderia experimentar sozinha ou com os colegas, mas também permite ao adulto a redescoberta de aspectos de sua infância esquecida. A redescoberta, a compreensão, o reconciliar-se com a própria infância talvez seja um dos aspectos do profissionalismo dos educadores mais descuidado, menos estudado que, no controle do jogo, possui um papel central, pois sem a identificação da realidade infantil torna-se difícil, se não impossível, permitir, facilitar, potencializar também nas crianças aquele relacionamento satisfatório e criativo com o mundo que é ativado pela dimensão lúdica.

14

"Aquele Sou Eu": A Criança Frente ao Espelho — Relação com o outro e Exploração Cognitiva

Paola Molina

O recém-nascido tem com a mãe uma relação de fusão total: não é só completamente dependente de seus cuidados para sobreviver, mas também é incapaz de distinguir-se dela e de perceber-se de maneira unitária e separada do mundo externo.

Durante os primeiros três anos de vida realiza-se o processo que o leva a constituir-se como ser independente, capaz de estabelecer relações diversas com pessoas diferentes e de funcionar de maneira autônoma. É o processo que leva à primeira aquisição da própria identidade como ser separado e que assinala, de acordo com M. Mahler, o verdadeiro e próprio nascimento psicológico: um processo que envolve ao mesmo tempo aspectos cognitivos e afetivos (relacionais) que se entrelaçam no constituir-se da identidade específica de cada pequeno ser humano.

Podemos observar um reflexo desse processo na maneira como a criança reage à própria imagem no espelho, imagem que pode ser considerada "o espelho da consciência, o seu revelador; [e que] é o [caminho], melhor, ou talvez o único, para fazer-nos compreender como a criança alcança aquela apropriação que chamamos conhecimento de si" (Zazzo, 1975, p.400).

"Reconhecer-se" na imagem oferecida pelo espelho é para o adulto um gesto banal, cotidiano. Dificilmente somos levados a refletir sobre o fato de que não pode tratar-se de um "re-conhecimento" verdadeiro e próprio, pois a totalidade do nosso corpo, e em particular o nosso rosto, só nos são acessíveis através da mediação, justamente, da imagem do espelho.[1]

Para a criança, a identificação da própria imagem não é comum, e o reconhecimento acontece no final de um processo que é paralelo àquele que a leva a constituir

---

1 Esta função do espelho como "revelação" do nosso ser mais profundo, e até como poder sobre ele, está porém bem presente no imaginário coletivo; pense-se na crença que recomenda às crianças não se olharem no espelho porque se tornariam feias. Da mesma maneira o mito ressalta a complexidade do processo de aquisição da própria imagem, isolando e reificando uma etapa: Narciso enamora-se da própria sombra acreditando que esta seja real.

a sua própria identidade, processo que "vai da ilusão de realidade ao reconhecimento de si, e da confusão com o outro à consciência da própria identidade" (Boulanger-Balleyguier 1967, p. 111).

Seguiremos, portanto, esse duplo trilho na nossa exposição.

Por um lado, examinaremos a conduta da criança frente ao espelho, procurando delinear o processo que a leva a reconhecer a própria imagem, identificando uma série de estados evolutivos sobre os quais é possível encontrar o acordo dos diversos autores.

Por outro lado, discutiremos, pelo contrário, os significados que a conduta frente à própria imagem pode assumir em relação à construção da identidade da criança, utilizando as contribuições que a psicanálise ofereceu, a partir de Lacan, ao problema do significado do "estágio do espelho", para o desenvolvimento do Eu. Paralelamente, veremos também como alguns aspectos da conduta da criança, não facilmente interpretáveis em outros termos, podem ser compreendidos, levando-se em conta a progressiva estruturação do Eu e do Tu, realizada em cada criança pela relação primária com a mãe.

O objeto de nossa pesquisa apresenta-se portanto como algo muito complexo e rico em vários aspectos: parece-nos importante levar em conta todos os aspectos implicados para não fornecer uma visão redutora.

De fato, nem sempre os resultados da observação e experimentação estão de acordo, sobretudo no que diz respeito ao aparecimento de uma determinada conduta (a sucessão dos comportamentos parece-nos, ao contrário, menos controversa).

Em parte isso se deve a diferenças no *setting* experimental (ver tabela 1), que tornam os dados dificilmente confrontáveis.

Porém, deve-se levar em conta que as pesquisas pioneiras, ainda que conduzidas em ambientes menos "controlados" do que os modernos laboratórios (as primeiras são as observações de Darwin sobre o próprio filho, publicadas em 1877), fornecem ainda hoje uma série de informações, de sugestões, de problemas, enfim uma riqueza de situações nem sempre encontradas nos trabalhos mais recentes: isso não só porque se trata de observações conduzidas em ambientes mais naturais, mas sobretudo porque o comportamento da criança frente ao espelho não era observado isoladamente, mas inserido no contexto mais complexo da totalidade do seu desenvolvimento.

No entanto, permanecem divergências de fundo sobre os mecanismos explicativos do processo de auto-reconhecimento, diferenças que determinam também o tipo de dados e de material que é coletado ou interpretado.

Além disso, é preciso levar em consideração que muitos dados ainda não estão à nossa disposição, pois faltam pesquisas específicas a respeito. Pense-se apenas que os nossos conhecimentos sobre a especificidade de uma situação como a da creche, na qual a criança se vê confrontada com diversos espelhos humanos, tanto adultos quanto crianças, ainda são muito parciais.

1. ILUSÃO DE REALIDADE

1.1. Frente ao espelho

A partir do terceiro mês (de acordo com Boulanger-Balleyguier, 1964, até antes, se estiver na posição adequada) a criança se interessa pela imagem do espelho, reagindo de maneira comparável à reação que apresenta diante dos rostos humanos ou das representações destes.

TABELA 1

	Observador	Local	Número	Tempo	Espelho	Vêem-se
Darwin (1887)	Pai	A casa da criança	1	Primeiro ano de vida, longitudinal	Vários, disponíveis em casa	Só ou com familiares
Preyer (1881)	Pai	A casa da criança	1	Primeiros dois anos de vida, longitudinal	Vários, disponíveis em casa	Só ou com familiares
Guillaume (1926)	Pai	A casa das crianças	2	Primeiros dois anos de vida, longitudinal	Vários, disponíveis em casa	Sós ou com familiares
Zazzo (1948)	Pai	A casa da criança	1	Primeiros três anos de vida, longitudinal	Vários, disponíveis em casa	Só ou com familiares
Brunet, Lézine (1949)	Genitores	As casas das crianças	12	Até 28 meses, longitudinal	Não-especificados	Sós ou com familiares
Dixon (1957)	Mãe	As casas das crianças	5 (dos quais 2 gêmeos)	4-16 meses, longitudinal	Pendurado em um lado do berço	Sós ou com a mãe
Boulanger-Balleyguier (1964-1967)	Estranho	As casas das crianças	38	Primeiros dois anos de vida, longitudinal (1 observação por mês)	Manipulável 24 x 36cm	Sós, com a mãe, com o observador ou com um objeto
Amsterdam (1972)	Estranho	Laboratório	88+2	3-24 meses, transversal; 12-24 meses (para 2 sujeitos)	Pendurado na parede de um recinto, 28 x 118 cm	Sós, com a mãe, com o observador ou com um objeto
Papousek, Papousek (1974)	Estranho	Laboratório	11	5 meses	2 monitores de TV a 1,5 m da criança (sobre uma cadeira de criança)	Sós
Zazzo (1975-1977)	Estranho	Laboratório	36 (gêmeos mono e dizigotos)	10-33 meses, transversal (de 1 a 4 observações por sujeito)	Dispositivo vidro/espelho de parede, redondo, diâmetro de 50 cm	Sós, com a mãe ou com uma luz intermitente
Bertenthal, Fischer (1978)	Estranho	Laboratório	48	Transversal, 6 grupos de idade: 0;06 — 0;08 — 0;10 1;00 — 1;06 — 2;00	De parede, 141 x 39,4 cm, com uma base de madeira 48,3 x 40,3 cm	Sós ou com um objeto
Gouin-Décarie et al. (1983)	Estranho	Laboratório	50	Transversal, 5 grupos de idade: 0;06 — 0;07 — 0;09-0;10 — 1;00-1;02 — 1;06-1;10 — 2;02-2;06	De parede, 141 x 39,4 cm, moldura de madeira colocado a 21,5 cm do piso	Sós, com um objeto ou com a mãe

Observação 1

Irene [0; 02 (23)][2] está deitada sobre o toucador, a cabeça virada para o lado direito. A mãe mantém o espelho apoiado no plano do toucador, a cerca de 20 cm do seu rosto. Ela se vê sozinha.

Irene está imóvel e olha fixamente o espelho. Depois de alguns minutos começa a fazer movimentos com a boca, sorri e movimenta de novo a boca. Mostra a língua rapidamente, agitando os braços e as pernas.

---

2 Salvo diversa opinião, as observações relatadas no texto são da autora. São observação "papel e lápis", conduzidas no ambiente familiar das crianças ou na creche, geralmente com freqüência quinzenal e pelo menos por 6 meses. Envolvem complexivamente os primeiros dois anos de vida, com material relativo a 2-4 crianças para cada idade. Foi utilizado um espelho de 24x30 cm, com uma moldura plástica branca, fácil de ser manipulada e virada. Além disso, foram observadas ocasionalmente as reações frente aos espelhos presentes na casa das crianças e a elas familiares. Uma das crianças observadas é filha da autora.

Observação 2
Cesare [0; 05 (02)] está semideitado no carrinho, o espelho diante dele, mantido pela mãe de maneira que ele possa tocá-lo. Eu estou sentada no chão, atrás dele, de modo que ele possa ver também a minha imagem no espelho.
Cesare olha a minha imagem (eu o olho no espelho e lhe sorrio) e ele sorri para mim com um sorriso largo. Depois olha a sua imagem e sorri para si mesmo, sempre com um sorriso muito largo, fazendo "ghee...".

As reações da criança sucedem-se cronologicamente nesta ordem, de acordo com Boulanger-Balleyguier (1964):

— fixação do olhar, enquanto a criança está imóvel, séria;
— agitação motora: se agita, faz caretas, mostra a língua ou faz movimentos de sucção, às vezes grita;
— reações sociais: sorri, vocaliza, ri;
— exploração tátil (a partir dos 4 meses): toca o espelho, aperta a moldura, acaricia a imagem (sem perceber contradições entre o aspecto tátil e visual).

Zazzo (1948, 1977a) e Dixon (1957) observaram um primeiro período em que a criança não estaria interessada na própria imagem, pois fixaria a da mãe ou a do pai refletida ao lado da sua (em torno dos 4 a 6 meses).
Boulanger-Balleyguier (1964), porém, observou que as crianças, desde os primeiros meses, parecem observar a imagem mais familiar quando no espelho se refletem mais rostos: a imagem da mãe (ou do irmão, do pai, da avó, etc.) em relação à própria, mas a própria em relação à do observador estranho.
Essa autora, mesmo baseando-se em observações não sistemáticas, afirma que a reação no espelho é, nesse período, completamente similar à das imagens do rosto, das bonecas e do rosto, estranho, da observadora: embora menos vivaz do que o rosto materno, é sem dúvida alguma mais parecido com a imagem dos objetos sociais do que com aquele anel preso no berço, por exemplo, que a criança prevalentemente tenta pegar.
H. e M. Papousek (1974) observaram crianças de 5 meses colocadas frente a duas imagens de televisão: uma especular, mas sem o contato olho a olho, a outra, ao contrário, retomada alguns minutos antes e, portanto, não contingente (mesmo com eventual contato olho a olho). As crianças estavam mais interessadas nesta segunda filmagem tomada (confirmando assim a importância do contato olho a olho), mas durante a observação crescia a atenção pela imagem do tipo especular, contingente.

1.2. A mãe é o espelho, e o espelho é a mãe

A ilusão de realidade é a primeira resposta à imagem especular. Mas, neste período (o do "sorriso do terceiro mês"), a ilusão vai muito além da conduta frente ao espelho: a criança está em um estado em que, longe de poder distinguir verdadeiros objetos, vive em fusão com a mãe, identifica com o Eu os aspectos de prazer e com o não-Eu os de desagrado.
Nessa indiferenciação inicial, a presença da mãe assume, pouco a pouco, um aspecto de presentificação de si, enquanto ligada à satisfação das necessidades da criança. E, inicialmente, a criança não distingue completamente o rosto da mãe do rosto dos outros, mas reage à *Gestalt* humana, indiferenciada. Wallon (1954) afirma que a criança neste estágio (que se chama de "impulsividade motora") reage ao

afastamento do adulto, chorando, como se esse afastamento a "tornasse incompleta". O outro é parte de si, e a criança se perde quando perde o adulto.

Nesse sentido podemos compreender melhor as afirmações daqueles autores que identificam o espelho com o rosto materno.

Fornari (1963) fala dessa ilusão como "protocoinonia", isto é, a comunhão primitiva da mãe e da criança, pela qual a própria imagem torna-se a imagem materna, e a criança como tal a reconhece e, ao mesmo tempo, ilusoriamente, se reconhece.

Winnicott (1971) atribui à mãe o papel de primeiro espelho para a criança.

A função de espelho do rosto materno é um constituinte fundamental da relação "suficientemente boa" com a mãe[3]. Winnicott identifica como local privilegiado deste acontecimento o momento da mamada, referindo-se também a estudos que afirmam que a criança, quando está mamando, não olha tanto o seio quanto o rosto da mãe. "O que o lactante vê quando olha o rosto da mãe?" A meu ver, aquilo que normalmente o lactante vê é a si mesmo. Em outras palavras, "a mãe olha a criança e *aquilo que ela parece está relacionado com aquilo que ela vê*" (ibidem, p.191).

A mãe funciona portanto como espelho para a criança, enquanto, em um momento emotivamente carregado, reflete o seu ser positivamente envolvida pela própria criança.

Mais tarde, quando a criança crescer, não é mais somente o rosto materno que possui essa função de espelho, mas todo o seu comportamento (e o dos outros membros da família) capaz de restituir à criança o sentido da sua existência: e, portanto, parece-nos que a linguagem assume um papel preponderante, gostaríamos de acrescentar. "Podemos incluir em tudo isso os espelhos verdadeiros que existem na casa e a oportunidade que a criança pode ter de ver os pais e os outros olhando-se. *Todavia, seria necessário compreender que o espelho verdadeiro possui significado principalmente em seu sentido figurado*" (ibidem, p.200, por nós salientado).

A realidade dessas afirmações de Winnicott é facilmente encontrada na observação: de fato, por muito tempo, embora as crianças estejam interessadas no espelho e até pareçam capazes de auto-reconhecer-se, não o utilizam espontaneamente para "ver-se", mas preferem recorrer ao adulto.

Observação 3

Durante a minha primeira sessão de observação, eu falo com a mãe de Samantha [1; 04 (18)] que está sentada a minha frente. Entre nós há uma mesinha, sobre a qual Samantha recém colocou o espelho com o qual brinca habitualmente.

Samantha está de pé, perto da mesinha, e tem nas mãos um pedacinho de pelúcia. Vem até mim e me entrega a pelúcia, sorrindo e olhando-me. Eu coloco a pelúcia em sua cabeça, olhando-a e sorrindo também. Ela se vira rindo e vai em direção à mãe, olhando-a. A mãe lhe diz que é bonita e acrescenta: "Olhe como Samantha está bonita com a pelúcia na cabeça, olhe-a no espelho!", aproximando-lhe o espelho. Samantha olha-se no espelho, mas com a mão já deixou cair o pedaço de pelúcia.

Então, aproxima-se novamente de mim com a pelúcia na mão, o braço estendido em minha direção, sempre sorrindo. Eu coloco novamente a pelúcia em sua cabeça,

---

3 Winnicott atribui um papel fundamental para o desenvolvimento psíquico da criança à presença de uma "mãe suficientemente boa", ou seja, capaz de adaptar-se inicialmente, de maneira completa, às necessidades da criança, e de diminuir gradualmente essa adaptação total em função da crescente capacidade da criança em tolerar a frustração. Isso permite a constituição de um "espaço potencial", de uma "área neutra intermediária", baseada na confiança que a criança tem na resposta materna. Nessa área se desenvolverão ao mesmo tempo os "fenômenos transicionais" e aquilo que Winnicott chama o "Si" (Self): isto é, o sentido de existir e da própria continuidade no tempo, que precede, segundo Winnicott, a constituição do Eu.

olhando-a, sempre sorrindo. Samantha volta-se novamente e vai, sempre olhando-a e sorrindo, em direção à mãe.

Pouco depois, quando é a mãe quem coloca a pelúcia na cabeça, Samantha volta-se em direção a mim para mostrar-se (olha-me e sorri muito contente).

Além disso, como sustenta Winnicott, assim que a criança cresce, e que os seus processos de identificação se multiplicam, ela se torna sempre menos dependente da necessidade de usar a mãe como espelho.

Observação 4
Davide pede que os pais lhe digam "Bravo!" quando faz algo que lhe pareça importante. Se ninguém lhe diz isso, ele mesmo o faz.

A1; 03 (01) está brincando, sentado na mesinha da sala de estar, com cubinhos e peças de "Lego". Às vezes a mãe o ajuda, se não consegue fazer algo. Tenta com esforço separar dois tijolinhos de "Lego", e diz "Bravo!", segurando os tijolinhos separados nas mãos, quando finalmente consegue.

2. RUPTURA DA ILUSÃO

2.1. Ruptura da ilusão

A ilusão de realidade parece, então, exclusiva dos primeiros meses de vida, mas ainda permanece por muito tempo: Amsterdam (1972), por exemplo, afirma que 85% das crianças por ela observadas mostravam um comportamento de jogo social frente à própria imagem, no primeiro ano. Zazzo (1975, 1977) observou duplas de gêmeos frente ao espelho e frente a um vidro, atrás do qual podia ver o próprio irmão gêmeo: inicialmente, as crianças não mostravam diferenças nas duas situações, e tentavam alcançar a outra criança (ou a imagem) atrás do vidro, sobretudo batendo na superfície (*tapement*).

Mas entre os 5 meses e o final do primeiro ano, essa ilusão total entra em crise pela primeira consciência das peculiaridades da imagem refletida.

A conduta de *tapement* é substituída pela observação das próprias mãos duplicadas pelo espelho (jogo das mãos), observação que segundo Boulanger-Balleyguier (1967) pode, em parte, explicar com a sua estranheza os fenômenos de recusa, de "timidez" que às vezes surgem nesse período.

Mas, sobretudo, as crianças começam a "virar-se" em direção à pessoa cuja imagem se reflete no espelho junto à sua: antes, a pessoa familiar; depois o observador estranho e, em seguida, em torno dos 9 meses, os objetos. Além disso, começam também a confrontar a própria imagem com o rosto da mãe ou do observador que vêem ao lado do espelho (Boulanger-Balleyguier, 1967).

Observação 5
Cesare [0; 05 (02)] está deitado em seu carrinho, na sala de estar. A mãe está atrás dele, em pé, e segura o espelho. Eu estou ao lado. A mãe sorri para a imagem de Cesare, fala com ele, faz caretinhas, inclinando-se sobre sua cabeça e dando-lhe beijinhos. Cesare pode ver a sua própria imagem e a imagem da mãe.

Olha primeiro o espelho, imóvel e fixo. Vira-se em minha direção, à esquerda e um pouco atrás (tentativa de olhar a mãe?). Olha novamente o espelho, fixo. Volta-se para trás e para cima e olha diretamente a mãe. Volta-se mais uma vez em direção ao espelho, olha a imagem da mãe que lhe sorri. Ele, por sua vez, sorri também.

Observação 6
Irene [0; 07 (01)] está nos braços da mãe, eu estou sentada ao lado, e ela pode ver minha imagem. Irene olha-me no ângulo do espelho, depois vira-se em minha direção. Olha novamente o espelho, olha a minha imagem, vira-se em minha direção (diretamente), a mão direita aberta, estendida em minha direção.

Wallon afirma tratar-se de uma consciência ainda em nível intuitivo, criada pelas condições externas (estar no colo ou então a voz que provém de trás da criança) e depois estendida por *transfert* também a situações nas quais aquelas condições não estão presentes. Todavia, trata-se de um ato de consciência, de uma verdadeira descoberta, com a qual a criança "... integra, em uma espécie de unidade superior, aquilo que para ela ainda não apresentava relações determinadas"(Wallon, 1931, p.69).

A conduta do "virar-se" foi observada regularmente nessa idade desde os primeiros trabalhos a este respeito (ver tab. 2). Tratando-se, porém, de observações em ambiente natural, freqüentemente não eram especificadas as condições onde isso acontecia. Zazzo (1975, 1977) portanto introduziu no seu dispositivo experimental uma luz intermitente que se acendia atrás da criança, refletindo-se assim no espelho, de modo a eliminar todas as informações não-visuais concomitantes: os resultados por ele obtidos são muito variados, e nessas condições as crianças "viram-se" somente 2 ou 3 meses depois de ter identificado a própria imagem como tal, em geral no *terceiro ano* de vida.

Outros trabalhos posteriores, em condições de laboratório, também controladas, não confirmaram todavia os resultados de Zazzo, pelo contrário, verificaram estatisticamente a sucessão inversa dos comportamentos (Bertenthal & Fischer, 1978; Gouin-Décarie et al., 1983).

2.2. "Virar-se" e imagem simbiótica

O problema ainda hoje permanece aberto: gostaríamos de chamar a atenção sobre algumas observações que testemunham a influência sobre o surgimento dessa conduta de fatores ligados ao desenvolvimento do processo de separação da mãe.

Nesse período, de fato, manifesta-se o "emergir" da criança do precedente estado de fusão com a mãe, que assinala a primeira diferenciação (Mahler, 1975): a criança começa a reconhecer na mãe o agente dos cuidados, explora sempre mais o seu corpo, e sobretudo demonstra sinais de desagrado quando da presença de pessoas estranhas, com a "angústia do oitavo mês" (Spitz, 1965).

Essa possibilidade de fazer uma diferença, de unir imagens que antes eram simplesmente "vividas", sem que a criança pudesse de alguma maneira problematizá-las, é uma aquisição que tem suas raízes no processo de simbolização, mas possui profundos significados para a vida afetiva.

Uma das crianças por nós observada, contrariamente às nossas expectativas, começou a virar-se em direção à mãe ou ao pai quando não estava em seus braços, enquanto não o fazia ao encontrar-se em estreito contato físico com eles (e isso independentemente da voz às suas costas).

TABELA 2
"Virar-se"

Idade	Informações concomitantes	Em direção a quem/que coisa	Ambiente familiar	Laboratório
0;04	sim	pai	Darwin (1877)	
0;05	sim	familiar	Boulanger-Balleyguier (1967)	
	?	pai	Preyer (1881)	
	?	pessoa	Guillaume (1926)	
0;06	não	familiar	Boulanger-Balleyguier (1967)	
	não	pai	Darwin (1877)	
0;07	não	estranho	Boulanger-Balleyguier (1967)	
0;08	?	familiar	Zazzo (1948)	
	não	objeto sólido		Bertenthal, Fischer (1978)
0;09	não	objeto	Boulanger-Balleyguier (1967)	
		pessoa (com fotografias)	Guillaume (1926)	
0;10	não	mãe próxima		Gouin-Décarie et al. (1983)
0;11	não	mãe distante + objeto próximo		Gouin-Décarie et al. (1983)
1;00	não	objeto	Piaget (1945)	
	não	objeto distante		Gouin-Décarie et al. (1983)
1;01				
1;02	não (onde está a mamãe?)	mãe	Preyer (1881)	
1;03	não	objetos não sólidos		Bertenthal, Fischer (1978)
1;04	não	estranho	Dixon (1957)	
acima de 2;00	não	luz intermitente a mãe		Zazzo (1975, 1977)

Observação 7
Benedetta [0; 05 (13)] está no colo do pai, de pé frente ao espelho do armário. A mãe está ao lado também de pé. Benedetta pode ver a sua imagem e aquela da mãe e do pai.

A mãe a chama dizendo o seu nome e movimentando a cabeça: Benedetta olha a imagem da mãe, depois vira-se em direção a ela e lhe sorri. Repete esse gesto várias vezes, quando a mãe a chama, também, enquanto em silêncio lhe mostra a língua.

Quando a chama o pai, que está com ela nos braços, ela olha a imagem do pai e sorri ao espelho, mas não se vira para olhá-lo diretamente.

O mesmo acontece quando Benedetta está nos braços da mãe e, portanto, a situação é invertida [0; 05 (19, 0; 05 (20)]. Mesmo quando está deitada no toucador, e vê a imagem do pai ou da mãe que a estão trocando, refletida pelo espelho que está ao lado, Benedetta vira-se para olhar a pessoa, seja que esta última fale [0; 05 (17)], seja que fique em silêncio [0; 05 (20)].

Pelo contrário, jamais se vira para olhar a mãe ou o pai, quando estão com ela nos braços, e também quando estão frente à sua imagem. Somente uma vez procura algo atrás de si, mas para além da mãe que a tem nos braços.

Observação 8
Benedetta [0; 05 (17)] está no colo da mãe e as duas estão perpendiculares ao espelho (aquele grande do quarto), uma frente à outra, com os rostos encostados e voltados para o espelho. A mãe fala para a imagem de Benedetta, olhando-a e sorrindo, mantendo o rosto encostado ao seu (Fig 1.A).
Benedetta olha a imagem da mãe e sorri com um sorriso um pouco incerto: depois se vira para a olhar de lado e atrás, mas não o rosto da mãe (Fig. 1.B).
Então Benedetta não se vira para procurar no espaço real o pai que a mantém nos braços (ou o procura para além deste), assim como não se vira para procurar o referente da própria imagem: como se o espaço do seu corpo compreendesse também o parceiro simbiótico quando se encontra com este em estreito contato físico. O faz quando o parceiro é fisicamente separado dela, ou quando está nos braços de uma pessoa diferente do pai ou da mãe: a 0; 06 (25) vira-se para olhar o avô.
Vejamos como é possível encontrar, na observação direta, uma experiência, a da simbiose e da primeira ruptura desta simbiose, profundamente ligada à vida interna da criança. Se ela reconhece a própria imagem no espelho somente mais tarde, certamente um primeiro reconhecimento de si já existe nesta sua imagem complexa não separada, em fusão com "a mãe".
É essa imagem que ela deve, de alguma maneira, separar, para poder distinguir a sua imagem da materna, e depois a sua imagem da de outras crianças, como a veremos fazer mais tarde.

2.3. Contradições

Porém, ainda nesta idade, ocorrem reações que testemunham o perdurar da ilusão da realidade. Em torno dos seis meses inicia a ilusão de profundidade, e a criança tenta agarrar a imagem; ou então procura atrás do espelho, passando a mão a distância ou virando-o; ou ainda manifesta grande surpresa tocando a superfície dura do espelho: atribui portanto um certo grau de realidade à imagem, mesmo que em outras ocasiões pareça dar-se perfeitamente conta de que esta seja somente um reflexo.

Figura 1

Observação 9
Irene [0; 08 (01)] está sentada no sofá, entre sua mãe e mim, e mantém o espelho quase reto sobre os joelhos. Pode ver a imagem da mãe e a minha. A mãe lhe dá a caneta que ela deseja, entregando-a sobre o espelho, a alguns centímetros da superfície. Irene vê assim duas canetas, uma a alguns centímetros da outra: tenta pegar o reflexo, fechando a mão sobre o vazio, duas ou três vezes (alguns dias depois tenta pegar da mesma maneira as figuras de uma caixa, ou seu pé que se reflete no espelho).

Observação 10
Irene [0; 07 (01)] está sentada sobre meus joelhos, pouco depois da observação 6, e está se olhando (pode ver também a minha imagem): tenta colocar na boca a superfície que reflete, enquanto olha a imagem.
Eu falo, Irene olha-me no espelho, então vira-se em minha direção e permanece por alguns instantes a olhar-me imóvel, a boca semi-aberta e os olhos bem arregalados, com expressão de estupefação.

Com bastante freqüência, comportamentos bem diversos se alternam em rápida sucessão, na conduta da criança, sem que ela possa juntá-los ou detectar a sua contraditoriedade
Mas, com o início do segundo ano, cresce a conduta voltada à exploração do mecanismo reflexivo, o qual a criança tenta compreender a razão.

3. QUEBRA-CABEÇA

3.1. Atrás do espelho

No que diz respeito à imagem alheia, a estratégia de solução é relativamente simples: a criança prossegue o confronto entre a imagem e o referente real aquém do espelho.
No que tange à própria imagem, no entanto, a situação é diferente: o confronto pode levar somente à verificação da falta de um referente real. No entanto, a criança o persegue ativamente, virando o espelho, procurando atrás, confrontando a imagem com os rostos presentes junto ao espelho (Boulanger-Balleyguier, 1967, refere o confronto da sua própria imagem com o rosto materno até os 17 meses e com o rosto da observadora até os 23).

Observação 11
Davide [1; 02 (21)] está sentado na mesinha da sala de estar, com o espelho na mão, e brinca com a tampa de uma caneta sobre a superfície. A mãe, sentada em uma poltrona atrás dele, está inclinada sobre ele, com o rosto sobre seu ombro. A mãe lhe pergunta: "Quem é esta criança?".
Davide olha o espelho, depois o vira, toca com a mão a superfície posterior (a mãe lhe diz: "Não há nada atrás, está vendo?"), depois o gira novamente. A mãe lhe diz: "Faz oi com a mãozinha...", mas Davide o vira novamente.

3.2. Quem é aquele que faz o que eu estou fazendo?

Uma estratégia mais eficaz é contudo a exploração do movimento e da concordância entre o próprio gesto e a sua imagem.

A criança o persegue ativamente, sempre mais fascinada pela própria imagem e pelo quebra-cabeça que esta lhe propõe: observa-se por um tempo sempre maior, explorando ativamente a concordância entre os próprios movimentos e os que vê no espelho. Não somente as mãos, mas todo o próprio corpo é "levado a variações" intencionalmente para verificar o efeito sobre a imagem: a criança repete gestos que lhe são habituais, controlando seu resultado visual, ou então faz caretas e boquinhas, olhando-se, etc.

Observação 12
Davide [1; 04 (16)] está sentado sobre meus joelhos e eu mantenho o espelho diante dele. Ele está com uma caneta em uma mão e um pedaço de pão na outra. Bate a superfície com a caneta, depois pára e se olha enquanto come o pão rindo. Continua a olhar-se enquanto come, mas desta vez sério, em silêncio. Depois vira de lado, e leva mais uma vez um pedaço de pão à boca, olhando-se, desta vez diretamente, não no espelho. Então, coloca o espelho de lado e demonstra vontade de descer dos meus joelhos.

Wallon (1931) afirma que não se trata tanto de comportamentos que testemunham a ilusão, mas de tentativas de compreender o motivo da ilusão.

Dixon (1957) diz que nesse período a criança está intrigada pela própria imagem e se pergunta: "quem é aquele que faz o mesmo que eu estou fazendo?"; o controle da própria ação no espelho torna-se mais tarde um verdadeiro jogo, e a criança se diverte em mostrar todo tipo de caretas e de gestos frente ao espelho.

Observação 13
Benedetta [1; 00 (16)] está de pé diante do espelho do roupeiro, que está dividido em três partes por molduras de madeira: brinca de esconder com a sua imagem, deslocando a cabeça ora para a esquerda, ora para a direita da moldura (a imagem aparece e desaparece do outro lado), rindo. Realiza esses gestos algumas vezes, depois se afasta.

Sem dúvida alguma, podemos pensar neste período como sendo a primeira consciência do laço entre a imagem e o próprio corpo.

Lewis W. e Brooks (citado em Gouin-Décarie *et al.*, 1983) observaram em crianças de 9-12 meses um aumento da atividade dirigida ao próprio corpo na presença da própria imagem, com uma mancha sobre o nariz[4], em relação à imagem não manchada, embora nenhuma das crianças com essa idade tenha tocado diretamente a mancha no rosto.

---

4 Gallup (1968, 1970) e Amsterdam (1972) utilizaram quase que contemporaneamente, sem que percebessem, a técnica de manchar o nariz ou o rosto de seus sujeitos (chimpanzés para Gallup, e crianças para Amsterdam). O fato de que o sujeito reaja à própria imagem manchada com um comportamento direcionado ao próprio corpo (tocar a mancha que possui, olhando-se no espelho) foi considerado como indicador não-verbal do auto-reconhecimento, considerado mais confiável do que os verbais e sucessivamente utilizado por muitos outros pesquisadores no estudo das crianças (Zazzo, 1975, 1977; Bertenthal & Fischer, 1978; Gouin-Décarie *et al.*, 1983). É interessante observar que entre os animais somente os chimpanzés, com adequadas experiências de socialização e após um breve período de exposição ao espelho, são capazes de "reconhecer-se" dessa maneira.

Além disso, é no início do primeiro ano que podemos encontrar algumas citações de comportamento auto-referido na presença de uma imagem não padronizada de si: Guillaume (1926) observa sua filha, que já há algumas horas tem um chapéu de palha na cabeça, para proteger-se dos tombos, tocá-lo a deixa surpresa quando vê a sua imagem em um espelho mural.

Observação 14
O pai de Benedetta [1; 01 (20)] a está trocando no banheiro, diante do espelho, depois do almoço. Benedetta tem um pedacinho de abacaxi perto da boca: olha-se, depois movimenta a boca como para fazê-lo cair, então tira-o com a mão, sempre olhando-se no espelho.

4. A REALIDADE INTERMEDIÁRIA

4.1. A mãe

Nem todas as atitudes da criança frente à própria imagem são do tipo exploratório. Permanecem reações sociais, mas que adquirem uma particular característica: a criança parece inicialmente reagir à própria imagem como se fosse a imagem da mãe, ou ainda parece atribuir-lhe um grau de realidade diverso, parece fazer dela um parceiro imaginário.

Boulanger-Balleyguier (1967) observou entre 12 e 15 meses a conduta por ela chamada "ilusão do familiar": a criança diz "mamãe" diante da sua própria imagem (em uma idade em que o uso deste vocábulo já está corretamente restrito à indicação da mãe), ou então executa diante do espelho gestos habitualmente reservados às pessoas familiares, como, por exemplo, estender os braços para ser pego no colo. Essa ilusão do familiar é interpretada pela autora como uma identificação da própria imagem com a imagem materna, identificação que a criança deve superar, para conseguir reconhecer a sua própria imagem como tal.

Observação 15
Davide [1; 04 (16)] voltou à sala de estar, depois de ter ido à cozinha da mãe, e está sentado sobre os meus joelhos, enquanto mantenho o espelho diante dele.
Davide está com um pedaço de pão em uma mão, e na outra, uma caneta. Bate na superfície com a caneta, depois pára, olha-se, dizendo "mamãe" e depois ainda "ya da da" ou algo do gênero. Então, apóia o rosto na superfície e permanece assim, imóvel e silencioso.

Davide dirige habitualmente à mãe e ao pai uma abordagem similar a essa última atitude mostrada em relação ao espelho: freqüentemente interrompe a sua brincadeira e se aproxima de um deles, sentado ali perto, para apoiar-se com o busto sobre seus joelhos. Permanece assim por alguns instantes, depois vai embora. Esta conduta, denominada sugestivamente por M. Mahler (1975) "abastecimento", é específica da relação com o parceiro simbiótico das crianças dessa idade.

Frente ao espelho, as crianças manifestam com bastante freqüência uma atitude similar a partir dos 6 meses: tentam o contato oral, lambem ou beijam a própria imagem, fazem aderir a boca ou o rosto em uma espécie de abordagem terna. É difícil separar o aspecto exploratório do "levar à boca" (muito presente nas crianças menores) do aspecto relacional de "afeição" (Dixon, 1957), ou de "abastecimento emocional", ou ainda da tentativa de fazer coincidir duas realidades chamadas do mesmo modo pelo ambiente (Boulanger-Balleyguier 1967): muito provavelmente trata-se de significados completamente, ou em parte, coincidentes, que testemunham não só a qualidade "transicional" da imagem (Varin, 1984), mas também a indefinição da identidade da criança.

4.2. A criança do espelho

De fato, em um primeiro momento a criança parece atribuir o próprio nome à imagem (Darwin, 1877), no entanto brinca com esta como se fosse um amigo de origem "animística", da mesma maneira como faz no mesmo período com as partes do próprio corpo: "outra criança de 20 meses, citada por Preyer, depois de ter dito boa-noite à mãe, caminha em direção ao espelho para abraçar a sua imagem... Verificamos que com um ano e meio, portanto com notável aproximação de datas, as diversas partes do corpo também dão lugar a jogos do tipo "animista"(Wallon, 1931, p.75).

A observação seguinte mostra bem como seja dada à própria imagem uma realidade independente, bem diversa daquela atribuída às pessoas.

Observação 16
Samantha [1; 04 (18)] está sentada sobre os joelhos da mãe, e pode-se ver com ela em um pequeno espelho apoiado em uma mesinha, quando a mãe inclina-se em direção a ele.

A mãe, inclinando-se e pegando o espelho, lhe diz: "Faz um carinho na Samantha no espelho?", enquanto sorri olhando-a no espelho. Samantha também fixa o olhar no espelho, sorrindo, com os olhos brilhando, e faz um carinho com a mão na superfície.

Em seguida a mãe lhe pede "E na mamãe? Faz um carinho na mamãe?", sempre fixando a sua imagem sorrindo. Samantha, sempre sorrindo, volta-se em direção à mãe e acaricia seu rosto. A mãe lhe diz: "Sim, mas faça um carinho na mãe, no espelho". Samantha vira-se em direção ao espelho e, sem aproximar-se, manda um beijo com os dedos para a imagem, sempre sorrindo e com os olhos brilhando.

4.3. Timidez

Um outro aspecto dessa diversa realidade atribuída à própria imagem pode ser considerado a manifestação de um comportamento de desorientação, de recusa a olhar no espelho, de "timidez" que aparece maciçamente durante o segundo ano, antes do reconhecimento explícito. "A conduta que mais surpreende, e talvez a mais significativa, é a que consiste em evitar a imagem, em movimentar bruscamente a cabeça para a direita e para a esquerda e, dessa posição de perfil, dar uma olhada furtiva em direção ao espelho"(Zazzo, 1975, p. 395).

Essa conduta também pode ser relacionada à experiência de estranheza, que a própria imagem suscita na criança, já consciente das suas peculiaridades.

Estranheza em sentido duplo.

A exteriorização é um caráter necessário do processo de construção da representação do próprio corpo, assim como de cada representação.

"Entre a experiência imediata e a representação das coisas, deve intervir necessariamente uma dissociação que distingue as qualidades e a existência do objeto das impressões e das ações nas quais ele está inicialmente implicado, atribuindo-lhe, juntamente com outros caracteres essenciais, o da exterioridade. A representação só é possível em tais condições. A do próprio corpo, na medida em que existe, deve necessariamente responder a tais condições: pode formar-se somente exteriorizando-se" (Wallon, 1931, p.70).

Mas ainda estranheza, porque a criança deve abandonar o reconhecimento ilusório na mãe (e na sua imagem), e então aceitar a consciência da separação da mãe.

Portanto, a criança vive (Fornari, 1963), em nível de si própria, uma experiência comparável com aquela representada pela "angústia do oitavo mês", no nível da relação objectual: a ruptura da fusão com a mãe, reconhecida definitivamente diferente e separada da criança. E se a mãe representava o familiar, e pertencer-lhe, a criança identificando-se com algo que lhe é estranho, que pertence à alteridade, experimenta a angústia que deriva dessa estranheza.

5. RECONHECER-SE

Com base nos dados observados até aqui, o momento no qual a criança reconhece a própria imagem é ainda controvertido. Isso acontece, por opinião unânime dos estudos mais recentes, porque por "reconhecimento de si" compreende-se coisas de fato muito diversas. Assim, tenta-se utilizar critérios não ambíguos e sobretudo não ligados exclusivamente à linguagem, que se acredita ser muito influenciável pelo ambiente. Além disso, alguns autores evidenciam a complexidade da aquisição e, então, utilizam uma pluralidade de índices diversos para testemunhar o reconhecimento verdadeiro.

À pluralidade dos critérios experimentais nos parece possível fazer corresponder uma pluralidade de mecanismos explicativos do próprio reconhecer-se. Gostaríamos de salientar sobretudo duas modalidades que a criança utiliza para dizer "sou eu", modalidades que, a nosso ver, são, ao mesmo tempo, critério e meio do reconhecimento.

5.1. O movimento: a apropriação

Um dos critérios experimentais mais utilizados é o da mancha no rosto (no nariz ou na face), que já foi mencionado. Os resultados estão bastante de acordo: as crianças tocam a mancha sobre o próprio corpo, olhando-a no espelho (e portanto referem a imagem à própria realidade corporal) entre os 20 e 24 meses.

O gesto a indicar que a criança se reconhece foi preparado por inúmeros gestos que o precederam, que levaram a criança a conscientizar-se da solidariedade do próprio movimento e do movimento da imagem. A observação do próprio movimento em relação ao da imagem é realmente um dos principais caminhos que a criança utiliza para identificar a própria imagem. Zazzo (1975), sobretudo, salientou a sua importância.

Trata-se de uma experimentação ativa, de uma apropriação verdadeira por parte da criança:

"A minha imagem é o meu rosto. Apropriação, assimilação, identidade preparadas por certo durante muito tempo na criança, por todas as atividades da boca e dos olhos, dos beijos dados e recebidos, dos olhares, dos choros e das palavras, da ação de todos os rostos que se voltaram em sua direção e dos quais tomou emprestada a sua própria forma. Mas foi o espelho que singularizou essa forma. Foi o próprio movimento que produziu esse rosto, essa evidência de ver-se, de reconhecer-se a partir de um reflexo voltado ao invisível" (Zazzo, 1977, p. 227).

5.2. A linguagem: a atribuição

Desde o nascimento, e mesmo anteriormente, no ventre materno, a criança está imersa na linguagem do adulto que fala com ela e dela. A partir da segunda metade do segundo ano, começa a utilizar ativamente a linguagem, que se torna um instrumento sempre mais eficaz de simbolização.

Também no reconhecer a própria imagem como tal, a criança a utiliza como um fundamental ponto de *encontro*: a linguagem do adulto ("Quem é esta criança?"; "Onde está a mamãe?"...) mas também a sua, que exatamente neste período está se estruturando (Rosolato, 1971).

A indicação da própria imagem em resposta à pergunta "Onde está... (o nome da criança)?" é um critério clássico de auto-reconhecimento. A criança olha-se ou indica-se no espelho quase que no mesmo período em que é capaz de responder à mesma pergunta em relação à mãe. Mas a referência ao próprio corpo, sem preocupar-se com a imagem, é mais lenta para a própria imagem do que para a imagem materna (Boulanger-Balleyguier, 1967). A identificação do observador estranho, porém, ainda é posterior.

Boulanger-Balleyguier interpreta essas diferenças como conseqüências da aprendizagem fornecida à criança pelo ambiente, no intervalo entre as sessões de observação: porém, parece-nos que nessa situação haja um paralelismo com a conduta da criança nos primeiros meses, quando ela fixa por mais tempo a imagem mais familiar.

A criança realiza um percurso significativo também na utilização da linguagem espontânea.

Já observamos que entre os 12-15 meses algumas crianças dizem "mamãe" diante da própria imagem. Aproximadamente durante o mesmo período, começam a nomear-se com um nome genérico, "bebê" ou "criança", por exemplo, não reservado à própria imagem, mas que utilizam também para indicar as outras crianças, as bonecas ou as imagens (Boulanger-Balleyguier, 1967).

As crianças devem assim realizar um duplo processo de distinção: de um lado distinguir-se da mãe, e de outro, distinguir-se das outras crianças. De fato, realizada a separação da mãe, é "aprendendo a singularizar-se entre outros pequeninos seres humanos que a criança consegue atribuir-se um nome que lhe é próprio, e procura o correspondente tátil da sua imagem unicamente sobre si. Essa evolução parece facilitada quando existem mais crianças em família: de fato, todas as 7 crianças que dizem espontaneamente o seu nome olhando-se no espelho, antes dos 2 anos, possuem irmãos ou irmãs" (Boulanger-Balleyguier, 1967, p. 108).

Porém, mesmo quando conseguem atribuir corretamente à imagem o próprio nome, o que geralmente acontece no final do segundo ano, nem todos os problemas ligados ao reconhecer-se estão resolvidos: "o reconhecimento está longe de ser concluído por todas as crianças aos dois anos. Ninguém procura mais com os olhos na sala, quando lhe perguntam onde está, e em geral todas têm uma reação apropriada (olhar-se no espelho, mostrar a sua imagem, dizer "lá", tocando-se). Todavia, a sua manipulação mostra que a imagem que lhe atribuímos, e à qual fazemos com que elas dêem o seu próprio nome, resta para as crianças completamente exterior, na medida em que o seu Eu constitui-se em um centro de ações e de sensações auto-recebidas por si mesmas: freqüentemente ainda procuram atrás do espelho, e o fazem aderir ao seu corpo e ao seu rosto, como se quisessem fazer coincidir essas duas realidades que são chamadas da mesma maneira pelo ambiente" (Boulanger-Balleyguier, 1967, p. 109).

A exterioridade da imagem ainda é salientada pelo uso que as crianças fazem do seu próprio nome: de fato (Zazzo, 1948; Brunet e Lézine, 1949), ainda 2 ou 3 meses depois de ter adquirido o uso do pronome pessoal (eu, mim), nomeiam-se frente ao espelho com o seu próprio nome "... forma socializada da própria identidade" (Brunet & Lézine, 1949).

Esse aspecto do reconhecimento, que consiste na identificação da criança com algo que está fora dela, parece-nos corretamente detectado por Lacan (1966) com o conceito de "estágio do espelho".

6. O "ESTÁGIO DO ESPELHO"

Este termo não assume somente uma função de relevância na formulação psicanalítica, mas também tornou-se de uso corrente na psicologia infantil, indo muito além do contexto que lhe deu origem.

Assim Lacan descreve, baseando-se explicitamente em materiais observáveis, o reconhecimento da própria imagem na criança (situando-o em um período que vai dos 6 aos 18 meses): "espetáculo sedutor de uma criança frente ao espelho, ainda incapaz de dominar os seus passos, ou até de ficar de pé, toda abraçada como é por um apoio humano ou artificial [como aquilo que na França chama-se *trotte-bebé* (andador)], supera em um movimento feliz os problemas desse apoio, para suspender o seu comportamento em uma posição mais ou menos inclinada e reconduzir, para fixá-lo, um aspecto instantâneo da imagem" (1966, p.88).

Essa reação de júbilo que testemunha o reconhecimento representa a primeira e emblemática passagem no caminho que vai da não-subjetividade na qual o recém-nascido está imerso à progressiva estruturação do sujeito: "por isso nos parece manifestar, em uma situação exemplar, a matriz simbólica na qual o Eu precipita-se em uma forma primordial, antes de objetivar-se na dialética da identificação com o outro, e antes que a linguagem lhe devolva no universal de sua função de sujeito" (ibidem).

Com a assunção da própria imagem especular, a criança realiza uma verdadeira identificação com uma *Gestalt* que lhe é exterior. Identificação essa que lhe permite "um domínio imaginário do próprio corpo, prematuro em relação à padronização real" (Lacan, 1975, p.93): de fato, nessa época a criança ainda vive o próprio corpo como *morcelé*, fragmentado, não-integrado e não claramente distinto, nem totalmente separado do exterior. O domínio que a criança adquire, porém, é completamente imaginário e, como tal, assinala o desenvolvimento sucessivo do eu com o seu caráter de alienação: "a integração do Eu (moi) coincide com a sua separação radical, em função de uma construção realizada *sobre o sujeito* por parte dos outros" (Funari, 1976, p.304).

Embora outras pesquisas mais aprofundadas tenham demonstrado que o processo é mais complexo, e a interpretação lacaniana do reconhecimento da simples reação de júbilo seja um pouco arriscada, consideramos importante salientar como para Lacan não se trata de esclarecer o reconhecimento da própria imagem como tal, mas o reconhecer-se em um outro ser humano: o que conta é a figura humana, a sua *Gestalt* (como para o "sorriso do terceiro mês"), e não a singularização desta *Gestalt*.

Encontramos esse conceito em um romance que, talvez não por acaso, descreve os fatos que levaram à origem da humanidade.

Há cerca de 35.000 anos, durante um temporário degelo durante a grande era glacial, duas raças, a dos Neanderthal e a dos Cro-Magnon, se encontram. Os híbridos dessas raças, com características somáticas completamente peculiares, são eventos de exceção: sozinhos no interior da própria tribo, são diferentes de todos os outros seres humanos que a experiência lhes permite conhecer. Para eles o espelho não é testemunho suficiente para o reconhecimento, que se torna possível somente frente a um outro ser humano semelhante a eles:

"Olharam suas imagens em silêncio. Depois, Nuvem Negra disse com um tom sonhador:

— Somente agora sei que aquela ali embaixo sou eu.
— És tu. Por que não deveria ser?
— Para mim era sempre o espírito da água. Como poderia ser eu? Não existem seres humanos assim. As pessoas são brancas ou negras, enquanto a mulher que me olhava do lago não era nem uma, nem outra. Sim, fazia tudo o que eu fazia: trançava os cabelos, enfiava neles a pluma, ria ou chorava; jamais cometia um erro. Porém, se aquela era eu, então eu não era uma da nossa gente. Assim fui embora, deixando atrás de mim o meu nome humano. Agora tu estás aqui, e tu és como eu. Agora sei que existo" (Bjorn Kurtén, *La danza della tigre*, tradução italiana; Editori Riuniti).

15

A Construção dos Conhecimentos através das Trocas entre Crianças: Estatuto e Papel dos "Mais Velhos" no Interior do Grupo

Mina Verba e Annalise Isambert

Por parte dos psicólogos e dos educadores existe um renovado interesse voltado ao estudo dos mecanismos através dos quais se constroem os conhecimentos nos primeiros anos do desenvolvimento. Interrogamo-nos sobre o funcionamento intelectivo das crianças em seu ambiente para, de um lado, conhecer melhor os processos do desenvolvimento cognitivo e, de outro, para agir de maneira adequada, com o objetivo de favorecer e melhorar as competências infantis. Os estudos relativos à aquisição dos conhecimentos através do ambiente social (familiar e escolar) tiveram, portanto, considerável avanço.

Por desenvolvimento cognitivo entendemos tanto o *processo* ativo através do qual o ser humano constrói os próprios conhecimentos, quanto o *produto* de tal processo. Os trabalhos, universalmente conhecidos, de Piaget e de sua escola contribuíram amplamente para evidenciar o desenvolvimento dos conhecimentos nos seus vários aspectos e para delinear sua gênese. Todavia, mesmo conhecendo-se bem o desenvolvimento cognitivo das crianças em idade escolar — isto é, dos períodos das operações concretas e formais —, o estudo de certos aspectos de tal desenvolvimento permaneceu suspenso na obra de Piaget, sobretudo no que diz respeito ao processo de construção dos conhecimentos e das competências práticas[1] nas crianças pequenas. O que se conhece sobre tal construção?

As raízes do desenvolvimento de algumas competências práticas foram recentemente estudadas em crianças com menos de dois anos (Sinclair *et al.*, 1982; Verba 1981). As condutas das crianças foram observadas nas creches, durante atividades individuais em que eram utilizados objetos diversos. As análises mostram que se a

---

[1] O termo *savoir-faire*, correspondente ao inglês *know-how*, foi traduzido, de acordo com o caso, por "competência prática" ou "saber fazer".

estas crianças se apresentar material adequado às suas capacidades e aos seus interesses, elas serão capazes de colocar-se problemas que envolvem a realidade e de procurar ativamente soluções apropriadas; com muita seriedade as crianças dessa idade desenvolvem, com alguns materiais, condutas do tipo "pré-lógico": fazer coleções, inserir um objeto no outro, realizar correspondências uma a uma..., que antecipam as posteriores operações lógico-matemáticas. Pelo contrário, com outros objetos preferem focalizar as próprias atividades na exploração das propriedades dos objetos e das suas relações (aspectos "físicos" dos conhecimentos, de acordo com a distinção estabelecida por Piaget nos trabalhos de 1936, 1937, 1945), realizando autênticas pequenas experimentações ou construindo e criando progressivamente novos objetos.

Visto que tais estudos são centrados nas interações com os objetos, não levam em consideração a dimensão social no processo de construção das primeiras competências práticas. Como é salientado nos trabalhos de Vygotsky, Wallon e, mais recentemente, em Bruner, tal dimensão é de fato fundamental, e esses autores consideram o desenvolvimento das aquisições estritamente dependente do ambiente social e, sobretudo, da interação entre adulto e criança.

A corrente interacionista deu espaço a vários estudos relativos à contribuição das interações sociais nas modificações dos conhecimentos e das competências práticas nas crianças, em relação às quais é amplamente reconhecida e demonstrada a importância do papel do adulto (pai ou educador). Esses estudos, baseados na relação diádica assimétrica adulto/criança, salientam sobretudo o papel do adulto como estimulador e regulador das primeiras competências práticas. No entanto, algumas pesquisas recentes sobre os primeiros anos evolutivos mostram que, no interior da relação diádica assimétrica, a criança, mesmo em idade precoce, é capaz de tomar iniciativas, de agir de maneira eficaz e regular o comportamento do parceiro adulto.

Além disso, sabe-se que as interações com os adultos não constituem para as crianças as únicas possibilidades para ampliar o seu campo de ação. As pesquisas realizadas nos últimos anos, relativas às trocas entre crianças na creche, mostram que as interações entre "pares" traduzem informações diversas e constituem experiências novas por causa da relativa simetria de competências e de possibilidades de identificação com o parceiro. De fato, reconhece-se sempre mais que as situações de grupo — portanto também as interações entre crianças pequenas (cf. Musatti, 1986) — favorecem a aquisição de conhecimentos. Estudos recentes mostram que as trocas entre coetâneos contribuem para o desenvolvimento cognitivo. Entretanto os autores não estão de acordo sobre os *mecanismos* sociais que governam tal desenvolvimento. Para alguns autores (sobretudo Doise & Mugny, 1981; Mugny, 1985; Perret Clermont, 1979), na origem da construção dos conhecimentos existem o confronto entre pontos de vista e os conflitos sócio-cognitivos; outros (Forman E. A., 1982; Garton, 1985), para explicar tais progressos, recorrem ao conceito de cooperação entre indivíduos. A maior parte das pesquisas sobre as quais se baseiam tais interpretações dizem respeito a crianças em idade escolar e referem-se a tarefas precisas formuladas pelo adulto.

O que acontece às crianças menores, cujas habilidades lingüísticas são poucas ou nulas, em atividades espontâneas nascidas por seus próprios interesses? Um recente estudo coletivo, relativo às trocas entre crianças de idade inferior aos dois anos, fornece novos esclarecimentos sobre as possibilidades e sobre as modalidades de comportamento das crianças que freqüentam a creche (Stambak *et al.*, 1983; Musatti, 1983; Bonica, Finzi & Spadaccini, 1983; Verba & Isambert, 1983). A observação das crianças em situações variadas, no interior de um contexto definido, evidencia sobretudo o papel da imitação como mecanismo de construção de atividades novas nas crianças menores e de progresso no domínio da realidade e das relações interpessoais (Verba, Stambak & Sinclair, 1982).

Pesquisas posteriores, centradas no processo de construção dos conhecimentos nas interações entre crianças, evidenciam outras modalidades de desenvolvimento de suas atividades. Salienta-se o papel da colaboração entre amigos com idade entre um e quatro anos, raramente admitido antes dos três anos. Além disto, os autores propõem e analisam nas suas diversas formas o conceito de andamento cooperativo e complementar (Verba, Stambak & Sinclair, 1982; Bonica, Finzi & Spadaccini, 1983; Verba, Isambert, 1983; Verba, 1984 e 1984a; Stambak & Verba, 1986).

Todas essas pesquisas, relativas a crianças em idade pré-escolar que interagem em seu ambiente habitual, dão relevância à sua curiosidade intelectual e à sua capacidade em interessar-se pelos coetâneos, e ainda de compartilhar a sua atenção e as suas atividades. Também salientam a importância dos conceitos de imitação organizadora e de cooperações nos progressos constatados nos membros do grupo.

Por outro lado, sabe-se que uma leve assimetria de competências favorece as aquisições no interior do grupo (Cooper *et al.*, 1982, Perret Clermont, 1979). No entanto, salienta-se que também nas situações de troca, consideradas paritárias, uma das crianças pode ser, de maneira momentânea ou duradoura, mais competente em relação a uma certa *habilidade*. Então, nesse caso, existe uma "assimetria" no interior do grupo em relação às capacidades de resolver um problema ou de realizar uma atividade.

Pode-se supor que também para os pequeninos a assimetria das competências no interior do grupo seja uma condição que favoreça, de um ponto de vista geral, a organização das atividades e, em particular, o progresso cognitivo de cada parceiro. De fato, o maior conhecimento/competência/prática do mais velho do grupo confere-lhe um estatuto particular, reconhecido pelos outros e por ele mesmo. Isso comportaria *contribuições construtivas* para a atividade das outras crianças. Portanto — em condições adequadas —, as condutas das crianças maiores contribuiriam para a *consolidação* ou *o desenvolvimento* dos conhecimentos nas crianças menores. Esse problema não apresenta somente um interesse teórico — o de melhor conhecer o processo de desenvolvimento dos conhecimentos através das interações sociais — mas também um interesse prático. As instituições para as crianças pequenas (creches, jardins de infância, turmas iniciais da escola materna) são sempre mais organizadas para classes de idade mista. Nesse caso, existe o problema de se constituírem ou não grupos de idade homogênea para algumas atividades educacionais, e é necessário perguntar-se se a diferença de competências, no interior do grupo, pode demonstrar-se útil para fazer com que todas as crianças progridam.

Neste trabalho tentaremos mostrar que:

1) a criança maior apresenta, no interior do grupo, um estatuto particular de *prestígio* que lhe é reconhecido pelos amigos;

2) por este motivo pode, de várias maneiras, *contribuir para o progresso* cognitivo das crianças menores. Trata-se portanto de evidenciar o papel dos "mais velhos" na organização das atividades das crianças menores, vale dizer, os diversos *processos* de construção cognitiva em relação às ações e às intervenções da criança maior.

1. A PESQUISA

1.1. Método

Do ponto de vista metodológico colocamo-nos em um âmbito etopsicológico. As pesquisas são efetuadas em campo, nas situações cotidianas das creches e dos jardins de infância. Trata-se pois de observar as condutas espontâneas das crianças, de coletá-las na sua complexidade (isto é, no ambiente físico e social onde se verificam) e de compreender o modo com o qual as crianças respondem e se adaptam às exigências de tal ambiente. Portanto, os resultados dessas pesquisas são aplicáveis e utilizáveis mais diretamente pelas instituições educacionais.

As crianças, em pequenos grupos de três ou quatro, são observadas na sala de um jardim de infância[2], na presença de material variado, disposto desordenadamente sobre uma mesa.

As crianças são livres para trabalhar, dispor-se em torno da mesa, de escolher as atividades e conduzi-las da maneira que melhor lhes agradar. Tal situação é livre para permitir às crianças seguir as próprias idéias, buscar soluções para problemas autonomamente colocados, mas, ao mesmo tempo, é *suficientemente organizada* de maneira a estimular várias atividades e numerosas interações sociais.

O material proposto constitui-se de pequenos objetos por si sós não-significativos, múltiplos e variados, fáceis de sobrepor e combináveis: pequenos objetos furados como pérolas, anéis, rodas, cubos e potes de várias formas, varas, cordinhas, pedaços de tecido, objetos com cavidades (triângulos e cubos abertos, cilndros, etc.).

As observações são realizadas na presença de adultos conhecidos (a educadora e o pesquisador). Todas estão gravadas em *videotape* e duram entre quinze e trinta minutos cada: a duração depende do objetivo da atividade por parte das crianças e da dispersão do grupo.

1.2. População

Foram escolhidos quatro níveis de idade no interior das turmas dos jardins de infância que praticam o sistema da "interseção" entre os dois e os quatro anos;

1) crianças dos dois anos aos dois anos e meio;
2) crianças dos dois anos e meio aos três anos;
3) crianças dos três anos aos três anos e meio;
4) crianças dos três anos e meio aos quatro anos.

Os grupos são constituídos por crianças escolhidas no interior destes níveis de idade. Das dezessete observações realizadas, foram levadas em consideração oito, as quais correspondem aos critérios estabelecidos para os "grupos tipo" (2 para cada tipo de combinação)[3].

---

2 Agradecemos muito ao grupo das professoras do Jardim de Infância Max Jacob de Paris (13 *arrondissement*) pela sua preciosa colaboração.

3 Os grupos tipo são os seguintes: I, II e III; I, II e IV; I, III e IV; II, III e IV.

1.3. Análise dos dados

De acordo com nossos objetivos, cada sessão de observação foi analisada:

1) para colocar em evidência as diferenças de competências em relação à idade das crianças. Tal diferença é considerada no desenvolvimento e na progressão das atividades de cada uma das crianças, durante a observação (linha individual de atividade);
2) para determinar o estatuto de prestígio dos "mais velhos" em relação ao qual podem ser utilizados vários indicadores. Escolhemos a imitação dos mais velhos do grupo por parte dos mais jovens, como foi indicado por alguns autores (entre outros, Piaget, 1945; Winnykamen, 1980);
3) enfim, para evidenciar os processos interativos de construção das competências práticas, identificamos, no conjunto da sessão de observação, os episódios de atividade realizados através de trocas entre duas ou mais crianças.

Nesses episódios interativos, as análises foram centradas na conexão das atividades comuns que foi estudada sob dois aspectos, o do significado das interações sociais e o da construção da atividade nas suas sucessivas transformações. Desse modo, evidencia-se a influência dos "mais velhos" na organização das atividades dos mais jovens, cada vez que as iniciativas dos primeiros produzem nos segundos um comportamento mais articulado.[4]

2. RESULTADOS

Antes de apresentar ponto a ponto os resultados relativos às hipóteses anteriormente formuladas, forneceremos algumas avaliações do tipo qualitativo sobre o funcionamento dos grupos nas situações observadas.

Todas as observações proporcionam uma impressão de riqueza, pela variedade de atividade e pelo grande número de trocas. Jamais encontramos crianças indiferentes à situação e aos outros membros do grupo. Se a linguagem não é o meio de comunicação que prevalece, resulta entretanto substituída por condutas não-verbais (olhares, mímicas, trocas de objetos, ajudas múltiplas...).

Cada observação possui uma atmosfera original e produções próprias. Todavia, é preciso salientar que o tom alegre é predominante. Encontramos pouquíssimos conflitos, resolvidos rapidamente e, em geral, um grande respeito pelos outros que se manifesta sobretudo nas estratégias usadas para apropriar-se de um objeto desejado, que é possuído por uma outra criança.

2.1. Como se manifestam as diferenças de competência no grupo

A quais atividades cada criança se dedica durante a observação? A análise do andamento das condutas individuais mostra, para cada membro do grupo, períodos de não-atividade, realizações diversas, manifestações emotivas, descarga motora, trocas sociais. Apresentaremos levemente as diversas atividades das crianças, classi-

---

[4] Em um recente artigo (Verba, 1984) encontra-se um prospecto onde são indicados os procedimentos por nós utilizados (microanálises de seqüências de condutas) no estudo da contribuição oferecida pelas interações sociais à construção do conhecimento na criança.

ficadas em três títulos, com o objetivo de confrontar as atividades dos mais velhos em relação àquelas das crianças mais jovens.

A. *Não-atividade*

— A criança não faz nada, movimenta-se sem objetivo, manipula distraidamente os objetos.
— Não faz nada, mas observa atentamente e de maneira prolongada as atividades dos outros.

B. *Realizações diversas*

— Atividades exploratórias.
— Atividades criativas (construção de objetos novos, transformações simbólicas ou jogos de faz-de-conta).
— Atividade do tipo "pré-lógico": fazer coleções, colocar em correspondência termo a termo, classificar...
— Jogos sociais ou de regras.

C. *Manifestações emotivas, conflitos, arbítrio*

A comparação dos títulos A e B entre os quatro níveis de idade evidencia duas diferenças principais devido à idade, uma *quantitativa* e a outra *qualitativa*:

a) o percentual do tempo de não-atividade diminui progressivamente em relação à idade, enquanto aumenta, durante a observação, o tempo de realização (atividades cognitivas diversas). De fato, as crianças menores (entre dois e três anos) distraem-se mais na sua atividade e nos seus interesses, produzindo um número inferior de atividades sistemáticas em relação às crianças maiores (dos três aos quatro anos). A figura 1 mostra a diferença entre os tempos de não-atividade (▤) e aqueles de realizações diversas (☐) em função da idade;

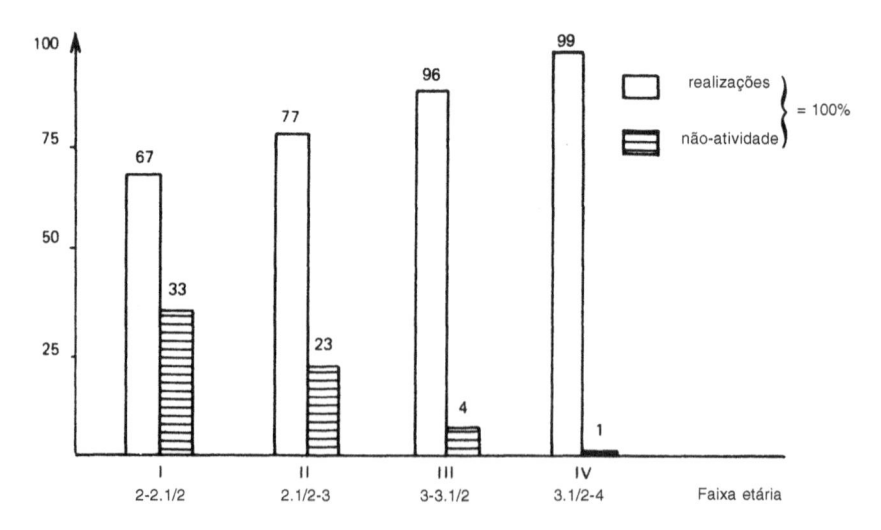

Figura 1— Comparação entre os tempos de não-atividade e os tempos de realização (atividades diversas) para as faixas etárias no desenvolvimento do conjunto das observações

b) a organização das atividades individuais durante a sessão também apresenta diferenças qualitativas. Enquanto as crianças menores justapõem uma série de atividades sem nexo, as maiores demostram ser capazes de articular os próprios interesses em seqüências de ações mais longas, de maneira que suas atividades pareçam mais contínuas e mais estruturadas. A fragmentação encontrada nas menores testemunha a freqüência com a qual mudam seus interesses, seja porque as atividades das crianças maiores constituem para elas um pólo de interesse, seja porque, sendo menos competentes, não são capazes de aprofundar os problemas como as outras.

2.2. O estatuto de prestígio dos "mais velhos": as imitações

Como já foi observado, o fato de serem imitados pelos outros membros do grupo é considerado um indicador do estatuto de prestígio. Sabe-se que em cada grupo existe uma criança "grande": G (a mais velha em termos absolutos), uma criança "pequena": P (a mais jovem em termos absolutos) e uma criança "média": M, a qual apresenta uma dupla colocação em relação aos outros dois (P<M<G), pois é mais velha que P e mais jovem que G.

As crianças mais velhas são mais imitadas que as outras?

O confronto das freqüências de imitação no interior das classificações nos grupos G/M, M/P e G/P por um lado, e P/G, P/M, M/G por outro, permite responder afirmativamente. De fato, as "mais velhas" (absolutas ou relativas) são mais imitadas no interior do grupo com mais freqüência do que acontece com as mais jovens, e de maneira bem acentuada, como demonstra a Tab. 1. (76% contra 24%).

A análise das taxas de imitação das mais jovens por parte das mais velhas mostra uma interessante particularidade: as crianças "médias" são imitadas tanto pelas "pequenas" quanto pelas "grandes" (M>G=19%) em todas as observações. Além disso, se forem consideradas somente as categorias das mais velhas e das mais jovens em absoluto, a diferença das freqüências de imitação é ainda mais impressionante: 89% são imitações de G por parte de P e somente 11% são imitações de P por parte de G (cf. tab. 1, segunda linha).

TABELA 1
Imitações das crianças mais velhas por parte dos mais jovens (A) e vice-versa (B)

Categoria	Imitações dos "mais velhos" (A)				Imitações dos "mais jovens" (B)				Σ
	G/M	M/P	G/P	Total	P/M	M/G	P/G	Total	
Relativo	26%	20%	28%	74%	4%	19%	3%	26%	100
Absoluto	43%		46%	89%	6%		5%	11%	100

Pode-se concluir então que se houver a possibilidade de escolha no interior do grupo, as "grandes" imitam quase que exclusivamente as crianças mais próximas de sua idade.

É preciso salientar que a diferença encontrada nas taxas de imitação não se deve a uma média de grupo, mas se encontra em cada uma das nossas observações (cf. figura 2).

2.3. Papel organizador dos mais velhos

Os membros "mais velhos" do grupo não apresentam somente diferenças de competência em relação aos mais jovens (atividades mais concatenadas, mais elaboradas e menos dispersivas) e um estatuto de prestígio (saber/saber fazer/ poder) reconhecido por estes, mas são também capazes de influenciar as condutas de seus parceiros. Trata-se, então, de mostrar como os "mais velhos" influenciam as condutas dos outros membros do grupo, transformando suas atividades, ou seja, desenvolvendo-as e ampliando-as.

Como foi observado, cada sessão de observação foi primeiramente analisada com o objetivo de detectar, no conjunto das condutas, as seqüências de interação em que a atividade (ações/produções verbais) de alguns fosse ligada àquela de uma outra criança e a modificasse. Essa primeira análise mostra seqüências de atividades intra-individuais e interindividuais. Realmente as crianças agem:

— tanto separadamente, centrando-se em uma atividade congenial, sem preocupar-se com o grupo, ou mantendo com os outros relações episódicas (manifestações de interesse, diálogo, formas pontuais de ajuda, etc.);

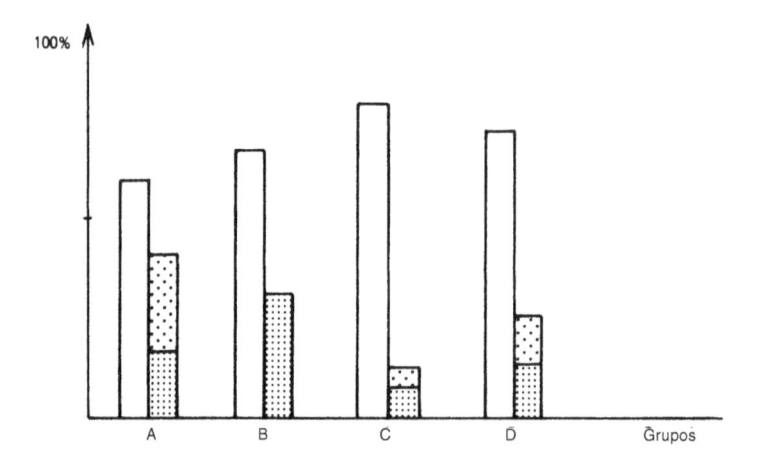

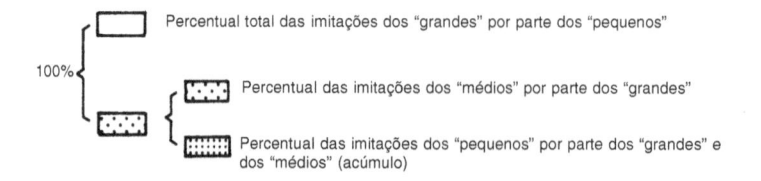

Figura 2— Comparação de percentuais de imitação no grupo

— tanto agindo uns com os outros. Neste caso cada um dos parceiros contribui de uma certa maneira para a realização de uma outra criança, ou ainda compartilha uma atividade com um ou vários membros do grupo.

Essas atividades comuns organizam-se em seqüências temporais mais ou menos longas que parecem formar entidades coerentes, fruto das iniciativas, das idéias e suas conseqüentes coordenações, dos parceiros envolvidos.

Processos através dos quais as crianças maiores ajudam as menores a progredir na sua atividade

Esses processos são evidenciados pelo estudo dos episódios de atividades interativas entre pelo menos duas crianças. No nosso caso, salientamos três modalidades principais de progresso. Nas duas primeiras a criança mais velha intervém diretamente na atividade da criança mais jovem e a modifica (organização por cooperação ou por tutela). Na terceira, as suas ações organizam a atividade do colega sem tomar parte diretamente (organização por imitação).

No quadro restrito deste artigo só podemos discutir rapidamente sobre as duas primeiras modalidades, para mostrar de maneira mais detalhada o papel das crianças mais velhas como modelos de referência para as atividades e, conseqüentemente, para o desenvolvimento das competências das crianças menores.

A) *A colaboração*. Esta modalidade de construção interativa baseia-se no acordo dos companheiros que devem esclarecer as suas idéias e intenções e realizar negociações (contratos). O papel do mais velho é o de um amigo que colabora, ou seja, que fornece uma contribuição direta à construção da atividade em curso, beneficiando-se a si mesmo da relação do seu(s) parceiro(s). Nesta modalidade cooperativa as estratégias do compartilhar da atividade, as negociações dos conteúdos, as explicações e as indicações apropriadas, assim como as inferências efetuadas, indicam uma pesquisa constante dos meios comunicativos e das coordenações cognitivas entre os parceiros envolvidos. Nesse tipo de organização a atividade se constrói através da contribuição recíproca. Em nossa situação, onde os grupos são constituídos por crianças de idade heterogênea, tal contribuição não é simétrica. De fato, os papéis dos parceiros não são equivalentes na organização da atividade/jogo. A criança maior fornece mais "idéias" e comanda a organização com maior eficácia e responsabilidade.

A construção cooperativa (Bonica, Finzi & Spadaccini, 1983; Flament, 1984; Garton, 1985) das atividades (jogos de construção, de regras, de faz-de-conta, etc.) apresenta um esquema particular de coordenações sócio-cognitivas. Esse esquema é similar àquele já exposto em outras pesquisas relativas ao papel estruturante das trocas entre coetâneos na consolidação ou na aquisição dos conhecimentos (Verba, 1981, 1984, 1984a; Verba & Isambert, 1983; Stambak, Verba, 1986).

B) *Organização por tutela*. No conjunto de nossas observações salientamos condutas específicas dos mais velhos em relação a seus parceiros mais jovens. Tais condutas podem ser definidas como relações de tutela, já descritas por Vygotsky e Bruner, a respeito das aquisições de crianças que interagem com um adulto. Nas relações de tutela, a criança maior mostra-se atenta à atividade da menor e intervém, seja a pedido desta, seja por conta própria, para fazer com que o trabalho avance. Essas intervenções podem ser verbais (ordem, conselho, explicações, controle das dificuldades, manutenção da atenção), ou ainda ajudas práticas (demonstração, ajuda por substituição, oferta de objetos apropriados...). É claro que o parceiro é livre para aceitar ou recusar tais ajudas, em função de vários fatores, seja porque lhe escapa a finalidade complexa da ação — e este é o caso mais freqüente —, seja devido a conflitos anteriores, ou ainda pelo desejo de agir sozinho, etc... A ajuda oferecida pelo mais velho limita-se às vezes a dar aprovações, encorajamentos, fazer críticas construtivas... que são suficientes para resolver os problemas encontrados e para estimular a criança.

É preciso observar que essas condutas de tutela podem ser estruturadas e prolongadas e, neste caso, a criança mais velha age como educadora que se dedica à criança menor. Ou ainda, podem ser breves e episódicas, sobretudo no caso em que também a criança maior esteja empenhada na realização de alguma coisa e não queira desligar-se do seu projeto. A ajuda de tutela, seja qual for a forma e o conteúdo que tome, produz na maioria dos casos um efeito positivo sobre a criança ajudada.

C) *O mais velho como modelo de referência*. No momento nos propomos a mostrar a influência dos "mais velhos" quando eles não intervêm diretamente na atividade dos mais jovens. Suas condutas funcionam como organizadoras dos processos dos pequenos que, repetimos, inspiram-se nas suas ações, as reproduzem ou então as transformam, desenvolvendo a idéia de partida.

Nos episódios desse tipo, o grande e o pequeno conduzem atividades separadas mas conexas. A atividade do grande pela sua extensão e a sua organização intrínseca, suscita a atenção e o interesse do parceiro. Então, aparecem imitações que diferem em grau, mais ou menos grande de toda ou de parte da atividade que funciona como modelo. Esta última atividade estrutura imediatamente — ou, de acordo com os casos, progressivamente — a atividade do mais jovem, de modo que ele consiga estabelecer relações entre as suas próprias ações e aquelas do mais velho, de fazer inferências sobre os meios e os fins, etc., de chegar assim, através de sucessivas coordenações e regulamentações, a superar os seus interesses iniciais e ampliar as próprias atividades. Este mecanismo de construção, que consideramos fundamental, encontra-se em crianças de um a dois anos (Verba, Stambak & Sinclair, 1982; Verba, 1984) observadas nas creches, em situações de exploração de objetos.

Entre todos os episódios que dependem de uma organização interindividual desse tipo, escolhemos como exemplo um episódio coletivo no qual todos os membros do grupo referem-se às ações do "mais velho em absoluto".

Neste exemplo, as crianças estão sentadas em torno da mesa, da seguinte forma:

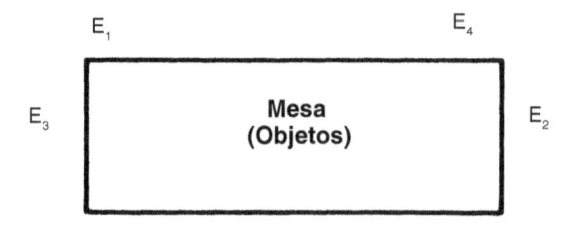

```
        E₁                          E₄
    ┌─────────────────────────────────┐
E₃  │         Mesa                    │  E₂
    │        (Objetos)                │
    └─────────────────────────────────┘
```

As idades variam dos dois anos e meio aos três anos e onze meses, a partir de E1 até E4, que é a mais velha do grupo. O confronto entre o desenvolvimento das atividades de cada criança (E1-E2-E3) com o desenvolvimento da maior (E4) evidencia os mesmos processos de construção das atividades baseadas na imitação das ações da mais velha e das suas transformações.

Trata-se, neste caso, de uma atividade coletiva com a plastilina, no interior da qual cada criança coordena as ações sucessivas em função daquelas observadas na criança "grande". É claro que cada membro do grupo diversifica mais ou menos as suas atividades com a plastilina, de acordo com as suas competências iniciais relacionadas à idade.

A atividade comum inicia com E4, que pega uma bolinha de plastilina e a esmiuça, depois realiza diversas transformações com os pedacinhos obtidos enquanto as outras prestam atenção na sua atividade. Então, cada um dos membros do grupo apodera-se de um pedaço de plastilina de E4 ou a solicita, pois querem realizar uma atividade parecida. Às vezes, inspiram-se em algumas de suas ações e as transformam.

Mais que uma descrição detalhada, em primeiro lugar apresentaremos na mesma tabela (tab.2) o desenvolvimento das atividades de cada um dos membros do grupo, para mostrar a sua dinâmica e salientar as correspondências entre as ações e a sua ordem de ocorrência no episódio (ordem indicada pelos números). Enfim, as condutas sociais serão indicadas na tabela com letras maiúsculas, e o seu significado será colocado entre parênteses.

A atividade de cada criança será então analisada em função da atividade de referência (no caso específico, a da criança maior E4).

— *Atividade de E3 em relação a E4* (diferença = 5 meses): enquanto a mais velha manipula a plastilina, E3 mostra-se interessada em sua atividade. Apodera-se de um

TABELA 2
Sucessão das ações das quatro crianças do grupo escolhidas como exemplo nas atividades imitativas com a plastilina

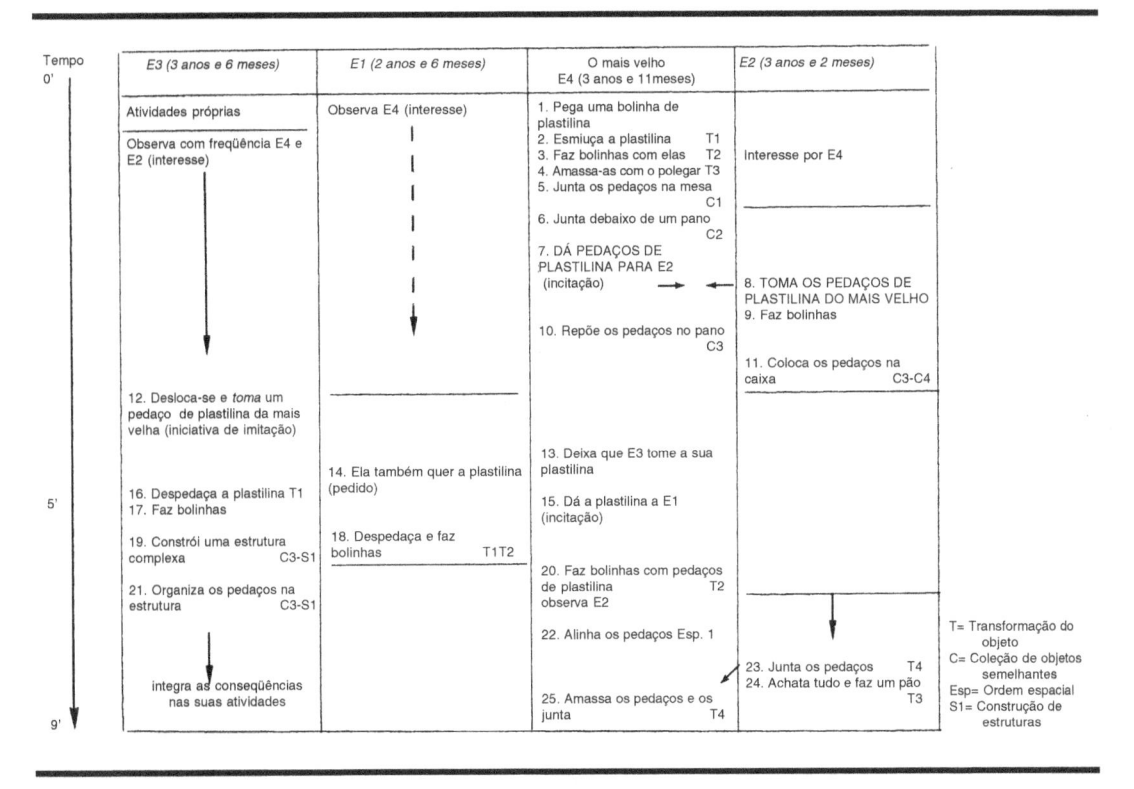

Tempo	E3 (3 anos e 6 meses)	E1 (2 anos e 6 meses)	O mais velho E4 (3 anos e 11 meses)	E2 (3 anos e 2 meses)
0'	Atividades próprias	Observa E4 (interesse)	1. Pega uma bolinha de plastilina 2. Esmiuça a plastilina T1 3. Faz bolinhas com elas T2 4. Amassa-as com o polegar T3 5. Junta os pedaços na mesa C1 6. Junta debaixo de um pano C2 7. DÁ PEDAÇOS DE PLASTILINA PARA E2 (incitação) → 10. Repõe os pedaços no pano C3	Interesse por E4
	Observa com freqüência E4 e E2 (interesse)			← 8. TOMA OS PEDAÇOS DE PLASTILINA DO MAIS VELHO 9. Faz bolinhas
				11. Coloca os pedaços na caixa C3-C4
	12. Desloca-se e *toma* um pedaço de plastilina da mais velha (iniciativa de imitação)		13. Deixa que E3 tome a sua plastilina	
5'		14. Ela também quer a plastilina (pedido)	15. Dá a plastilina a E1 (incitação)	
	16. Despedaça a plastilina T1 17. Faz bolinhas			
	19. Constrói uma estrutura complexa C3-S1	18. Despedaça e faz bolinhas T1T2	20. Faz bolinhas com pedaços de plastilina T2 observa E2	
	21. Organiza os pedaços na estrutura C3-S1		22. Alinha os pedaços Esp. 1	
			23. Junta os pedaços T4 24. Achata tudo e faz um pão T3	T= Transformação do objeto C= Coleção de objetos semelhantes Esp= Ordem espacial S1= Construção de estruturas
9'	integra as conseqüências nas suas atividades		25. Amassa os pedaços e os junta T4	

pedaço de plastilina de E4, a esmiuça e com os fragmentos obtidos faz bolinhas (n. 16, 17), imitando as ações anteriores de E4 (n. 2, 3).

Depois, imita E4 realizando algumas variações: constrói uma estrutura cava para colocar os pedacinhos de plastilina e a fecha (n. 19, 21), condutas equivalentes à da criança maior (n. 10) que introduz um objeto em outro, de maneira a envolvê-lo. Tal transformação, que torna diferente a própria atividade, está completamente ligada às preocupações exploratórias.

— *Atividade de E2 em relação a E4* (diferença = 10 meses): a mais velha incita diretamente a criança a desenvolver uma atividade relacionada com a sua, dando-lhe alguns pedaços de plastilina (n. 7). E2 imita a ação de E4 de enrolar a plastilina entre as mãos, com movimento rotatório, e de reunir os pedacinhos em um espaço delimitado. Todavia, enquanto E4 utiliza um pano com tal objetivo, E2 combina as duas ações, colocando os pedacinhos em uma caixa. Em seguida, vai mais adiante, reunindo as partes da coleção em um todo (n. 24) que ela transforma, modelando-o como se fosse pão (n. 26). Ao mesmo tempo, a criança mais velha reproduz a sua atividade com um outro procedimento: une entre si os pedacinhos alinhados, amassando-os (n. 25).

— *Atividade de E1 em relação a E4* (diferença = 17 meses): E1 começa a imitar as primeiras ações da criança maior depois de um tempo relativamente longo (n. 18). E1 observou anteriormente as ações de E4, mas a sua atividade parece derivar tanto da imitação das ações da criança maior, quanto da imitação de E3, mais próxima a sua idade (n. 12, 16, 17). Mas E1 não vai além dessa dupla imitação; as preocupações de ordem topológica e lógica das crianças maiores não são seguidas pelas mais jovens.

A figura 3 mostra os processos imitativos que organizam as atividades do grupo.

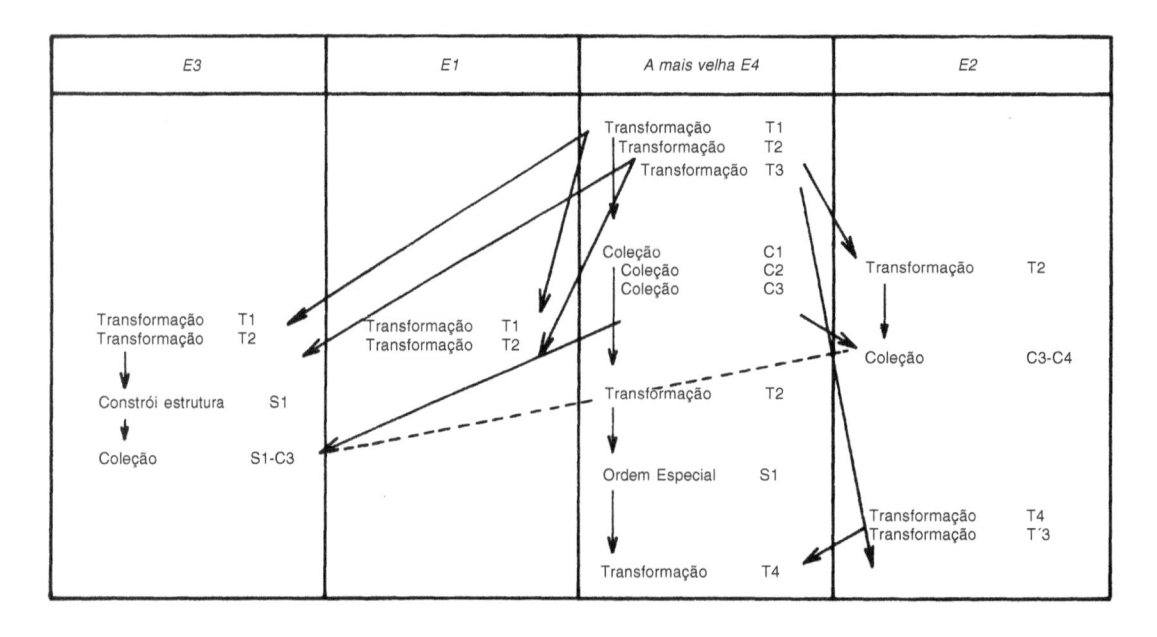

Figura 3 — Esquema da organização das atividades das crianças do grupo em relação à mais velha (E4). As setas indicam as ações que servem de referência às crianças menores: E1, E2, E3.

Através dos exemplos percebe-se claramente que a atividade rica e estruturada da criança maior do grupo provoca nas outras ações imitativas cujos resultados são mais ou menos elaborados, de acordo com a idade das crianças. A mais jovem reproduzirá somente duas ações sucessivas, sem ligá-las entre si. A criança um pouco maior, imitando certas ações da mais velha, as transforma e inclui elementos novos. As imitações da criança mais próxima, em idade, à mais velha são integradas no interior de um processo experimental e o enriquecem. O conjunto desses casos mostra, pois, o processo de organização da atividade (que realiza as competências práticas) por meio de imitações/transformações.

Deve-se acrescentar que, mesmo de maneira não contínua, todos os membros do grupo inspiram-se na atividade da criança maior que funciona como modelo, embora esta última constitua sempre uma fonte de inspiração para as outras, pois as suas ações permitem que elas realizem inferências, correções e abstrações necessárias para ir adiante.

3. CONCLUSÕES

O objetivo do trabalho era mostrar que as interações entre crianças de idade diversa podem ser benéficas para as menores no interior do grupo e podem fazê-las progredir em sua atividade. Por um lado, evidenciamos o estatuto de "prestígio" da mais velha, sem dúvida devido à maior competência cognitiva e social. De fato, em nosso caso onde as crianças são livres para agir e realizar atividades diversas, a taxa muito elevada de imitação das mais velhas, por parte das mais jovens, mostra como estas últimas são atraídas pelas ações das primeiras.

Por outro lado, a análise multidirecional dos episódios de atividade interativa evidencia modalidades diferentes através das quais a criança maior pode ajudar as outras e fazê-las progredir em seus interesses. Foram identificadas três modalidades principais: a colaboração, a ajuda de tutela e a imitação organizadora (Verba 1984, 1984a). No quadro restrito deste artigo, somente essa última modalidade foi desenvolvida e descrita nos seus processos: no início do episódio, as condutas da criança maior constituem um pólo de interesse para as mais jovens que a imitam maciçamente. Essas ações imitativas organizam uma atividade paralela na criança menor, estritamente ligada àquela tomada como referência. Uma ação ou um conjunto de ações da criança mais velha atrai um ou mais membros do grupo que desenvolve(m) uma atividade própria, referindo-se em parte ou completamente àquela observada com atenção. Às vezes, a criança mais velha solicita diretamente o parceiro potencial manifestando-lhe satisfação quando passa para uma atividade parecida com a dele. Assim, a criança menor, através de sucessivas coordenações e ajudantes, vai além de seus interesses iniciais e estende a sua atividade. Salientamos que as ações da mais velha constituem um modelo dinâmico no qual a articulação das condutas aparece passo a passo. Não se trata de uma realização concluída que a menor tenta copiar, mas sim de um procedimento cognitivo que ela integra no interior da sua própria construção, mesmo que a extensão das explorações e dos progressos dependa dos interesses do momento e dos limites das potencialidades cognitivas.

Essa construção positiva manifesta-se sobretudo quando as crianças mais velhas mantêm com as mais jovens relações de benevolência e de poder relativamente "simétricas", não baseadas na autoridade e na imposição. As relações assimétricas de poder, raras em nosso caso, seriam bastante negativas para o progredir das atividades.

Trata-se pois de uma primeira indicação que deveria ser posteriormente verificada em situações e contextos mais diversificados.

Enfim, pode-se concluir a partir dos nossos resultados que a mistura de idade pode enriquecer o grupo em certas condições. É preciso que as situações sejam de um lado organizadas e, de outro, muito pouco limitantes, para permitir que as crianças expressem a própria criatividade e as suas próprias capacidades de exploração e que tenham relações harmoniosas.

Parte IV

Alternativas à Creche

Introdução à Parte IV

Ao final deste livro, parece claro que pela pesquisa e pela experimentação na creche foram-se confirmando conhecimentos, experiências, instrumentos profissionais que podem, com toda razão, ser considerados uma "cultura da infância". Tal cultura deve permanecer somente na creche — hoje voltada apenas a uma minoria de crianças em nosso país — ou a sua validade ultrapassa os limites institucionais e pode difundir-se de maneira mais ampla?

Não poderá superar os seus limites e contribuir na construção de um projeto de continuidade com a família, de um lado, e com a escola materna de outro?

Não poderá colocar à disposição o profissionalismo dos educadores e o conhecimento direto da criança, das suas necessidades de desenvolvimento, das exigências da sua família em outras experiências que se volte a uma utilização mais ampla e diversa?

Não se pode procurar soluções novas com fantasia, não contra a creche, mas sim a seu favor? E oferecer novas oportunidades profissionais a quem acumulou tanta cultura sobre a infância, mas também um pouco de cansaço?

Este é o sentido das propostas contidas nas contribuições desta parte do livro.

16

Em Direção a um Serviço para a Faixa Etária de 0 a 6 Anos: uma Experiência de Continuidade[1]

Anna Bondioli

1. O PROJETO

1.1. As "razões" da continuidade creche-pré-escola

Já há alguns anos — nas revistas especializadas, por parte de quem trabalha nos serviços para a infância pré-escolar, nos encontros do setor — o tema das relações entre creche e pré-escola resulta relevante pelas discussões e os confrontos que suscita[2]. Porém são poucas, ou quase inexistentes em nível italiano, as experiências de efetiva ligação entre as duas agências educacionais das quais poder partir e com as quais confrontar-se na perspectiva do projeto de um serviço para a infância zero-seis.

As razões que estimulam a continuidade dos dois serviços são múltiplas e freqüentemente entrelaçadas (às considerações educacionais acrescentam-se tomadas de posição políticas e a estas somam-se exigências administrativas e sindicais). As motivações que levaremos em consideração neste trabalho são apoiadas sobretudo pelos resultados de dois estudos conduzidos pelo Curso de Pedagogia da Universidade de Pavia sobre as creches e as escolas maternas na província de Pavia, dos quais iniciou a experiência de continuidade de que trataremos em breve (Becchi & Bondioli, 1983; Becchi & Bondioli, 1984).

---

1 O texto foi elaborado levando-se em conta dois documentos datilografados, "Relatório do trabalho desenvolvido no ano letivo 1984-85 na experimental da escola municipal de Garlasco" e "Continuidade creche-pré-escola: notas para um projeto educacional", produzidos pela *equipe* pedagógica (E. Becchi e A. Bondioli) do projeto.

2 Em particular, conferir Cairoli (1977); Frabboni (1980); Caraltini et al. (1981); Neri (1982); Cagliari & Rubizzi (1983); Neri & Sacchetti (1983); Mantovani & Carattini (1983). Destacam-se ainda: o encontro "Infância e continuidade educacional", realizado em Milão nos dias 4-5 de maio de 1984, cujos textos foram publicados pela editora Angeli, com a organização de V. Cesareo & C. Scurati (1986). Em particular, no que diz respeito às complexas relações entre creche e pré-escola, veja-se, no mesmo volume, o ensaio de S. Mantovani sobre o tema da continuidade na especificidade entre creche e pré-escola (Mantovani, 1986) e o n. 6, 1986, da revista *Bambini* dedicado ao assunto

Uma primeira "razão" nasce da constatação da existência de diferentes imagens sociais para a creche e para a escola materna, com claras vantagens para esta última. Não é somente a diversidade entre utilização potencial e utilização efetiva que resulta muito elevada na creche e quase nula no que diz respeito à pré-escola, mas a esse dado objetivo une-se a diferente percepção por parte das famílias potencialmente interessadas nos dois serviços: de cautelosa e problemática aproximação à creche e de total confiança na instituição pré-escolar. Para confirmar os desequilíbrios de imagens dos dois contextos soma-se a percepção da creche como ambiente pouco transparente, pouco conhecido e conhecível, do qual sabe-se pouco e por ouvir falar, derivando disso uma série de temores, ansiedade e preocupações que tendem a confirmar os estereótipos relativos à institucionalização precoce (a creche como local de contágio e doença, de abandono e separação da figura materna, de assistência para crianças e famílias necessitadas). Uma primeira hipótese vê pois, na criação de ligações entre a creche e a pré-escola, a possibilidade de consolidar a imagem do serviço para as crianças menores através do gancho —a ser sobretudo pensado e projetado— com a pré-escola, considerada pelos pais como menos opaca, mais identificável, mais tranqüilizadora, mais próxima de uma experiência infantil considerada "normal".

Uma segunda série de considerações diz respeito ao entrelaçamento, mais interno, entre características específicas dos dois contextos e percepção, por parte dos educadores, das potencialidades infantis (cf. Bondioli, 1986).

As imagens, as expectativas, as estratégias educacionais em relação às crianças maiores na creche e das crianças menores na pré-escola, ambas ao redor dos três anos, parecem muito distantes nos dois contextos, e essa diferenciação valoriza a hipótese de que a organização institucional dos dois *setting* (ambientes) educacionais seja uma variável importante, ao se determinar a percepção das potencialidades, dos ritmos de desenvolvimento e das capacidades infantis. Essas observações encontram respaldo em algumas pesquisas relativas a "estereótipos e preconceitos" dos adultos em relação às crianças de idade diversa, demonstrando que, na nossa cultura, tende-se a ter expectativas muito atrasadas quanto às capacidades das crianças "normais" em idade pré-escolar e antecipadas para as idades sucessivas (De Grada & Ercolani, 1971; De Grada & Ponzo 1971; Ponzo, 1976).

A confirmação da existência de tais estereótipos também em relação a idades mais precoces e sobretudo por parte de educadores que lidam cotidianamente com as crianças pode surpreender. Nesse caso, acreditamos que mais do que "o egocentrismo ingênuo", citado nas pesquisas acima mencionadas para explicar a incapacidade de avaliação dos adultos que possuem pouca experiência e poucos contatos com a realidade infantil, contribuem para constituir a imagem da criança — e portanto a sua possível hiper ou hipoavaliação — as regras, as imagens, os objetivos-valores relativos à creche e à pré-escola dos quais são portadoras as educadoras (Emiliani, 1982; Emiliani & Zani, 1983; Emiliani & Molinari, 1985). A partir de nosso estudo verificou-se que para diferenciar as imagens da infância contribuem sobretudo a diversidade de percepção, por parte dos que operam nos dois contextos, do próprio papel educacional (deixar que a criança cresça e se desenvolva espontaneamente, em um clima de bem-estar, de confiança para com as educadoras de creche; estimular e desenvolver formas de autocontrole, de cooperação e concentração em uma tarefa para as educadoras da escola materna) e a diferente imagem das finalidades do serviço: a creche como local de jogo; a pré-escola como local de atividades pré-escolares.

Frente a essa segunda série de considerações a hipótese da continuidade possuía a tendência a um aumento do valor formativo das duas instituições, no sentido de corrigir a esporadicidade da intervenção pedagógica sobre as crianças menores e de atenuar a excessiva propedeuticidade da pré-escola em relação à escola primária. A esse respeito é oportuno apresentar as propostas de continuidade creche-pré-escola no interior do quadro de transformação de todo o ciclo escolar. As propostas para tornar obrigatório o último ano da pré-escola, com a intenção de fixar mais estreitamente a escola primária com a da infância, acaba privilegiando o aspecto propedêutico desta última, aumentando ainda mais a ruptura com a creche, que arrisca ver marcado o seu próprio caráter assistencial. Reforçar a união entre creche e pré-escola pode, pelo contrário, salientar o valor formativo em sentido amplo da faixa pré-escolar, conferindo mais dignidade à educação da primeira infância, entendida como desenvolvimento da autonomia afetiva, da motivação cognitiva e da competência social[3].

Uma terceira ordem de considerações, estreitamente ligada às precedentes, concerne a constatação da geral impermeabilidade dos dois serviços: falta de troca de informações, não conhecimento recíproco, carência de ocasiões de confronto relativas à programação e à projetação educacional. Tal desconexão e ruptura, ligada à forte diferenciação de imagens de infância e de valor educacional dos dois contextos, pode resultar perigosa, não tanto porque salienta a especificidade dos dois *setting*, mas porque só pode levar a uma fragmentação da experiência infantil. A idade dos três ou quatro anos, quando a criança entra na pré-escola, é certamente uma fase particular do desenvolvimento (no que diz respeito sobretudo à competência verbal e motora), mas não é um momento de mudança tão radical para autorizar, somente então, uma mudança de gestão educacional e existencial tão vistosa quanto a saída da família para entrar na pré-escola, ou a passagem da creche, onde existem relações numericamente mais contidas com coetâneos e adultos, para a pré-escola, onde a socialização é muito mais complexa, sobretudo do ponto de vista da relação numérica entre grandes e pequenos. Então, pensar nessa junção significa também focalizar e projetar "rituais de passagem" compreensíveis, significativos, eficazes, estimulantes para as crianças e mais decifráveis e tranqüilizadores para os pais.

1.2. Continuidade e desenvolvimento

A partir do que foi dito até o momento, surge com evidência o fato de que o nó do problema da continuidade, do ponto de vista estritamente educacional, diz respeito à relação entre organização e coordenação das experiências infantis e possibilidade de desenvolvimento. Nessa perspectiva, o termo "continuidade" pode assumir uma pluralidade de significados. Pode fazer pensar em desenvolvimento progressivo, cumulativo, necessário, tal como a idéia de história de caráter positivista, mas também de certas teorias estritamente ligadas ao amadurecimento — e em tal caso não admite oscilações, rupturas, intervenções —; pode evocar a idéia de um percurso unitário e irreversível, mesmo na descontinuidade dos estágios e degraus do crescimento, tal como o construtivismo piagetiano. E ainda, a essa pode-se associar a idéia de elementos de permanência e identidade no interior de um processo de mudança, por exemplo, o sentido de identidade pessoal que nos acompanha através das modificações físicas e psíquicas, durante a vida.

---

3 Para reforçar esta convicção contribuem estudos realizados no exterior que denunciam os riscos de uma escolarização precoce: aumento do insucesso escolar, tendência à "normalização"e à padronização ideológica, necessidade de sistemáticas intervenções compensatórias. Cf., a propósito, Lurçat (1976); Lurçat et al. (1980) e Gedrem (1980).

Pensar na continuidade em uma ótica educacional significa avaliá-la como condição que pode, ou não, favorecer o processo de crescimento o qual, enquanto produto da integração de experiências diversificadas e múltiplas, produz descontinuidade, isto é, desenvolvimento. A referência a Dewey é a este propósito obrigatória pela sua formulação teórica da possibilidade de conjugar descontinuidade e continuidade. A afirmação segundo a qual a educação é "desenvolvimento dentro, mediante e para a experiência"(Dewey, 1938) não significa considerar a experiência, enquanto elemento novo, possibilidade somatória, por si só educacional. Existem experiências que deseducam, que bloqueiam o processo de crescimento e o desenvolvimento da inteligência e, sobretudo, impedem o acesso a experiências mais ricas (em particular as experiências fragmentárias e desconexas que não conseguem integrar-se em um todo bem firme). Por outro lado, também a continuidade não é por si só um valor. Se de fato é uma obviedade considerar que cada experiência exercita a sua influência sobre as experiências posteriores, o problema da continuidade, ou melhor, o do *"continuum* experimental" consiste em "escolher o tipo de experiências presentes que permanecerão fecundamente e criativamente nas experiências que seguirão" (Dewey, 1938). Parece-nos que o conceito de *continuum* experimental, proposto por Dewey, permite formular melhor a relação entre continuidade e desenvolvimento. O princípio da continuidade da experiência pode operar tanto no sentido de sustar o crescimento, quanto no de agir de maneira propulsiva para uma transformação positiva do indivíduo. O problema da continuidade resolve-se, portanto, no da qualidade, da integração, da "prospectividade" das experiências.

Junto ao conceito de *continuum* experimental, uma segunda perspectiva teórica confere consistência à hipótese de conjunção continuidade-descontinuidade: o conceito de zona de desenvolvimento proximal. Vygotsky (1934) distingue entre dois níveis de desenvolvimento: a zona de desenvolvimento real, ou seja, "aquele nível de desenvolvimento das funções psico-intelectuais da criança, que foi alcançado como resultado de um específico processo de desenvolvimento, já realizado", e "a zona de desenvolvimento proximal, ou seja, aquilo que a criança é capaz de fazer com a ajuda dos adultos". Realmente, existiriam períodos sensíveis de desenvolvimento pelos quais certas aprendizagens desenvolvem a sua eficácia somente quando são aplicadas em um determinado período do desenvolvimento e podem resultar neutras ou ainda negativas em outros períodos (Vygotsky, 1935). Embora a identificação dessa área potencial de desenvolvimento certamente não seja tarefa simples, é porém tarefa fundamental para o educador, na formulação de um projeto educacional, intervir não somente para reforçar aquilo que a criança já sabe fazer, mas para permitir-lhe que se torne aquilo que ainda não é. Nesta segunda perspectiva, a continuidade consiste, portanto, em partir daquilo que a criança é e sabe fazer, e produzir, através de uma intervenção educacional, descontinuidade, isto é, um crescimento, ativando áreas potenciais de desenvolvimento.

1.3. A junção: hipóteses mínima e máxima

Quando em setembro de 1983 a prefeitura de Garlasco (PV), na qual estão presentes uma creche, uma pré-escola municipal e uma estadual, declarou-se disponível para o início da experiência de continuidade entre creche e pré-escola, se as motivações que guiavam a iniciativa eram suficientemente claras, menos definidos eram os conteúdos e as modalidades do projeto inovador a ser inserido, mesmo porque, devido à escassez de experiências análogas, pelo menos no território nacional, a intervenção resultava ser, sob certos aspectos, pioneirística.

Inicialmente foram formuladas duas hipóteses, que chamarei de mínimas, pois não previam reorganizações estruturais. A primeira concebia a junção entre as duas instituições como passagem e circulação de informações, como formalização e institucionalização de encontros entre educadores de creche e de pré-escola cuja finalidade era a troca de experiências e de momentos de programação comum. Pelo contrário, a segunda previa a passagem das crianças da creche para a pré-escola acompanhadas pela educadora que havia atendido na creche, nos anos anteriores. Neste segundo caso, presumia-se que o deslocamento das educadoras da creche para a pré-escola, e vice-versa, pudesse facilitar a homogeneidade de concepções e ideologias relativas às crianças e à prática educacional através de um confronto entre colegas centrado na experiência. Ao mesmo tempo, esta segunda hipótese garantia a continuidade das figuras educacionais na passagem de uma instituição a outra.

Devido às deformidades encontradas no sistema de referência teórico-prático das educadoras dos dois serviços, a hipótese da troca de informações parecia, porém, redutora e ineficaz: na falta de referências comuns sobre as quais começar a trabalhar, o risco de deformações e disfunções comunicativas parecia muito elevado. Analogamente, a segunda hipótese também parecia inadequada, pois não colocando em discussão a organização global dos dois ambientes educacionais, não teria permitido compensar as diferenças e as rupturas encontradas.

Ao identificar e precisar a hipótese de máxima, que ao contrário previa uma inovação de estrutura com a criação de uma turma conjunta entre creche e pré-escola, que acolhesse as crianças maiores da creche e as menores da pré-escola, amparadas por educadoras de ambos os serviços, novas considerações guiaram-nos. Presumia-se que as crianças de dois anos e meio e de mais de três anos, aquelas que deveriam ser inseridas na seção experimental, pudessem conviver sem riscos, nem de atraso e nem de esforço, contanto que existisse uma coordenação atenta por parte do adulto, rica em criatividade, capaz de organizar e administrar em sentido educacional as situações de coexistência mas não somente isso, pensávamos que esta situação nova e complexa pudesse contribuir para ativar aquela área potencial de desenvolvimento e favorecer o *continuum* experimental do qual se falou no capítulo anterior. O papel educacional do adulto resultava ser central. Tratava-se — tarefa não fácil — de ativar, por parte das educadores, o próprio profissionalismo aplicando-o a uma situação nova e problemática pela presença concomitante de crianças de idade diversa, até então administrada de acordo com imagens diferentemente ritmadas do desenvolvimento infantil. Justamente por isso era preciso dar início a um projeto *sui generis*, não somente pela idade mista das crianças, mas também pela presença de educadoras com histórias e competências diferentes, um projeto claro nos pressupostos psicopedagógicos, que constituísse uma espécie de marca capaz de juntar em sentido unitário o trabalho dos quadros funcionais e de ser, ao mesmo tempo, identificável pela coletividade circunstante.

1.4. O projeto educacional: "uma pedagogia do estar dentro da realidade infantil"

Como observamos anteriormente, o projeto educacional objetivava o envolvimento e a interação de crianças provenientes de instituições diversas (a creche e a família) e de idade diferente. Tratava-se, portanto, de crianças com histórias individuais, competências (sobretudo lingüísticas) e graus de familiaridade diferentes.

O projeto pretendia incentivar aspectos do desenvolvimento infantil freqüentemente negligenciados na pedagogia da primeira e da primeiríssima escola, embora essenciais nas finalidades declaradas que tal escola se propõe de socializar e tornar as crianças autônomas. Tais aspectos do comportamento são relativos à subjetividade dos impulsos da criança, à sua vida emocional e afetiva. Os incentivos correspondentes são relativos à expressão de tais experiências geralmente negligenciadas na primeira escola em favor de uma didática de estímulo do conhecimento e do uso de objetos do mundo externo. De fato, em geral é de maneira muito diversa que a criança pequena é conduzida a adquirir uma competência sobre as coisas que a circundam, que lhe são propostas da maneira como elas são, ou por imagens mais ou menos fiéis, e o seu crescimento cognitivo acontece através de progressivas acentuações dessa realidade circunstante: o mundo animal e vegetal, as coisas do ambiente doméstico, os brinquedos mais ou menos estruturados, as imagens dos livros ilustrados. Nesse privilégio da criança "realista" está subentendida a idéia de que a criança pequena, mesmo sabendo comunicar, fala pouco e sobretudo quase nada de si: expressa de outras formas mais imediatas, pré-verbais (choro, gestos olhares) as próprias reações emotivas somente quando estas são muito fortes e, sobretudo, se constrói muito lentamente um conjunto de conteúdos psíquicos do tipo impulsivo.

Na pré-escola somos orientados a formar uma criança cognitiva, dotada de competências sobre o mundo, e a fazê-lo salientando e organizando os estímulos externos que a tocam. A essa construção certamente deve ser dado um apoio, mas que não passe somente através do conhecimento da realidade externa, considerada como fator fundamental, quando não exclusivo da experiência psíquica global da própria criança. É preciso integrar solidamente tal construção, estimulando e educando também as dimensões da impulsividade, o seu desenvolvimento, o seu controle e a sua expressão. Trata-se de privilegiar os conteúdos internos, isto é, o conjunto das emoções, dos afetos, dos impulsos que também constituem "materiais" da vida psíquica infantil e que, ainda que em boa parte inconscientes, podem ser identificados (o medo, a alegria, a simpatia, o ciúme) e portanto expressos. É a eles que se liga, por exemplo, uma ampla gama das expressões do rosto infantil, muitos dos seus gestos e dos seus movimentos. Também poderíamos afirmar que tais conteúdos são anteriores à construção de objetos próprios do mundo externo[4] e que esses mesmos objetos, além do mais, jamais são neutros, mas são edificados, nos processos cognitivos, em dinâmicas onde a afetividade é fundamental. Também nessa dimensão a criança deve tomar consciência, mesmo que através de caminhos diversos daqueles que percorre, para construir a realidade externa.

O papel do adulto nesta tarefa torna-se então primário. A intervenção pedagógica deve ser a mais "interna" possível na experiência infantil, evitando distâncias demasiado pronunciadas entre adulto e criança, sem por isso nivelar-se, perdendo capacidade de estímulo e de guia. O adulto deveria escutar muito e responder, procurar colocar-se no ponto de vista da criança, entrar nos seus jogos, fazer propostas de atividades alinhadas com as exigências e as necessidades que a criança manifesta. Justamente porque as dinâmicas emocionais e as peculiaridades do desenvolvimento social devem ser descobertas e definidas na realidade da criança, surge a necessidade de um confronto

---

4 A precocidade do dinamismo psíquico é particularmente salientada por Klein (1921-1950).

do adulto com a criança, sem que por isso ele assuma uma identidade infantil, o que arriscaria alterar e anular o valor formativo de seu trabalho. A educadora deve "aceitar"a palavra, o gesto, o movimento da criança e tentar "traduzi-los" em termos mais articulados, repropondo-os à criança e solicitando suas respostas e seus posteriores pedidos necessários para progredir na atividade. Por isso a educadora também deve valer-se de gestos e expressões além das palavras, entrando nos vários códigos comunicativos infantis, sejam os relativos à descrição do mundo externo, sejam os ligados a experiências e estados de ânimo. Tal comportamento, que poderia ser definido como "escuta da palavra infantil", requer, por parte da educadora, uma notável competência ao entrar em seqüências sempre mais longas, com as crianças menores. Quando o relacionamento é de um adulto com um grupo de crianças e a relação individualizada é rara, essa escuta pode ser realizada como inserção da educadora *no jogo*, como assunção de um papel interno, como sua participação no mesmo jogo, como seu envolvimento em uma "parte" comparável com a parte das crianças.

Tal projeto educacional, que objetiva a construção da identidade pessoal da criança em um espaço extrafamiliar, onde a criança confronta-se cotidianamente com outras crianças e com mais adultos, pode favorecer a descoberta — que é sempre difícil e não linear — de ser uma pessoa entre tantas outras e de ser uma pessoa distinta de todas as outras. A situação de creche — mas o discurso pode, sob certos aspectos, incluir também a pré-escola — é, como observa Levi, completamente particular: "enquanto constrói a representação nuclear do próprio eu, a criança convive com muitas outras crianças que estão definindo, cada uma por si, a própria individualidade, opondo-a à das outras crianças; enquanto procura espelhar-se, na interação com o adulto, para encontrar a imagem de si própria, a criança, na creche, encontra *muitos* adultos, cada um dos quais lhe restitui mais imagens de si" (Levi, 1983). Também por isso a educadora deve mais do que nunca estar "dentro" da experiência infantil, não somente ajudando a criança a explicitar os próprios estados de ânimo e as próprias experiências, mas mostrando-lhe que esses são modos psíquicos que não é a única a ter: isso é comprovado pelos companheiros; as educadoras têm experiências; os pais o percebem. Sorrir com a criança, fazê-la compreender que o medo é um sentimento difundido como a alegria, procurar identificar junto com ela esses estados de ânimo, fornecer-lhe palavras para expressá-los, falar deles: essa é a difícil tarefa da educadora para fazer com que a criança construa uma identidade com mais dimensões, feita não somente de competências, ao edificar o mundo dos objetos.

Portanto, a construção da identidade pessoal e a solicitação através da palavra são as intenções do projeto pedagógico que se realizam, por parte da educadora, através de seu "estar dentro da realidade infantil". Essa modalidade de estar com a criança que comporta, como já vimos, atenção, capacidade de escuta, enriquecimento e articulação da experiência infantil, requer uma notável sensibilidade pedagógica nos tempos de "elaboração" da experiência de crianças diversas e de idade diversa. Trata-se de um comportamento, por parte da educadora, de atenção, não somente aos resultados, ao produto do próprio "fazer" com as crianças, mas também ao processo que com ele se insere; significa saber esperar, permitir à criança o tempo para organizar e consolidar as suas aquisições, alternar com flexibilidade a proposta e a escuta.

2. A EXPERIÊNCIA

2.1. O contexto e o trabalho preparatório

No âmbito de uma convenção estipulada entre a Administração municipal de Pavia e o Curso de Pedagogia da Universidade, a uma fase recognitiva realizada através de duas pesquisas sobre creches e pré-escolas municipais seguiu-se uma fase propositiva a qual estavam convidados a aderir quadros funcionais de educadoras nas várias entidades locais. Já nessa fase, a situação de Garlasco havia resultado particularmente interessante para uma verificação do modelo da continuidade entre primeira e segunda faixa da infância. Daí a escolha de iniciar prioritariamente na creche, e na pré-escola municipal de Garlasco, um trabalho preparatório para a realização de tal modelo.

A creche, caracterizada desde 1977, ano de abertura, por um notável envolvimento público e pela participação conjunta na gestão dos responsáveis pela administração municipal, dos pais e dos educadores, havia mantido, mesmo também nos momentos de maior "refluxo", este traço de abertura ao exterior e de interação positiva com a realidade da cidade.

As educadoras, mesmo encontrando-se já há alguns anos desprovidas de figuras de apoio técnico ao seu trabalho, nos primeiros anos depois da abertura haviam usufruído da consultoria da equipe do consórico sócio-sanitário local que havia desenvolvido, na figura da psicóloga e do psiquiatra infantil, uma função de atualização e coordenação do trabalho educacional contribuindo a sustentar a identidade pessoal dos educadores e dando coerência e densidade à intervenção extradoméstica para a primeiríssima infância.

Também a escola materna municipal, com a qual se pretendia proceder ao projeto inovador, podia contar com uma equipe educacional qualificada e competente. A isto acrescentava-se a disponibilidade de uma educadora de pré-escola estadual para colaborar na montagem do projeto e a sensibilidade dos responsáveis pela administração local em relação à organização e ao funcionamento dos serviços para a infância.

Junto a esses traços positivos existiam outros, mais problemáticos. Em primeiro lugar, a diversidade de aproveitamento em relação ao uso potencial dos dois serviços: escassa para a creche, muito elevada para a pré-escola. Em segundo lugar a presença, junto à pré-escola municipal, de outras duas escolas para crianças de três a seis anos, uma estatal e uma particular dirigida por religiosas, que poderia ter suscitado concorrências e hostilidade em relação à iniciativa. Além disso, a deformidade do quadro teórico-profissional dos educadores dos dois serviços (diversidade de imagens de função, de ideologias educacionais, de expectativas em relação às crianças) que comportava descontinuidade na passagem da creche para a pré-escola não totalmente pertinente à descontinuidade dos ritmos de crescimento. E ainda, uma falta de conhecimento recíproco e uma troca de informações carente ou quase nula que contribuía a tornar pouco permeáveis e quase que completamente isolados os dois contextos.

O trabalho preparatório conduzido sob a supervisão da *equipe* universitária[5] pelos dois coletivos de educadores da creche e da pré-escola propunha-se, através de

---

5 O trabalho da equipe universitária (constituíd por E. Becchi e A. Bondioli) foi conduzido exclusivamente com as educadoras sobre seus relatórios, seus testemunhos, sem nenhuma intervenção direta no trabalho com as crianças. Esse trabalho foi acompanhado, durante o 1º ano de experimentação, pelo trabalho de F. Archinto e D. Savio, duas estudantes da Universidade de Pavia, empenhadas na elaboração de teses, conduzindo à verificação de algumas hipóteses relacionadas com a capacidade das crianças de 2-3 anos de perceber e explicitar verbalmente alguns conteúdos emocionais.

uma série de encontros quinzenais, a discutir e refletir sobre as "pedagogias" realizadas nos dois contextos, com o objetivo de projetar um *setting* novo de intenções, conteúdos, estratégias, capazes de recompor unitariamente tanto a experiência infantil quanto a adulta.

Essa primeira fase do trabalho, além de ter contribuído para uma familiarização entre os dois coletivos de educadores, permitiu detectar com maior consciência as dificuldades encontradas pela criança na passagem da creche à pré-escola devidas à carência de referências sólidas e constantes, ao esforço de unir experiências desligadas e distantes e à adaptação forçada e rápida a pedidos e expectativas novas. A passagem desta fase recognitiva àquela mais projectual, durante o primeiro ano de trabalho preparatório, revelou-se o momento mais delicado e difícil do trabalho. A dificuldade derivava sobretudo da percepção, por parte das educadoras, do seu trabalho como "fazer com as crianças", isto é, constituído por uma série de momentos programados e não projetados. Tornava-se cansativo refletir em termos de intenções educacionais e de práticas, era árdua a tarefa de ligar estas últimas a uma "idéia de criança", idéia a ser realizada que demorava a emergir e delinear-se.

Através de uma série de encontros de reflexão sobre as atividades geralmente praticadas, de observação atenta das condutas infantis, das ofertas feitas pelos adultos às crianças em termos relacionais e de aprendizagem, começou a definir-se e a consolidar-se também nas reflexões das educadoras a linha projectual acima citada, voltada a favorecer a consolidação do eu infantil através da capacidade de explicitar "experiências" do próprio mundo interior. Essa zona da experiência psíquica infantil, a do imaginário, das experiências emocionais, da expressão dos primeiros sentimentos, parecia de fato um lugar ideal de continuidade evolutiva na realidade infantil. Aquilo que na creche se expressava sobretudo através da linguagem dos gestos, do choro, do balbuciar e que na escola materna realizava-se somente em algumas atividades de jogo livre, devia, no projeto de junção, constituir o ponto de apoio para facilitar, através de oportunos estímulos e com um adequado controle do adulto, a construção, para cada criança, da sua própria identidade pessoal no interior de um ambiente social.

Ao final dessa fase preparatória uma reunião pública de apresentação do projeto aos pais e à coletividade, em julho de 1984, deu início oficialmente à fase de realização concreta da nova experiência.

2.2. A constituição da turma

Na abertura do trabalho dos coletivos de educadores[6], no início do ano letivo, a composição das novas turmas "experimentais" constituía um primeiro problema. As crianças a serem inseridas na nova estrutura eram 36, das quais, no momento de ingresso, 22 já estavam em idade para a pré-escola, 13 com idade inferior (mínimo 27 meses) e uma menina deficiente com idade superior proveniente da creche. Quanto à proveniência, 32 crianças haviam freqüentado a creche, e 4 inseriam-se pela primeira vez em uma estrutura extradoméstica. As crianças foram subdivididas em duas turmas mantendo íntegros os grupos da creche e garantindo ao mesmo

---

6 Em setembro de 1984 o relatório da convenção com a Administração provincial de Pavia é interrompido e a equipe do Curso de pedagogia institui um relatório "técnico" com a prefeitura de Garlasco. Isto comportou uma redefinição do projeto global que inicialmente visava incentivar também em outras sedes da província realizações análogas. A este ponto Garlasco instituía-se a experimentação "autoconfrontadas" sem possibilidade de trocas e verificações com outros contextos empenhados em experiências parecidas.

tempo a convivência, na mesma turma, de crianças de idade e proveniência diversa. A continuidade educacional era então garantida em cada turma pela presença de pelo menos uma das educadoras que haviam acompanhado as crianças na creche, enquanto que a hipótese da junção era garantida tanto pela presença de educadoras de creche, quanto de pré-escola, em cada uma delas. A composição das turmas era a seguinte: *primeira turma:* 24 crianças com idade média de 35 meses, uma idade mínima de 27, uma idade máxima de 43 meses e uma média de 33-34 meses, das quais 21 provenientes da creche, aos cuidados de 4 educadoras (três provenientes da creche e uma da pré-escola); *segunda turma:* 12 crianças com idade média de 35 meses, idade mínima 27, idade máxima de 40 meses e uma média entre os 27-28 meses. Neste grupo está inserida a criança deficiente. As educadoras eram 3, uma proveniente da creche, uma da pré-escola e a terceira é de apoio. Excluindo a professora de apoio para a criança deficiente, a relação numérica criança/adulto em ambas as seções é de 1/6.

Um segundo problema era a colocação física das novas turmas: nos locais da creche ou nos da pré-escola? Ou ainda uma para cada estrutura? Percebia-se que o problema não era somente de tipo organizacional, pois esperava-se que a "experiência" de crianças e pais pudesse resultar diferente de acordo com as soluções adotadas. A dificuldade em achar os locais adequados impediu uma decisão com base em critérios particulares. As duas novas turmas foram colocadas em uma ala separada da pré-escola até então desativada.

2.3. A convivência de crianças de idade diversa

O impacto com o ambiente novo criou para muitas crianças algumas reações típicas que foram gradualmente desaparecendo durante o ano: a dificuldade de interação entre crianças de idade diversa e provenientes de diferentes grupos de jogo, a tendência dos menores em se agarrarem à educadora conhecida, os maiores problemas de inserção das crianças da turma mais numerosa, menos ordeira e mais dispersiva. Notou-se, em particular, a diversidade das "experiências" do novo ambiente por parte das crianças maiores convencidas de estarem na pré-escola e de terem tido uma "promoção" em relação às menores, as quais apresentavam maior dificuldade de adaptação à sede e ao ambiente novo. Mas, sobretudo, era a quase ausência de verbalização por parte das crianças menores (ausência provocada pelo desconforto da mudança de ambiente, de amiguinhos, de educadoras e talvez também pelo fato de que estavam bastante conscientes da precariedade de sua linguagem tanto em relação à das crianças maiores, quanto em relação à dos adultos) que parecia discriminar as crianças ao invés de uni-las, de maneira que as trocas entre crianças de idade diversa, seja durante as atividades dirigidas, seja durante as livres, resultavam extremamente reduzidas.

A progressiva solução desses problemas, que no final do primeiro ano mostrou a possibilidade de integração positiva entre crianças de idade diversa e com graus de familiaridade diferentes, não aconteceu somente através de um espontâneo processo de mistura e homogeneização, mas sobretudo através da pesquisa e da realização de propostas e de estratégias educacionais com objetivos: a aparelhagem dos espaços para permitir o jogo e o trabalho para pequenos grupos, novas modalidades de condução das atividades e, principalmente, administração atenta por parte das educadoras das verbalizações das crianças.

2.4. As propostas educacionais

A proposta educacional que foi delineando-se depois dos primeiros meses dedicados à "inserção" aparece bem sintetizada em uma das atas das reuniões do coletivo de educadores, redigida pelos integrantes: "para responder a tais exigências (dificuldade de inserção das crianças, problemas de convivência de crianças com idade diversa, dificuldade de expressão por parte dos menores) percebeu-se uma possível solução no uso da palavra, não tanto, ou não somente, de acordo com as suas características lógico-explicativas, mas também e sobretudo como instrumento de verbalização de uma experiência interior. Neste sentido, é pois necessário não parar, ao perceber-se a razão lógica de uma situação, mas sim, através de estímulos de conversação sugeridos pela educadora, caminhar em direção à realização de momentos nos quais, através da palavra, as crianças conseguem manifestar-se, realizar trocas e, de alguma forma, libertar-se das próprias angústias".

Uma atenção particular foi então dada à pesquisa de situações e ocasiões espontâneas nas quais a criança utiliza a palavra, tanto de acordo com modalidades especificamente sociais, quanto como veículo de criações fantásticas e de experiências interiores: o momento do jogo com bonecas e bonecos quando os murmúrios de fundo possibilitam a captação de experiências da criança no cotidiano; o momento do almoço, quando se conversa sobre o que se come, daquilo que gosta ou não; o momento antes de adormecer, quando a criança se distrai com o seu boneco ou com o companheiro de cama.

A escuta atenta da palavra infantil permitiu que as educadoras descobrissem dimensões desconhecidas e confirmou a necessidade de uma intervenção do adulto "não diretivo", e o mais individualizado possível ou para pequenos grupos, de retomada, espelhamento, explicitação das expressões das crianças. Além disto, as típicas atividades da creche e da pré-escola: o desenho, a manipulação, a dramatização, foram repensados e conduzidos de modo a favorecer a verbalização e a expressão emocional, recorrendo tanto a estímulos emotivamente carregados, tais como a projeção de diapositivos, a dramatização de histórias, ou comentário, por parte das crianças, de situações simuladas pelas educadoras, ocasiões de jogo simbólico de um papel interpretado, quanto estimulando as respostas verbais da criança empenhada nas habituais atividades manipulativas (desenho, pintura, amassadura, maquiagem).

Um segundo aspecto de reflexão, que envolveu um repensar a organização das atividades, referiu-se à desorientação provocada na criança pela seqüência, durante o dia, de propostas descontínuas e desconexas. Pareceu que as ligações entre as atividades estivessem mais na mente das educadoras do que claramente perceptíveis pelas crianças. Momentos de tédio, de agressividade, expressões de melancolia, dificuldade de interação apareceram com bastante freqüência como conseqüência do parcelamento das situações propostas e pela incapacidade por parte das crianças de captar seu significado global. Prestou-se assim mais atenção às modalidades de passagem de uma atividade a outra fazendo com que os êxitos de um trabalho resultassem propedêuticos ao sucessivo (por exemplo: realização de desenhos e seu emprego como cenários na dramatização de uma história; produção de objetos e sua sucessiva troca no mercado). Aqui também o papel do adulto resultou fundamental ao conferir "significado" para as ainda incompletas produções infantis.

2.5. Primeiras reflexões sobre a continuação da experiência e o surgimento de problemas

As reflexões sobre o andamento da experiência durante o primeiro ano confirmaram por um lado — ao menos em termos de primeira aproximação — a qualidade das hipóteses iniciais e, por outro, abriram caminho para novos problemas.

Uma primeira confirmação surgiu do trabalho com os coletivos de educadores. O dispositivo das turmas de junção realmente funcionou como pólo agregador em relação à atualização das educadoras. No início do segundo ano de experimentação o objetivo de acabar com estereótipos, desativar rotinas ineficazes, inserir dimensões projectuais, podia ser considerado alcançado. Para isso havia contribuído não somente a notável disponibilidade e motivação das educadoras envolvidas, mas também o tipo de trabalho inaugurado no coletivo de educadores, um trabalho mais de projectação que de programação, voltado não somente à solução, mas também à identificação de problemas, um trabalho de reflexão e verificação que obteve como resultado positivo a instauração de um comportamento em que ao temor da mudança substitui-se gradualmente uma sensibilidade de propósito frente às dificuldades e aos problemas.

Nos encontros entre os coletivos de educadores das turmas experimentais e da pré-escola, tornou-se sempre mais central a questão de como se organiza o trabalho: não somente e nem tanto nas suas dimensões espaciais, de móveis e de aparelhagem (nem sempre equilibrados, pois os espaços são pequenos e "toleram" com dificuldade equipamentos de jogo que necessitam, para um uso proveitoso, de locais mais amplos e articulados), mas também nas relações dos adultos entre si, dos grandes (poucos) com o grupo das crianças (muitas), e sobretudo por aquilo que diz respeito à coerência das atividades entre si, o seu significado, as melhores maneiras para torná-las verdadeiramente educativas. Pensou-se que uma análise dos tipos de experiência (lingüística, motora, gráfica, de dramatização) realizada com as crianças poderia ter sido vantajosa e poderia ter propiciado não somente uma nova análise do que vinha sendo feito, mas também, e sobretudo, a identificação daquilo que torna "pedagógico" um certo modo de fazer. Nesse perfil alguns aspectos pareceram ser de particular interesse, a tal ponto de se ter que analisá-los, a cada encontro, em subgrupos separados de educadoras: a posição "dentro" ou "fora" da educadora no jogo infantil (e portanto a assunção do papel e do "poder" da pessoa adulta e das crianças, a assunção de uma função projectual cooperativa ou, vice-versa, autoritária por parte do adulto, as dificuldades de colocar-se no nível das crianças, sem por isso reduzir a prospectividade e a qualidade cumulativa da experiência pedagógica); o fato de que entre as crianças, em determinadas atividades, se manifestassem comportamentos "contratuais", inéditos em uma idade tão precoce.

Analisar atentamente atividades singulares e situações significava também outras coisas: ter como objetivos a observação da criança e contextualizá-la; verificar em uma filigrana mais analítica e crítica os ritmos e as modalidades da programação; construir de maneira mais coerente — seja-nos permitido usar um termo de cuja abusividade em nível de primeira e de primeiríssima escola somos conscientes — um currículo orgânico para a instituição educacional pré-primária; fazer com que as educadoras percebessem a necessidade nas educadoras de conhecimentos teóricos— psicológicos e pedagógicos — mais definidos.

O êxito do trabalho de atualização esclareceu o fato de que o problema da continuidade não diz respeito somente à convivência de crianças diversas por idade e história, mas é uma questão de recomposição das imagens e do saber de quem interage e trabalha com as crianças. Partindo desse ponto de vista, consolidou-se a consciência de que, para iniciar um serviço para a faixa de zero a seis anos, é necessário proceder, contemporaneamente, a formação de educadores para a infância (e não de creche ou de pré-escola). A respeito disso o dispositivo de trabalho comum entre quadros funcionais das turmas de junção e da pré-escola pareceu insuficiente, mas foi-se delineando a prospecção de uma passagem cíclica das educadoras de creche para as turmas experimentais e para a pré-escola de maneira a garantir a todos os educadores uma experiência e um *trainning on the job* (treinamento em serviço) relativos a toda a faixa pré-escolar. A realização desta possibilidade passa pela "institucionalização" da turma de junção, transformando as turmas "experimentais" em turmas de pré-escola, e formando uma nova turma de junção, de acordo com as modalidades já testadas. Isso causou, durante o segundo ano de experimentação, o retorno de duas educadoras das primeiras turmas experimentais à creche (na sala dos lactantes), e a passagem de três educadoras da creche para a nova turma experimental[7]. Desse modo, o trabalho das educadoras da nova turma de junção resultou muito facilitado e reforçado pelo apoio das colegas que por primeiros haviam conduzido a iniciativa, demonstrando, também nos fatos, a eficácia da socialização das experiências.

Junto a esses dados confortantes, que se acrescentam a outros, como a constatação da positividade da convivência de crianças de idade diferente e da possibilidade de realização do projeto educacional que foi sendo definido cada vez mais paralelamente à aquisição, por parte das educadoras, de novas competências profissionais (sensibilidade em relação às experiências das crianças, capacidade de "entrar" como pares nos jogos, aquisição de comportamentos não diretivos e de "espelhamento" da palavra infantil), foram delineando-se alguns problemas de difícil solução.

Entre os aspectos mais inquietantes está a situação da creche, que se revelou, depois da passagem das crianças não tão pequenas na primeira turma experimental, o êxodo das crianças entre os dois e três anos na segunda turma experimental e o afastamento de algumas educadoras que as acompanharam, um espaço empobrecido e reduzido para além das hipóteses que previam, pelo contrário, um alívio da carga de trabalho e uma conseqüente maior disponibilidade das educadoras. O retorno de duas educadoras da experimental para a creche não se revelou suficiente para dar novamente motivação e projeção ao coletivo de educadores empenhado com as crianças menores. Se de um lado a segmentação em mais níveis do *continuum* da escola da infância demonstrava-se sempre mais plausível, tanto no que tange à utilização quanto no que diz respeito às educadoras das turmas pós-creche, o efeito produzido sobre a creche era o de evidenciar cada vez mais os seus resíduos assistenciais e a sua carência de pedagogia autônoma. Desse ponto de vista, a experiência funcionou como "analisador", evidenciando contradições e problemas que poderão ser resolvidos através de um empenho mais pronunciado na creche, voltado a fornecer uma nova disposição à organização do trabalho que permita uma relação mais individualizada com os lactantes e a revitalização das atividades com os maiores. Junto a essas tarefas urgentes existem outras que, se envolvem primeiramente a creche, podem constituir, para o futuro, posteriores elementos de continuidade com a escola da infância, em primeiro lugar o da ativação de relações menos omissivas com as famílias. O problema

---

[7] A transformação das turmas experimentais em turmas de pré-escola comportou uma mudança na relação numérica adultos/crianças que passou de 1/6 para 1/8.

de conjugar os estilos educacionais freqüentemente incongruentes entre pais e educadores, que atinge antes de tudo a creche, mas caracteriza também na pré-escola, pode constituir uma posterior hipótese projectual que permita tanto uma consolidação da "pedagogia" da creche quanto a identificação de novos tipos de junção com a faixa etária sucessiva.

17

Além da Creche: o Tempo para as Famílias

Luigi Anolli e Susanna Mantovani

A creche, na Itália, suscitou pesquisas e reflexões e acumulou um patrimônio de experiências e de cultura sobre a infância e a família. Essa instituição, porém, serve somente a uma pequena minoria de crianças de zero a três anos (5% em nível nacional e uma média de 10%-15% nas áreas urbanas da Itália setentrional e central). O que acontece com os outros 85% de crianças? Em que medida a "cultura" da creche poderia ser utilizada em mais ampla escala, em serviços diversos que correspondam às necessidades certamente existentes, mas muito diversificadas, das famílias que não podem ou não querem utilizar a creche?

Por outro lado, um problema que já se tornou agudo é a *saturação* dos educadores que há muitos anos trabalham com os bebês e a quem novas possibilidades operativas e formativas permitiriam difundir as suas experiências.

Existe também um problema de custos: a extensão ou a criação de serviços para a infância e a família deve levar em conta realisticamente a situação econômica geral e a atual tendência à contração dos serviços sociais.

O sistema italiano é absolutamente rígido: existe somente a creche pública ou não existe nada, e se existem iniciativas privadas estas não aparecem nos censos, mesmo que de fato muitas famílias utilizem babás, que cuidam das crianças em sua casa, pré-escolas privadas que — mais ou menos clandestinamente — acolhem as crianças já a partir dos 18-20 meses. Trata-se de soluções extremamente onerosas e completamente carentes de garantias, sobretudo para as famílias mais desprovidas, pois são desconhecidas e ignoradas pelo poder público.

Ao contrário, em outros países existe uma multiplicidade de iniciativas:

— as babás (*nourrices* na França, *Tagesmütter* na Alemanha, *Childminders* nos Estados Unidos ou na Inglaterra), relativamente controladas pelos serviços públicos e de alguma maneira sustentadas e formadas, ora mais, ora menos, satisfatoriamente: uma escolha preferida por mães que possuem exigências de horários incompatíveis com a creche e que vêem em uma dimensão mais individualizada e "familiar" uma solução mais coerente com os próprios modelos culturais.

É uma experiência que possui lados positivos e negativos (cf. Bruner, 1980; Bryant *et al.*, 1980; Blumli *et al.*, 1980). De uma lado uma notável flexibilidade e, de outro, os problemas que nascem caso entre a babá e a mãe se crie incompatibilidade e rivalidade — dificuldades mais fáceis de serem administradas no coletivo de uma creche do que em uma relação a dois. Problemas de "território" da criança, sempre que haja uma outra criança na casa da babá. Em geral, a pesquisa estrangeira indica um bom grau de aceitabilidade dessas iniciativas nos centros pequenos e médios, onde o conhecimento recíproco e o controle social são mais fortes e, ao contrário, um escasso sucesso indicado por freqüentes trocas de babás nas grandes áreas urbanas, onde é mais difícil conhecer-se e é mais provável que culturas e modelos de educação bastante diferentes entre si entrem em contato e resultem incompatíveis;

— existem também soluções temporárias, adequadas a mães donas-de-casa, tais como os *Playgroups* ingleses ou os *Kindercentra* holandeses, ou ainda *Mother and Toddler Groups* nos Estados Unidos e na Inglaterra. Nos primeiros, as mães se organizam e financiam alguns educadores-animadores para atividades de jogo e os colocam lado a lado, em rodízio. Nos segundos, temos a co-presença constante de mães e crianças auxiliadas por um educador ou, mais freqüentemente, por um educador social (Ocse & Ceri, 1981).

São experiências muito ricas mas que, por outro lado, apresentam alguns limites: em geral, são exclusivamente utilizadas por famílias de classe média (sobretudo os *Playgroups* e os *Kindercentra*); quando são organizadas por uma entidade pública voltam-se a minorias (por exemplo, a mães indianas, como no caso de muitos *Mother and Toddler Groups* ingleses).

São por isto experiências fundamentalmente fechadas, destinadas a grupos muito homogêneos, nascidos em culturas e em países onde a *relação entre público e privado* tem características diversas da italiana.

A reflexão sobre como criar serviços que venham ao encontro das necessidades explícitas ou latentes de famílias com crianças pequenas, em uma perspectiva que trace com maior flexibilidade as relações entre o poder público e a iniciativa voluntária — *compreendendo voluntariado não em sentido assistencial, mas no sentido de participação organizada* — e que utilize em um raio mais amplo experiências educacionais amadurecidas nas creches, levou à abertura, em Milão, do "Tempo para as famílias".

O "Tempo para as famílias" tem como objetivos:

— identificar novas formas flexíveis e informais de apoio às famílias e às crianças com o objetivo de *prevenir os desconfortos e riscos criados pelo isolamento, pela ausência da família ampliada, pela dificuldade atual de fazer referência a modelos não contraditórios na educação dos filhos*;

— ajudar a *prevenir, na criança, o déficit devido a condições ambientais insatisfatórias*, oferecendo às famílias um espaço físico adequado à socialização e à exploração e ainda suficientemente rico em materiais, envolvendo os pais na descoberta e na condução de atividades e experiências que, enriquecendo as estratégias educacionais dos pais, favoreçam o desenvolvimento;

— *favorecer a agregação espontânea das famílias* (sobretudo daquelas que não se utilizam de nenhum serviço) e o surgimento de formas de *voluntariado organizado* no interior de uma estrutura pública que forneça um correto relacionamento formativo;

— *criar um modelo novo e repetível* — com custos reduzidos — no qual se encontram, no interior de um processo iniciado e orientado pelo serviço público, *o profissionalismo dos educadores e técnicos e a iniciativa autônoma das famílias.*

1. ALGUMAS REFLEXÕES PRELIMINARES SOBRE O AMBIENTE URBANO DE MILÃO

1.1. Aspectos sócio-culturais da realidade milanesa

Após os processos de urbanização e de imigração acontecidos nos anos 50 e 60, como indicam as mais recentes contribuições da sociologia urbana, o ambiente metropolitano milanês pode ser caracterizado de maneira sintética pelos seguintes aspectos:

a) Antes de tudo, verificou-se um notável aumento do *pluralismo* e da multiplicidade das formas existenciais. Em Milão, mais do que em outras cidades italianas, o estilo de vida e de relação dos habitantes certamente possui traços europeus, com conseqüentes formas de pluralismo nos mais variados âmbitos da existência humana: das escolhas ideológicas e culturais às atividades industriais e comerciais, aos serviços; da atividade esportiva à moda, etc.

b) Tal pluralismo está ligado a *processos de controle social* mais "frouxos" que favorecem o aumento do "espaço de discricionariedade" de cada indivíduo, compreendido como "ator" (na acepção de Crozier e Friedberg, 1977). Isso se expressa na sensação difundida de que, em relação a pequenos ou médios centros, "em Milão cada um é livre para viver como achar mais oportuno", sem sofrer fortes condicionamentos e pressões sociais voltadas a conformar e a uniformizar os estilos existenciais segundo tipologias unívocas e pré-codificadas. A esse aspecto liga-se uma certa *mentalidade experimental, inovadora, explorativa* que caracteriza o ambiente urbano milanês.

c) Todavia, pluralismo e mecanismos de controle social menos rígidos estão freqüentemente associados a modalidades de vida que, exaltando a individualidade e a autonomia como valores fundamentais e invioláveis, terminam por confluir em situações de *indiferença* e de *anonimato*. De fato, tendem a *relaxar-se os vínculos* e os laços da rede social, favorecendo formas de *isolamento*. Freqüentemente não só acontece de não se conhecer o morador do andar de baixo, mas também, em caso de necessidade, o outro é considerado e tratado como um "estranho" (ver, por exemplo, os episódios de agressão a uma pessoa, totalmente ignorados pelos presentes).

O isolamento, que permite de um lado a expressão máxima da autonomia e da auto-suficiência individual, comporta, por outro, a *dificuldade em construir redes sociais* válidas e significativas. Essa situação pode expressar-se, e de fato se expressa, por muitas pessoas, em uma espécie de perda ideológica e axiológica, assim como em uma incerteza cognitiva e emocional sobre as escolhas e decisões a serem realizadas (Bourne, Sinclair & Dziewonki, 1984). Freqüentemente procura-se uma solução para esse estado de desconforto:

1) fechando-se e enfatizando os laços afetivos familiares, em uma revalorização do "clã familiar" (existem em Milão numerosas pessoas cujas relações interpessoais "reais" e significativas limitam-se ao "grupo dos parentes");
2) refugiando-se em um grupo com alto conteúdo ideológico ou religioso;
3) fazendo referência a grupos de amigos com base em interesses esportivos, culturais, de evasão, etc. Apesar disso, as situações de anonimato e as formas de isolamento tendem a permanecer elevadas.

Isso significa que cada família nuclear freqüentemente *vive sozinha*, obrigada a usufruir de serviços sociais — escola, hospital, etc. — dos quais nem sempre compartilha a ideologia, na necessidade de ter de *defender-se de perigos externos* relevantes e de várias naturezas (do desemprego às drogas, à poluição, à delinqüência em aumento, etc.). Como conseqüência acontece uma *exaltação das relações intrafamiliares*, em que, por um lado, os interesses dos pais são focalizados quase que exclusivamente nos filhos, com mecanismos de atenção e de proteção freqüentemente excessivos; e, por outro, falta à criança uma multiplicidade de modelos de adultos aos quais fazer referência.

d) Esse estado de incerteza e de perda expressa-se também, muitas vezes, na escolha e na determinação dos valores, das normas de comportamento individual e do agir social, das categorias interpretativas da realidade, assim como dos critérios de leitura dos eventos sócio-políticos e sócio-culturais.

Esse desconforto comporta confusões e incertezas também no *campo educacional*, no que diz respeito às práticas de educação e de criação dos filhos. A título exemplificativo, no que tange aos pedidos de autonomia da criança (e também aos seus "caprichos"), quais são as respostas mais corretas e eficazes: aceitando cada pedido seu na ótica da educação permissiva, ou dando-lhe — de vez em quando — frustrações e recusas, ou recorrendo a punições corporais "específicas"(por exemplo, como se verificou em um caso do "Tempo para as famílias", onde se picava com um alfinete a mão de uma criança de dois anos, se fizesse manha).

1.2. Serviços existentes em Milão

Para as famílias com crianças pequenas existem em Milão os consultórios pediátricos e a creche.

O consultório oferece um serviço utilizado ocasionalmente e exclusivamente para a medicina preventiva ou em caso de doença da criança. Portanto, não é um espaço — até aqui — de socialização e de consultoria profissional cotidiana.

A creche é o único serviço existente em Milão onde se está amadurecendo uma experiência cotidiana de vida e de educação com a criança sadia: muitos educadores já estão conscientes dos problemas normais de adaptação e de desenvolvimento e seriam capazes de fornecer não somente uma relação estável à criança, mas também um apoio à família e uma consultoria profissional sobre a normalidade.

A creche, porém, é utilizada somente por 10% das famílias com crianças entre 0 e 3 anos. Mesmo podendo prever uma relativa expansão, até cobrir 15-20% das crianças, ainda permanece um serviço particular, de turno integral, institucionalizado, ao qual muitas famílias *não podem* (por exemplo, por razões de horário) ou *não querem* recorrer. É ainda muito forte a convicção de que quem deve ocupar-se da criança é a mãe ou uma pessoa da família. Muitas mães, não-trabalhadoras por escolha ou por circunstâncias, no entanto, não se dirigem à creche e preferem ou devem ocupar-se o dia inteiro da criança.

Além disso, a *qualidade* da creche em Milão, seja no que diz respeito ao trabalho com crianças, seja com a família, requer ainda uma maciça promoção. Até pouco tempo, a pressão da demanda fez com que prevalecessem critérios de resposta quantitativa, e muitas instituições mantêm um caráter assistencial predominante.

Assim, 90% das famílias educam seus filhos até os 3 anos sem utilizar serviços públicos. No interior desse percentual pode-se identificar uma ampla faixa de famílias, e em particular de mães, que conduz as primeiras experiências de criação em condições ambientais (espaços habitacionais) insuficientes ou precárias, sem confrontar-se com outros, em grande solidão e isolamento, sem referências familiares, de amigos ou profissionais, para redimensionar, desdramatizar ou resolver os vários problemas que surgem quando se cuida o dia inteiro de um bebê. Essas famílias não têm necessidade de estruturas institucionais durante todo o dia, mas de espaços acessíveis de socialização dos quais possam usufruir a seu critério, juntamente com as crianças, e onde possam encontrar conforto, apoio, para organizar-se, para encontrar ocasiões e materiais de encontro e de jogo entre suas crianças e as outras crianças.

1.3. Hipóteses sobre as necessidades das famílias

As considerações que precedem baseiam-se — além das pesquisas recentes conduzidas em Milão e em outras cidades (Tosi 1982; Ingrosso 1984b) — nos primeiros dados surgidos das entrevistas qualitativas conduzidas pela equipe do "Tempo para as famílias".

Podemos posteriormente especificar algumas hipóteses relativas às exigências percebidas pelos pais no momento do nascimento de uma criança.

Pode-se razoavelmente considerar que eles:

1) percebem a exigência de obter direcionamentos e *orientações educacionais globais* (desde a alimentação ao controle das necessidades fisiológicas; da aprendizagem da linguagem ao desenvolvimento das habilidades motoras, etc.) que sejam "seguras" ou pelo menos "não contraditórias"; atualmente tal exigência é preenchida — freqüentemente de maneira insatisfatória — por algumas figuras de referência, tais como o pediatra, seguido de maneira subordinada pelos avós, pelos amigos, etc.

2) esperam a possibilidade de ter um local, um tempo e um *espaço de agregação*, onde seja possível efetuar a fundamental operação de confronto, de troca de experiências e de identificação;

3) esperam um *serviço público* que, respeitando suas escolhas religiosas, ideológicas e culturais, se constitua como ponto de referência estável e como forma de apoio e de sustentação ao enfrentar os problemas e as dificuldades da criação dos filhos.

2. ALGUMAS REFERÊNCIAS TEÓRICAS PRELIMINARES

Antes de descrever os objetivos e os princípios de funcionamento do serviço "Tempo para as famílias", acreditamos serem oportunas algumas reflexões teóricas de enquadramento.

2.1. A perspectiva relacional do desenvolvimento infantil

As concepções psicológicas (e psicopedagógicas) *tradicionais* que dizem respeito ao desenvolvimento do sujeito humano adotaram uma perspectiva individualística, focalizando a sua atenção sobre a evolução e organização das *características individuais da criança*, entendidas pelas diversas teorias como inatas ou como efeitos e conseqüências do ambiente social e educacional. A criança é portanto considerada prevalentemente como pólo receptor, objeto das influências ambientais; o seu destino seria profundamente "condicionado" pelos fatos históricos de seu contexto sócio-cultural, ou então como organismo no qual os estágios de desenvolvimento são rigidamente predeterminados independentemente do contexto em que o desenvolvimento acontece.

No plano científico, à luz das mais recentes aquisições experimentais, no âmbito da psicologia da idade evolutiva, a *perspectiva individualística do desenvolvimento resulta ser parcial e limitada*. De fato, esta pressupõe uma explicação linear, unidirecional, normativa e universalística do desenvolvimento pessoal, compreendido como um processo contínuo, constante, progressivo, por acréscimos sucessivos interligados, de natureza monotônica (embora sejam previstos momentos de estagnação e/ou regressão), através da seqüência de fases (ou estágios) evolutivamente mais complexas e articuladas para o alcance do "nível de maturidade". Nos seus aspectos de normatividade e seqüencialidade de estágio, a perspectiva individualística arrisca tornar-se redutiva, pois prevê esquemas evolutivos excessivamente rígidos e teóricos.

Frente a essa posição teórica, a partir da segunda metade dos anos 60 surgiu, no âmbito da psicologia, uma *nova perspectiva*, a perspectiva "relacional", que focaliza a atenção sobre a *interação entre dois ou mais sujeitos*, e não sobre o indivíduo enquanto tal. Trata-se do surgimento de um novo ponto de vista que salienta a importância fundamental da relação intersubjetiva, para acionar as potencialidades de desenvolvimento presentes na criança, idéia sustentada por autores como McGurk (1978), Brazelton (1982), Fogel (1982), Kaye (1982 a, 1982), Lézine *et al.*, (1981), Schaffer (1977), Trevarthen (1979); no campo educacional, por autores como Beller (1985) e Bronfenbrenner (1986, 1986a, 1986b).

Nessa ótica, a criança (e o recém-nascido em particular) não é mais considerada como um ser passivo, em posição prevalentemente receptora, no interior da relação adulto-criança, mas é percebida como um sujeito ativo e competente, dotado — desde o momento do nascimento — de complexas habilidades funcionais e de esquemas interativos, em virtude dos quais consegue inserir-se de maneira significativa na relação com o adulto.

Por exemplo, no estudo da interação entre mãe e recém-nascido, Kaye e Lézine evidenciaram que tal interação estrutura-se rapidamente, de maneira coordenada e bidirecional, de acordo com o modelo de alternâncias dos tempos, desde a amamentação. De fato, já durante as primeiras refeições, a sucção é organizada de acordo com um modelo de alternância de atividade e pausa: a mãe estimula o recém-nascido induzida pelas pausas deste último e o recém-nascido é solicitado a retomar a sucção pela interrupção das solicitações da mãe. Em outros termos, e mais em geral, a uma fase de atividade do adulto corresponde um estado de recepção e de relativa passividade por parte do recém-nascido e da criança; segue-se então a fase em que os turnos se invertem: a criança assume um papel ativo e o adulto, um papel passivo. Realmente, no caso da amamentação, quando o recém-nascido realiza a sucção, a mãe torna-se prevalentemente passiva. A capacidade de "plasticidade" da criança e de adaptação recíproca é altíssima nas primeiras semanas de vida e torna-se mais eficaz em função de um estilo comportamental *coerente* (seja este rígido ou flexível) da mãe. Assim, a atenção dessa perspectiva não é mais voltada à análise das características individuais da criança, aos seus processos intrapsíquicos, compreendidos como efeitos da interação social e educacional, mas se desloca para a relação e para os "jogos relacionais", para os relacionamentos intersubjetivos no interior dos quais a criança assimila esquemas de interação social, elabora critérios de leitura e categorias de avaliação da experiência cotidiana, aprende modelos cognitivos e comunicativo-lingüísticos, tanto universais quanto específicos, do ambiente social ao qual pertence.

2.2. Para uma arquitetura da intersubjetividade

Seguindo o que sugere Rommetveit (1979), a transcendência do mundo individualístico e "privado" acontece através dos processos de comunicação e pressupõe, antes de tudo, coordenadas espaciais, temporais e setoriais (isto é, a direção "eu-tu-os outros", de acordo com a qual acontece a comunicação).

O conjunto de tais coordenadas constitui de fato o *contexto* de referência dentro do qual acontece a relação adulto-criança. O conceito de "contexto" assume um valor fundamental, pois representa a *matriz do significado* de qualquer ato comunicativo (seja este verbal ou não-verbal). Não existe uma mensagem "no vazio", sem contexto, pois cada mensagem assume um determinado valor comunicativo e relacional somente no interior de um contexto específico. Portanto, a mesma mensagem e o mesmo comportamento podem adquirir significados profundamente diversos em função dos diferentes contextos em que são realizados. Nessa perspectiva, o contexto torna-se um instrumento essencial de análise e de compreensão dos processos interpessoais.

A perspectiva relacional coloca em evidência o fato de que as *relações adulto-criança* são expressões de um *sistema aberto*, capaz de auto-regular-se, de evoluir e de modificar-se em função dos eventos tanto internos ao próprio sistema, quanto externos. Isto significa que o sistema adulto-criança é capaz de *autocorrigir-se*, de modificar as regras do próprio funcionamento, as modalidades comunicativas e os próprios objetivos, se houver acontecimentos novos ou momentos de emergência.

Além disso, tal sistema é capaz de trocar continuamente informações tanto em seu interior, quanto com o ambiente externo, seguindo fluxos comunicativos governados por regras e modelos em nível formal e informal. Portanto, *adulto e criança influenciam-se reciprocamente* em resposta aos respectivos *feedback*, mediante a constituição de processos interativos circulares, com andamento temporal em espiral, em um círculo contínuo de mensagens-respostas-mensagens. Nesse processo interpessoal, *adulto e criança* não podem comportar-se como elementos independentes, mas constituem *uma totalidade unitária e organizada*.

A análise deste sistema requer a elaboração de critérios de observação, de parâmetros de avaliação e de compreensão que transcendam o comportamento individual de cada membro e que levem em consideração as seqüências comunicativas e os esquemas interativos subsistentes nos processos interpessoais. Essa abordagem intersubjetiva tende a superar a tradicional divisão e contraposição entre aspectos afetivo-sociais e aspectos cognitivos do desenvolvimento. É nas interações sociais precoces — através de um desenvolvimento da atenção, da memória das seqüências de troca cada vez mais previsíveis, das capacidades perceptivas de reconhecimento — que se baseia a constituição do relacionamento afetivo, as capacidades sociais de troca, a motivação e as capacidades cognitivas de leitura do mundo circunstante e de confronto com os "problemas" que este comporta

2.3. A função do adulto na relação

Apesar da crescente atenção à situação relacional o panorama das pesquisas atuais ainda apresenta espaços relativos nos vazios que deverão ser preenchidos por dados adequados.

A literatura científica recente salienta a importância dos aspectos relacionais baseados nas *interações precoces*, regulares e qualitativamente válidas entre adulto de referência e criança. Lembremos, por exemplo, os trabalhos de matriz psicanalítica de Brody (1956), Escalona (1968), Mahler (1975), Winnicott (1957), seguidos por uma ampliação da perspectiva em sentido etológico, com a contribuição de Bowlby (1969, 1973) e as pesquisas experimentais de Ainsworth e Bell (1970), Main (1973), etc. Esses estudos, por sua vez, deram início à perspectiva sócio-cognitiva das pesquisas sobre as competências sociais precoces e sobre as interações mãe-criança de Schaffer (1977), anteriormente citadas.

Apesar dessa acentuação da perspectiva *relacional* e apesar da indicação da qualidade do comportamento materno, como variável fundamental para uma articulação satisfatória e coerente do desenvolvimento da criança, *até hoje a atenção da pesquisa sobre a vivência e os problemas do adulto de referência (em geral os pais) foi bastante escassa.* Agora, parece evidente que o bem-estar, a segurança, a congruência do comportamento e da comunicação adulta — no sentido de uma correspondência entre aquilo que o adulto sente e aquilo que de fato comunica, em nível verbal e não-verbal, à própria criança — são elementos determinantes para a formação de uma relação que sustente o desenvolvimento e favoreça uma organização coerente e complexa do comportamento cognitivo, afetivo e social. Ao contrário, a insegurança em decodificar os sinais emitidos pela criança, a ambivalência em relação a ela, vivenciando-a ora como a principal razão de vida, ora como limitação, a incerteza ao referir-se a modelos educacionais provenientes da cultura familiar, da mídia, da medicina, da divulgação psicológica, entre si contraditórias, podem causar instabilidade e incoerência na relação. O bem-estar do adulto, em particular o da mãe, também parece ser um elemento a ser estudado e um objetivo a ser perseguido, para o bem-estar da criança e para o harmonioso funcionamento de todo o sistema relacional.

Como salientam consideráveis pesquisadores (cf., por exemplo, Bollea, 1986), atualmente assistimos ao surgimento — nas crianças e nas famílias — de novos riscos e novas patologias: os aspectos acima citados, isto é, o isolamento, a situação cultural fluída que sugere modelos de referência contraditórios, o grande e programado investimento emocional nos filhos, a vida prolongada na solidão, com a criança freqüentemente em condições habitacionais restritas e inadequadas, levam a dificuldades tais como:

— *incapacidade de favorecer a progressiva autonomia da criança.* Sabemos que desde o primeiro ano de vida a autonomia que se manifesta, antes de tudo como motivação para a exploração, administração progressivamente auto-suficiente do próprio corpo, consciência do mundo circunstante (cf. Pikler, 1969; Beller, 1985), desenvolve-se no interior de uma relação quente e participante, mas não intrusiva e livre de ambivalências: a mãe "sensível", de acordo com a definição de Ainsworth, Bell e Lézine, é aquela que não projeta as suas próprias necessidades e as suas próprias ansiedades sobre a criança, mas é capaz de ler os sinais do filho e responder-lhe pertinentemente;

— *o excesso de proximidade,* que torna completamente exclusiva a relação e gera grandes dificuldades tanto no interior da relação de casal quanto no caso do nascimento de irmãos: o ciúme, normal dentro de certos limites, às vezes assume proporções dramáticas até causar graves distúrbios de tipo psicossomático;

— a *recusa*, censurada em nível consciente, de uma responsabilidade total e vivida em solidão e que se choca com os apelos da vida de trabalho e da vida social que provêm do ambiente. Isso gera estados de grandes tensões na mãe, depressão, às vezes rejeição que se disfarça de hiperproteção, ou se conclui incoerentemente em separações nítidas: por exemplo, crianças que sempre viveram com a mãe e são deixadas improvisadamente, e por bastante tempo, com uma avó distante com a qual as crianças não possuem familiaridade.

Também os pais que se ocupam o dia inteiro de suas crianças possuem então necessidade de apoio e de confronto para compartilhar os problemas, tomar consciência de seus próprios comportamentos e desambigüizá-los, prevenir os riscos conseqüentes do isolamento cultural e social.

Um exemplo do quanto seja necessária uma maior atenção à *variável adulto*, na situação relacional adulto-criança, e da necessidade de criar situações que permitam um natural, porém mais preciso, conhecimento das dinâmicas interativas, é dado pelo problema da chamada *crise da separação* entre mãe e criança, muito estudado nestes anos sobretudo em relação à creche. Os comportamentos de "crise"(choro, regressão, perda temporária da autonomia, passividade ou agressividade, apego ansioso), observados, por exemplo, no caso da inserção na creche, referiam-se à "separação" entre adulto e criança. *A separação*, porém, jamais era definida de maneira explícita e unívoca. A literatura (Bowlby, 1969; Robertson, 1962) afirma que se pode falar em separação quando esta é inesperada, total, quando coloca a criança em um ambiente completamente novo e desconhecido, não oferece uma figura alternativa estável que lhe forneça cuidados.

Nenhum desses fatos foi constatado no caso de inserção na creche, na presença de uma figura familiar: realmente, sabemos que a presença da figura de apego torna a criança mais preparada para explorar o ambiente novo, para aceitar novos contatos e estabelecer novas relações que poderão, em parte e temporariamente, substituir a relação principal (Ainsworth & Bell, 1970). Então, a que atribuir a crise? À *qualidade do relacionamento e da relação*, e à forma pela qual o *adulto* e a criança vivem o confronto com uma situação e um ambiente novo.

Propomos — e "O tempo para as famílias" é um ótimo observatório para prová-lo — que o problema de uma boa relação com a criança pequena não seja necessariamente colocado em termos de *presença-separação*, mas sim em termos de *proximidade-distância optimal entre pais e criança nos vários momentos da relação e do desenvolvimento*. Para os pais, a experiência de compartilhar os cuidados da criança e, para a esta, compartilhar espaços e relacionamentos além do confronto com novos desafios, apresentados por um ambiente que oferece relações sociais múltiplas, pode gerar uma crise: crise de crescimento, mas que às vezes possui características agudas tão fortes a ponto de fazer pensar que o isolamento da dupla mãe-criança, mesmo que a mãe seja completamente disponível, possa ser tão limitante e arriscado quanto as mais ou menos breves separações que perturbam o formar-se do apego.

A experiência ensina que um bom apego (a ponto de favorecer satisfação, confiança e progressiva autonomia para ambos os parceiros) não pode ser considerado inato: observando os adultos em ocasiões de breves separações, em momentos de ansiedade e dificuldade, ou quando devem aprender e compartilhar o cuidado do seu filho (com o cônjuge, com um avô, com uma babá, com uma educadora), percebem-se, por parte do adulto, comportamentos complementares aos descritos para a criança como "ansiedade da separação": agarrar-se, voltar para a criança até fazê-la chorar, mesmo que ela esteja alegremente concentrada em outras atividades, dificuldade em aceitar contatos com outros, dificuldade em reestabelecer o contato.

O pai está inseguro e sente-se incompetente. Isso gera — nele e na criança — uma *espiral de insegurança*.

O elemento que pode contribuir para reestabelecer o equilíbrio e a recíproca satisfação, fornecendo um apoio e um modelo, pode ser um educador experiente e consciente das necessidades psicológicas tanto dos pais quanto das crianças, que não se apresente como uma figura "clínica"(pediatra ou psicólogo) e portanto patologizante, mas como um " ser experiente da vida cotidiana com a criança" e por isso mesmo desdramatizador, tranqüilizador, capaz de confirmar e explicitar as *normais* incertezas e ansiedades vividas pelo pai.

O reestabelecimento de uma *distância optimal*, em um ambiente onde mãe e criança estejam co-presentes de forma nova e em um contexto relacional ampliado, pode ser um elemento que ajuda a superar a ambivalência e firma as bases para eventuais intervenções educacionais compensatórias assimiladas e conduzidas em primeira pessoa pelo pai. Parece assim importante prever formas não-institucionais de suporte nas quais se assuma a sustentação da relação pais-crianças. É essa uma preocupação que prevê uma intervenção de prevenção até hoje ausente e que objetiva tornar os pais ativos e conscientes, e não desresponsabilizá-los, dependendo de "técnicos experientes". Esse é um dos principais objetivos de "O tempo para as famílias".

2.4. A aprendizagem relacional

A perspectiva interativa (ou relacional), aqui brevemente mencionada, comporta a exigência de considerar a aprendizagem humana não somente como aquisição de conteúdos e conhecimentos específicos, mas também, de maneira mais extensa, como modalidade interpessoal, através da qual são implicitamente assimiladas regras, normas sociais, estilos comunicativos, seqüências interativas, bem como modelos relacionais, constitutivos da estrutura de personalidade do próprio sujeito.

A esse propósito são muito esclarecedoras algumas reflexões primeiramente propostas por Bateson (1972, 1979). Compreendendo a aprendizagem em sentido amplo, como uma *mudança* de qualquer tipo, Bateson distingue e classifica níveis progressivos de aprendizagem, da aprendizagem zero até a aprendizagem quatro.

O conceito de aprendizagem é inseparavelmente ligado, por Bateson, ao conceito de *contexto*, no sentido de que *nenhuma aprendizagem é concebível além de um contexto que se imagina como tendo caráter de repetibilidade* (pense-se em uma turma escolar, em um grupo familiar, etc.). Sem a hipótese da repetibilidade do contexto, qualquer aprendizagem deveria ser atribuída a fundamentos puramente genéticos. Enquanto âmbito de aprendizagem, o contexto é definido por Bateson como um termo que congrega todos aqueles eventos que indicam ao sujeito qual é o *conjunto de alternativas* no interior do qual ele deve realizar a escolha sucessiva, a qual controlará o seu comportamento.

De acordo com a teoria dos tipos lógicos, Bateson identificou sucessivos níveis lógicos de aprendizagem.

a) A *aprendizagem zero* é a base daqueles atos que não são suscetíveis de correção por tentativas e erros; em outros termos, o sujeito recebe informações por um evento externo, assim que um evento similar, em um instante sucessivo, conduz a *mesma* informação, não havendo pois nenhuma aprendizagem; é o caso dos hábitos adquiridos e automatizados.

b) A *aprendizagem um* designa a correção da escolha no âmbito de um mesmo conjunto de alternativas. Nesta situação, o sujeito fornece no instante Y uma resposta *diferente* daquela que havia fornecido no instante X. Nesta categoria entram os clássicos processos de aprendizagem estudados pela psicologia, tais como o condicionamento pavloviano, o condicionamento operante de Skinner, a aprendizagem com base na associação, bem como a aprendizagem por tentativas e erros e por *insight*. A aprendizagem escolar também faz parte da aprendizagem um, pois prevê a passagem (isto é, a mudança) de um estado de não-conhecimento a um estado de conhecimento.

c) A *aprendizagem dois* designa a mudança do conjunto onde se realiza a escolha. Como afirma Bateson, "se conduzirmos uma série de experimentos de aprendizagem similares, com o mesmo sujeito, verificaremos que em cada experimento sucessivo o sujeito mostrará graus de aprendizagem sucessivamente mais rápidos pela aprendizagem um, ou seja, aprenderá mais rapidamente". Em outros termos, o indivíduo realiza aos poucos um esforço menor para conseguir um resultado ou superar uma prova. Portanto, o sujeito "aprende a aprender". Sobre o conceito de aprendizagem dois retornaremos mais adiante.

d) A *aprendizagem três* é uma mudança corretiva no sistema dos conjuntos de alternativas entre as quais se efetua uma escolha. É uma mudança no processo da aprendizagem dois e consiste em um tipo de reestruturação dos contextos de aprendizagem (como acontece, ou deveria acontecer, na psicoterapia, nos encontros religiosos, nos processos de reestruturação do Eu).

Em relação aos temas aqui apresentados, nos deteremos brevemente no conceito de aprendizagem dois. Este é estreitamente ligado com o de *contexto de aprendizagem*, compreendido como repertório de comportamentos, de experiências e de situações relacionais similares que foram vivenciadas pelo sujeito em um determinado período de sua vida. É importante observar que o conceito de "contexto de aprendizagem", ao invés de delinear qualidades e características individuais, descreve as trocas e as recíprocas influências entre o sujeito e o ambiente que o circunda. Portanto, afirmar que "Giorgio é dependente de Mario" significa identificar a sua relação que resulta caracterizada por seqüências do tipo: a1, b1, a2 onde a1 é interpretado como um sinal de fraqueza de Giorgio; b1, como uma atitude de ajuda por parte de Mario; a2, como uma atitude de reconhecimento e de gratidão em relação a b1.

De maneira análoga, também o chamado "caráter" do indivíduo é estreitamente ligado aos seus contextos de aprendizagem. Geralmente se diz que uma certa criança é passiva e isolada, uma outra é diligente, perfeccionista e precisa, outra é enérgica, audaz e constante; uma outra ainda é vivaz, ativa, e assim por diante. Todos esses adjetivos descrevem êxitos complexos da aprendizagem dois. O "ser diligente" é típico de um indivíduo que teve nos seus contextos educacionais prolongadas e repetidas experiências deste tipo. De maneira mais detalhada, esses adjetivos, que desejariam descrever caracteres individuais, não são estritamente aplicáveis ao indivíduo, mas descrevem trocas entre o indivíduo e o ambiente.

Além disso, mediante os próprios contextos de aprendizagem, cada sujeito aprende a indicar os eventos, *a segmentar as seqüências da experiência cotidiana, a atribuir a esta um significado particular*, a categorizar os processos interativos e a realidade, bem como a elaborar e organizar um repertório de critérios — bastante estruturado e autoconfirmado — para a leitura e a decodificação dos fenômenos em geral e das seqüências comunicativas em particular, de modo a enfrentar adequadamente o horizonte das situações cotidianas.

É útil observar que os contextos de aprendizagem são tão mais *importantes* quanto mais *precoces*, e que são assimilados de maneira inconsciente pelo indivíduo.

Em nível educacional, o conjunto das reflexões aqui expostas permite inferir uma importante consideração. *A família representa, sem dúvida alguma, o contexto de aprendizagem primário embora não necessariamente único para a criança*, caracterizado por uma rede complexa de relações: "criança-pais-eventuais irmãos-outros parentes", motivado por determinadas expectativas no que tange às tarefas educacionais, por objetivos explícitos e implícitos, bem como por mitos e utopias (estas últimas favorecidas pela própria natureza do processo educacional).

Em virtude desse contexto familiar, a criança pode adquirir de maneira ativa uma ideologia mental heurística ou, ao contrário, repetitiva, um modo de pensar produtivo ou reprodutivo, um método de observação e de exploração da realidade, a capacidade de socializar as próprias experiências, o respeito pelos outros, o controle de determinados gestos impulsivos ou, vice-versa, passividade, isolamento, incapacidade de controlar-se.

2.5. Características fundamentais do contexto educacional

À luz das considerações acima expostas surge o fato de que *o contexto familiar torna-se funcionalmente educacional somente se for estável, flexível e coerente*.

1) A *estabilidade* do contexto educacional familiar é determinada pela *continuidade do estilo educacional e dos processos comunicacionais* realizados pelos pais.

Além disso, é assegurada pela *repetibilidade* de experiências relacionais e de aprendizagem similares, pela continuidade das regras que governam as trocas interpessoais, bem como pela identificação bastante precisa de pontos de referência constantes.

2) A estabilidade do contexto familiar, mesmo comportando um notável grau de estruturação dos processos interativos, não equivale a rigidez. De fato, neste caso o sistema seria caracterizado pela mera repetição e reprodução mecânica dos modelos relacionais no interior de um esquema fixo e fechado a toda mudança.

Ao contrário, a estabilidade do contexto educacional familiar é estreitamente associada à flexibilidade, compreendida como capacidade de adaptar-se ativamente às mudanças. A *flexibilidade* comporta então a propriedade de *auto-regular-se*, de maneira tempestiva e eficaz, em função das variações dos processos relacionais produzidas por eventos tanto internos quanto externos ao próprio sistema.

3) Enfim, um contexto familiar, para ser positivamente educacional, deve possuir um notável grau de *coerência*, definida como capacidade de reduzir os âmbitos de ambigüidade e a incongruência dos processos comunicacionais. Em particular, trata-se de estabelecer uma relação educacional que, na medida do possível, seja isenta de mensagens contraditórias, de comunicações paradoxais, bem como de indicações múltiplas e fragmentadas. O problema que nos colocamos — no plano educacional — é o de experimentar abordagens e situações "naturais", informais e não patologizantes para ajudar as famílias a alcançar maior estabilidade, flexibilidade e

coerência e, portanto, a desenvolver com maior eficácia, serenidade e *prazer* o seu papel educacional.
Como ajudar a família a desenvolver e manter tais características?

3. OBJETIVOS DO "TEMPO PARA AS FAMÍLIAS"

Tendo presente o quadro de referência social e teórica aqui brevemente traçado, considerou-se interessante dar início a um *novo tipo de iniciativa pública* que enfrentasse os problemas educacionais das famílias de Milão. Pode-se definir o "Tempo para as famílias" como um serviço público que tem por finalidade principal constituir um apoio para prevenir e enfrentar, juntamente com os pais, os processos e as dificuldades educacionais no cuidado e na criação dos filhos durante a primeira infância (0-3 anos).

3.1. Objetivos psicopedagógicos

Antes de tudo, o "Tempo para as famílias" tem como meta construir um primeiro exemplo de serviço de apoio psicopedagógico para enfrentar juntamente com os pais de um bairro de Milão — zona 4 — os ritmos de crescimento, os problemas e eventuais dificuldades educacionais no cuidado e na criação dos filhos, durante a primeira infância. Tal serviço coloca-se na ótica da *prevenção*, da higiene mental e da consultoria educacional, ao invés da perspectiva terapêutica e reabilitadora.

Não é um serviço substitutivo da creche, mas desenvolve funções diversas e complementares.

Em particular, essa finalidade geral articula-se em objetivos mais específicos, tais como:

a) oferecer aos pais de crianças pequenas a oportunidade de se encontrarem, com o objetivo de poder *confrontar e trocar experiências*, pontos de vista, problemas e dúvidas em relação à educação dos filhos. De tal modo, também em virtude da presença de educadores experientes (educadores, psicólogos e pedagogos), propiciar aos pais a identificação autônoma de *diretrizes educacionais não contraditórias, coerentes e congruentes com os próprios modelos culturais e existenciais*, absolutamente pessoais, que constituem pontos de referência estáveis e claros, pelos quais poder superar incertezas ou perdas no que tange aos cuidados e à educação da criança.

b) Oferecer aos pais de crianças pequenas a possibilidade de observar, através de intervenções de educadores profissionalmente válidos e preparados, *modelos educacionais funcionais de referência*, eventualmente integradores àqueles escolhidos e adotados pelos próprios pais. Esses modelos pedagógicos de referência expressam-se concretamente através da construção de jogos individuais, certamente estimulantes (por exemplo, a utilização de livros ilustrados para a infância, indicada pela pesquisa como uma estratégia muito econômica e eficaz, além de prazerosa, para o desenvolvimento cognitivo e lingüístico [Gordon, 1969; Levesntein, 1971], ou jogos de grupo (por exemplo, de dramatização ou de manipulação de cores, farinha, etc.) e através de *intervenções* educacionais em caso de situações críticas tais como manhas, choro, gestos impulsivos ou agressivos (por exemplo, mordidas) que acontecem em presença da mãe e, se eficazes, apresentam-se de maneira não-normativa como um modelo possível e imitável.

É importante salientar, a esse respeito, que o usuário do "Tempo para as famílias não é nem a criança nem a mãe, mas a *dupla mãe-criança* e, dentro das possibilidades das exigências da vida cotidiana, a tríade pai-mãe-criança, ou a dupla constituída pela criança e pelo adulto que se ocupa estavelmente dela (avó, irmão mais velho, etc.). Portanto, também a unidade de *observação* e de intervenção dos educadores junto ao "Tempo para as famílias" não é representada nem pela criança nem pelo adulto, mas, no mínimo, pela *relação diádica* da dupla adulto-criança.

c) Devido à co-presença física contemporânea de pais-criança pequena, ter a oportunidade de *intervir com discrição*, como modelo indireto sobre regras de interação, sobre as modalidades de comunicação, bem como sobre o estilo de relação pais-criança caso surjam incongruências, contradições e ambigüidades.

Citaremos três áreas de problemas, a título de exemplo, retirados de casos das famílias que já participam do "Tempo para as famílias":

— o *ciúme*. Muitos pais que dedicaram todo seu tempo, atenção, disponibilidade física à suas crianças projetam o nascimento de um segundo filho em exata concomitância com a "distância" do primeiro, que desejam introduzir na creche ou na escola materna. Ou então, no momento do nascimento de um novo bebê, exigem improvisadamente da criança mais velha autonomia, auto-suficiência, menor apego. A compreensão da dificuldade emotiva que a criança pequena vive nessas circunstâncias, das razões das prováveis regressões e do apego ansioso pode ajudar a família a encontrar "espaços especiais" e "privilegiados" para a criança mais velha e superar a contradição entre um comportamento que, até então, tratou o primeiro filho como pequeno e dependente e que, inesperadamente e nas mesmas circunstâncias, exige que a criança seja "grande", independente e distanciada;

— a *autonomia*. "É oportuno que a criança aprenda a estar com os outros." Esta exigência é expressa ao mesmo tempo com a declaração — explícita ou implícita — "a criança quer só a mim". Esses aspectos contraditórios manifestam-se em um comportamento ambivalente que, de um lado, explicitamente estimula a criança a ter autonomia e, de outro, o interrompe quando se ocupa de outras pessoas ou outras atividades: a mãe quer uma maior independência, mas teme que a sua importância seja colocada em discussão se a criança está bem, mesmo um pouco mais autônoma dela. Dar-se conta:

a) do fato de que a criança se ocupa ativamente com novas explorações e contatos indica um bom relacionamento privilegiado com a mãe;

b) de que a cada momento de dificuldade, ou quando for necessária uma nova aprendizagem e um crescimento, a criança retornará à figura de referência e confirmará a sua essencialidade, pode ajudar os genitores a percorrer mais coerentemente o caminho de uma gradual e moderada autonomia recíproca.

d) *Iniciar uma intervenção de compensação conduzida em primeiro lugar pela família*. Os estudos anglo-americanos — já bem extensos — sobre os efeitos das intervenções precoces para prevenir e compensar deficiências sócio-culturais (Fein, 1984) demonstraram como a eficácia a longo prazo, de tais intervenções, seja garantida exclusivamente caso se modifiquem as estratégias interativo-educacionais e os comportamentos no interior da família. A presença dos pais enquanto as crianças estão envolvidas em atividades adequadas, com pessoal experiente, permite aos próprios pais observar e avaliar comportamentos e estimulações possíveis. Essa intervenção indireta, na qual se fornecem modelos de interação passíveis de serem experimentados e oportunidade de observar e discutir e, portanto, melhor compreender o comportamento e as exigências da criança, é possível em uma situação de *co-presença* pais-crianças, tal como no "Tempo para as famílias", que permite também uma *socialização* e uma discussão das experiências. Como exemplo, podemos citar como muitos programas de intervenção indiquem que o uso precoce do livro ilustrado por parte das famílias esteja fortemente relacionado com um desenvolvimento articulado da atenção, da compreensão e da produção verbal: ver a criança realizar essa atividade, ter à disposição material adequado que se poderá prover, é certamente mais eficaz que um convite puramente verbal e normativo por parte de um profissional experiente.

e) *construir um ponto de agregação social* para os pais de crianças pequenas, permitindo a possibilidade de uma multiplicidade de experiências tais como:

— encontrar-se e *"relaxar" entre adultos* que possuem problemas parecidos;
— *poder desligar-se* momentaneamente e por breve período *da criança pequena*, favorecendo situações de recíproca emancipação e de "preparação" à escola materna;
— confiar a própria criança a outras pessoas externas, mas não estranhas, por alguns breves períodos em caso de necessidade e urgências.

f) *Oferecer à criança pequena um tempo e um espaço educacional integrador e alternativo ao da família*, onde seja possível:

— brincar e estar junto com outras crianças, favorecendo os processos de *socialização* e de integração social;
— usufruir de *contextos de aprendizagem diversificados* em relação aos familiares;
— encontrar *novas figuras adultas de referência* na pessoa dos educadores, com os quais desenvolver processos de apego e de identificação que se integrem com os processos familiares de apego.

g) Fornecer aos pais, que especificamente a facilitassem, a oportunidade de uma *consulta psicológica ad hoc* ("*counseling* psicopedagógico"), na qual possam enfrentar, individualmente, dúvidas e problemas que dizem respeito a disritmias e/ou atrasados evolutivos da criança (exemplo, dificuldade na aprendizagem da linguagem), dificuldades de relacionamento entre pais e criança (por exemplo, como enfrentar a obstinação da criança), ou entre criança e irmãos (por exemplo, ciúmes e agressividade), etc. A cada momento, em função do caso e da situação examinada, pode-se tomar a decisão de enfrentar o problema apresentado no próprio serviço do "Tempo para as famílias" (enquanto constitui um "nó evolutivo e /ou relacional" fisiológico), ou ainda encaminhar as pessoas que solicitam o serviço a algum centro especializado, caso a situação examinada assuma um perfil patológico e disfuncional.

3.2. Objetivos institucionais

a) *A experimentação de um serviço de tipo novo* que — com custos reduzidos — alcance famílias necessitadas de apoio e de agregação, mas que atualmente não se dirigem aos serviços existentes porque estes não são suficientemente flexíveis.

Uma *intervenção*, definida pela literatura como *rede* (cf. Bottani, 1984; Ingrosso, 1984) e que pretende experimentar uma colaboração projetada e não improvisada, mas aberta entre *nível formal e nível informal* dos serviços ou, em outros termos, entre serviço público e privado, entre figuras profissionais e paraprofissionais ou voluntárias. Até o momento o serviço público foi considerado em contraposição às iniciativas de base e privadas, visto de um lado como rígido, enquanto do outro, como o único capaz de garantir acesso a todos e credibilidade de padrão. Na realidade, assiste-se, pelo contrário, a um *não-acesso de faixas extremamente necessitadas* no plano social e/ou psicológico, tanto nos serviços públicos quanto nas iniciativas organizadas por grupos privados que, freqüentemente, configuram-se como freqüentadas pela classe média (cf. os *Playgroups* ingleses e os *Kindercentra* holandeses) ou ideologicamente homogêneas. As recentes reflexões indicam, em uma *intervenção de rede, conduzida por iniciativa pública, que solicite as energias de base da comunidade*, um caminho eficaz também para alcançar as situações mais desvantajosas.

Nessa perspectiva, o "Tempo para as famílias" pretende constituir-se como um *elemento de agregação social* no interior do bairro da cidade onde está inserido. Por outro lado, tal forma de "colaboração ativa e regulamentada" constitui o percurso mais eficaz para *favorecer a adesão e a identificação dos pais com o serviço*. Para confirmar essa consideração é suficiente observar a falência da participação passiva, formal e burocratizada dos pais na escola obrigatória, assim como é configurada pelos "Decretos delegados".

O condicionamento a um serviço rígido e burocratizado, e portanto distante, é bastante forte. Citemos a emblemática reação de uma mãe que participa por vontade própria do "Tempo para as famílias":

M	"Ouvi falar deste serviço e estou interessada. *Devo* fazer a inscrição?"
Tdf	"Não."
M	"*Devo* consultar o médico?"
Tdf	"Não."
M	"*Devo* levar meu filho para uma consulta?"
Tdf	"Não."
M	"Quando *devo* vir?"
Tdf	"Quando quiser, nos dias de atendimento."
M	"*Devo* avisar antecipadamente?"
Tdf	"Por enquanto não."
M	"Quanto tempo *devo* ficar?"
Tdf	"Quanto queira."
M	"Poderia ficar hoje também?"
M	"*Estou impressionada*!"
Tdf	"Com certeza."

M	"Mãe"
Tdf	"Tempo das famílias"

Atualmente, a mãe freqüenta regularmente, com sua filha, o "Tempo para as famílias".

b) *A organização e a experimentação de um modelo formativo novo, no qual o profissionalismo consolidado e a capacidade de identificar estratégias educacionais informais*, adequadas a grupos de adultos mesmo instáveis e oscilantes, se integrem bem como se encontrem pela primeira vez, e, contemporaneamente, abordagens de intervenção com a criança e com quem cuida dela. Hoje, as metodologias conhecidas referem-se a:

— grupos de aprendizagem;
— grupos terapêuticos;
— educação de adultos;

todas experiências em que os grupos são estáveis e a condução é confiada a um profissional em posição de destaque (*one up*). O *grupo aberto, voluntário e oscilante* apresenta problemas de condução e de formação completamente novos e dos quais existe ampla demanda em contextos sociais desavantajados ou difíceis de serem alcançados, pois não estão habituados e não estão disponíveis a contextos formativos formais.

O novo modelo formativo volta-se:

— aos *operadores profissionais* (educadores, pedagogos, psicólogos, etc.), permitindo, através de uma ampliação das perspectivas de intervenção, uma *reorientação de suas competências, voltada não só à criança, mas à família e à comunidade.*

Por outro lado, o *profissionalismo* de base dos educadores da infância e a experiência adquirida poderão "sair da instituição", difundir-se e criar uma cultura sobre a infância *de maneira mais ampla;*

— aos *paraprofissionais ou voluntários*. Um serviço de tipo aberto permite envolver ativamente as energias disponíveis na comunidade, valorizando os meios de todos (no plano da aparelhagem do ambiente, da preparação dos materiais, da organização de atividades recreativas, da ajuda recíproca, etc.).

A elaboração de estratégias para o envolvimento ativo e progressivamente autônomo da comunidade é um problema pedagógico muito atual que requer reflexão, experimentação e do qual não se pode pretender — sobretudo em situação de isolamento e desvantagem — um nascimento espontâneo.

O equilíbrio justo, entre projectação e abertura às solicitações de base e a organização e experimentação das estratégias comunicativas, interpessoais e formativas informais, mais adequadas a levar adiante o processo de ativação da comunidade, é um dos objetivos principais do projeto e um problema formativo fascinante.

c) *A extensão das possíveis formas de assistência às crianças*. Um posterior objetivo que o "Tempo para as famílias" se propõe é o de identificar, sustentar no plano formativo e coligar figuras que de várias formas se ocupam das crianças. Por exemplo, pessoas que cuidam das crianças a domicílio (como as *Nourrices* francesas, as *Tagesmütter* alemãs e as *Childminders* inglesas) e que têm necessidade de um local de encontro, de um espaço de jogo para as crianças e de um suporte formativo. Ou ainda, jovens dispostas a ocupar-se como babás, que hoje, porém, encontram desconfianças por parte das famílias e vivem um forte sentimento de incompetência, pela total falta de experiência cotidiana que possa refletir-se no trabalho com a infância e com a família. Acreditamos que ajudar os jovens a refletir — por exemplo, reconstruindo as suas próprias experiências infantis — sobre a infância, sobre as relações pais-crianças, sobre as dinâmicas familiares, contribua para a formação pessoal e para uma "cultura" da infância, da família e dos relacionamentos. Também para a organização dessas iniciativas o ponto de partida consolidado é a experiência profissional reorientada dos educadores da infância.

d) A elaboração, na zona urbana de referência, de *iniciativas formativas e culturais* relativas aos problemas educacionais da primeira infância. Tais iniciativas, tomadas tanto em autonomia, como o "Tempo para as famílias", quanto em colaboração com outros órgãos já existentes (exemplo: consultório, equipe do tempo livre, educadores sociais, etc.), possuem o objetivo de mobilizar recursos, de sensibilizar a opinião pública, de aumentar a consciência ao enfrentar esses problemas.

4. CARACTERÍSTICAS DIFERENCIADORAS DO "TEMPO PARA AS FAMÍLIAS"

A partir do que foi apresentado até o momento, surge o fato de que o "Tempo para as famílias" não é nem um serviço de base (ou de primeiro nível), nem um serviço especializado (ou de segundo nível), mas sim um *serviço público específico, atípico nesta fase pioneirística de experimentação*.

Há tempos fala-se de novas iniciativas de tipo inédito. *Como iniciativa pública esta é a primeira na Itália*. Na sua apresentação e no seu plano de funcionamento, ela se *diferencia da creche*. De fato:

a) enquanto *a creche* é uma instituição preponderantemente de "turno integral" e "fechada", o "Tempo para as famílias" é um serviço "em turno parcial" e "aberto". Em outros termos, a creche é uma estrutura quase que completamente pré-codificada e pré-constituída, independentemente dos pais, que se encarrega da criança de maneira total e orgânica, por um determinado período do dia e em determinada época do ano. Ao contrário, o "Tempo para as famílias", de maneira similar a análogas organizações estrangeiras, constitui um serviço *parcial*, "meio-turno", *construído em conjunto com os pais*, com regras estabelecidas de comum acordo e eventualmente modificáveis na presença de eventos particulares.

O "Tempo para as famílias" responde, portanto, a necessidades *substancialmente diversas da creche*. É um serviço de tempo limitado, orientado prioritariamente à socialização das famílias. Até o momento — por outro lado — a creche, mesmo tendo como foco principal de atenção *a criança* na sua personalidade e individualidade, foi o único serviço que levou em consideração também a família, para envolvê-la e dar-lhe apoio (cf. a abundante literatura sobre a inserção). Porém, por razões organizativas e institucionais, a família pode ser envolvida somente de maneira marginal. Ao contrário, o "Tempo para as famílias" não possui como atenção educacional eletiva nem a criança, nem o pai, mas a *dupla pais-criança*. Em outros termos, este serviço privilegia a relação adulto-criança que consegue detectar diretamente (e não só indiretamente). Já salientamos a importância fundamental e a eficácia formativa desta situação;

b) enfim, a *creche* desenvolve uma função específica *em relação ao território*: ou seja, possui um *papel monovalente* de assistência e de educação das crianças de 1 a 3 anos. Ao contrário, o "Tempo para as famílias" possui uma função mais ampla em relação ao território: isto é, possui um papel "polivalente", não somente de atenção aos processos e aos problemas educacionais da primeira infância, mas também de promoção de recursos dos adultos, de agregação social e de ligação entre diversos serviços;

c) por todas essas razões, consideramos que a colaboração e o contato entre a creche e o "Tempo para as famílias" possam funcionar como recíproco enriquecimento e integração, e contribuir para o início de um processo no qual a família consiga conhecer e escolher, de maneira ativa e consciente, o tipo de espaços, de serviços e de suportes dos quais possui real necessidade para educar serenamente os filhos, sem desresponsabilizar-se ou delegar compromissos.

5. MODALIDADE ATUAL DE FUNCIONAMENTO DO "TEMPO PARA AS FAMÍLIAS"

O "Tempo para as famílias" é promovido pela Secretaria de Educação da Prefeitura de Milão, pelo Conselho da Zona 4 e pela Fundação Bernard Van Leer.
A escolha da Zona 4 foi determinada por vários critérios:

— a semicentralidade da zona e a conseqüente carência de estruturas para a infância: 2 creches (com 70 vagas) para uma população de 77.049 habitantes, e 1.444 crianças de 0 a 3 anos;
— as características mistas, do ponto de vista sócio-cultural da população da zona: áreas médias e médio-altas com residências degradadas e situações sociais difíceis;
— a extrema disponibilidade do Conselho da Zona em manter a experiência e o bom nível de funcionamento da rede de contatos no interior da própria zona. Existe, por exemplo, um jornal da zona, *O diálogo*, que mensalmente chega para cada família e que é um veículo útil de informação e contato. Essa disponibilidade e eficiência, unida às necessidades da zona no que diz respeito à infância, nos pareceram razões importantes para a escolha.

5.1. Sede e funcionamento

O "Tempo para as famílias" possui uma sede provisória em uma antiga pré-escola, onde estão à disposição dois locais para as atividades com as crianças e um local de secretaria utilizado também para o trabalho de grupo com os adultos. A transferência está prevista para uma sede definitiva, com espaços mais articulados para o trabalho com os adultos: entretanto, a solução provisória também parece suficiente.

Atualmente, o "Tempo para as famílias" está aberto durante três manhãs, das 10 ao meio-dia, e durante três tardes, das 15 às 18 horas. Está previsto o funcionamento de manhã e à tarde, durante 4 dias semanais.

5.2. Coletivo de educadores

O coletivo de educadores é atualmente composto por 4 educadoras, cedidas pelas creches e pré-escolas de Milão, e mais cinco psicopedagogas que se alternam em meio turno (com uma presença média de 2-3 meios-turnos semanais). Além disso, há uma diretora de pré-escola que colabora em tempo parcial e uma secretária. Até o momento, os técnicos externos (os psicopedagogos) têm-se empenhado particularmente no trabalho com os adultos e as educadoras, no trabalho com as crianças, sendo este o ponto de referência mais constante e estável. Os psicopedagogos também estão empenhados na pesquisa preliminar (entrevistas), na preparação dos materiais tais como vídeo, jornais, materiais didáticos, nos contatos com a zona, na condução do curso para babás e com outras realidades que freqüentemente visitam o "Tempo para as famílias". O projeto prevê também uma progressiva ascensão, por parte das educadoras, do trabalho com os adultos, e um papel prevalentemente de supervisão dos técnicos externos: em uma hipótese de reprodução, *um* psicopedagogo em tempo integral pareceria suficiente.

5.3. Contato com a zona e outros serviços

Foram tomados e mantidos contatos sistemáticos com o *Conselho de Zona*, com as *creches*, às quais foram encaminhadas algumas famílias com sérias dificuldades; com as pré-escolas, com as quais foram organizadas reuniões para apresentar as escolas aos pais do "Tempo para as famílias" e favorecer uma escolha consciente; com o Consultório, que pediu colaboração para um estudo sobre as donas-de-casa e com o qual está se estudando a possibilidade de conduzir, junto ao "Tempo para as famílias", encontros sobre a sexualidade e a contracepção, dirigidos sobretudo a prevenir a repetir-se a interrupção da gravidez, que parece particularmente freqüente nas mães entre os 25 e 30 anos, que já têm outros filhos. O Consultório requer a condução dos cursos junto ao "Tempo para as famílias", a fim de que as mães possam ir com suas crianças e assim seja facilitada a freqüência. O "Tempo para as famílias" também colabora com o Centro Tempo Livre para educação e lazer da comunidade. A equipe ainda entrou em contato com todos os outros serviços (Serviço Social, Simee, Paróquia, etc.). O objetivo é o conhecimento recíproco, para a criação de uma possível colaboração-integração e para favorecer a circulação das informações entre quem habitualmente não se dirige aos serviços.

5.4. Contato com as famílias

As famílias, cujos nomes foram fornecidos pelo município, a pedido do Conselho de Zona, são contatadas através de uma carta, seguida de um telefonema e — nos casos previstos pela pesquisa — por uma entrevista em profundidade realizada a domicílio (ou, se a família preferir, junto ao Centro). Na entrevista pergunta-se sobre as necessidades das famílias e os critérios que as inspiraram nas escolhas referentes à criação dos filhos e às modalidades de organização da vida com as crianças. Foram conduzidas 16 entrevistas, em torno de 8% das famílias com crianças entre 0 e 3 anos. As entrevistas, além de fornecer a base do estudo sobre o qual fundamentar a experiência, foram conduzidas segundo um modelo teórico de referência e um estilo não-direcionado, voltado a estimular a comunicação e a capacitar para a compreensão-aceitação e para a escuta.

As entrevistas são integralmente registradas no gravador. O nível de aceitação e de satisfação desta abordagem, por parte das famílias, foi até o momento elevado e permitiu construir relacionamentos informais e personalizados. A reflexão sobre este modelo comunicativo é um aspecto importante da formação dos educadores e um primeiro passo para a reorientação do trabalho com os adultos.

5.5. Funcionamento cotidiano

Os períodos de presença dos usuários são organizados em dois tempos:

a) *momento de co-presença crianças-mães-educadoras* quando se organizam atividades lúdicas, de socialização e de estimulação. Para cada dia está prevista uma atividade particular (por exemplo, manipulação de plastilina, jogo com a farinha, com a água, etc.). As mães observam livremente e conversam entre si, em um espaço pré-disposto, ou participam ativamente das atividades;

b) *momento de socialização das mães: o momento do chá.* Depois de uma permanência na sala comum, os pais que desejarem são convidados a passar para a sala reservada aos adultos, para um momento de relaxamento. Neste período — que dura cerca de uma hora — as mães preparam e tomam chá ou café, discutem livremente seus problemas e às vezes propõem aos profissionais presentes temas a serem aprofundados (por exemplo, a separação da criança, a escola materna, o ciúme, as punições, a agressividade, etc.).

Este momento possui, entre os objetivos:

— iniciar a comunicação entre os pais, tornando-os conscientes de que os seus problemas são "normais" e compartilháveis;
— ajudá-los a identificar as soluções possíveis;
— criar uma primeira separação entre pais e crianças: as crianças podem, a qualquer momento, participar do chá ou ir controlar a mãe, mas a experiência de um primeiro período com outras crianças e outros adultos conhecidos favorece uma recíproca autonomia, ainda que mínima;
— permitir aos adultos que relaxem e falem de si;
— identificar a atividade a ser organizada e os materiais a serem providenciados ou produzidos.

Os pais também precisam de iniciativas mais estruturadas, nas quais envolver-se, sobre temas como a alimentação, os problemas do casal ou ainda iniciativas recreativas, tais como a ginástica (sobretudo as mães que recém passaram por um parto), que queremos realizar na nova sede, no próximo ano.

Os pais estão organizando-se de maneira autônoma (recíproca ajuda nos dias de fechamento) e estudando iniciativas de apoio (criação de um fundo de caixa, etc.). Na sede definitiva será criado um laboratório para educadores, pais e jovens com o objetivo de produzir materiais.

5.6. Atividades paralelas: o curso de babá

No quadro das atividades formativas para os adultos e voluntários previstas pelo projeto, foi organizado, e está se realizando em colaboração com o Centro Tempo Livre da zona, um curso para jovens (a partir dos 16 anos) que desejam cuidar de crianças de caráter orientacional e teórico-prático.

Várias vezes as mães haviam manifestado a exigência, esporádica ou regular, de ajuda e, contemporaneamente, a desconfiança em relação a jovens inexperientes e desconhecidos. Por outro lado, o Centro Tempo Livre desejava realizar também essa atividade para os jovens da zona.

O Centro Tempo Livre trata das inscrições e do questionário proposto aos jovens interessados e fornece a sede. O "Tempo para as famílias" fornece os docentes e a possibilidade de um estágio prático supervisionado tanto na própria sede, quanto junto a algumas mães que se declararam disponíveis. Os docentes são membros da equipe juntamente com uma mãe (algumas mães são disponíveis e participam por turno). O programa prevê indicações sobre o desenvolvimento da criança, sobre os jogos que podem ser feitos com ela e sobre como cuidá-la, e se concentra sobretudo na tentativa de conscientizar os jovens sobre as exigências e os temores das mães e das crianças, também fazendo referência e reconstruindo as suas próprias experiências infantis. Para o curso são usados vários materiais audiovisuais. Os freqüentadores devem participar, de vez em quando, das atividades do Centro com as crianças e, em situações domésticas, com as mães. Essas experiências são posteriormente discutidas em grupo. O "Tempo para as famílias", ao final do curso, conserva uma lista de nomes dos jovens que se demonstraram mais idôneos, para ser fornecida às mães que a desejarem.

Este é um primeiro exemplo de iniciativa coerente com as finalidades do projeto, porém *nascida de baixo*, das exigências conjuntas dos pais e do território.

6. CONDIÇÕES PARA A REPRODUÇÃO DO PROJETO

A iniciativa descrita pode, a nosso ver, assumir um significado somente se não permanecer isolada, funcionando de protótipo para uma série de outras intervenções, de custos contidos, em que, pouco a pouco, cresça a iniciativa autônoma das famílias.

Outros centros terão talvez uma menor necessidade de embasar seu funcionamento em uma pesquisa extensa, ou de acompanhar o seu trabalho com uma pesquisa longitudinal e com a produção de materiais. As estratégias organizacionais e formativas serão mais claras e pontuadas e, ao mesmo tempo, deverão ser "novas", para respeitar a peculiaridade da área em que poderão surgir.

Ao prever uma possível reprodução da experiência, poder-se-á ter presentes:

— critérios de *necessidade territorial*: áreas onde os serviços para a infância são qualitativamente carentes, onde seja possível uma necessidade social aguda (famílias desavantajadas culturalmente, espaços habitacionais carentes ou de má qualidade) e onde os espaços possíveis de agregação social possíveis sejam menos difundidos, acessíveis ou eficientes;

— critérios de *situação territorial*: áreas particularmente desprovidas de serviços, onde as creches ou as escolas maternas sejam subutilizadas e parcialmente utilizáveis para iniciativas mais flexíveis e menos onerosas (por exemplo, nos pequenos centros). Note-se que, estando o serviço à disposição somente por algumas horas do dia, e não para as refeições e para o sono, não são necessários espaços muito aparelhados.

7. ALGUNS DADOS QUANTITATIVOS (OUTUBRO 1986)

O projeto iniciou-se em outubro de 1985. No período entre outubro de 1985 e janeiro de 1986, o trabalho concentrou-se:

— no contato com outros órgãos da zona;
— no contato com as famílias e as relativas entrevistas;
— na formação de um grupo de educadores externos;
— na reorientação das educadoras vindas da Prefeitura;
— na preparação de simples materiais.

A partir de 7 de fevereiro de 1986, o "Tempo para as famílias" foi aberto para adultos e crianças. Atualmente participaram 103 famílias, das quais cerca de 85 participam regularmente (pelo menos duas vezes por semana).

Freqüência média diária	manhã	12-14
	tarde	20-22
Idade das crianças	até um ano	28%
	de um a dois anos	40%
	mais de dois anos	32%
Mães	donas-de-casa	55%
	trabalhadoras de tempo integral	35%
	trabalhadoras de meio-turno	10%
Pais (grau de instrução)	primeiro grau (ou menos)	55%
	2º grau	27%
	diploma de curso superior	13%
As crianças são acompanhadas por	mães	60%
	pais	4%
	avós	16%
	babás	18%

8. CONCLUSÕES

Nestes meses foram-se esclarecendo, embora de forma provisória, algumas estratégias de trabalho.

a) *A acolhida dos pais e das crianças.* Modalidades de contato e de "encargo" por parte de uma educadora específica são discutidas e realizadas, sobretudo em relação às novas duplas que chegam. Em um segundo momento — e possivelmente em casa — é realizada uma entrevista para aprofundar o conhecimento. Aos poucos, a mãe e a criança — sozinhas — escolherão uma educadora de referência. Uma supervisão colegial periódica sobre a acolhida é realizada em equipe.

"É como ver a inserção na creche em câmera-lenta", disse uma de nossas educadoras: de fato, contrariamente aos nossos temores iniciais, o problema mais difundido não é certamente o de desencorajar as mães a não deixarem os filhos: pelo contrário, as maiores dificuldades estão em ajudar a mãe a criar autonomia e permitir autonomia, mesmo estando presente; a aceitar com prazer que a criança se envolva de fato com outras crianças e crie laços fortes e significativos com outros adultos. Uma mãe disse: "Vejo que ele está bem, mas não consigo me afastar". Uma outra, depois de ter criticado duramente outras mães que, a seu ver, entregavam as crianças às educadoras, começou a chorar e desabafou com um dos nossos colaboradores, explicando que "não consegue mais" viver sempre sozinha com seu filho. Problemas emocionais pequenos ou grandes que as educadoras devem detectar, decodificar e administrar: para compreender algumas dinâmicas novas em relação à creche — ou mais prolongadas e vistosas — e para "administrá-las", é claramente necessário um momento de supervisão.

b) *O apoio à observação dos pais*. É muito importante que os pais aprendam a ver e conhecer a sua criança, sobretudo em um ambiente novo, onde ela freqüentemente mostra uma inesperada autonomia e vontade de explorar ou, vice-versa, um apego mais ansioso com a mãe assim que ela se distancia; ou ainda, súbitos surtos de agressividade. Um técnico ou uma educadora por isso acompanham as mães novas ou os pais em dificuldade, *comentando* aquilo que a criança faz e ajudando-os a observar.

Isso revela-se particularmente importante:

— para evidenciar os pontos de força e os progressos das crianças mais "fracas" e consideradas problemáticas pelos pais;
— para ajudar os pais a encontrar uma alternativa à intrusão na atividade da criança, muito freqüente, nos primeiros tempos, e quando a mãe é ciumenta ou ambivalente no que tange ao relacionamento entre criança e educadora.

As observações das crianças novas e as atividades propostas a todos ou individualmente são discutidas sistematicamente pelas educadoras e pelos técnicos, e levadas à equipe, para determinar uma linha de abordagem e de intervenção coerente e comum. Para as crianças com dificuldades específicas, são organizadas "estratégias" ou "programas" em que se procura envolver também os pais.

c) *A condução do grupo de adultos*. A reflexão sobre a condução do grupo flutuante continua — com supervisões periódicas — e chegou-se a algumas indicações provisórias:

— entre os pedidos de assuntos a serem discutidos e os relatos de episódios, devem ser identificados os temas mais relevantes e repropostos;
— a técnica de condução consiste em não dar "respostas" ou "bons conselhos" que se consomem e se desvanecem rapidamente, mas sim, uma vez identificado um tema proveniente do grupo, levar à reflexão, à narração, a compartilhar as próprias experiências: freqüentemente as soluções vêm por si sós e são assimiladas e vividas como próprias; freqüentemente parece que o fato mais urgente seja "conseguir falar" de um problema, descobrir que é compartilhado: assim, este se torna menos ameaçador, e a solução eventual, mais autônoma;
— o equilíbrio entre *diretividade* (por exemplo, o controle das mães muito agressivas ou invasivas, o controle do tema, etc.) e não-diretividade (para favorecer ao máximo a comunicação espontânea) é crucial e deve ser sempre rediscutido. Parece evidente que o condutor, por um lado, deve sempre conduzir e controlar a situação e, de outro, deve ser flexível, ter "no bolso" soluções e propostas alternativas e não brincar de "experiente", para não tornar o grupo passivo. Até hoje, os momentos de grupo ou, como dizemos, "o momento do chá" foram extraordinariamente vivazes, e os problemas e as experiências compartilhadas de grande relevância, profundidade e

delicadeza; bem como a atitude e a solidariedade mostrada pelo grupo nos momentos de tensão causados por afirmações discutíveis (como a mãe que contou que usava um alfinete para dominar a oposição do filho) ou cheias de emotividade.

Aos "momentos do chá", dedicados à discussão, alternam-se outros auto-administrados pelas mães: por exemplo, troca de receitas, tricotar em conjunto, etc. Isso indica, a nosso ver, a extrema necessidade de socialização sentida pelos adultos que educam, em parcial ou total solidão, uma criança pequena.

d) *A observação*. Está previsto, tanto para o conhecimento dos participantes, quanto para a avaliação do projeto, um treinamento regular para a observação no que diz respeito à evolução da adaptação da criança e ao comportamento dos pais. Estão em fase de projeto diversos instrumentos, seminários para observadores externos, filmagens sistemáticas com videoteipe.

É difícil tirar conclusões de uma experiência recém-nascida e, por definição, aberta.

Nos poucos meses de atividade fomos apanhados e, às vezes, arrastados pela vontade de participar das famílias e da riqueza de estímulos imprevistos que se foram criando. A participação é muito elevada. Aos poucos os pais vão autonomizando-se: nos primeiros quinze dias de julho administraram sozinhos os espaços reservados às crianças, enquanto o coletivo de educadores trabalhava em equipe; atualmente formaram um fundo-caixa comum para as pequenas despesas do chá e de outras iniciativas, além de organizarem aulas de ginástica. São pequenos sinais, notáveis em mulheres que muitas vezes caíram em uma certa passividade e no isolamento, após o nascimento de seu filho. Algumas mães se organizam entre si, nos dias de fechamento. Alcançaremos usuários mesmo muito desavantajados, mas que não se dirigiam à creche.

Às vezes as mães nos falam de algumas reflexões muito especiais: "Agora que existe este lugar, posso ter outro filho". "Elisa vai para a pré-escola, poderia até não ir, mas quanto a mim?".

Parte V

As Características de algumas Realidades

Introdução à Parte V

Nesta última seção apresentamos breves fichas descritivas com as principais características de algumas cidades que, mais que outras, empenharam-se na realização e na organização das creches.

Estas realidades apresentam também notáveis problemas, sobretudo nos grandes centros urbanos.

Os exemplos escolhidos não têm a pretensão de constituir-se em um panorama das experiências válidas, nem tampouco dar conta totalmente das características das cidades apresentadas: trata-se simplesmente de indicações a respeito daquilo que em alguns lugares aconteceu concretamente e que ilustram tanto a variedade dos modelos quanto o recurso a outras soluções.

Os dados, que se referem ao ano letivo 1985-86, foram obtidos através de uma série de entrevistas com os responsáveis pelo serviço.

18

As Creches em Milão: um Longo Caminho desde o Assistencialismo à Educação[1]

1. CARACTERÍSTICAS E EVOLUÇÃO DO SERVIÇO

Até fevereiro de 1981 as creches de Milão dependiam da Secretaria da Assistência Social. Não havia nenhum tipo de coordenação pedagógica: o responsável pelo serviço era um funcionário administrativo encarregado da gestão do pessoal, da compra de materiais, etc. Um forte controle era exercido pela Secretaria da Saúde: as creches, de fato, em Milão são a sede da pediatria de base, ou seja, consultórios pediátricos abertos tanto para as crianças da creche quanto para toda a população residente no território. O pediatra está presente na creche quase quotidianamente, bem como uma assistente sanitária que deve "vigiar" o ambiente, as refeições, a contratação de pessoal, etc. Até hoje é oficialmente obrigatória a carteira sanitária (que inclui a reação de Wassermann, a coprocultura, as análises de raios X, etc.) a fim de que todos tenham acesso à creche. Isso vale também para os pais no momento da inserção, com razoáveis e óbvios problemas na situação em que os casais tenham que alternar-se entre si ou até utilizar-se de outro membro da família para cuidar da criança.

Até 1981 as creches tiveram uma sustentação psicopedagógica pelas equipes do SIMEE (Serviço de higiene mental da idade evolutiva), presentes em cada uma das 20 zonas urbanas de descentralização. Essa intervenção foi suspensa, no que diz respeito aos aspectos formativos, com a passagem do SIMEE às USL (Unidades sócio-sanitárias locais), e hoje se limita, pelo menos em âmbito oficial, a seguir os casos assinalados. O apoio havia sido, contudo, desigual, dependendo do interesse e da competência de cada psicólogo, neuropsiquiatra ou de outros operadores dos SIMEE: intervenções às vezes preciosas e extremamente qualificadas das quais restam amplos traços num certo número de creches; outras vezes, porém, totalmente insuficientes e inadequadas.

---

[1] Referência: Direzione scuole materne e asili nido. Settore Educazione. Via Carducci, 5, Milano.

Tratava-se, em todos os casos, sobretudo de intervenções de tipo "psicológico" que sensibilizaram uma parte do pessoal para as exigências emotivas da criança, porém sempre pobres de indicações a respeito da organização educacional.

Até 1982 o pessoal das creches de Milão, enquadrado no nível 4, na época, trabalhava 40 horas semanais com as crianças, sem intervalos oficiais de tempo para a atualização e a gestão social. No momento (1985), o pessoal trabalha 35 horas com as crianças e tem a seu dispor 4 horas mensais para gestão social e atualização. E mais, nos últimos anos (embora não de forma codificada), uma semana de pré-início de trabalho sem as crianças, para atualização, programação, etc., no final de agosto.

A tipologia das construções, até os últimos anos (depois da passagem à Secretaria da Educação), copiava alguns esquemas da ONMI — subdivisão em duas únicas salas (lactentes e crianças desmamadas), espaços muito amplos e vazios, muito barulho, grande desperdício de espaço para o ambulatório médico, escritórios, etc.

Em 1979 formou-se uma comissão no âmbito da Secretaria da Assistência Social, formada pelo Secretário, pelos responsáveis sanitários, por um grupo de psicólogos dos SIMEE e por especialistas do Centro de Inovação Educacional da Secretaria da Educação (órgão cuja finalidade era a formação e a experimentação), que elaborou um primeiro plano de atualização e fundou as bases para a passagem das creches à Educação.

O primeiro ciclo de atualização desenvolveu-se fechando as creches por três dias no ano (de fato não havia horas disponíveis para a atualização dentro do horário de trabalho), transcorridos com um docente que retornava periodicamente, que às vezes visitava a creche entre os encontros e que procurava envolver o pessoal com temas culturais, embora também práticos.

A passagem à Educação ocorreu em fevereiro de 1981 e a ela seguiu-se à criação provisória de um núcleo de coordenação pedagógica formado por duas diretoras de pré-escola com nível superior, selecionadas entre aquelas disponíveis e destinadas à coordenação das creches. Desde aquele momento, a atualização tornou-se mais sistemática, e a coordenação pedagógica iniciou um primeiro, embora necessariamente esporádico, trabalho de apoio aos quadros funcionais, bem como um remanejamento de pessoal, substituições, etc.

Durante alguns anos a atualização foi desenvolvida com contribuições exclusivamente regionais, num primeiro tempo para o pessoal recém-contratado, depois que entrou em vigor o novo contrato de trabalho e a diminuição para 36 horas semanais; mais tarde, a atualização foi desenvolvida sobretudo nas creches recém-abertas. Nos últimos três anos está em andamento uma atualização mais sistemática, embora ainda insuficiente (4 horas mensais entre janeiro e junho, mais algumas horas na semana de pré-início em agosto, por turnos, para um certo número de creches por ano; e mais uma esporádica continuação no ano seguinte).

Os cursos, sempre regionais, têm se concentrado na observação da criança, na inserção, nos momentos de rotina, na organização dos espaços e das atividades, na gestão do coletivo de educadores. Os docentes, que trabalham com todo o quadro funcional, visitam a creche também nos momentos de funcionamento quotidiano. A organização da atualização tem sido conduzida com a colaboração da Coordenação Pedagógica e do Centro de Inovação Educacional.

A Coordenação Pedagógica, cujos membros possuem a qualificação de auxiliares de setor e se enquadram no nível 9, atualmente é composta por seis pessoas também responsáveis pelas 213 pré-escolas.

A coordenação interveio com a finalidade de:

— reordenar a distribuição do pessoal e os turnos;
— pressionar em direção à articulação das creches em pelo menos três turmas;
— iniciar um trabalho de programação com o quadro funcional;
— criar um acesso mais rápido aos fundos para a aquisição de material didático;
— modificar a tipologia das construções tanto nas creches novas quanto nas já existentes.

Estão em curso algumas experiências de coabitação entre creche e pré-escola, com um começo de experimentação conjunta.

O novo regulamento — atualmente em vias de aprovação — prevê a criação de figuras de direção e de coordenação simétricas às já existentes na pré-escola e que se enquadram no nível 8, a quem seriam confiadas 2-3 creches.

2. CARACTERÍSTICAS ESTRUTURAIS

Em Milão existem 75 creches, das quais 27 são ex-ONMI e as outras foram criadas após 1975. Aproximadamente 3000 crianças usuárias, 9% da população na idade apropriada. Aproximadamente 800 educadoras, enquadradas no nível 6. Há, em cada creche, uma coordenadora em cargo eletivo, sem remuneração, que fica na função cerca de um ano e geralmente não trabalha em aula com as crianças. O horário de abertura é das 7h30min às 18h30min, com uma concentração máxima de crianças entre 9h e 16h. O serviço é dirigido e coordenado por 6 auxiliares de setor, e as creches são subdivididas de acordo com um critério de circunscrição*. A distribuição das creches no território é desigual e irracional: 10 creches em uma circunscrição, 2 em outra, com a mesma densidade demográfica. A lista de espera fica em torno de 3.500 unidades.

---

* N.de.T.: Critério setorial, sendo a cidade dividida em zonas.

19

As Creches em Turim: a Caminho de um Projeto para a Faixa Etária de 0 a 6 Anos[1]

1. CARACTERÍSTICAS E EVOLUÇÃO DO SERVIÇO

A cidade de Turim caracteriza-se por um projeto orgânico de coligação em nível de coordenação pedagógica entre as creches e as pré-escolas. Isso originou-se pelo final dos anos 70, com a passagem das creches à Secretaria da Educação. Hoje, cada dirigente é responsável por um círculo composto, na maioria dos casos, por 1 a 2 creches e 1 a 2 pré-escolas.

Existem, além disso, vários centros de documentação distribuídos no território, entre os quais um, em particular, voltado à formação e à atualização do quadro funcional das creches que constitui o seu ponto principal de referência. O Centro é coordenado por uma pedagoga.

A coordenação central creches-pré-escola é constituída por um funcionário de alto nível com funções pedagógicas e organizacionais.

Encontram-se em andamento algumas experiências:

— uma experiência de relacionamento entre creche e pré-escola com uma equiparação do horário das duas instituições;
— uma experiência de inserção nas creches menores (com capacidade para 32 crianças) de crianças portadoras de deficiências;
— um projeto em uma creche na qual o quadro funcional "escolheu-se" e conduz uma programação particular.

---

[1] Referência: Centro documentazione asili nido. Corso Ciriè, 1, Torino.

Problemática em Turim é a tipologia dos prédios e a dimensão das creches que varia, em poucos casos, entre uma capacidade de 32 a 40-60 vagas (a maioria) e 120 (um número considerável).

O progressivo processo de colaboração entre creche e pré-escola também é delicado.

2. CARACTERÍSTICAS ESTRUTURAIS

Em Turim há 43 creches, e o percentual de crianças matriculadas é superior a 15% em relação à população na idade de freqüentá-las. O número das crianças gira em torno de 3.400. Há cerca de 700 educadores enquadrados no nível 6. O horário de início é das 7h30min às 17h30min. Em agosto* permanecem abertas 4 creches para toda a cidade. O total de horas semanais do pessoal com as crianças é de 32 horas com o acréscimo de 4 horas semanais para a atualização e gestão. As horas com as crianças tornam-se 31 e as da atualização e gestão tornam-se 5 nas creches onde estão sendo conduzidas as experiências. A lista de espera é de mais de 1.000 crianças.

---

* N.de.T.: Época de férias coletivas de verão na Itália.

20

As Creches em Bolonha: após o Momento "Político", a Busca de um Projeto Pedagógico[1]

1. HISTÓRIA E EVOLUÇÃO DO SERVIÇO

Ainda antes da Lei 1044, em 1969 abriam-se as duas primeiras creches, utilizando, para suportar o peso econômico, os ônus da urbanização secundária a cargo das empresas de construção civil. Essa fase inicial da história das creches de Bolonha — como o restante das creches da região da Emília-Romanha em geral — caracterizou-se por uma ênfase ao momento político, por uma acentuação das reivindicações das mulheres (movimento feminista) e do movimento operário (sindical) e, sobretudo, por uma participação citadina de forma continuada. Do ponto de vista interno do serviço, os problemas mais urgentes referiam-se, nessa primeira fase, à implantação de novas creches e à transformação de 10 estruturas ex-ONMI. O debate dos quadros funcionais estava centrado, por um lado, na organização interna, relativamente à qual havia uma tendência a recusar qualquer forma de diversificação de tarefas e funções dentro do quadro funcional (um encargo único) e, por outro, nos esforços direcionados à abertura das creches para fora (a creche como estrutura aberta, quase um centro social).

Da preponderância do momento "político", que caracterizou essa fase crescente da história das creches de Bolonha, chegou-se, num segundo tempo, a uma fase decrescente devido sobretudo à escassez de crédito financeiro e aos problemas econômicos conexos, em relação aos quais a creche pareceu ser, se comparada a outros serviços, uma estrutura onerosa e de lucros dificilmente quantificáveis.

A última fase da história das creches de Bolonha remonta à criação da Coordenação Pedagógica que proporcionou, e está proporcionando, o começo de uma série de remanejamentos, reorganizações, racionalizações dos recursos que tentam conju-

---

1 Referência: Assessorato alle istituzioni scolastiche. Via Oberdan, 24, Bologna.

gar a contenção dos custos do serviço com uma maior qualificação do ponto de vista pedagógico (organização do trabalho, programação, atualização etc.). É através de uma conexão estreita entre organização e gestão, por um lado, qualificação pedagógica, por outro, que as creches de Bolonha tentam sair do impasse dos anos 80.

2. ORGANIZAÇÃO DO SERVIÇO

As 46 creches de Bolonha, distribuídas de maneira equilibrada em relação à demanda dos 9 bairros urbanos, dependem da Assessoria à coordenação das políticas escolares que coordena também as pré-escolas, o tempo do pós-escola e alguns institutos profissionais do município, ocupando-se, embora de maneira diversificada, de toda a faixa etária de 0 a 16/18 anos. O serviço recebe 2.012 crianças (das quais 438 são lactentes), que correspondem a 40,73% dos residentes com o mesmo direito). Esse percentual varia de bairro para bairro (um mínimo de 23,61% de Saragozza e um máximo de 54,9% de Navile). As listas de espera são em número de 300. Apesar de o percentual resultar "inchado" pela restrição da faixa de usuários potenciais desejada pelo novo regulamento, que prevê o ingresso à pré-escola para crianças que fazem aniversário até 31 de janeiro (calculado sobre crianças entre 0 e 3 anos, o percentual seria de 35%), permanece um dos mais altos da Itália.

Atualmente, as 46 creches apresentam 18 tipos de capacidades diferentes. Está sendo iniciada uma reorganização que prevê, a partir do ano letivo 1985/1986, a adequação dos prédios atuais a duas únicas tipologias que privilegiam uma capacidade média capaz de conciliar a qualidade do serviço com a redução dos custos de gestão. As tipologias previstas são as seguintes:

— 51 vagas/criança, das quais 15 para lactentes e 36 para as semidesmamadas;
— 36 vagas/criança, exclusivamente para semidesmamadas e desmamadas.

No que diz respeito ao tipo de serviço oferecido, nos últimos anos está delineando-se a tendência ao aumento da demanda por parte da classe média e média-alta do setor terciário, em relação à classe operária.

As creches ficam abertas, semanalmente, entre segunda e sexta-feira e, diariamente, das 7h30min às 17h (horário prorrogável até as 18h somente para crianças com exigências comprovadas que já tenham superado um ano de idade). O fechamento anual acontece no mês de agosto.

Como as creches ficam abertas somente 5 dias por semana, assim como as pré-escolas municipais, está em estudo um projeto, a ser realizado a partir do próximo ano letivo (1986/1987), para a criação de grupos de jogo voltados para a faixa etária de 0 a 6 anos, aos sábados. Atualmente, as crianças que precisam de custódia no sábado são encaminhadas para uma creche única, com certo desconforto para as famílias quanto ao transporte dos pequenos. A isso se acrescenta, de um ponto de vista econômico, um desperdício de horas do quadro funcional dos serviços em relação ao número exíguo de crianças cuidadas e, do ponto de vista educacional, a não-qualificação do próprio serviço que aos sábados funciona de forma exclusivamente assistencial. O projeto prevê a criação de um serviço diferente do da creche e da pré-escola que receba todos os sábados crianças de 0 a 6 anos não necessariamente matriculadas nos serviços pré-escolares, acompanhadas, em pequenos grupos, por pessoal voluntário (resgate da rede parental). Se o ponto de partida desse serviço é a satisfação de uma demanda de custódia, o projeto possui como objetivo final o de congregar crianças e famílias que habitualmente não usufruem dos serviços, protegendo ao mesmo tempo a identidade dos serviços já existentes com uma maior regulamentação da freqüência.

3. A ORGANIZAÇÃO DO COLETIVO DE EDUCADORES: REESTRUTURAÇÃO E PROBLEMAS EM ABERTO

O coletivo de educadores atualmente em serviço nas 46 creches de Bolonha divide-se entre educadores e colaboradores, como se evidencia pela seguinte tabela:

assistentes educadores	do coletivo de educadores	364 + 16 em tempo parcial
	de apoio	7 + 2 em tempo parcial
colaboradores escolares	do coletivo de educadores	193 + 9 provisórios
	para as substituições	36 (no plano de carreira ou contratados por tempo determinado)

O horário de trabalho do pessoal da educação é de 36 horas semanais, das quais 32 horas e meia com as crianças, distribuídas em 5 dias, em turnos de 6 horas e meia diárias. O mesmo horário de trabalho vale para o pessoal puericultor (colaboradores). As restantes 3 horas e meia semanais compõem o total de horas anuais a serem utilizadas para a atualização e a participação em rodízio no Comitê de Gestão, nas assembléias dos pais e no coletivo de educadores.

Em relação à organização do quadro funcional também está havendo uma reestruturação e uma racionalização dos recursos. Os problemas a serem resolvidos são diversos.

— Em primeiro lugar há um problema de estabilidade do quadro orgânico. Cerca de um quarto do quadro funcional não é concursado. Isso comporta um *turnover* negativo, tanto do ponto de vista organizacional quanto educacional, que somente poderá ser reduzido através do oferecimento de concurso para as vagas existentes no corpo orgânico.

— Em segundo lugar, existe o problema da determinação do corpo orgânico educacional que garanta efetivamente um relacionamento educador/criança de 1/4 para a turma dos lactentes e de 1/8 na turma dos semidesmamados/desmamados. Para garantir a presença concomitante dos educadores no espaço central do dia, essa relação é multiplicada por um coeficiente que faz a adequação das 6 horas e meia diárias de turno e das 10 de funcionamento. Além disso, o número de crianças não é calculado pelas matrículas, mas pelo percentual de presença máxima das crianças no ano anterior (considera-se, pois, o mês de presença máxima das crianças e, sobre esse valor, calcula-se o corpo orgânico que pode, no decorrer do ano, ser aumentado, caso se verifique um aumento das presenças por 30 dias consecutivos).

— Em terceiro lugar, há um problema de redução de custos a ser conciliado com a necessidade de incremento do coletivo de educadores a fim de acentuar os momentos de presença concomitante. Nesse sentido, há um ano, houve a experiência de uma nova figura de educadora concursada, em regime parcial de trabalho (18 horas semanais das quais 15 transcorridas com as crianças e 3 para a gestão). Os primeiros resultados não são totalmente positivos, seja pela dificuldade de inserção no grupo das colegas, seja pela ausência de definição, na maior parte dos casos, de um papel claro e diversificado em relação às figuras de referência propriamente ditas. Os primeiros resultados parecem em desacordo: temos casos em que o coletivo de educadores de tempo parcial conseguiu inserir-se de maneira positiva no interior do quadro de funcionários, construindo uma identidade profissional e educacional mesmo em relação às crianças, e situações nas quais as novas figuras criaram conflitos de poder e competência no interior do grupo de trabalho, determinando, assim, por sua intermitência, dificuldades nas relações com as crianças.

4. A COORDENAÇÃO PEDAGÓGICA

A Coordenação Pedagógica, em atividade desde 1984[2], é composta por 20 pessoas e se ocupa das creches, das pré-escolas, da escola elementar obrigatória e do problema das crianças portadoras de deficiências. Houve uma longa discussão — que continua ainda atualmente — relativa às definições das tarefas e das funções da coordenação (grupo de pesquisa, consultores pedagógicos da administração, funcionários do Setor escola). Atualmente, o coordenador está inclinado a impor-se como figura inserida na administração, com deveres não só gestionais, caracterizada por um profissionalismo específico orientado para a valorização da qualidade dos serviços. A coordenação articula-se em dois momentos operacionais (um momento central e um territorial em nível de bairro) no âmbito de uma programação elaborada em colegiado. Os organismos da coordenação são:

— o Centro de documentação e pesquisa;
— o Executivo do Centro de documentação e pesquisa;
— a Coordenação de território.

Em particular, no que diz respeito às creches, o centro desenvolve tarefas de organização quanto à atualização dos educadores, a projetos de pesquisa e experimentação nas creches, ao estágio das alunas da escola municipal "Sirani" que forma educadores para a primeira infância. O Centro ainda possui a responsabilidade de coletar material de documentação sobre as creches de Bolonha e sobre experiências italianas e/ou estrangeiras.

Para completar o trabalho de coordenação, existem também figuras intermediárias entre os pedagogos e os operadores das creches, as "diretoras", que inicialmente eram responsáveis por uma única creche; mais tarde a competência delas estendeu-se a duas creches com tarefas que oscilavam entre o pedagógico e o administrativo. Ultimamente tal figura modificou-se para "coordenadora de bacia"*, com tarefas prevalentemente administrativas. Essas coordenadoras, por

---

2 Antes da constituição da coordenação havia a admissão de dois pedagogos para as creches.

* N.de.T.: *Bacia* aqui tem a acepção de unidade que congrega diversas vertentes.

seu conhecimento direto dos problemas inerentes ao serviço, parecem muito mais preparadas e competentes do que os velhos funcionários administrativos.

Há, enfim, quadros intermediários que possuem funções pedagógicas relativas a projetos específicos.

5. PROBLEMAS EM ABERTO NA VERTENTE DA PARTICIPAÇÃO E DO PROJETO PEDAGÓGICO

5.1. Depois de uma fase inicial na qual a ênfase na gestão social procedeu paralelamente ao privilégio dado ao momento institucional e político, o serviço da creche atravessou uma fase de "refluxo", que se caracterizou por formas positivas de participação somente naquelas situações coletivas em que, de forma mais intensa, ressaltam as necessidades dos usuários como pais (por exemplo, assembléias de turma). A mola propulsora em direção à participação não é mais tanto o desejo de inovar e projetar em nível institucional, mas sim a vontade e o prazer de estar juntos, de festejar (entre os pais, a criança na creche torna-se o pretexto para encontrar-se depois em outras situações). Diante das perdas das formas participativas planejadas da fase inicial das creches de Bolonha, a necessidade de repensar as fórmulas da gestão social tornou-se urgente. Em relação a esses problemas também está havendo, por parte da coordenação, um projeto de reestruturação dos procedimentos e dos mecanismos da gestão social que garanta um suporte organizacional às iniciativas tomadas e que não pese ulteriormente nos ombros dos funcionários educacionais. Ao educador caberia a tarefa delicada e difícil da gestão do relacionamento com a família; a uma figura do bairro, diferente da figura do operador-educador, caberiam os aspectos de tipo organizacional e gestional (relações e coligações com outros serviços, iniciativas das creches em direção ao ambiente exterior, etc.). A idéia — ainda em vias de projeto — é que o bairro se torne organizador de propostas que possam vir de dentro da creche. Os problemas ainda em aberto, quanto à gestão social, são, portanto, os de:

— coordenar figuras diversas a respeito de problemas semelhantes;
— encontrar uma mediação entre a necessidade de congregar os usuários e a necessidade de difundir uma cultura relativa à infância;
— identificar funções específicas do operador-educador de creche.

5.2. A organização da atualização também representa um problema de difícil solução, pois, devido à descontinuidade com a qual foi oferecida no passado (durante 7 anos não foi organizado nenhum curso de atualização) e, sobretudo, pela falta de homogeneidade cultural e pedagógica de cada coletivo de educadores, que se caracteriza por histórias e eventos diferentes, não parece fácil identificar linhas comuns e não parece possível praticar formas unitárias de intervenção. Por isso foram previstas, para o ano em curso (85-86), propostas que envolvam todo o coletivo de educadores em nível de cidade, como também atividades que cada coletivo de educadores programa com o coordenador de zona. Essa dupla modalidade tende, por um lado, a abordar o confronto de situações diferentes sobre temáticas comuns e, por outro, a pontuar projetos específicos e acompanhar a sua realização do ponto de vista teórico e operacional.

A ausência de cursos de atualização e de uma coordenação pedagógica produziu, durante muitos anos, uma situação na qual os quadros funcionais das creches trabalharam completamente isolados e sem nenhum suporte unificador. Esporadicamente, e de maneira não totalmente formalizada e institucional, trabalharam nas creches profissionais sanitários (médicos da escola ou neuropsiquiatras infantis) com funções pouco precisas, mas freqüentemente também de suporte pedagógico. Atualmente se trata de construir um projeto pedagógico para as creches de Bolonha. Em uma situação que se caracteriza pela extrema diversidade não se pode propor um modelo único; a linha a seguir é a de construir uma base comum da qual seja possível fazer surgir projetos diversificados. Existe, de qualquer forma, o problema de chegarmos a padrões qualitativos bons para todas as creches.

21

As Creches de Gênova: a Reorganização do Serviço como Premissa para um Novo Planejamento[1]

1. HISTÓRIA E EVOLUÇÃO DO SERVIÇO

Em 1976, ano em que 10 creches ONMI passam à prefeitura local, a administração delineia, em relação aos serviços para a infância, um duplo objetivo: por um lado, aumentar o número demasiado escasso de prédios para uma utilização que se prevê quantitativamente grande; por outro, realizar a atualização dos funcionários como premissa para o crescimento do serviço em sentido qualitativo. Começam assim intervenções de formação e iniciativas de reestruturação de prédios e reformulação ambiental das creches ex-ONMI. Em 1978, as creches, juntamente com as pré-escolas municipais, passam da Secretaria dos Serviços Sociais à Secretaria das Instituições Escolares. Após essas intervenções urgentes e o início de um regime normal do serviço, uma etapa importante na história das creches de Gênova é constituída pela aprovação de um novo Regulamento e a assinatura de um acordo sindical que dá partida, em 1982, a uma reorganização radical. Em primeiro lugar, o novo regulamento, comum às creches e às pré-escolas, assenta as bases para uma homologação dos dois serviços alinhados com uma idéia de continuidade entre as duas instituições e com exigências explícitas dos usuários (por exemplo, a paridade de horário entre creche e pré-escola facilita aquelas famílias com mais de um filho em idade pré-escolar). Em segundo lugar, institui os órgãos da gestão social, inexistentes até aquele momento, formaliza a atualização permanente dos funcionários e a sua participação nas atividades colegiadas com a instituição de um total de horas específico e cria a figura do coordenador de distrito. Enfim, agiliza a pesada organização das inserções, reduzindo a dois únicos períodos anuais a admissão de novos matriculados. A reestruturação iniciada para cumprir o novo regulamento, que trouxe como conse-

---

[1] Referência: Assessorato alle istituzioni scolastiche. Via Bertani, 4, Genova.

qüência a quase duplicação do corpo orgânico e uma melhor utilização dos recursos existentes, colocou condições operacionais mas também psicológicas (em termos de motivação do coletivo de educadores) para proceder, com projetos definidos, à efetiva melhora qualitativa dos serviços.

Atualmente, o balanço das creches de Gênova parece ser positivo: em dez anos o número das creches triplicou e, sobretudo, a demanda aumentou de maneira vertiginosa. Este último dado, testemunhado pela imponente lista de espera, está demonstrando como tem se consolidado, com o tempo, uma atitude de confiança por parte dos usuários em relação ao serviço. A história das creches de Gênova parece demonstrar que quanto mais se oferece e se faz conhecer um serviço tanto mais se induz, contemporaneamente, a demanda (em 1980, antes da reorganização, havia 150 pedidos em lista de espera; após 6 anos, os pedidos não atendidos são hoje em número de 2.200).

No que diz respeito à qualificação do coletivo de educadores, o trabalho de recostura de imagens, ideologias, estratégias educacionais parece em boa parte ter sido realizado pela atualização, que foi de caráter continuado e permanente, sendo atualmente consolidada pela presença com função de estímulo, de suporte e de coligação — no que diz respeito ao trabalho dos coletivos de educadores — dos coordenadores distritais.

2. DADOS ESTRUTURAIS

As creches dependentes da Assessoria para as instituições escolares, como as pré-escolas, são atualmente 28 (está prevista a abertura de outros dois prédios para o ano de 1986) e recebem cerca de 1.100 crianças, por volta de 8% dos usuários potenciais. Há 2.200 pedidos não atendidos em lista de espera. Os prédios apresentam uma variada tipologia que vai desde uma capacidade mínima para 28 crianças a uma máxima para 56.

Gênova é uma cidade muito diversificada e de contrastes, caracterizada pela co-presença, muitas vezes estridente, de novos tipos de pobreza (imigração, sobretudo do Norte da África) e de bem-estar consolidado; o tipo de usuários já atendidos varia muito de bairro a bairro. Como se percebe também para outras realidades urbanas, o percentual maior das famílias que usufruem da creche é de qualquer modo constituído por trabalhadores autônomos, particularmente do setor terciário.

As creches ficam abertas durante 11 meses por ano (a partir de 1º de setembro a 31 de julho) e diariamente garantem o serviço das 7h30min às 16h50min (com um prolongamento de horário até as 18h15min, por solicitação motivada). Ficam fechadas aos sábados.

Os pessoal não é admitido para uma tarefa única. Em cada creche, ao lado dos educadores e do pessoal auxiliar, trabalham em tempo parcial um ecônomo e um pediatra. Conforme prevista pela lei regional, a relação numérica garantida adulto/crianças é de 1 a 7, seja para lactentes, seja para crianças maiores.

Uma figura nova instituída pelo Regulamento de 1982 (que se tornou operante apenas em 1986) é a do coordenador distrital, responsável pedagógico-administrativo que possui a tarefa de coordenar as iniciativas distritais em relação ao grupo central. Os coordenadores seguem as experiências pedagógico-didáticas presentes nas creches, criando oportunidades de encontro e de comparação, cuidando a sua documentação. Mantêm também relações com outros serviços para a infância e com os centros culturais presentes no distrito, fornecendo apoio técnico e organizacional aos comitês de gestão para suas tarefas de coordenação distrital. Cada coordenador é responsável por três creches.

Os coordenadores são recrutados entre o pessoal da creche; sua formação acontece, portanto, *em serviço*, e freqüentemente resulta insuficiente ou inespecífica em relação ao trabalho que devem desenvolver. Os objetivos futuros são os de promover intervenções de formação e atualização específicas para os coordenadores e tornar menos oneroso o seu trabalho, prevendo um coordenador para cada duas creches.

Os órgãos da gestão social são:

— a Assembléia de creche;
— o Comitê de gestão social;
— a Consultoria municipal;
— a Coordenação distrital.

A realização da gestão social é um problema de difícil solução para as creches de Gênova. Tendo iniciado com atraso, em relação a outras realidades territoriais que se caracterizam pela tradição cultural, por formas ampliadas de participação, os Comitês de gestão desenvolvem atualmente a limitada função burocrática da compilação de listas graduadas para a admissão. Devido ao número muito elevado de pedidos de admissão a serem avaliados, essa tarefa resulta particularmente onerosa ainda mais por causa do clima de "caça ao erro" que os recursos dos excluídos comportam. Há, portanto, uma colocação forçada dos órgãos da gestão social para garantia da adequada aplicação do Regulamento que quantifica, por meio de pontuação, a estatística dos casos.

3. TRAÇOS CARACTERÍSTICOS E QUALIFICADORES DO SERVIÇO DE GÊNOVA

3.1. O binômio pesquisa-atualização

O ponto qualificador do serviço materno-infantil genovês é a estreita coligação entre atualização do pessoal e pesquisa com pessoal universitário, no interior das estruturas educacionais, que permite conjugar momentos de reflexão a momentos de projectualidade relacionados à operacionalidade pedagógica dos educadores. A agregação de pessoal universitário, para o duplo e intrincado trabalho de estudo de campo e formação dos operadores, acontece de acordo com duas diferentes fórmulas. A primeira faz confluir no setor infantil as bolsas de estudo para jovens diplomados, fornecidas pelo município de modo a poder encaminhar, com a supervisão do pessoal universitário, pesquisas definidas; a segunda consiste na assinatura de convênios diretos com instituições universitárias. Em ambos os casos, o pessoal das creches fica envolvido em primeira pessoa no trabalho de pesquisa, e as temáticas objeto de estudo, juntamente com a observação e os resultados obtidos, constituem sugestões de atualização/debate entre educadores e pesquisadores.

Ao lado desses momentos de atualização há outros previstos anualmente sobre assuntos mais especializados e mais relacionados a aspectos organizacionais e/ou didáticos do trabalho com as crianças (por exemplo: construção de material didático; organização dos espaços e utilização do mobiliário; estudo dos comportamentos sonoros das crianças).

3.2. O grupo de trabalho nas novas aberturas e reestruturações

O grupo nasce de maneira informal no ano letivo 80-81 para responder à exigência de um controle, por parte do Serviço instituições escolares, dos projetos de novas construções destinadas às creches. As intervenções no setor haviam sido, até então, descontínuas e inadequadas às exigências educacionais amadurecidas com a experiência. Com a ratificação oficial ocorrida em junho do ano seguinte, o grupo se impõe como referente obrigatório em relação à edificação pública e ao Setor de Projetos do município. A partir desse momento, ele se configura como órgão estável, caracterizado pela participação de todas as figuras profissionais presentes na creche e apoiado nas suas iniciativas do grupo central. Suas tarefas consistem em duas direções: a primeira é relativa ao exame dos novos projetos de construção, para propor eventuais modificações; a segunda, relativa à verificação da funcionalidade do mobiliário existente, a fim de identificar possibilidades de reutilização e de novas aquisições.

O primeiro trabalho realizado pelo grupo foi de verificação em doze creches, em sua maioria de construção não-recente, a fim de detectar problemas relativos à estrutura, à utilização dos espaços e ao mobiliário. Desse primeiro trabalho, iniciou-se, com os educadores interessados, uma atividade de reorganização da realidade existente e de seleção de novos mobiliários e equipamentos.

O trabalho do grupo, nessa primeira fase, foi apoiado pela intervenção de um *expert* que, durante alguns dias de atualização, forneceu instrumentos indispensáveis para a análise do que já existia e a formulação de propostas adequadas.

Atualmente o grupo continua trabalhando para encontrar soluções para as realidades mais carentes (ultimamente propôs uma revisão das tipologias previstas pela lei regional, recebida pelo Setor de Projetos e transmitida aos responsáveis regionais) e se movimenta sobretudo em direção à identificação e reutilização de prédios não mais em funcionamento (escolas de primeiro grau ou pré-escolas estatais fechadas).

3.3. A continuidade educacional no grupo dos adultos, eixo do projeto educativo

"Uma creche que inspira confiança" é a palavra de ordem que caracteriza as escolhas político-pedagógicas das creches genovesas. O projeto educacional colocado em ação após a reorganização envolveu e viu como protagonistas diretos sobretudo os adultos, seja os educadores, empenhados na reflexão/pesquisa sobre suas próprias práticas educativas, seja as famílias às quais uma boa parte das iniciativas "pedagógicas" foi dirigida. Acima de tudo, em relação a estas últimas, foram adotadas estratégias de intervenção voltadas à criação e/ou consolidação de um clima e de uma atitude de confiança para com a instituição dos bebês. Isso significava arrancar estereótipos, fazer obra de divulgação de uma nova imagem da infância, tornar visível e tangível a presença do serviço na cidade e, sobretudo, em relação aos pais usuários, instaurar um clima de efetiva colaboração quanto aos cuidados e à educação das criancinhas.

Na vertente da sensibilização para com a creche e a realidade infantil foram organizados diversos eventos públicos de bairro (por exemplo, decoração de uma praça com a criação de espaços de jogo) direcionados a produzir curiosidade e a oferecer às pessoas uma imagem rejuvenescida da creche e de seus problemas.

Na vertente da continuidade creche/família, as iniciativas mais interessantes têm sido feitas no interior do "projeto saúde/ambiente", cujo objetivo específico era de qualificar mais o relacionamento entre instituição, família e comunidade, de forma a criar as premissas para uma socialização das experiências educacionais do grupo dos adultos. As semanas brancas, verdes (no campo), azuis (na praia) e os encontros aquáticos (piscina) de fato se constituíram em experiências de convivência insólitas para as crianças das creches, educadoras, pais, no interior das quais mães e educadoras tiveram oportunidade de resolver em conjunto problemas ligados ao cotidiano da vida das crianças, instaurando relações de confiança e atitudes de colaboração.

22

O Modelo de Reggio Emília: Estreita Integração entre Creche Pública e Família em uma Cultura Compartilhada dos Serviços e do Trabalho[1]

1. HISTÓRIA E EVOLUÇÃO DO SERVIÇO

A história das creches de Reggio Emília está enraizada no cerne de uma difundida cultura urbana dos serviços e da infância, sob a égide de uma continuidade política capaz de garantir uma trama construtiva de funções administrativas e pedagógicas. As primeiras são inauguradas no signo da continuidade com a escola da infância cujas origens são também caracterizadas por um forte envolvimento público: logo depois da Libertação (final da II Guerra Mundial), a primeira pré-escola para órfãos de guerra é organizada sob a égide da tradição cooperativa urbana, com fundos obtidos através da venda de ferro velho e subvencionada através da comercialização de produtos hortifrutigranjeiros. Antes da promulgação da Lei 1044, em dezembro de 1971, quando em Reggio Emília já estão funcionando 10 pré-escolas, é aberta uma creche empresarial, colocando em ação a lei que torna obrigatória, para o empregador com um certo número de empregados, a criação de um serviço para os bebês. Os problemas dessa primeira estrutura são múltiplos, porém as soluções adotadas, e as características do modelo identificadas, aparecem hoje, cerca de 15 anos depois, felizes e prospectivas.

Por um lado, tratava-se de garantir também para a creche os aspectos mais positivos das experiências realizadas nas escolas da infância: a participação dos pais que já havia sido formalizada no regulamento de 1970, a atualização recorrente do pessoal, a co-presença de educadores no trabalho com as crianças; do outro lado, era necessário inventar um modelo novo (a única referência de qualidade era a creche Olivetti, da cidade de Ivrea) tanto em relação à ONMI quanto à pré-escola, que caracterizasse o serviço para os bebês. É assim adotada uma solução nova do ponto de

---

1 Referência: Direzione scuole dell'infanzia, asili nido. Via Guido da Castello, 12, Reggio Emilia.

vista organizacional e arquitetônico e de continuidade em relação ao envolvimento das famílias e à participação dos cidadãos no seu todo.

Após dois anos, essa primeira creche empresarial passa definitivamente à gestão municipal e em 1975 é aberta uma segunda creche nas instalações, reestruturadas para essa finalidade, em um ex-instituto para cegos. Nos anos entre 1975 e 1977, Reggio Emília conhece o *boom* das creches: duas são herdadas da ONMI, outras cinco são construídas utilizando tanto os fundos da Lei 1044 quanto a mutualidade da indústria da construção. Reggio Emília é um exemplo paradigmático de como a oferta de um serviço provoca a demanda e de como a presença da creche — ou seja, a sua visibilidade juntamente com sua qualidade — incentivam a sua utilização e a demanda de ampliação.

A campanha promocional das creches viu como protagonistas os próprios pais usuários, condutores de idéias novas e defensores de uma nova cultura da criança e dos serviços. A manutenção da demanda e da participação, que caracteriza ainda hoje a experiência de Reggio Emília, apesar das dificuldades da atual fase recessiva em nível nacional, constitui um interessante objeto de pesquisa sobre os fatores de solidez e estabilidade de um serviço desse tipo. Para essa manutenção — à qual correspondeu uma progressiva ampliação do serviço — certamente contribuíram fatores de continuidade política (que chegou da Esquerda desde a Libertação da Itália até hoje), de raro acordo entre planejamento político-pedagógico e efetiva atuação administrativa, de integração entre serviço e famílias, dentro de uma tradição urbana de cooperação e participação e, não menos importante, de preservação da cidade no plano econômico.

2. DADOS ESTRUTURAIS E TIPOLOGIAS ORGANIZACIONAIS

Atualmente as creches são 13 e recebem 35% das crianças residentes que fazem jus ao direito (o dado regional atualizado até setembro de 1984 era de 18%). Está prevista a abertura da 14ª creche em um apartamento reformado de modo a poder acolher pelo menos uma parte das 180 crianças em lista de espera, no início do ano letivo 1984-85.

As tipologias são diversas. Aquela que prevalece compreende as creches de grande capacidade (60/66 crianças) subdivididas em 4 turmas, não inferiores a 25 e não superiores a 37 crianças (lactentes, pequenos, médios e grandes) com o acompanhamento de 11 educadoras, 4 auxiliares e um cozinheiro. Uma segunda tipologia prevê uma capacidade de 55 vagas (3 turmas) com um quadro funcional de 9 educadoras, 3 auxiliares e um cozinheiro. Há ainda duas soluções: a primeira, de creche com 2 turmas (34 crianças, 6 educadoras, 3 auxiliares e 1 cozinheiro) e a segunda, de creche com uma única turma (18 crianças, 2 educadoras e 1 auxiliar, 1 cozinheiro). No caso da inserção de crianças portadoras de deficiências são previstos educadores suplementares.

As creches, bem como as pré-escolas, ficam abertas de 1º de setembro a 15 de julho (a partir dessa data até 10 de agosto funciona um serviço reduzido programado em função da efetiva demanda dos usuários). O horário diário vai das 7h45min às 16h, em todos os dias da semana, prolongado até 18h20min, no caso de pelo menos 5 famílias terem apresentado solicitação específica. Também aos sábados é previsto um serviço reduzido das 7h45min às 13h.

O pessoal é constituído por educadoras, auxiliares, cozinheiras. O horário de trabalho é de 36 horas semanais, das quais 33 dedicadas à atividade direta com as crianças e 3 a iniciativas de promoção social, cultural e profissional. Os turnos de trabalho permitem manter, até as 16h, um relacionamento médio adulto/criança de 1 a 6-7.

A utilização da creche reflete a composição social da cidade na qual o terciário — em particular os comerciantes e os artesãos — é a categoria de maior representatividade. Há alguns anos está em aumento a utilização da classe média-alta (profissionais liberais, empresários, médicos, etc.).

3. A COORDENAÇÃO PEDAGÓGICA

Reggio Emília é o primeiro município italiano que organizou uma coordenação pedagógica capaz de elaborar, organizar e integrar as experiências formativas realizadas nas creches e nas pré-escolas. A coordenação é constituída por um pedagogo, para cada 12/14 turmas de creche ou de pré-escola, e é composta, pelo menos por 2/3, por pessoal com curso superior (diploma em Pedagogia, Psicologia, Sociologia), admitido através de concurso público e, pela outra terceira parte, por pessoal adjunto proveniente das categorias docentes das creches e da pré-escola, com pelo menos 5 anos de estágio probatório, cedido em rodízio, com responsabilidade não inferior a um ano letivo.

O trabalho da coordenação acontece em várias frentes. Na vertente pedagógica, ela desenvolve um trabalho de organização da atualização do pessoal, é promotora da elaboração, realização e verificação do projeto educacional, valorizando as experiências mais inovadoras; no campo da coordenação, ocupa-se da resolução, em colaboração com o pessoal administrativo, dos problemas burocráticos que podem obstacularizar a realização das experiências projetadas; encarrega-se da coligação das experiências educacionais, a fim de garantir o mais possível a continuidade entre os dois serviços para a primeira infância: creche e pré-escola, e entre estes e os outros serviços do território, mantendo vivo ainda o relacionamento com os diversos componentes da gestão social.

Distribuídos territorialmente, os coordenadores pedagógicos desenvolvem a tarefa, também difícil de promover e estimular o crescimento cultural e a competência profissional dos quadros funcionais dos quais se tornam responsáveis.

4. TIPOLOGIA DE EDIFICAÇÃO E PROJETO EDUCATIVO

Todas as creches foram construídas conforme projetos elaborados em colegiado por educadores, pedagogos, pais e representantes dos Conselhos de gestão. A primeira creche foi projetada e construída em 1970 e sua tipologia serviu para outras 4 creches. O projeto da creche *Arcobaleno,* elaborado em 1975 e realizado em 1976, corrige sensivelmente o de 1970, sobretudo na base de experiências adquiridas e de uma visão mais bem definida dos objetivos educacionais, e se configura como modelo para outras 4 creches sucessivas. É portanto a edificação-modelo que pode melhor ilustrar como, na experiência de Reggio Emília, é de primária e fundamental importância, no projeto educacional, o papel da organização dos espaços. Os critérios norteadores do projeto arquitetônico de fato procuraram seguir os objetivos e as linhas programáticas do projeto educacional, inclinado a favorecer, por um lado, a interação e a participação entre adultos e crianças e, por outro, a conciliar as exigências de livre exploração dos pequenos com as exigências de segurança e de individualização. Na primeira vertente, a da participação, a organização funcional habitacional da creche reflete "uma imagem comunitária da qual cada um — e em primeiro lugar as crianças — recebe sentimentos de tranqüilizadora propriedade"(Malaguzzi, 1984 a). O projeto, portanto, enfatiza não apenas a necessidade de satisfazer as exigências das crianças, mas também as dos adultos (educadores, serventes), freqüentemente negligenciadas nas tradicionais, mas, sobretudo, exalta o princípio da visibilidade de todos os espaços e de suas funções, de modo que também o trabalho dos adultos venha a constituir um visor aberto com valor educacional. Todos os ambientes nos quais se desenvolvem tarefas indiretas dos operadores (rouparia, lavanderia, escritórios) gozam, pois, da mesma dignidade dos espaços para as crianças e são a elas evidentes e acessíveis. Em particular, a cozinha é situada no centro do prédio e possui uma grande vidraça que permite aos pequenos perceber todas as ações/operações que ali acontecem.

Ao mesmo critério de *visibilidade* e *participabilidade* correspondem o pátio central, o baixo nível das janelas que abrem para fora e o emprego de vidraças ogivais entre as zonas internas que permitem às crianças dominar espaços amplos. Também o *atelier*, lugar privilegiado de atividades lúdico-expressivas, fica em posição de fácil acesso desde qualquer direção. Um segundo critério visa a garantir o princípio acima explicitado da visibilidade/acessibilidade, garantia de livre exploração, com o da circunscrição do espaço com funções diversificadas que assegura zonas descentralizadas para atividades e grupos específicos (salas de aula, recanto do almoço) e lugares abrigados (recantos de repouso). As quatro turmas (lactentes, pequenos, médios e grandes) possuem espaços separados, seja para o almoço, seja para o repouso (espaços acusticamente protegidos), e *tocas* para o isolamento das crianças e as efusões íntimas. Elas estão ligadas por uma grande sala, com função de *praça* (para encontros das seções, atividades motoras) e por um percurso circular *interno* capaz de facilitar às crianças o reencontro de cada espaço e o total acesso dos mesmos. *"Substancialmente o projeto visava à construção de um ambiente que, além da parte e das funções particulares, facilitasse uma habitabilidade o mais organizada e orgânica possível, cujos processos de familiaridade, reciprocidade e interação resultassem mais apreciados e compartilhados"* (Malaguzzi, 1984 a). O mobiliário é constituído, em parte, por elementos arquitetônicos previstos na própria construção (armários embutidos, prateleiras, paredes equipadas), em parte adquirido e em parte construído na hora da necessidade. Sua escolha obedece a uma lógica de economia de espaço, funcionalidade e estética.

Os brinquedos também são escolhidos com cuidado. Muitos são criados especificamente (macroestruturas com jogo de espelhos; carrinhos móveis para os pequenos que começam a caminhar; longos tubos que criam telefones à distância, etc.) em função das finalidades educacionais projetadas. Outros ainda são objetos de uso comum ou descartáveis reciclados e colocados dentro de espaços significativamente organizados de modo a evocar particulares tipos de jogos (o canto dos disfarces, a casa, a cozinha, etc.).

A organização espacial das creches de Reggio Emília permite, pois, pelo trâmite dos percursos, das estruturas, dos mobiliários e dos materiais, a exploração e apropriação (são particulares, por exemplo, os jogos perceptivos através de espelhos) do mundo dos objetos de forma segura pela harmônica combinação de relações sociais e afetivas com os coetâneos e com os adultos. Trata-se de uma exploração que, contemporaneamente, quer favorecer a descoberta e as capacidades comunicativas. As atividades que são incentivadas já a partir da creche, que posteriormente serão potencializadas na pré-escola, são de fato relativas sobretudo ao emprego das linguagens expressivas (educação perceptiva e visual, atividades gráficas, pictóricas, manipulativas e dramáticas, atividades de projectação e construção) que o adulto tende a valorizar não somente e não tanto conduzindo a mão e o gesto infantil em suas primeiras realizações, mas conferindo a elas um sentido e uma completude que as crianças ainda não possuem. Os rabiscos, "os borrões pictóricos", o amassar de matérias são pontos de partida, materiais a serem reutilizados: podem ser animados em contos de fadas, constituir cenários de narrativas, assumir dignidade estética na exposição. Essa operação de atribuição de significado por parte do adulto ao fazer infantil constitui o eixo de uma "didática" da creche que objetiva resgatá-la de qualquer resíduo assistencial.

5. A PARTICIPAÇÃO DAS FAMÍLIAS

A participação das famílias constitui, no "modelo" de Reggio Emília, uma parte imprescindível do projeto educacional, pois os três sujeitos da educação — a criança, os educadores, a família — são considerados inseparáveis em sua integração. Como afirma Carla Rinaldi (1985, p.177): *"o sistema de relação é de tal forma integrado que o bem-estar ou o desconforto de um dos três protagonistas não é somente correlato, mas até interdependente do bem-estar ou desconforto dos dois outros protagonistas"*.

A gestão do relacionamento com as famílias assume uma importância central e possui a tendência de articular-se em planos diferentes, apresentando-se como "teclado de ocasiões" diversificadas que permite ampla escolha de modalidades de envolvimento, cumprindo objetivos múltiplos.

Um primeiro objetivo é o de tornar a creche transparente para as famílias que a freqüentam, utilizando técnicas de comunicação eficazes. Em toda creche existem espaços e instrumentos especialmente estudados para informar os usuários sobre as iniciativas da creche, documentar a qualidade dos cuidados oferecidos às crianças e fornecer sugestões de orientação e reflexão sobre problemas relativos à educação dos pequenos. Os espaços, os quadros de exposição, os cartazes, as lousas apresentam de forma atualizada, servindo-se sobretudo de meios gráficos e fotográficos, os seguintes aspectos: *identikit* (retrato falado) dos operadores, horários e turnos, comunicações internas, comunicações às famílias, gestão social, documentação didática (resultados de pesquisa e fotografias), menu. Os instrumentos cumprem funções mais diretamente ligadas à organização interna, a fim de agilizar e economizar o emprego das informações e os relacionamentos com os usuários e os órgãos de gestão: listas telefônicas das famílias, das creches e das escolas, dos operadores, dos membros do conselho de gestão, das crianças; horários de freqüência; cadernos das atas; registros de presenças; quadros sinópticos relatando o emprego do total das horas de atividade por parte do pessoal.

Um segundo objetivo é o que pretende instaurar um relacionamento positivo com as famílias a fim de desenvolver com elas um processo de troca, discussão, confronto em relação a tudo que diz respeito à criança. Para essa finalidade estão previstas várias modalidades de encontro com as famílias, de modo a propiciar ocasiões personalizadas e enfrentar as necessidades de socialização e confronto diversificadas. Levando em conta o grau de generalidade dos problemas discutidos em cada ocasião, estão previstos *encontros de turma, em pequeno grupo, individuais*; do ponto de vista dos conteúdos, eles podem relacionar-se à discussão de problemas educacionais e organizacionais, à preparação de materiais didáticos *(encontros de trabalho)* ou, simplesmente, apresentar-se como *entretenimentos* voltados a exaltar e incentivar a agregação, o relacionamento e a solidariedade entre famílias e instituição.

Dentro desse leque de ofertas, assume particular importância o encontro com as crianças recém-chegadas, momento muito delicado, pois contribui para definir as futuras atitudes das famílias em relação à creche. Também para isso as creches de Reggio Emília prevêem uma cuidadosa organização, conteúdos específicos e modalidades precisas de atuação.

As experiências de relacionamento com as famílias experimentadas e usuárias das creches de Reggio Emília sublinham a importância da "personalização" no relacionamento com os usuários. Mães e pais encontram ali respostas não apenas como pais, mas também como indivíduos; os encontros são ativados não somente porque possuem como objeto o cuidado das crianças, mas porque favorecem formas diversificadas de agregação. Não é por acaso que o resultado mais consistente do trabalho desenvolvido com as famílias, de acordo com essas modalidades, tem a ver com a mudança de atitude em relação ao serviço: ele é cada vez menos solicitado para fazer frente a situações de necessidade, mas é reivindicado como direito da criança e como garantia de compartilhar responsabilidades educativas para o genitor.

23

As Creches de Parma: a Pedagogia do Bem-estar[1]

1. CARACTERÍSTICAS E EVOLUÇÃO DO SERVIÇO

Originariamente ligadas à Secretaria da saúde e assistência social, desde 1980 as creches passaram à Educação Pública. As creches nasceram nos primeiros anos 70, promovidas pela psicóloga que atualmente é responsável por elas, pelo Secretário Municipal da Saúde e por um núcleo originário de educadoras (agora já em grande parte diplomadas e que permaneceram no serviço, embora tenham, em rodízio, desenvolvido funções de coordenação): o clima era o da desinstitucionalização, criado em Parma pela experiência de Basaglia.

Até então, a atenção dominante sempre fora conscientemente voltada à criação de *um clima relacional entre educadores, com a família e com a criança* em que todas as partes em causa se sentissem à vontade e se tornassem cada vez mais conscientes das dinâmicas interpessoais em jogo. Essa busca de um conforto psicofísico de adultos e crianças tem sido muito forte e levou, por muitos anos, a concentrar a atividade de atualização — que muitas vezes se tornou atualização/pesquisa — sobre temas como as dinâmicas de grupo, a condução do grupo, o diálogo com os pais, a inserção da criança, a comunicação interpessoal.

A técnica que prevaleceu, colocada em ação pelos coordenadores e pelos *experts* externos, foi ora a da *supervisão* dos casos, ora a da vivência do educador quanto ao relacionamento com a criança, ou com os outros adultos; ou ainda a técnica da pesquisa/ação. Somente nos últimos anos, após todos terem adquirido um certo estilo relacional, avançou-se em temas tais como a passagem da creche à pré-escola, a animação, o jogo e o papel do adulto no jogo simbólico, o desenvolvimento cognitivo, a programação, o uso do livro, etc. Decisivamente, privilegiaram-se, portanto, temas de natureza sócio-afetiva e experiências de pesquisa quanto aos temas classicamente pedagógicos.

---

1 Referência: Coordinamento asilo nido, Assessorato alla pubblica istruzione. Via Barilla, 1, Parma.

A busca do bem-estar se percebe no esforço realizado para criar ambientes físicos acolhedores tanto para o adulto quanto para a criança e no estudo dos materiais mais adequados para decorá-los; nota-se, ainda, na relevância dada à atualização das cozinheiras que permitiu o desenvolvimento de uma forte sensibilização ao valor do alimento e da refeição como momentos agradáveis, durante os quais são servidos bons alimentos e de aspecto atraente (mesmo para os bebês), em que o prato é sempre apresentado e oferecido completo às crianças, para que elas possam vê-lo antes de servir-se: uma educação do paladar e um respeito pelos gostos. Em Parma, se algumas crianças dormem na hora do almoço, naturalmente lhes é permitido dormir, e isso diz muito sobre a flexibilidade da instituição.

A inserção é extremamente cuidadosa, seja em relação à criança, seja como ocasião de confronto/apoio com os pais; de uma genérica aceitação da família, chegou-se à conscientização de que a creche deve oferecer segurança e encarregar-se do novo "casal" de usuários, aceitando-o, mas também guiando-o com firmeza.

A coordenação pedagógica, eleita entre o pessoal, prevê a saída de dois dos cinco membros a cada dois anos e exerce uma função de apoio às turmas e aos quadros funcionais, promove e estimula as solicitações de atualização.

O que impressiona, nas creches de Parma, é o clima de flexibilidade, a alegria e a vivacidade do pessoal, o conhecimento extremamente individualizado das crianças, a real abertura à família. A exigência do próprio bem-estar, do próprio prazer de estar com as crianças torna as pessoas disponíveis às exigências dos outros adultos. Isso é evidenciado na naturalidade com a qual os coordenadores voltam à atividade com as crianças e isso é particularmente percebido nas pequenas creches-apartamento.

Está em vias de realização, além da experimentação das creches-apartamento com uma ou duas turmas (que se revelaram equivalentes às demais no plano dos custos), uma experimentação de continuidade creche/pré-escola e a colaboração entre coordenação, creches e uma cooperativa de babás para os momentos formativos, bem como para a assistência na abertura de uma creche conduzida pela cooperativa das babás.

2. CARACTERÍSTICAS ESTRUTURAIS

Existem oito creches normais, além de duas creches-apartamento e uma creche/pré-escola. As crianças que as freqüentam, ao redor de 600, representam 22% da população em idade de freqüentá-las; existem ainda listas de espera que parecem aumentar na medida em que a qualidade das creches melhora. O pessoal está enquadrado no nível 6 e dispõe de um horário de 30 horas com as crianças, mais 6 horas para as atividades de gestão, para as famílias e para a atualização (amplo espaço é concedido aos colóquios individuais com os pais).

As creches ficam fechadas no mês de agosto, exceto uma creche que atende os usuários com extremas necessidades. O horário de funcionamento é das 7h30min às 15h30min. A creche fica aberta até 18h30min; entretanto, para este horário é necessário comprovar a efetiva necessidade (declaração do empregador para ambos os pais, colóquio com as educadoras, etc.).

Há três reuniões mensais das quais uma com a presença do coordenador, além de dois encontros mensais da turma, com a presença do coordenador (na hora em que as crianças estão dormindo). No decorrer do ano, os pais são envolvidos em três assembléias de turma, que versam sobre temas e problemas educacionais colocados pelos pais, e em duas assembléias gerais, além dos colóquios individuais.

24

As Creches em Pistóia: a Qualidade de uma Intervenção Feita sob Medida para a Criança[1]

1. HISTÓRIA E EVOLUÇÃO DO SERVIÇO

A primeira creche aberta em Pistóia em 1972, logo depois da Lei 1044, nasceu sob a bandeira do empenho e da qualidade. Tratava-se de uma creche pequena, montada em um apartamento reestruturado para a ocasião, com espaços preparados sob medida para a criança, decoração cuidadosa e um relacionamento muito favorável entre educador/crianças que constituiu, devido a essas características, o modelo para as creches que viriam depois. O pessoal dessa primeira creche estava organizado para um único papel, ou seja, sem distinção entre educador e auxiliar.

Apesar dessa notável inovação em comparação às creches ONMI, as educadoras da creche preexistente desse tipo não demonstraram dificuldades em adequar-se ao modelo proposto, por sua coerência e identificabilidade. Nessa fase inicial, deu-se bastante cuidado à qualificação das educadoras, cuja formação era, pela lei regional, superior àquela atualmente prevista (certificado de conclusão de 2º Grau). Esse primeiro núcleo "histórico", juntamente com educadoras graduadas, exerceu uma função de impulso condutor em relação ao resto do pessoal e freqüentemente supriu a carência de coordenação.

Após três anos, foi aberta uma segunda creche com as mesmas características de cuidado na organização do ambiente e de atenção à qualificação das competências profissionais dos operadores.

Em 1976, o serviço para crianças de 0 a 3 anos foi transferido da Secretaria da Segurança Social para a Secretaria da Educação que, até aquele momento, havia

---

[1] Referência: Assessorato all'istruzione, comune di Pistoia.

cuidado da organização de 25 pré-escolas. Tal passagem produziu uma virada positiva na evolução do serviço: por um lado, conferiu ao pessoal das creches uma legitimação positiva de suas competências educacionais, pelo crédito de que gozavam sob esse aspecto as pré-escolas municipais e, por outro, assinalaram uma mudança nas orientações da creche, de uma fase com maior ênfase na "organização" do serviço a uma fase mais preocupada com uma definição "pedagógica".

Nessa fase, iniciou-se uma colaboração estável com o Instituto de Psicologia do CNR de Roma, relacionada à atualização recorrente do pessoal. Contemporaneamente, chegou-se a repensar o "papel único", do qual se reconhece o significado positivo de sensibilização do pessoal em relação a todos os aspectos e os momentos que qualificam a creche como espaço educativo (não somente as mais organizadas, mas toda a vida cotidiana), mas do qual se avalia também a ineficiência de um ponto de vista organizacional (tempo demais dedicado à arrumação e limpeza dos ambientes e subtraído ao tempo que é preciso dedicar às crianças). Essa modificação não foi conduzida sob a égide da economia, mas com uma atenção precisa à qualidade do serviço: atualmente compartilham o trabalho das educadoras uma colaboradora e uma cozinheira para cada 24 crianças.

2. DADOS ESTRUTURAIS: USUÁRIOS, HORÁRIOS, ORGANIZAÇÃO DO PESSOAL

Atualmente as creches são 8 e recebem 280 crianças, isto é, 17,5% dos usuários potenciais (o dado relativo à região total da Toscana é de 3%). Existe uma consistente lista de espera (ao redor de 100 pedidos de matrícula).

As 8 creches dividem-se igualmente em duas tipologias: creches grandes (capacidade para 45 crianças), situadas principalmente no centro da cidade, com 4 grupos de crianças atendidas por 11 educadoras, 2 colaboradoras e 2 cozinheiras, e creches pequenas (capacidade para 24 crianças), situadas nas áreas da periferia, com 2 grupos de crianças atendidas por 5 educadoras, 1 colaboradora e 1 cozinheira.

Através de uma investigação desenvolvida pela Secretaria, o tipo de usuário atendido é representativo da distribuição sócio-econômica da cidade. Ressaltam em particular o aumento do nível terciário e a aproximação ao serviço de categorias antes não representadas: profissionais liberais, empresários, dirigentes (cerca de 8%). As categorias mais representadas, por outro lado, são os funcionários de escritório (34%), os operários (20%), os professores (12%), os trabalhadores autônomos (12%). As famílias que usufruem do serviço apresentam as seguintes características:

— grau de escolaridade elevado (mais que a metade, entre mães e pais — 54%
— completou o 2º Grau ou um curso universitário);
— ambos os genitores trabalham (as mães donas-de-casa representam 1%);
— estabilidade de emprego (cerca de 90% de mães e pais).

As creches ficam abertas durante 270 dias por ano (excluindo os feriados) e, diariamente, das 7h30min às 18h (entre 16h e 18h somente para crianças com exigências comprovadas), de segunda a sábado incluído.

O pessoal é constituído por 66 educadoras e 24 auxiliares (13 colaboradoras e 11 cozinheiras). O horário de trabalho das educadoras é de 36 horas semanais, das quais

33 com as crianças e 3 para atividades relacionadas à organização das intervenções, à gestão social, à atualização.

Os turnos de trabalho permitem a co-presença das educadoras por boa parte do dia.

Não existe a figura do coordenador pedagógico. O funcionário da entidade local neste caso não exerce somente funções administrativas, mas também pedagógicas, colocando-se como ponto de referência para os quadros funcionais, porém sem poder desenvolver um trabalho completo e continuado.

3. PARTICIPAÇÃO E GESTÃO SOCIAL: UM BALANÇO POSITIVO

A realização da gestão social ocorre através dos Conselhos de circunscrição (órgãos da descentralização administrativa) que se valem dos Comitês para a gestão social, instituídos anualmente em cada creche e nos quais estão representados os pais das crianças matriculadas e o pessoal da creche, com responsabilidades relativas à correta impostação do serviço, de acordo com as linhas previstas pelo regulamento, e ao incentivo da participação.

O trabalho dos Comitês de gestão tem sido atualmente positivo. O que contribuiu a favorecer a participação e a estabelecer um relacionamento de confiança e solidariedade entre usuários e serviço foi a atitude de sensibilidade às exigências das famílias e a conscientização da necessidade de consolidar a imagem da creche frente à opinião pública da cidade. Particularmente, cuidou-se da difusão das informações sobre o serviço para todos os usuários potenciais e para a cidade em seu todo, por meio de *folders* informativos, cartazes, festas de bairro com a construção de equipamentos para a creche, ou seja, através de oportunidades direcionadas a assinalar a presença na cidade de um serviço para a infância de 0 a 6 anos qualificado e ativo. Além disso, foram identificados momentos de reflexão sobre a educação infantil, voltados a um público de famílias mais amplo em relação àquele envolvido nos serviços, através de palestras aos cidadãos, sob a responsabilidade dos coordenadores dos cursos de atualização, com o objetivo de eliminar preconceitos em relação à creche e de dar início a formas participadas de cultura da infância. No que se refere ao relacionamento com as famílias atendidas, o intuito foi sobretudo de instaurar com elas relações individualizadas e personalizadas, através do colóquio cotidiano informal entre educadores e pais, a fim de veicular informações mais precisas e colher necessidades difíceis de explicitar-se em situações mais institucionalizadas. Nesse sentido, é preciso assinalar que muitas iniciativas de atualização do pessoal foram dirigidas a temas inerentes aos relacionamentos com as famílias (tipos de abordagem, modalidades e estilos comunicacionais), a fim de sensibilizar as educadoras quanto aos problemas das famílias e fazê-las adquirir a capacidade de interagir com elas adequadamente. Para satisfazer, enfim, as exigências dos usuários em maior desvantagem e dos menos ativos e participantes, são utilizados alguns dispositivos organizacionais como a informação tempestiva (já em junho) da acolhida favorável à solicitação, a utilização do pessoal recrutado, em função de casos espe*cíficos (obiettori di co*scienza)*, para tratar da locomoção

---

* N.de.T.: A expressão indica pessoas que, por razões morais, religiosas ou outras, se recusam a aceitar e/ou cumprir determinadas obrigações sociais.

(ida e volta) das crianças de famílias em dificuldades, a abertura da creche também aos sábados, com um número reduzido de pessoal, a colaboração com a USL para acompanhar e favorecer crianças provenientes de famílias de "risco".

4. A ATUALIZAÇÃO DO PESSOAL

Como se salientou no início, a qualificação do pessoal tem sido uma preocupação constante. O primeiro curso de atualização iniciou no ano letivo 1977-78. A partir do ano letivo seguinte, o Município deu início a um relacionamento sistemático e continuado com o CNR que garantiu a formação permanente dos operadores através de três encontros anuais articulados, em particular, sobre temas do desenvolvimento da linguagem e da observação do comportamento infantil. As características de estabilidade, continuidade, qualidade da atualização dada, que são sistematicamente integradas pelo trabalho autônomo dos quadros funcionais, contribuíram a reforçar a identidade profissional dos educadores, a consolidar o relacionamento entre pessoal e administração e a conferir à creche, como instituição formativa, atenção e prestígio.

5. LIGAÇÕES COM OUTROS SERVIÇOS

Além das relações já mencionadas com instituições universitárias sobre temas específicos, freqüentemente têm sido envolvidas também outras entidades (o laboratório do conto de fadas, que envolveu também a escola primária, foi conduzido em colaboração com a universidade e com o museu das tradições populares de Roma).

O relacionamento com a USL diz respeito exclusivamente à prevenção de casos "de risco" e à intervenção inerente às deficiências físicas. Nas creches não há nenhum resquício sanitário porque, desde o início, elas se caracterizaram por escolhas culturais autônomas (a atualização não foi oferecida — como por outro lado aconteceu nos municípios da região da Lombardia — pelo pessoal da USL).

Embora sob a competência da mesma secretaria, as creches e as pré-escolas nunca desenvolveram um trabalho de relação e continuidade. Estamos ainda em uma fase — esta é a avaliação dos responsáveis pelo serviço — na qual parece oportuno favorecer o conhecimento recíproco de creche e escola da infância, prestando atenção, porém, atenção para não perder de vista a especificidade dos dois contextos.

6. A CRECHE COMO AMBIENTE EDUCACIONAL: ESPAÇOS E PESSOAS SOB MEDIDA PARA A CRIANÇA

As creches de Pistoia caracterizam-se, do ponto de vista educacional, pelo empenho voltado a assegurar um clima de serenidade e de bem-estar às crianças que lá passam o dia e pela atenção em garantir um relacionamento individualizado e personalizado entre adulto e criança. Essa relação é de 1/4 para os lactentes, 1/6 para os semidesmamados e 1/8 para os desmamados. A organização dos turnos de trabalho permite garantir a co-presença dos educadores por longos períodos diários: desde as 9h às 15h30min a relação adulto/criança varia entre 1/4 a 1/6. Se acrescentarmos também as colaboradoras e as cozinheiras essa relação desce a 1/5 e até menos de 1/4. Essa utilização racional do pessoal proporciona um trabalho para pequenos grupos e permite que seja concedida, a cada criança, uma atenção particular (especialmente para os bebês). Além disso, permite ritmos relaxados de trabalho para as educadoras, favorecendo, assim, as possibilidades de escuta e de resposta aos pedidos e às necessidades expressas pelos pequenos. Os ritmos de trabalho proporcionam também, para as educadoras, a possibilidade de dedicar parte de seu tempo a atividades não diretamente em contato com as crianças, como a observação, a serem discutidas mais tarde com os grupos de atualização, a preparação de material para as atividades lúdicas, o colóquio cotidiano com os pais, a troca de informações entre colegas.

Muita atenção é dada à organização dos espaços que muitas vezes são readaptados funcionalmente em relação ao projeto arquitetônico original, para torná-los mais adequados aos objetivos educacionais. Cada grupo de crianças possui um espaço próprio de sala de aula e pode usufruir de ambientes especializados (espaço da pintura, quarto da "fofura" para solicitações tácteis e psicomotoras, espaço do jogo simbólico e canto da leitura) decorados com cuidado e inteligência. As atividades que se desenvolvem nesses ambientes não pretendem ter uma função "didática", mas constituir experiências significativas para a criança, momentos nos quais se favorecem interações livres e autônomas entre crianças. A atividade é assim considerada não como um fim em si mesmo, mas como um meio de trocas comunicativas entre coetâneos, dentro das quais o adulto exerce um papel de mediador e de facilitador, evitando interferências pesadas, prevaricações, interrupções.

25

As Creches na Região da Úmbria[1]

1. DADOS ESTRUTURAIS

As creches são em número de 53, das quais 10 são ex-ONMI e 30 foram construídas entre 1975 e 1980, e situam-se em 23 dos 92 municípios da região da Úmbria. O maior número de creches está presente nos centros urbanos: 15 em Perugia (142.000 habitantes), 6 em Foligno (52.000 habitantes), 5 em Terni (111.000 habitantes), 4 em Città di Castello (37.000 habitantes), 3 em Spoleto (36.000 habitantes). As 20 restantes situam-se em 18 municípios de pequena extensão (nas quais, havia, em média, em 1985, entre 200 e 300 crianças de 0 a 3 anos).

As crianças matriculadas em 1984-85 eram 1.638 de uma população de 21.321 crianças de 0 a 3 anos residentes na região da Úmbria, num percentual de 7,52%.

Na região e nos municípios maiores (Perugia, Terni, Foligno, Città di Castello, Spoleto), bem como na maior parte dos municípios menores, as creches são administradas pelas Secretarias da Educação Pública e, em alguns casos, pelas Secretarias dos Serviços Sociais. Quarenta e cinco creches têm uma capacidade que oscila de 30 a 40 crianças; 5, entre 50 e 60, 3 são inferiores a 30.

Em todos os casos o pessoal é constituído por educadoras e auxiliares. As educadoras são enquadradas no nível previsto pelo Decreto Presidencial 347 (6); as auxiliares possuem enquadramentos heterogêneos entre o nível 3 e o 4.

As figuras de coordenação pedagógica existem somente no município de Terni (um psicólogo e um pedagogo contratados via concurso público, como coordenadores pedagógicos das creches e das pré-escolas) e no município de Perugia (algumas educadoras constituem um grupo de coordenação informal). Nos demais casos, são funcionários do setor escolar que supervisionam também as creches.

---

[1] Referência: Saposs, Via Trieste, 7, Terni.

Os órgãos de gestão social são formados, na maior parte dos casos, por representantes do pessoal da creche, pais, conselheiros de circunscrição. Seja do ponto de vista da quantidade de encontros (raros para os comitês de gestão, ainda mais para a assembléia dos pais), seja pelos conteúdos (em geral os comitês de gestão reúnem-se em função de problemas organizacionais particulares), seja pela articulação da relação entre creche e pais (por exemplo, estão praticamente ausentes as reuniões de seção, as iniciativas culturais voltadas aos pais e o colóquio de ingresso na creche também não é uma prática generalizada), a situação não é satisfatória.

Na província de Terni (creches de Terni, Narni, Amélia, Orvieto), as 12 horas previstas pelo Decreto Presidencial 347 para atualização, programação, gestão social encontram-se subdivididas *grosso modo* em três partes iguais. Na província de Perugia existiram e ainda existem problemas de aplicação dessa parte do Contrato.

A atualização realizou-se na província de Terni mesmo antes da aplicação do último Contrato de trabalho, com prazo quinzenal durante o ano, e/ou com seminários em alguns períodos do ano sobre os seguintes temas: o jogo (os comportamentos de jogo nas diversas faixas etárias, a observação do andamento das atividades de jogo na creche), a organização dos espaços de jogo, a marionete, a educação do corpo, a percepção visual, o som, os materiais pobres e as construções de brinquedos e jogos, a inserção, o colóquio com os pais, os diários das crianças, a comida, o sono, a higiene, a observação.

A atualização está voltada tanto aos educadores quanto ao pessoal auxiliar, em conjunto ou separadamente; algumas vezes foram realizadas iniciativas de pesquisa ou culturais que envolveram os pais.

Na província de Perugia existem apenas esporádicas iniciativas de atualização. Por outro lado, está bem difundido o periódico encontro dos quadros funcionais para discutir problemas das creches ou para a programação.

1.1. Características e problemas em aberto

A distribuição das creches no território nacional é heterogênea. O fato de que na Úmbria somente 26 municípios em 92 tenham uma densidade demográfica superior a 5.000 habitantes explica tanto as características (creches pequenas, escassamente freqüentadas, onde às vezes não estão presentes todas as faixas etárias, onde é mais difícil vencer as desconfianças e modificar os hábitos das famílias) da creche operante em um município pequeno quanto as dificuldades em encontrar modalidades para equilibrar a presença das creches, considerando o alto custo de gestão para um município pequeno e o desconforto relacionado ao tempo de percurso para as crianças, no caso de uma gestão consorciada.

Sobre esse ponto não há iniciativas nem a elaboração de planos ou hipóteses por parte da região e das entidades locais. Houve uma proposta de lei regional do Partido da Democracia Cristã para a constituição de creches particulares como alternativa para solucionar o problema. De qualquer modo, creches particulares não existem, e a região está pensando em modificar a própria lei regional, com a emenda de indicações para a realização de iniciativas nessa direção.

Há, de qualquer forma, um problema de extensão do serviço, considerando que o percentual de 7,52% da população infantil recebida pelas creches não pode considerar-se satisfatório, mesmo levando em conta as dificuldades políticas e econômicas existentes.

No todo, há uma diminuição de empenho das administrações locais na gestão das creches (decréscimo da intervenção econômica e cultural, políticas inadequadas de pessoal) e, por outro lado, um aumento da mobilização do pessoal através do sindicato (Convênio Regional de Foligno, 1985, de Perugia, 1986).

Atualmente os nós problemáticos mais consistentes são os seguintes:

a) não existe uma elaboração referente às tipologias pedagógico-didáticas e organizacionais de creche nem por parte das creches, nem por parte das administrações. O debate presente em âmbito político e sindical não consegue ancorar-se à exigência fundamental de estabelecer padrões qualitativos da creche;

b) não existe a estrutura de direção técnica do pessoal nem em nível dos municípios, a não ser alguma rara exceção. Quem se ocupa das creches possui funções administrativas, e muitas vezes a gestão das creches não está contemplada entre suas obrigações principais. É necessário divulgar a presença de figuras de coordenação pedagógica, promover atividades de pesquisa e de atualização de forma continuada, a fim de sustentar a atividade das creches, como de resto estava previsto no documento conclusivo do II Convênio regional das creches, promovido pela região em Spello, em 1982;

c) torna-se necessária uma revisão dos Regulamentos e da lei regional que leve em conta esses pontos, a qualificação dos recursos (em termos de competências, de planos de intervenção, de apoio econômico) que a região e os municípios precisam investir no setor.

Está em andamento um grupo de trabalho regional (constituído quase exclusivamente por funcionários administrativos, muitos dos quais nunca se ocuparam de creches) para a revisão da lei regional. Espera-se, já há alguns anos, um plano de intervenção da região para a coordenação e a promoção de iniciativas de formação profissional e de pesquisa voltadas às creches.

Referências Bibliográficas

Vários. (1963), *Il bambino, la famiglia, la scuola*, Edizione Centro, Studi, Bologna.
Vários. (1969), *L'educazione prescolastica sovietica*, tr. it., Giunti-Barbera, Firenze, 1974.
Vários. (1971), *La gestione sociale nelle scuole dell'infanzia*, Editori Riuniti, Roma.
Vários. (1975), *Il bambino soggetto e fonte di diritto nella famiglia e nella società*, regione Emilia-Romagna, Bologna.
Vários. (1979), *La ricerca pedagogica tra scienza e utopia*, La Nuova Italia, Firenze.
Vários. (1980), "L'osservazione come strumento di ricerca", *Riforma della scuola*, 26, 38-43.
Vários. (1980a), *Mass media, famiglia e transformazione sociali*, Sansoni, Firenze.
Vários. (1981), *Ritratto di famiglia degli anni '80*, Laterza, Bari.
*Vários. (1982), *Un nido educativo*, Fabbri, Milano.
Vários. (1982a), *Bambini al nido*, comune di Genova, Genova.
*Vários. (1983), *Il bambino di fronte ad una famiglia e ad una società che cambiano*, Juvenilia, Bergamo.
*Vários. (1984), *Il posto dell' infanzia. L'esperienza educativa dentro il nido*, Juvenilia, Bergamo.
Vários. (1985), *Prospettive psicanalitiche del lavoro istituzionale*, Il Pensiro scientifico, Roma.
Ainsworth M.D., Bell S.M. (1970), *Attaccamento, atteggiamento esplorativo e separazione: il comportamento dei bambini di un anno in una situazione insolita*, tr. it. in S. Mantovani (a cura di), *Asili nido: psicologia e pedagogia*, Angeli, Milano, 1975.
Alloway T., Krames S.L., Pliner P. (eds). (1977), *Advances in Communication and Affect*, Plenum Press, New York.
Amsterdam B. (1972), «Mirror Self-Image Reactions before Age of Two», *Developmental Phychobiology*, 5, 297-305.
Andreatta M. e al. (1983), «Asilo nido e concezione educativa», *Infanzia*, 9, 18-23.
* Antinori P. (1977), *Asilo nido e comunità educante*, La Scuola Brescia.
Antinucci F., Castelfranchi C. (a cura di), *Psicolinguistica, percezione, memoria e apprendimento del linguaggio*, Il Mulino, Bologna.
Appel G., David M. (1965), *Interazione madre-bambino all'età di tredici mesi*, tr. it. in S. Mantovani (a cura di), *Asili nido: psicologia e pedagogia*, Angeli, Milano, 1975.

---

* A bibliografia assinalada compreende exclusivamente os trabalhos citados nas contribuições do livro. Os textos assinalados com asterisco representam uma orientação à literatura italiana referente à problemática das creches.

* Appel G., David M. (1970), *Da 0 a 2 anni, un'educazione insolita*, tr. it., Emme Edizioni, Milano, 1978.
Ariès P. (1960), *Padri e figli nell'Europa medievale e moderna*, tr. it., Laterza, Bari, 1968.
Asor Rosa A. (1984), *La «cultura divisa»: lacerazioni e conflitti nei processi di modernizzazione culturale*, in B. Vertecchi (a cura di), *La scuola italiana verso il 2000*, La Nuova Italia, Firenze.
Balbo L. (1980, «Riparliamo del Welfare State: la società assistenziale, la società dei servizi, la società della crisi», *Inchiesta*, 6, 61 64.
Balbo L. (1985), *Forme familiari e strategie di organizzazione della vita quotidiana*, relazione al convegno Ista «La famiglia in Italia», Roma, 29-30 ott.
Barbieri M.S. (a cura di) (1977), *Gli inizi de llinguaggio: aspetti cognitivi e comunicativi*, Nuova Italia, Firenze.
Barbieri M.S., Angelini D., Adorni L. (1983), *L'ingresso del bambino al nido: esiste un modo migliore*, in S. Mantavani, T. Musatti (a cura di), *Adulti e bambini: educare e comunicare*, Juvenilia, Bergamo.
Barbieri M.S., De Vescovi A., Bonardi P.A. (1983), *L'interazione verbale tra bambino ed educatrice durante il racconto di una storia*, in S. Mantovani, T. Musatti (a cura di), *Adulti e bambini: educare e comunicare*, Juvenilia, Bergamo.
Barile G., Zanuso L. (a cura di) (1980), *Lavoro femminile e condizione familiare*, Irer Angeli, Milano.
Barrière M. e al. (1983), *Des moments conflictuels*, in M. Stambak e al., *Les bèbés entre eux*, Puf, Paris.
Bassi Neri R., Canevaro A. (a cura di) (1978), *Scuola, aggiornamenti e farmazione*, Cappelli, Bologna.
Bates E. e al. (1979), «Dal gesto alla prima parola», *Età evolutiva*, 2, 55-73.
Beteson G. (1972), *Verso una ecologia della mente*, tr. it., Adelphi, Milano, 1976.
Bateson G. (1979), *Mente e natura*, tr. it., Adelphi, Milano, 1984.
Baudelot O. (1984), *I bambini in asilo nido oggi: un nuovo progetto educativo*, in Vários., *Il posto dell'infanzia. L'esperienza educativa dentro il nido*, Juvenilia, Bergamo.
Becchi E. (a cura di) (1979), *Il bambino sociale*, Feltrinelli, Milano.
Becchi E. (1979a), *Modalità epistemiche in adulti con bassa scolarità*, in Vários., *La ricerca pedagogia tra scienza e utopia*, La Nuova Italia, Firenze.
Becchi E. (1982). «Retoria d'ifanzia», *Aut-aut*, 191-192, 3-26.
Becchi E. (1984), *Bambini adolescenti adulti. Definizioni scientifiche e prodotti di saperi naturali*, in B. Vertecchi (a cura di), *La scuola italiana verso il 2000*, La Nuova Italia, Firenze.
Becchi E. (1985), *Pochi bambini in un mondo di adulti*, relazione al convegno «Modelli e congetture teorico-pratiche nell'educazione dei bambini», Reggio Emilia, 29 mg-1 giu.
Becchi E. (1985a), «Bambini e adulti nel nido», *Bambini*, 1, 10-16.
Becchi E., Bondioli A. (1983), *L'asilo nido nel pavese: risultati di una ricerca*, Amministrazione provinciale di Pavia, Pavia.
Becchi E., Bondioli A. (1984), *La scuola dell'infanzia nel pavese: risultati di una ricerca*, Amministrazione provinciale di Pavia, Pavia.
Becchi E., Bondioli A. (1985), «Programmare o progettare», *Bambini*, 7, 4-5.
Becchi E., Tambini Doughty M.E. (1975), *Per un asilo alternativo*, in S. Mantovani (a cura di), *Asili nido: psicologia e pedagogia*, Angeli, Milano.
Becker J.M.T. (1977), «A Learning Analysis of the Development of Peer-Oriented Behavior in Nine-Month-Old Infants». *Developmental Psychology*, 13, 481-491.
Beckwith L. (1979), *Prediction of Emotional and Social Behavior*, in J.D. Osofsky (ed.), *Handbook of Infant Development*, Wiley, New York.
Beller E.K. (1979), *Early Intervention Programs*, in J.D. Osofsky (ed.), *Handbook of Infant Development*, Wiley, New York.
Beller E.K. (1985), *Untersuchungen zur familialen und familien-ergänzenden Erziehung von Klenstkindern*, in D. Lenzen (a cura di), *Enzyklopadie Ezziehungswissenschaft*, Band 6, *Erziehung in Erüher Kindheit*, a cura di J. Zimmer, Klett-Cotta, Stuttgart.
Beller E.K. (1986), *La valutazione delle esperienze educative nella prima infanzia: dopo dodici anni*, in T. Musatti, S. Mantovani (a cura di), *Stare insieme al nido: relazione sociali e interventi educativi*, Juvenilia, Bergamo.
Benigni L. (1980), «Prima infanzia e itinerari educatti», *Riforma della scuola*, 26, 5-8.
Benigni L., Corda M. (1983), *Lo sviluppo dell'attaccamento: legami, amicizie, autonomia*, in S. Mantovani, T. Musatti (a cura di), *Adulti e bambini: educare e comunicare*, Juvenilia, Bergamo.
Benigni L., Giorgetti A., Sasso S. (1982), *Ecologia della interazione madre-padre-bambini nel primo anno di vita*, intervento al seminario Cnr-Fondazione Comenius, Roma.

Benjamin W. (1928), *Giocattolo e gioco, in Critiche e recensioni*, tr. it., Einaudi, Torino, 1976.
Bertenthal B.I., Fischer K.W. (1978), «Development of Self-Recognition in the Infant», *Developmental Psychology*, XIV (1), 44-50.
Bertolini P. (1983), «A proposito del colletivo scolastico. Difficoltà e problemi», *Infanzia*, 3/4, 6-10.
Bertolini M. (a cura di) (1984), *La nascita psicologia e le sue premesse neurobiologiche*, Ies Mercury Editoria, Roma.
Bertolini P. Frabboni F. (1975), *La scuola dell'infanzia in Emilia: un riferimento per la gestione sociale*, in G. Cavallini (a cura di), *Sui decreti delegati*, Emme Edizioni, Milano.
Bettelheim B. (1950), *L'amore non basta*, tr. it., Ferro edizioni, Milano, 1967.
Bettelheim B. (1967), *I figli del sogno*, tr. it., Mondadori, Milano, 1969.
Bettelheim B. (1967a), *La fortezza vuota*, tr. it., Garzanti, Milano, 1976.
Bettelheim B. (1976), *Il mondo incantato*, tr. it., Feltrinelli, Milano, 1977.
Bianchi M., Cacioppo M. (1981), «I servizi che non piacciono allo stato: il caso degli asili nido», *Inchiesta*, 6, 45-61.
Blehar M. (1974), «Anxious Attachment and Defensive Reactions Associated with Day Care», *Child Develompemt*, 45, 683-692.
Blumli H. e al. (1980), *Das Modellproject Tagesmütter*, Kohlhammer, Stuttgart.
Blurton Jones S.N. (1972), *Il comportamento del bambino. Studi etologici*, tr. it., La Nuova Italia, Firenze, 1980.
Bollea G. (1986), *Rapporti tra ricerca scientifica e sviluppo dei servizi per la prima e la seconda infanzia, oggi*, in T. Musatti, S. Mantovani (a cura di), *Stare insieme al nido: relazioni sociali e interventi educativi*, Juvenilia, Bergamo.
Bondioli A. (1985), *Il nido come osservatorio: una ricerca nel pavese*, in E. Catarsi (a cura di), *Il nido competente*, Juvenilia, Bergamo.
Bondioli A. (1985a), «I saperi di educatori e genitori», *Bambini*, 7, 8-15.
Bondioli A. (1985b), *I rapporti tra educatori e genitori nel nido: immageni reciproche e comunicazione*, in R. Vianello (a cura di), *Stare con i bambini, Il sapere degli educatori*, Juvenilia, Bergamo.
Bondioli A. (1986), *Un progetto di racordo nido-materna in provincia di Pavia*, in V. Cesareo, C. Scurati (a cura di), *Infanzia e continuità educativa*, Angeli, Milano.
Bonica L. (1983), *L'autonomia del bambino durante il gioco*, in S. Mantovani, T. Musatti (a cura di), *Adulti e bambini: educare e comunicare*, Juvenilia, Bergamo.
Bonica L. (1985), *Parametri di valutazione e separe degli educatori*, in R. Vianello (a cura di), *Stare con i bambini. Il separe degli educatori*, Juvenilia, Bergamo.
Bonica L., Finzi D., Spadaccini A. (1983), *Il ruolo dell'oggetto e del partner in gruppi di bambini tra i 12 e i 18 mesi in asilo nido*, in T. Musatti, S. Mantovani (a cura di), *Bambini al nido: gico, comunicazione e rapporti affettivi*, Juvenilia, Bergamo.
Borghi B.Q. (a cura di) (1985), *L'innovazione nella scuola dell'infanzia*, Comune di Nonantola.
Bottani N. (1984), *Le politiche per l'infanzia: illusioni e prospettive*, in Vários., *Il posto dell'infanzia. L'esperienza educativa dentro il nido*, Juvenilia, Bergamo.
Bottani N. (1984a), *Dalla partecipazione all'autonomia per un rilancio dei servizi prescolastici*, intervento al seminario internazionale «Partecipazione e gestione dei servizi nella transformazione dello stato sociale: quali prospettive per l'infanzia?», Bologna, 17-19 ott.
* Bottani N. (1984b), *Le politiche per l'infanzia*, Angeli, Milano.
Boulanger-Balleyguier G. (1964), «Premières réactions devant le miroir», *Enfance*, 1, 51-67.
Boulanger-Balleyguier G. (1967), «Les étapes de la reconnaissance de soi devant le miroir», *Enfance*, 1, 91-116.
Bourne L.S., Sinclair R., Dziewonki K. (eds.) (1984), *Urbanization and Settlement Systems. International Perspectives*, Oxford Univ. Press, Oxford.
Bowlby J. (1969), *Attacamento e perdita. 1: L'attaccamento alla madre*, tr. it., Boringhieri, Torino, 1972.
Bowlby J. (1973), *Attacamento e perdita. 2: La separazione dalla madre*, tr. it., Boringhieri, Torino, 1975.
Bowlby J. (1979), *Costruzione e rottura dei legami affettivi*, tr. it., Cortina, Milano, 1982.
Bowlby J. (1985), *Attachment*, nuova edizione, Tavistock Publications, London.
Brazelton T.B. (1982), *Joint Regulation of Neonate-Parent Behavior*, in E.Z. Troink (ed.), *Social Interchange in Infancy*, Univ. Park Press, Baltimora.

Brenner J., Mueller E. (1982), «Shared Meaning in Boy Toddler's Peer Relations», *Child Development*, 53, 380-391.
Bridges K.M.B. (1933), «A Study of Social Development in Early Infancy», *Child Development*, 4, 36-49.
Brody S. (1956), *Patterns of Mothering*, International University Press, New York.
Bronfenbrenner U. (1979), *Ecologia dello sviluppo umano*, tr. it., Il Mulino, Bologna, 1986.
Bronfenbrenner U. (1986), *Ecologia dell'infanzia*, conferenza tenuta al convegno nazionale «Per un'ecologia dell'infanzia», Ancona, 22-24 mag.
Bronfenbrenner U. (1986a), *Recent Advances on the Ecology of Human Development*, in E.K. Silbereisen (ed.), *Development as Action in Context*, Springer, Berlin.
Bronfenbrenner U. (1986b), *The Ecology of the Family as a Context for Human Development: Research Perspectives*, ciclostilato in corso di publicazione.
Bronson W.C. (1975), *Development in Behavior with Age Mates during the Second Year of Life*, in M. Lewis L.A. Rosenblum (eds.), *Friendship and Peer Relations*, Wiley, New York.
Bruner J.S. (1972), *Natura e usi dell'immaturità*, in J.S. Bruner, A. Jolly, K. Sylvia (a cura di), *Il gioco*, tr. it., Armando, Roma, 1981.
Bruner J.S. (1975), *L'ontogenesi degli atti linguistici*, tr. it. in M.S. Barbieri (a cura di), *Gli inizi del linguaggio*, La Nuova Italia, Firenze, 1977.
Bruner J.S. (1976), «From Communication to Language», *Cognition*, 3, 63-89.
Bruner J.S. (1980), *Under Five in Britain*, Grant McIntyre, London.
Bruner J.S. (1983), *Child's Talk: Learning to Use Language*, Norton, New York.
Bruner J.S., Jolly A., Sylva K. (a cura di) (1976), *Il gioco*, tr. it., Armando, Roma, 1981).
Bruner J.S., Sherwood V. (1976), *Il gioco del cucù e l'apprendimento delle strutture normative che lo regalano*, in J.S. Bruner, A. Jolly, K. Sylva (a cura di), *Il gioco*, tr. it., Armando, Roma, 1981.
Brunet O., Lézine I. (1949), «Psychologie de la première enfance: une contribution du groupe des jeunes parents», *Enfance*, 4, 355-363.
Bryant B., Harris M., Newton D. (1980), *Children and Minders*, Grant McIntyre, London.
Bühler C. (1931), *The Social Behavior of the Child*, in C. Murchison (ed.), Worcester, Mass.
* Bulgarelli N., Ghedini P., Restuccia Saitta L. (1981), *Gli asili nido, Stato, regioni, enti locali per lo sviluppo dei servizi e per la formazione professionale degli operatori*, Edizioni delle autonomie, Roma.
* Bulgarelli N., Restuccia Saitta L. (1981), *Comunicazione interpersonale e inserimento del bambino all'asilo nido*, La Nuova Italia, Firenze.
Bullow M. (ed.) (1979), *The Beginning of Interpersonal Communication*, Cambridge University Press, Cambridge.
Burlingham D., Freud A. (1944), *Bambini senza famiglia*, tr. it., Astrolabio, Roma, 1970.
Caccialupi M.G., Stame S. (1983), *La separazione del bambino dal genitore: interazione e comunicazione tra adulti e bambini al momento dell'ingresso al nido*, in S. Mantovani, T. Musatti (a cura di), *Adulti e bambini: educare e comunicare*, Juvenilia, Bergamo.
Cagliari P., Rubizzi L. (1983), «Come la scuola dell'infanzia si attrezza a ricevere i bambini del nido», *Zerosei*, 1, 41-45.
Cairoli J. (1977), «Continuità di lavoro tra nido e materna», *Infanzia*, 21, 26-27.
Callari Galli M. (a cura di) (1982), *Voglia di giocare*, Angeli, Milano.
Callari Galli M. (1983), *Giocare al nido. Proposte per una lettura antropologica*, in S. Mantovani, T. Musatti (a cura di), *Adulti e bambini: educare e comunicare*, Juvenilia, Bergamo.
Camaioni L. (a cura di) (1978), *Sviluppo del linguaggio e interazione sociale*, Il Mulino, Bologna.
Camaioni L. (1970), *L'interazione tra bambini*, Armando, Roma.
Camaioni L. (1983), *Lo sviluppo del linguaggio in una prospettiva interazionale*, in L. Tornatore (a cura di), *Imparae e parlare*, Loescher, Torino.
Camaioni L., Gerbino W., Hvastja-Stefani L. (1978), «L'interazione sociale tra bambini coetanei e tra bambini e adulto», *Giornale italiano di psicologia*, 5, 291-321.
Camaioni L., Volterra V., Bates E. (1976), *La comunicazione nel primo anno di vita*, Boringhieri, Torino.
Carattini C. e al. (1981), «Il passaggio dal nido alla materna», *Zerosei*, 11/12, 125-138.
Carter A. (1974), *Communication in the Sensorimotor Period*, tesi di dottorato non pubblicata, University of California, Berkeley.
* Catarsi E. (a cura di) (1985), *Il nido competente*, Juvenilia, Bergamo.

Cavallini G. (a cura di) (1975), *Sui decreti delegati*, Emme Edizioni, Milano.
Centro Virginia Woof (1981-1982), *Programmi di lavoro*, ciclostilato in proprio, Roma.
Censis (1984), *La condizione dell'infanzia tra famiglia e istituzioni. Indagine conoscitiva sulla famiglia italiana nella fascia 0-5 anni*, Ministero degli interni, Roma.
Ceri (1982), *Scommessa sull'infanzia. Analisi dei servizi educativi e sociali*, tr. it., Loescher, Torino, 1984).
Cesareo V., Scurati C. (a cura di) (1986), *Infanzia e continuità educativa*, Angeli, Milano.
Chamboredon J.C., Prèvot J. (1975), *Il mestiere di bambino. Verso una sociologia dello spontaneo*, tr. it. in E. Becchi (a cura di), *Il bambino sociale*, Feltrinelli, Milano, 1979.
Chioetto V., Mantovani S. (1936), *Tra adulto e bambino: il momento del pasto*, in T. Musatti, S. Mantovani (a cura di), *Stare insieme al nido: relazioni sociali e interventi educativi*, Juvenilia, Bergamo.
Chombart de Lauwe M.J. (1971), *I segreti dell'infanzia e la società*, tr. it., Armando, Roma, 1974.
Cinieri M., Manetti M. (1984), *Famiglia e servizi per l'infanzia: lettura dei cambiamenti sociali e individuazione di nuovi obiettivi*, in Vários., *Il posto dell'infanzia. L'esperienza educativa dentro il nido*, Juvenilia, Bergamo.
Ciorli A., Tosi A. (1982), *Famiglia e servizi per l'infanzia*, Angeli, Milano.
Cipollone L. (a cura di) (in corso di stampa), *L'operatore pedagogico. Professionalità e progetto per il governo del sistema formativo integrato*, La Nuova Italia, Firenze.
Clarke-Stewart K.A. (1981), «Observation and Experiment: Complementary Strategies for Studying Day Care and Social Development». *Advances in Early Education and Care*, 2, 227-282.
Clas (1981), *Famiglia e servizi socio-sanitari per l'infanzia*, Provincia autonoma di Trento, Trento.
Cocever E. (1983), *Le immagini dell'asilo nido: genitori e operatori*, in Vários., *Il bambino di fronte ad una famiglia e ad una società che cambiano*, Juvenilia, Bergamo.
Cocever E. (1984), *Il lavoro di gruppo, la formazione permanente, la ricerca*, in Vários., *Il posto dell'infanzia L'esperienza educativa dentro il nido*, Juvenilia, Bergamo.
Colombo G. (1982), *I luoghi dell'infanzia: il nido*, datiloscritto non publicato.
Collis G.M., Schaffer H.R. (1975), «Synchronization of Visual Attention in Mother-Infant Pairs», *Jounal of Child Psychology and Psyychiatry*, 16, 315-320.
Conte R., Miceli M. (1983), *Comportamenti aggressivi osservati in asilo nido: alcune ipotesi sul loro sviluppo*, in T. Musatti, S. Mantovani (a cura di), *Bambini al nido: gioco, comunicazione e rapporti affettivi*, Juvenilia, Bergamo.
Conte R., Miceli M. (1984), *Esplorace la vita quotidiana*, Il Pensiero scientifico, Roma.
Cobertt A. (1981), *I nuovi modi di formazione del personale e dei genitori*, in Ocse-Ceri, *Bambino e società. Verso una riforma dell'educazione prescolare*, tr. it., Marietti, Casale Monferrato, 1983.
Corradini L. (1976), *Dialogo pedagogico e partecipazione scolastica*, Massimo-UncIlm, Milano-Roma.
Crozier M., Friedberg E. (1977), *L'attore e il sistema*, tr. it., Etas Libri, Milano, 1978.
Dallari M., Bulgarelli N., Restuccia Saitta L. (1984), «Elementi per la costruzione di un metaprogetto e di progetti per l'asilo nido», *Infanzia*, 8, 23-26.
Damiano E. (1983), *Modelli di aggiornamento e strutture*, in Federazione provinciale delle scuolo materne di Trento, *Scuola, società, territorio*, Trento.
D'Antoni M., Emiliani F., Molinari L. (1985), Immagini di infanzia: i genitori «e le nonne», *Bambini*, 11, 30-34.
Darwin C. (1977), *Profilo di un bambino, in L'espressione delle emozioni e altri scritti*, tr. it., Boringhieri, Torino, 1982.
De Grada E., Ercolani A.P. (1971), «Lo stereotipo di età come atteggiamento pregiudizio», *Psicologia sociale e dello sviluppo*, 1, 53-67.
De Grada E., Ponzo E. (1971), «Gli studi sulle stereotipe d'età», *Psicologia sociale e dello sviluppo*, 1, 5-39.
De Cornò L. e al. (1982), *Un'ipotesi di lavoro per un Centro pedagogico territoriale*, Saposs-Provincia di Terni, Terni.
Deleau M. (a cura di) (1984), *Langage et communication à l'age prescolaire*, Presses Universitaires de Rennes, Rennes.
De Mause L. (a cura di) (1974), *Storia dell'infanzia*, tr. it., Emme Edizioni, Milano, 1983.
Demetrio D. (1985), «Un'età de decifrare», *Eda*, 1/2, 55-64.
De Sandre I. (1980), *Crisi della famiglia, servizi e instituzioni*, in Vários., *Mass media, famiglia e transformazioni sociali*, Sansoni, Firenze.

De Stefano C.T., Mueller E. (1982), «Environmental Determinants of Peer Social Activity in 18-Months-Old Males» *Infant Behavior & Development*, 5, 175-183.
Dewey J. (1938), *Esperienza e educazione*, tr. it., La Nuova Italia, Firenze, 1972.
Dixon J.C. (1957), «Development of Self-Recognition», *Journal of Genetic Psychology*, 91, 251-256.
Doise W. (1985), *Social Regulations in Cognitive Development*, in J. Stevenson Hinde (a cura di), *Social Relationships and Cognitive Development*, Clarendon Press, Oxford.
Doise W., Mugny G. (1981), *Le dèvelopment social de l'intelligence*, Inter Editions, Paris.
Donati P. (a cura di) (1979), *Consultorio familiare e bisogni sociali*, Angeli, Milano.
Donati P. (1981), *Famiglia e politiche sociali*, Angeli, Milano.
Donati P. (1984), «Per una cultura dell'infanzia», *Il bambino incompiuto*, 1, 7-23.
Donati P. (1984a), *Nuovi bisogni di mondo vitale, ristrutturazione delle reti familiari e stratege socializzative per la prima infanzia*, seminario internazionale Emilia-Romagna Ocse-Ceri «Partecipazione e gestione dei servizi nella transformazione dello stato sociale. Quali prospettive per l'infanzia».
Donati P. (1985), *Famiglia, servizi e reti informali*, relazione al convegno Ista «La famiglia in Italia», Roma, 29-30 ott.
Dore J. (1974), «A Pragmatic Description of Early Language Development», *Journal of Psycholinguistic Research*, 3, 343-350.
Dore J (1977), *A Pragmatic Analysis of Children's Responses to Questions*, in S. Erwin-Tripp, C. Mitchell-Kernan (eds.), *Child Discourse*, Cambridge University Press, Cambridge.
Dorney Marvin C. (1977), *Empathy among Playgroup Toddlers*, doctoral dissertation, Boston University, Boston.
Dubon D.C., Josse D., Lèzine I. (1981), «Evolution des èchanges entre enfants ou cours des deux premières annés de la vie», *Neuropsychiatrie de l'enfance*, 29, 273-290.
Eckerman C.O., Whatley J.L. (1977), «Toys and Social Interaction between Infant Peers», *Child Development*, 48, 1645-1656.
Eckerman C.O., Whatley J.L., McGhee L.J. (1980), «Approaching and Contacting the Objects Another Manipulates: a Social Skill of the 1-Year Old», *Development Psychology*, 15, 383-593.
Educatrici asilo nido Milano 2, Albanese O. (1982), *Le modalità dell'iniziativa comunicativa*, ciclostilato.
Elias N. (1980), *Über den Prozess der Zivilisation*, Suhrkamp, Frankfurt Main.
Emiliani F. (1982), «Azione concreta e rappresentazione sociale: uno studio su operatrici di asilo nido», *Giornale italiano di psicologia*, IX, 3, 143-161.
Emiliani F., Molinari L. (1985), *Le educatrici e le immagini del nido*, in E. Castarsi (a cura di), *Il nido competente*, Juvenilia, Bergamo.
Emiliani F., Zani B. (1983), «Strategie interative e rappresentazione sociali in bambini di asilo nido», *Età evolutiva*, 14, 90-95.
Erikson E.H. (1950), *Infanzia e società*, tr. it., Armando, Roma, 1966.
Erikson E.H. (1977), *I giocattoli del bambino e le ragioni dell'adulto*, tr. it., Armando, Roma, 1981.
Eriksson S. (1986), *Day Care Effects. A Longitudinal Report from Sweden*, contributo presentato al convegno Issbd, Roma, set.
Erwin-Tripp S., Mitchell-Kernan C. (eds.) (1977), *Child Discourse*, Cambridge, University Press, Cambridge.
Escalona S.K. (1968), *The Roots of INdividuality*, Tavistok Publications, London.
Famigli L. (1971), *La scuola dell'infanzia e la sua gestione*, in L. Malaguzzi (a cura di), *Esperienze per una nuova scuola dell'infanzia*, Editori Riuniti, Roma.
Fantz R.L. (1958), «Pattern Vision in Young Infants», *Psychological Research*, VII, 43-47.
Fantz R.L. (1961), «The Origin of Form Perception», *Scientific American*, 204, 66-72.
Fantz R.L. (1966), *Pattern Discriminatino and Selective Attention as Determinats of Perceptual Development from Birth*, in A.M. Kidd, J.F. Rivoir (eds.), *Perceptual Development in Children*, International Universities Pres, New York.
Federazione provinciale scuole materne di Trento (1983), *Scuola, società, territorio*, Trento.
Fein G.G. (1984), *Models of Group Care and Development*, relazione al seminario internazionale «Modelle der Kleinstkindadagogik», Berlin, mag.
Ferenczi S. (1932), *Confusione delle lingue tra adulti e bambini*, in *Fondamenti di psicanalisi*, tr. it., Guaraldi, Rimini, 1974.

Fiorani A., Musatti T. (1986), *L'inserimento del bambino al nido: il processo di socializzazione tra coetanei*, in T. Musatti, S. Mantovani (a curadi), *Stare insieme al nido: relazioni sociali e interventi educativi*, Juvenilia, Bergamo.
Flament F. (1984), *Cognitiv-Motor Look at Infant-Infant Interaction from 10 to 22 Months Old*, Communication in Acts of Icis, New York, April.
Fogel A. (1982), «Early Adult-Infant Interaction: Expectable Sequences of Behavior», *Journal of Pediatric Psychology*, 7, 1-21.
Forgas J. (a cura di) (1981), *Social Cognition*, Academic Press, New York.
Forman E.A. (1982), *Understanding the Role of Peer Interaction in Cognitive Development. The Contributions of Piaget and Vygotsky*, comunicazione presentata alla Società piagetiana.
Forman G. (a cura di) (1982), *Action and Thought*, Academic Press, New York.
Fornari F. (1963), *La vita affettiva originaria del bambino*, Feltrinelli, Milano.
* Fortunati A. (a cura di) (1984), *L'osservazione nell'asilo nido*, Angeli, Milano.
* Frabboni F. (1980), *Asilo nido e scuola materna*, La Nuova Italia, Firenze.
* Frabboni F. (1985), *Il pianeta nido*, La Nuova Italia, Firenze.
Franccon G., Maschietto M. (1985), *Indagine sul significato emozionale del distacco dai genitori*, in Vários., *Prospettive psicanalitiche del lavoro istituzionale*, Il Pensiero scientifico, Roma.
Freud A. (1936), *L'io e i meccanismi di difesa*, in Opere, tr. it., Boringhieri, Torino, 1979.
Freud A. (1965), *Normalità e patologia nell'età infantile*, in Opere, tr. it., Boringheri, Torino, 1979.
Freud S. (1920), *Al di là del principio di piacere*, tr. it., Boringhieri, Torino, 1975.
Funari E. (1976), «Lo specchio, l'immagine, l'altro», *Il piccolo Hans*, 10, 82-101.
Gallup G.G. (1968), «Mirror-Image Stimulation», *Psychological Bulletin*, LXX (6), 782-793.
Gallup G.G. (1970), «Chimpanzees: Self-Recognition», *Science*, CLXVII (3914), 86-87.
Gandini L. (1984), *Dimmi come lo vesti*, Emme Edizioni, Milano.
Garland C., White S. (1980), *Children and Day Nurseries*, Grant McIntyre, London.
Garton A.F. (1985), *The Role of Social Interaction in Cognitive Development*, Proceedings of the National Child Development Conference.
Garvey C. (1977), *Il gioco*, tr. it., Armando, Roma, 1979.
Gay R. (1985), «Chi ha paura della programmazione», *Bambini*, 9, 10-13.
* Gay R. (1986), *Il nido: separe e fare*, Juvenilia, Bergamo.
Gerem (1980), *Echec et maternelle*, Editions Syros, Paris.
Ghedini P. (1980), «In via di attuazione», *Riforma della scuola*, 12, 7-14.
Ghedini P. (1984), *La gestione sociale in Emilia-Romagna e le componenti della participazione*: verso una nuova progettualità, relazione al seminario internazionale «Partecipazione e gestione dei servizi nelle transformazioni dello stato sociale», Bologna, 17-19 ott.
Ghedini P. (1984a), *Proposte inerenti un piano regionale di formazione permanente dei coordinatori degli asili nido comunali*, documento interno, regione Emilia-Romagna, Bologna.
Ghedini P. (1985), «Fuori e dentro il nido», *Donne e politica*, 1-2, 8-12.
* Ghedini P., Canova P. (a cura di) (1982), *Valori educativi e sociali dell'asilo nido*, Patron, Bologna.
* Goldschmied E. (1982), *Il bambino nell'asilo nido*, Fabbrini, Milano.
Gordon E.W. (a cura di) (1982), *Day Care Scientific and Social Policy Issues*, Auburn House Publishing Company, Boston, Mass.
Gordon I.J. (1969), *Early Childhood Stimulation through Parent Education*, University of Florida Press, Gainesville.
Gouin-Décarie T., Pouliot T., Poulin-Dubois D. (1983), «Image spéculaire et genèse de la reconnaissance de soi: une analyse hiérarchique», *Enfance*, 1-2, 99-115.
Gruppo educativo asilo nido di via Boito (Roma), Musatti T. (1979), *Angoli di gioco spontaneo dei bambini: analisi di un'esperienza*, in T. Musatti, *L'osservazione dello sviluppo psicologico e della socializzazione del bambino in asilo nido*, Cnr (Instituto di psicologia), Roma.
Gruppo nazionale di lavoro e di studio sugli asili nido (1985), *Asili nido: tipologie organizzative*, ciclostilato in proprio.
* Gruppo nazionale di lavoro e di studio sugli asili nido (1986), «Pedagogia della relazione e pedagogia del fare: un equilibrio possibile», *Bambini*, 7, 41-47.
Guillaume P. (1926), *L'imitation chez l'enfant*, Puf, Paris.

Hay D.F., Ross H.S. (1982), «The Social Nature of Early Conflict», in *Child Development,* 53, 105-113.
Hvastja-Stefani L. (1983), *L'interazione sociale tra bambini coetanei da 8 a 14 mesi: un'analisi qualitativa,* in T. Musatti, S. Mantovani (a cura di), *Bambini al nido: gioco, comounicazione e rapporti affettivi,* Juvenilia, Bergamo.
Ingrosso M. (1984), *Strategie familiari e servizi sociali. Un'indagine in Emilia,* Angeli, Milano.
Ingrosso M. (1984a), *Strategie familiari e socializzazione della prima infanzia,* intervento al seminario internazionale «Partecipazione e gestione dei servizi nella transformazione dello stato sociale», Bologna, 17-19 ott.
Ingrosso M. (1984b), *Famiglia e asili nido: scelte, opinioni, culture dell'infanzia, partecipazione. Risultati di un'indagine nel comune di Forlì,* comune di Forlì.
Ingrosso M. (a cura di) (1985), «Famiglia e salute», numero monografico di *Inchiesta,* 67-68.
Inhelder B. e al. (1972), «Les débuts de la fonction symbolique», *Archives de psychologie,* 163, 187-243.
Irigary L. (1984), *Etica della diferenza sessuale,* tr. it., Feltrinelli, Milano, 1985.
Istat (1985), *Indagine sulle strutture e i comportamenti familiari,* Roma.
Jaques E. (1955), *Sistemi sociali come difesa dall'ansia e dalla depressione,* tr. it., M. Klein, K. Heimann, S. Money Kirle (a cura di), *Nuove vie della psicanalisi,* Il Saggiatore, Milano, 1966.
Josse D. e al. (1973), «Evolution de la communication entre l'enfant de 4 à 9 mois et un adulte», *Enfance,* 3-4, 175-206.
Kagan J. (1979), *The Growth of the Child,* Harvester Press, Stanford Terrace.
Kamerman S.B., Kahn A.J. (1981), *Child Care, Family Benefis and Working Parents,* Columbia University Press, New York.
Kaye K. (1982), *The Mental ans Social Life of Babies,* Harvester Press, Brighton.
Kaye K. (1982a), *Organism, Apprentice and Person,* in E.Z. Tronick (ed.), *Social Interchange in Infancy,* University Park Press, Baltimore.
Kidd A.M., Rivoir J.F. (eds.) (1966), *Perceptual Development in Children,* International Universites Press, New York.
Klein M. (1921-1950), *Scritti,* tr. it., Biringhieri, Torino, 1978.
Klein M. (1950), *La psicanalisi dei bambini,* tr. it., Martinelli, Firenze, 1970.
Klein M., Heimann K., Money Kirle S. (a cura di) (1955), *Nuove vie della psicoanalisi,* tr. it., Saggiatore, Milano, 1966.
Kris E. (1952), *Ricerche psicanalitiche sull'arte,* tr. it., Einaudi, Torino, 1977.
Lacan J. (1966), *Lo studio dello specchio come formatore della funzione dell'io,* in Scritti, tr. it., Einaudi, Torino, 1974.
Lacan J. (1975), *Le Séminaire. I: Les écrits techniques de Freud,* Du Seuil, Paris.
Lazar I. (1984), *Emerging Models of Infant Development and their Implications,* relazione tenuta al seminario internazionale «Modelle der Kleinstkindpadagogik», Berlino, mag.
Lenzen D. (a cura di) (1985), *Enziklopadie Erziehungswissenshaft,* Band 6, *Erziehung in Fruhere Kindheit,* a cura di J. Zimmer, Klett-Cotta, Stuttgart.
Levenstein P. (1971), *Mothrs as Early Cognitive Trainers,* High Scope Educational, Ypsilanti.
Levi G. (1983), *Individuazione e rappresentazione del sé nel bambino in asilo nido: osservazioni critiche,* in T. Musatti, S. Mantovani (a cura di), *Bambini al nido: gioco, comunicazione e rapporti affettivi,* Juvenilia, Bergamo.
Lewis M., Rosenblum L.A. (eds.) (1975), *Friendship and Peer Relations,* Wiley, New York.
Lewis M. e al. (1975), *The Beginning of Friendship,* in M. Lewis, L.A. Rosenblum (eds.), *Friendship and Peer Relations,* Wiley, New York.
Lézine I., Stambak M. (1959), *Alcuni problemi di adattamento del bambino in funzione del suo tipo motorio e del regime educativo,* tr. it. in I. Lézine e al., *Interazione educativa nella prima età,* Angeli, Milano, 1981.
Lézine I. e al. (1976), «Etudes des modes de communication entre le jeune enfant et l'adulte», *Enfance,* 1-2, 5-62.
Lézine I. e al. (1981), *Interazione educativa nella prima metà,* Angeli, Milano.
Lézine I. e al. (1982), *Les bébes et le symbolique,* in H. Sinclair e al., *Les bébés et les choses,* Puf, Paris.
Lock A. (1976), *Act not Sentences,* in W. von Raffler-Engel, Y. Lebrun eds.), *Baby Talk and Infant Sppech,* Sweets and Zeitlinger B.V., Holland.
Lock A. (1978), *Action, Gesture and Symbol: the Emergence of Language,* Academic Press, London.

Lucchini E. (1986), «Il MInistero della sanità spara sugli asili nido», *Infanzia*, 6, 8-12.
Lumbelli L. (a cura di) (1974), *Pedagogia della comunicazione verbale*, Angeli, Milano.
Lumbelli L. (a cura di) (1983), *La novità come risorca educaiva*, Angeli, Milano.
Lurça L. (1976), *Processo alla scuola materna*, tr. it., La Nuova Italia, Firenze, 1980.
Lurça L. e al. (1980), *Echec et maternelle*, Editions Syros, Paris.
Luscher K. (1981), *Creare un'ecologia per lo sviluppo dell'uomo*, in OcseCeri, *Bambino e società. Verso una riforma dell'educazione prescolare*, tr. it., Marietti, Casale Monferrato, 1983.
McGrew W.C. (1972), *Il comportamento infantile. Uno studio etologico*, tr. it., Angeli, Milano, 1980.
McGrurk H. (1978), *Lo sviluppo sociale del bambino*, tr. it., Boringhieri, Torino, 1984.
Maggiolini A. (1983), *Il momento del pasto al nido*, filmato, Centro innovazione educativa, Milano.
Magri P., Pinter A. (1983), *Comportamenti aggressivi dei bambini in asilo nido e atteggiamenti educativi*, in T. Musatti, S. Mantovani (a cura di), *Bambini al nido: gioco, comunicazione e rapporti affettivi*, Juvenilia, Bergamo.
Mahler M.S., Pine F., Bergman A. (1975), *La nascita psicologica del bambino*, tr. it., Boringhieri, Torino, 1978.
Main M. (1973), *Exploration, Play and Level of Cognitive Functioning as Related to Child-Mother Attachment*, John Hopkins University, Washington.
Maisonnet R., Stambak M. (1983), *Jeux moteurs chez des enfants de 12 à 18 mois*, in M. Stambak e al., *Les bébés entre eux*, Puf, Paris.
Maisonnet R., Stambak M. (1983a), *Echanges dans une situation de jeux moteurs*, in M. Stambak e al., *Les bébés entre eux*, Puf, Paris.
Maisonneve J. (1977), *La dinamica di gruppo*, tr. it., Celuc libri, Milano, 1980.
Malaguzzi L. (1971), *La nuova socialità del bambino e dell'insegnante attraverso l'esperienza della gestione sociale nelle scuole dell'infanzia*, in Vários., *La gestione sociale nella scuola dell'infanzia*, Editori Riuniti, Roma.
Malaguzzi L. (a cura di) (1971a), *Esperienze per una nuova scuola dell'infanzia*, Editori Riuniti, Roma.
Malaguzzi L. (1975), *Contenuti, programmi e finalità degli asili nido e della scuola dell'infanzia*, in Vários., *Il bambino soggetto e fonte didiritto nella famiglia e nella società*, regione Emilia-Romagna, Bologna.
Malaguzzi L. (1984), *Questioni calde al nido*, in Vários., *Il posto dell'infanzia. L'esperienza educativa dentro il nido*, Juvenilia, Bergamo.
Malaguzzi L. (1984a), *Un esempio di assonanza tra architetura e pedagogia. I nidi di Reggio Emilia*, tr. it. della relazione tenuta al convegno internazionale «Modelle der Kleinstkindpadagogik», Berlino, mag.
Mallardi A. (1983), *Rapporti tra coetanei nei primi anni di vita*, in T. Musatti, S. Mantovani (a cura di), *Bambini al nido: gioco, comunicazione e rapporti affettivi*, Juvenilia, Bergamo.
Maltempi A. (1986), *Il ricongiungimento tra bambini e genitori*, in T. Musatti, S. Mantovani (a cura di), *Stare insieme al nido: relazioni sociali e interventi educativi*, Juvenilia, Bergamo.
* Manetti M., Scopesi A. (1983), *L'immagine sociale del nido*, Emme Edizioni, Milano.
Mantovani S. (1974), *Egocentrismo verbale e apporccio non direttivo*, in L. Lumbelli (a cura di), *Pedagogia della comunicazione verbale*, Angeli, Milano.
* Mantovani S. (a cura di) (1975), *Asili nido: psicologia e pedagogia*, Angeli, Milano.
Mantovani S. (1975a), *Funzione del nido e problemi aperti*, in S. Mantovani (a cura di), *Asili nido: psicologia e pedagogia*, Angeli, Milano.
Mantovani S. (1975b), *Esperienza al nido, atteggiamenti delle educatrici e sviluppo linguistico*, in S. Mantovani (a cura di), *Asili nido: psicologia e pedagogia*, Angeli, Milano.
Mantovani S. (1978), *L'interazione tra bambini*, in T. Musatti (a cura di), *L'osservazione dello sviluppo psicologico del bambino*, Cnr (Instituto di psicologia), Roma.
Mantovani S. (1982), *Contenuti educativi e psicopedagogici del nido*, in P. Ghedini, P. Canova (a cura di), *Valori educativi e sociali dell'asilo nido*, Patron, Bologna.
Mantovani S. (1982a), «Giocando tra adulto e bambino», *Zerosei*, 6, 13-16.
Mantovani S. (1983), *L'intervento dell'adulto in situazioni di gioco di coppia*, in S. Mantovani, T. Musatti (a cura di), *Adulti e bambini: educare e comunicare*, Juvenilia, Bergamo.
Mantovani S. (1983a), *Insegnare a parlare ai bambini*, in L. Tornatore (a cura di), *Imparare a parlare*, Loescher, Torino.
Mantovani S. (1983b), *La ricerca al nido e il suo significato educativo*, in S. Mantovani, T. Musatti (a cura di), *Adulti e bambini: educare e comunicare*, Juvenilia, Bergamo.

Mantovani S. (1983c), *Attaccamento e familiarità*, in S. Mantovani, T. Musatti, *Adulti e bambini: educare e comunicare*, Juvenilia, Bergamo.
Mantovani S. (1986), *Continuità nella specificità fra asilo nido e scuola materna*, in V. Cesareo, C. Scurati (a cura di), *Infanzia e continuità educativa*, Angeli, Milano.
Mantovani S. (1986a), *Il libro all'asilo nido: dall'immagine alla storia*, in T. Musatti, S. Mantovani, *Stare insieme al nido: relazioni sociali e interventi educativi*, Juvenilia, Bergamo.
Mantovani S., Carattini C. (1983), *Quando i bambini del nido vanno in gruppo alla scuola materna*, in T. Musatti, S. Mantovani (a cura di), *Bambini al nido: gioco, comunicazione e rapporti affettivi*, Juvenilia, Bergamo.
Mantovani S., Montoli Perani R. (1980), *Una professione da inventare: l'educatore dell'asilo nido*, in L. Sala La Guardia, E. Lucchini (a cura di), *Asili nido in Italia*, Marzorati, Milano.
* Mantovani S., Musatti T. (a cura di) (1983), *Adulti e bambini: educare e comunicare*, Juvenilia, Bergamo.
Mantovani S., Tizard J. (1981), *Le istituzioni per la prima infanzia. Problemi aperti*, in Ocse-Ceri, *Bambino e società, verso una riforma dell'educazione prescolare*, tr. it., Marietti, Casale Monferrato, 1983.
Marchesini Gobertti A. (1963), *Storia e lineamenti di una educazione dei genitori*, in Vários., *Il bambino, la famiglia, la scuola*, Edizioni Centro Studi Belogna.
Massa R. (1984), «La formazione dei formatori», *Quaderni Irrae Lombardia*, 6, 82-89.
Massa R. (1984a), «La ricerca educativa in prospettiva 2000», *Scuola e città*, 12, 513-523.
Mayer S. (a cura di) (1985), «Giocare e comunicare nei primi anni di vita. Inervista a Catherine Garvey», *Bambini*, 8, 8-13.
Mayer S., Musatti T. (1986), *L'organizzazione del comportamento: variazioni evolutive e interazione con l'ambiente*, in T. Musatti, S. Mantovani (a cura di), *Stare insieme al nido: relazione sociali e interventi educativi*, Juvenilia, Bergamo.
Montessori M. (1952), *La mente del bambino*, Garzanti, Milano.
Morra Pellegrino M.R., D'Aniello P. (1986), *Dialoghi nell'asilo nido: struttura e funzioni del linguage delle educatrici con un gruppo numeroso*, in T. Musatti, S. Mantovani (a cura di), *Stare insieme al nido: relazioni sociali e interventi educativi*, Juvenilia, Bergamo.
Morra Pellegrino M.R., Scopesi A., D'Aniello P. (1983), *Scambi verbali tra coetanei in asilo nido*, in S. Mantovani, T. Musatti (a cura di), *Adulti e bambini: educare e comunicare*, Juvenilia, Bergamo.
Moscovici S. (1981), *On Social Representations*, in J. Forgas (a cura di), *Social Cognition*, Academic Press, London.
Mueller J. (1984), *Fostering the Educational Role of Parents to Promote Infant Development*, relazione al seminario internazionale «Modelle der Kleinstkindpadagogik», Berlino, mag.
Mueller E., Brener J. (1977), «The Origins of Social Skills and Interactions among Playgroup Toddlers», *Child Development*, 48, 854-861.
Mueller E., Cooper C. (a cura di) (1986), *Peer Relations: Process and Outcome*, Academic Press, New York.
Mueller E., Lucas T. (1975), *A Development Analysis of Peer Interaction among Toddlers*, in M. Lewis, L.A. Rosenblum (eds.), *Friendship and Peer Relations*, Wiley, New York.
Mueller E., Rich A. (1976), «Clustering and Socially-Directed Behaviors in Playgroup of 1-Year-Old-Boys», *Journal of Child Psychology and Psychiatry*, 17, 315-322.
Mueller E., Vandell D. (1979), *Infant-Infant Interaction*, in J.D. Osofsky (ed.), *Handbook of Infant Development*, Wiley, New York.
Mugny G. (1985), *Psychologie sociale du development cognitif*, P. Lang, Berne.
Murchison C. (a cura di) (1931), *Handbook of Child Psychology*, Clark University, Worcester, Mass.
* Musatti T. (a cura di) (1979), *L'osservazione dello sviluppo psicologico e della socializzazione del bambino in asilo nido*, Cnr (Instituto di psicologia), Roma.
Musatti T. (1983), *Echanges dans une situation de jeux de «faire semblant»*, in M. Stambak e al., *Les bébés entre eux*, Puf Paris.
Musatti T. (1984), *Sviluppo cognitivo e interazione coi coetanei*, in Aa. Vv., *Il posto dell'infanzia. L'esperienza educativa dentro il nido*, Juvenilia, Bergamo.
Musatti T. (1985), *I bambini nel gruppo: in asilo nido*, in E. Catarsi (a cura di), *Il nido competente*, Juvenilia, Bergamo.
Musatti T. (1985a), *Il mondo affettivo e cognitivo dei bambini: l'asilo nido*, in R. Vianello (a cura di), *Stare con i bambini. Il separe degli educatori*, Juvenilia, Bergamo.

Musatti T. (1986), *Early Peer Relations: the Perspectives of Piaget and Vygotsky*, in E. Mueller, C. Cooper (eds.), *Peer Relations: Process and Outcome*, Academic Press, New York.
* Musatti T., Mantovani S. (a cura di) (1983), *Bambini al nido: gioco, comunicazione, rapporti affettivi*, Juvenilia, Bergamo.
* Musatti T., Mantovani S. (a cura di) (1986), *Stare insieme al nido: relazione sociali e interventi educativi*, Juvenilia, Bergamo.
Musatti T., Mayer S. (1985), *Le jeux de ficiton dans le cour: transmission de themes de jeu dans une collectivité de jeunes enfants*. Cnr (Instutito di psicologia), Roma.
Musatti T., Mueller E. (1983), *Giocare e saper giocare: sviluppo cognitivo e interazione tra coetanei nel secondo anno di vita*, in T. Musatti, S. Mantovani (a cura di), *Bambini al nido: gioco, comunicazione e rapport affettivi*, Juvenilia, Bergamo.
Musatti T., Mueller E. (1985), «Expressions of Representational Growth in Early Peer Communication», *Social Cognition*, 3, 383-393.
Musatti T., Panni S. (1981), «Social Behaviour and Interaction among Day-Care Center Toddlers», *Early Child Development and Care*, 7, 5-27.
Musatti T., Panni E. (1983), *La comunicazione in asilo nido: la dinamica comunicativa tra adulti e bambini in piccolo gruppo*, in S. Mantovani, T. Musatti (a cura di), *Adulti e bambini: educare e comunicare*, Juvenilia, Bergamo.
Musatti T., Panni S. (1983a), *La comunicazione in asilo nido: momenti di sviluppo e situazione istituzionale*, in S. Mantovani, T. Musatti (a cura di), *Adulti e bambini: educare e comunicare*, Juvenilia, Bergamo.
Mussen P.H. (ed.) (1983), *Handbook of Child Psychology*, Wiley, New York.
Nadel Brulfert J., Baudonnière P.M. (1982), «The Social Function of Reciprocal Imitation in 2-Year-Old Peers», *International Journal of Behavioral Development*, 5, 95-109.
Nelson K. (1973), «Structure and Strategy in Learning to Talk», *Monographs of the Society for the Research on Child Development*, XXXVIII.
Neri A. (1982), «Nido e scuola dell'infanzia: quale modello di collaborazione?», *Infanzia*, 2, 26-29.
Neri A., Sacchetti P. (1983), «Progetto di lavoro per un collegamento nido-scuola dell'infanzia-elementare», *Infanzia*, 9/10, 34-38.
Newson J. (1974), «Toward e Theory of Infant Understanding», *Bulletin of British Psychological Society*, 27, 251-257.
Newson J., Newson E. (1979), *Toys and Playthings*, Penguin Books, Harmondsworth.
Nicolich McCune L. (1977), «Beyond Sensorimotor Intelligence: Assessment of Symbolic Maturity through Pretend Play», *Merrill-Palmer Quarterly*, 23, 89-99.
* Noziglia M. (1985), *Le alternative dell'asilo nido: adattamento o crescimenta*, Hoepli, Milano.
Ocde (1977), *Les dépenses d'enseignement en France, en Japon et en Royaume-Uni*, Paris.
Ocde (1985), *Dépenses sociales 1960-1990*, Paris.
Ocse-Ceri (1981), *Bambini e società. Verso una riforma dell'educazione prescolare*, tr. it., Marietti, Casale Monferrato, 1983.
Ongari B. (1985), *Routines e coinvolgimento emotivo*, in R. Vianello (a cura di), *Stare con i bambini Il separe degli educatori*, Juvenilia, Bergamo.
Orientamenti delle attività educative nelle scuole materne statali, d.p.r. 10 set. 1977, n. 649, Edizioni Pirola, Milano, 1983.
Osofsky J.D. (ed.) (1979), *Handbook of Infant Development*, Wiley, New York.
Packard V. (1983), *I bambini in pericolo*, tr. it., Editori Riuniti, Roma, 1985.
Palmonari A. (1980), «Le rapresentazioni sociali», *Giornale Italiano di Psicologia*, 7, 225-245.
Palmonari A., Ricci-Bitti P.E. (a cura di) (1978), *Aspetti cognitivi della socializzazione in età evolutiva*, Il Mulino Bologna.
Paolicchi P. (a cura di) (1981), *Quale bambino. Indagine sull'infanzia nella città di Livorno*, Edizioni Ets, Pisa.
Papousek H., Papousek M. (1974), «Mirror Image and Self-Recognition lysis», *Developmental Psychobiology*, 7, 149-157.
Parisi D. (1972), *Il linguaggio come processo cognitivo*, Boringhieri, Torino.
Parisi D. Antinucci F. (1976), *Lo sviluppo semantico del primo linguagio del bambino*, in F. Antinucci, C. Castelfranchi (a cura di) *Psicolinguistica, percezione, memoria e apprendimento del linguaggio*, Il Mulino, Bologna.

Pennavaja A. (1975), *Interazione adulto-bambino e adattamento attivo nell'asilo nido*, in S. Mantovani (a cura di), *Asili nido: psicologia e pedagogia*, Angeli, Milano.
Perani R. (1982), *Per una pedagogia dell'inserimento al nido*, in Vários., *Un nido educativo*, Fabbri, Milano.
Perani R. e al. (1985), *Genitori e educadori: il primo momento di incontro*, in R. Vianello (a cura di), *Stare con i bambini. Il sapere degli educatori*, Juvenilia, Bergamo.
Perret Clermont A.N. (1979), *La construcion de l'intelligence dans les interactions sociales*, P. Lang, Berne.
Phyfe-Perkins E. (1982), «The Ecology of Adult and Child Behavior in the Preschool Setting», *Man Environment Systems*, 2, 247-280.
Piaget J. (1923/1945), *Il linguaggio e il pensiero del fanciullo*, tr. it., Giunti-Barbera, Firenze, 1955.
Piaget J. (1936), *La nascita dell'intelligenza nel fanciullo*, tr. it., Giunti-Barbera, Firenze, 1968.
Piaget J. (1937), *La construzione del reale nel bambino*, tr. it., La Nuova Italia, Firenze, 1973.
Piaget J. (1945), *La formazione del simbolo nel bambino*, tr. it., La Nuova Italia, Firenze, 1974.
Pikler E. (1969), *Asilo nido: immagini a confronto*, Università di Ferrara, Ferrara.
Pontecorvo C. (1984), *Processi di acquisizione delle conoscenze a scuola*, in B. Vertecchi (a cura di), *La scuola italiana verso il 2000*, La Nuova Italia, Firenze.
Ponzo E. (1976), *Il bambino semplificato o inesistente*, Bulzoni, Roma.
Ponzo E. (1983), *Nei panni del bambino*, Giunti-Barbera, Firenze.
Postman N. (1982), *La scomparsa dell'infanzia*, tr. it., Armando, Roma, 1984.
Preyer W. (1881), *L'ame de l'enfant*, tr. fr., Alcan, Paris, 1887.
Psacharopoulos G. (1982), *I servizi per l'infanzia: analisi economica*, in Ceri, *Scommessa sull'infanzia. Analisi dei servizi educativi e sociali*, tr. it., Loescher, Torino, 1984.
Quaglino G.P. Carrozzi G.P. (1981), *Il processo di formazione*, Angeli, Milano.
Radke Yarrow M., Zahn-Waxler C., Chapman M. (1983), *Children's Prosocial Dispositions and Behavior*, in P.H. Mussen (ed.), *Handbook of Child Psychology*, vol. 4, Wiley, New York.
Ramey C.T., Finkelstein N.W., O'Brien C. (1976), «Toys and Infant Behavior in the First Year of Life», *Journal of Genetic Psychology*, 129, 341-342.
Regione Emilia-Romagna (1982), *Proposte inerenti un piano di formazione dei coordinatori degli asili nido territoriali*, ciclostilato in proprio, Bologna.
Regione Piemonte (1985), *Quaderni regionali*, 1 e 2, Torino.
Restuccia Saitta L. (1981), *Ruolo del tecnico*, in N. Bulgarelli, P. Ghedini, L. Restuccia Saita (a cura di), *Gli asili nido*, Edizioni delle autonomie, Roma.
Restuccia Saitta L. (1984), *La programmazione educativa ed il lavoro di gruppo*, in Vários., *Il posto dell'infanzia. L'esperienza educativa dentro il nido*, Juvenilia, Bergamo.
Restuccia Saita L. (1985), *Le finalità del lavoro quaotidiano al nido*, in R. Vianello (a cura di), *Stare con i bambini. Il sapere degli educatori*, Juvenilia, Bergamo.
Richard M.P.M. (ed.) (1974), *The Integration of the Child into a Social World*, Cambridge University Press, Cambridge.
Rinaldi C. (1985), *L'elaborazione comunitaria del progetto educativo*, in R. Vianello (a cura di), *Stare con i bambini. Il sapere degli educatori*, Juvenilia, Bergamo.
Robertson J. (a cura di) (1962), *Bambini in ospedale*, tr. it., Feltrinelli, Milano, 1973.
Rommetveit R. (1979), *Struttura del messaggio. Un modello analitico del linguaggio e della comunicazione*, Armando, Roma.
Rosolato G. (1971), «Recension du corps», *Nouvelle Revue de Psychanalyse* (Leux du corps), 3, 5-28.
Ross H.S., Goldman B.M. (1977), *Establishing New Social Relations in Infancy*, in T. Alloway, L. Krames, P. Pliner (eds.), Advances in *Communication and Affect*, Plenum Press, New York, vol. 3.
Rossi G. (1983, *La famiglia assistiva*, Angeli, Milano.
Roveri L. (1985), *Caracteristiche strutturali della famiglia italiana: una indagine Istat*, relazione al convegno Istat «La famiglia in Italia», Roma, 29-30 ott.
Rutschky K. (1983), *Deutsche Kinder-Chronik*, Kiepenheuer und Witsch, Koln.
Ryan I. (1974), *Early Language Development*, in M.P.M. Richard (ed.), *The Integration of the Child into a Social World*, Cambridge University Press, Cambridge.
* Sala La Guardia L., Lucchini E. (a cura di) (1980), *Asili nido in Italia*, Marzorati, Milano.
Saraceno C. (1978), *Alla scoperta dell'infanzia*, De Donato, Bari.

Saraceno C. (1979), «Carichi di famiglia: il lavoro della donna sposata nei dati di una ricerca nel Trentino», *Inchiesta*, 9, 40.
Saraceno C. (1981), *Modelli di famiglia*, in Vários., *Ritrato di famiglia degli anni '80*, Laterza, Bari.
Saraceno C. (1984), *Cambiamenti familiari ed esperienze infantili*, in Vários. *Il posto dell'infanzia. L'esperienza educativa dentro il nido*, Juvenilia, Bergamo.
Sbisà M. (a cura di) (1985), *I figli della scienza*, Emme edizioni, Milano.
Shaffer D., Dunn J. (1979), *Il bambino nel primo anno di vita*, tr. it., Armando, Roma, 1986.
Schaffer H.R. (1971), *La socializzazione nei primi anni di vita*, tr. it., Il Mulino, Bologna, 1973.
Schaffer H.R. (a cura di) (1977), *L'interazione madre-bambino: oltre la teoria dell'attaccamento*, tr. it., Angeli, Milano, 1984.
Schaffer H.R. (1977a), *Maternità*, tr. it., Armando, Roma, 1980.
Schaffer H.R. (1978), *Lo sviluppo della competenza interattiva nell'infanzia*, tr. it. in. A. Palmonari, P.E. Ricci-Bitti (a cura di), *Aspetti cognitivi della socializzazione in età evolutiva*, Il Mulino, Bologna, 1984.
Schaffer H.R., Collis G.M., Parsons G. (1977), *Scambio vocale e interazione visiva in bambini allo stadio verbale e preverbale*, tr. it. in H.R. Schaffer (a cura di), *L'interazione madre-bambino: oltre la teoria dell'attaccamento*, Angeli, Milano, 1984.
Scopesi A., Moscino P., Zanobini M. (1986), *Il Baby Talk nell'asilo nido: struttura e funzioni del linguaggio delle educatrici con un gruppo numeroso*, in T. Musatti, S. Mantovani (a cura di), *Stare insieme al nido: relazioni sociali e interventi educativi*, Juvenilia, Bergamo.
Seremy G. (1984), *I bambini invisibili*, tr. it., Mondadori, Milano, 1986.
Sgritta G.B. (1979), «Bisogni sociali e servizi: un'indagine per la programmazione del servizio di consulenza familiare», *La rivista del servizio sociale*, 19, 3.
Sgritta G.B. (1985), *La struttura delle relazioni interfamiliari*, relazione al convegno Istat «La famiglia in Italia», Roma, 29-30, ott.
Siebert R. (1984), *Le ali di un elefante. Sul rapporto adulti/bambini in un paese della Calabria*, Angeli, Milano.
Silbereisen E.K. (ed.) (1986), *Development as Action in Context*, Springer, Berlin.
Sinclair H. e al. (1982), *Les bébés et les choses*, Puf, Paris.
Slama Cazam T. (1977), *Dialogue in Children*, Mouton, The Haugue.
Snow C.E. (1972), *Il linguaggio della madre nei confronti dei bambini che imparano a parlare*, in L. Camaioni (a cura di), *Sviluppo del linguaggio e interazione sociale*, Il Mulino, Bologna.
Snow Ferguson C. (1977), *Talking to Children: Language Input and Acquisition*, Cambridge University Press, London and New York.
Spaggiari S. (1984), *Istanze di rinnovamento nella gestione sociale*, in Vários., *Il posto dell'infanzia. L'esperienza educativa dentro il nido*, Juvenilia, Bergamo.
* Spini S. (1976), *Asilo nido e famiglia nell'educazione del bambino*, La Scuola, Brescia.
Spitz R.A. (1958), *Il primo anno di vita del bambino*, tr. it., Giunti-Barbera, Firenze, 1982.
Sptz R.A. (1965), *Il primo anno di vita*, tr. it., Armando, Roma, 1973.
Sroufe A.L. (1979), *Socioemotional Development*, in J.D. Osofsky (ed.), *Handbook of Infant Development*, Wiley, New York.
Stambak M. e al. (1979), «Modalités d'échanges entre enfants de moins de deux ans», *Cahiers du Cresas*, 19, 3-103.
Stambak M. e al. (1983), *Les bébés entre eux*, Puf, Paris.
Stambak M., Verba M. (1986), *Ecological Approach in Early Peer Relations: Organisastion of Some Social Play*, in E. Mueller, C. Cooper (a cura di), *Peer Relations: Process and Outcome*, Academic Press, New York.
Stella S., Quaglino G.P. (1976), *Prospettive di psicosociologia*, Angeli, Milano.
Stern D. (1977), *Le prime relazioni sociali: il bambino e la madre*, tr. it., Armando, Roma, 1979.
Stevenson Hinde J. (a cura di)(1985), *Social Relationships and Cognitive Development*, Clarendon Press, Oxford.
Terzi N. (1985), *Lo stile di lavoro come rapporto strutturante*, in R. Vianello (a cura di), *Stare con i bambini. Il sapere degli educatori*, Juvenilia, Bergamo.
Tornatore L. (a cura di) (1983), *Imparare a parlare*, Loescher, Torino.
Totolo A. (1985) «Il processo di programmazione della formazione come analisi e sintesi delle esperienze», in regione Piemonte, *Quaderni regionali della regione Piemonte*, 1, 17-19.

Trevarthen C. (1979), *Communication and Cooperation in Early Infancy: Description of Primary Intersubjecitivity*, in M. Bullow (ed.), *The Beginning of Interpersonal Communication*, Cambridge University Press, Cambridge.
Tronick E.Z. (ed.) (1982), *Social Interchange in Infancy*, University Park Press, Baltimora.
Vandell D. (1980), «Sociability with Peer and Mother during the First Year», *Developmental Psychology*, 16, 355-361.
Vandell D., Wilson K.S., Buchanan N.R. (1980), «Peer Interaction in the First Year of Life: an Examination of is Structure, Content and Sensitivity to Toys», *Child Development*, 51, 481-488.
Varin D. (1984), *La situazione dello specchio: una metodologia di osservazione quasi-sperimentale per lo studio della constituzione del Sé nel bambino*, in M. Bertolini (a cura di), *La nascita psicologica e le sue prermesse neurobiologiche*, atti del congresso, les Mercury Editoria, Roma.
Vegetti Finzi S. (a cura di) (1976), *Il bambino nella psicoanalisi*, Zanichelli, Bologna.
Vegetti Finzi S. (1985), *Il bambino manca all'appello materno*, in M. Sbisà (a cura di), I figli della scienza, Emme Edizioni, Milano.
Verba M. (1981), «Organisation des activités "prélogiques" chez les bébés iraniens», *Enfance*, 4-5, 253-270.
Verba M. (1984), *Dialogues entre bébés et élaborations de quelques jeux sociaux*, in M. Deleau (a cura di), *Langage et communication à l'age prescolaire*, Presses Universitaires de Rennes, Rennes.
Verba M. (1984a), «Observation sur le terrain: une analyse de la dynamique des interactiones sociales», *Bulletin de psychologie du CentreQuest*, 14, 1-2, 13-25.
Verba M., Isambert A.L. (1983), *Meccanismi di collaborazione tra bambini dai 2 ai 4 anni*, in T. Musatti, S. Mantovani (a cura di), *Bambini al nido: gioco, comunicazione, rapporti affettivi*, Juvenilia, Bergamo.
Verba M., Stambak M., Sinclair H. (1982), *Physical Knowledge and Social Interaction in Children from 18 to 24 Months of Age*, in G. Forman (a cura di), *Action and Thought*, Academic Press, New York.
Vertecchi B. (a cura di) (1984), *La scuola italiana verso il 2000*, La Nuova Italia, Firenze.
*Vianello R. (a cura di) (1985), *Stare con i bambini. Il sapere degli educatori*, Juvenilia, Bergamo.
Vincze M. (1971), «The Social Contacts of Infants Reared Together», *Early Child Development and Care*, 1, 99-109.
Volterra e al. (1979), *Le intenzioni comunicative espresse da bambini che frequentano il nido e da bambini che non lo frequentano*, rapporto tecnico, Cnr, Roma.
Von Raffler-Engel W., Lebrun Y. (eds.) (1976), *Baby Talk and Infant Speech*, Sweets and Zeitlinglerr B.V., Holland.
Vygotsky L.S. (1934), *Il problema dell'apprendimento e dello sviluppo intellettuale nell'età scolastica*, in *Lo sviluppo psichico nel bambino*, tr. it., Editori Riuniti, Roma, 1975.
Vygotsky L.S. (1935), *Apprendimento e sviluppo nell'età prescolare*, in *Lo sviluppo psichico del bambino*, tr. it., Editori Riuniti, Roma, 1975.
Vygotsky L.S. (1966), *Il ruolo del gioco nello sviluppo mentale del bambino*, tr. it. in J.S. Bruner, A. Jolly, K. (eds.), *Il gioco*, tr. it., Armando, Roma, 1981.
Vygotsky L.S. (1966a), *Pensiero e linguaggio*, tr. it., Edizioni universitarie, Firenze.
Wallon H. (1931), *Come si sviluppa la nozione del proprio corpo nel bambino*, tr. it. in *Sviluppo della conscienza e formazione del carattere*, La Nuova Italia, Firenze, 1967.
Wallon H. (1954), *Cinestesia e immagine visuale del proprio corpo*, tr. it. in *Psicologia ed educazione del bambino*, La Nuova Italia, Firenze, 1967.
Weltzer H. (1984), *Fostering Peer Interaction in the First Two Years of Life*, relazione al seminario internazionale «Modelle der Kleinstpädagogik», Berlino, mag.
Who (1982), *Health Promotion and Lifestyles: Prospectives of the Who Regional Office for the European Health Educational Programme*, 11[a] conferenza internazionale su «L'educazione per la salute», Tasmania.
Winnicott D.W. (1957/1962), *Il bambino e il mondo esterno*, tr. it., Giunti-Barbera. Firenze, 1973.
Winnicott D.W. (1965), *La famiglia e lo sviluppo dell'individuo*, tr. it., Armando, Roma, 1968.
Winnicott D.W. (1965a), *Sviluppo affettivo e ambiente*, tr. it., Armando, Roma, 1970.
Winnicott D.W. (1971), *Gioco e realtà*, tr. it., Armand, Roma, 1976.
Winnykamen F. (1980), «Contribution à l'étude de la socialization: imitation et modélisation des choix des enfants d'age prescolaire», *Enfance*, 1-2, 39-48.
Zani B., Emiliani F. (1983), *Analisi della conversazione adulto-bambino in asilo nido*, in S. Mantovani, T. Musatti (a cura di), *Adulti e bambini: educare e comunicare*, Juvenilia, Bergamo.

Zazzo R. (1948), «Image du corps et conscience de soi», *Enfance*, 1, 29-43.
Zazzo R. (1975), «Des jumeaux devant le miroir: questions de méthode», *Journal de psychologie*, LXXIl (4), 389-413.
Zazzo R. (1977), «Image speculaire et image anti-speculaire», *Enfance*, 2-4, 223-230.
Zazzo R. (1977a), *A travers le miroir*, film 16 mm., Service du film de recherche scientifique, Paris.

Algumas referências úteis para informações, documentação, materiais de audiovisual

Centro innovazione eductiva (Cie), Settore educazione, via Carducci 5, Milano.
Centro documentazione asili nido, corso Ciriè 1, Torino.
Direzione asili nido e scuole dell'infanzia, via Guido da Castello 12, Reggio Emilia.
Cresas, 75 rue Bernard, Parigi Vº.
Irppa, Sezione infanzia, Centro documentazione e sperimentazione, piazza S. Martino 1, Bologna.
Gruppo nazionale di lavoro e di studio sugli asili nido, via L. Nobili 9, Reggio Emilia.

Revistas:

Bambini, direzione e radazione e/o Juvenilia – Walk Over, via Borgo Palazzo 226, Bergamo.
Infanzia, direzione e redazione via E. Bernardi 14, Bologna.

260. *Condicionamentos educativos, coleção coordenada por Egle Becchi*

1. Edmund Amidon, Elizabeth Hunter, *L'interazione verbale nella scuola: analisi ed esercizi per insegnanti.*
2. A. Harry Passow, Miriam Goldberg, Abraham J. Tannenbaum (a cura di), *L'educazione degli svantaggiati*
3. Robert Rosenthal, Lenore Jacobson, *Pigmalione in classe. Aspettative degli insegnanti e sviluppo intellettuale degli allievi*
4. Augusta Foni, Silvia Kanizsa, Egle Becchi, Annalisa Soliani-Majer, *Esperienze scolastiche del preadolescente. Studi su autoritarismo, coeducazione, didatica della fisica*
5. Kurt Lewin, *I conflitti sociali. Saggi di dinamica di gruppo*
6. Lucia Lumbelli, *Comunicazione non autoritaria*
7. George Lapassade, *L'autogestione pedagogica. Rierche institutionali*
8. Gabriella Rossetti Pepe, *Le settecento paralo*
9. Carl Bereiter, Siegfrid Engelmann, *Scuola per l'infanzia e svantaggio culturale*
10. Jerome Kagan, *I modi dello sviluppo. Continuità e cambiamento dalla nascita ai due anni*
11. Melvin L. Kohn, *Società, classe, famiglia*
12. Lucia Lumbelli (a curra di), *Pedagogia della comunicazione verbale*
13. Colette Chiland, *Scuola e psichiatria*
14. Jeanne Martinet, *Linguistica e pedagogia*
15. Egle Becchi (a cura di), *Summerhill in discussione*
16. Egle Becchi, Annalisa Pinter, Gabriella Rossetti Pepe, *Scuola, genitori e cultura. Ricerche su famiglia, coscienza operaria e tradizione culturale*
17. Gabriella Rossetti Pepe, *La scuola delle 150 ore*
18. Lucia Lumbelli (a cura di), *La didattica della ricerca. Proposte per una prassi educativa antiseletiva*
19. Susanna Mantovani (a cura di), *Asili-nido. Psicologia e pedagogia*
20. Enea Carquetti, *Alla ricerca di un padré buono. Madri e figli nei processi di socializzazione*
21. Enea Carquetti, *Amministrazione locale e intervento educativo. Edilizia scolastica, tempo libero, pedagogia degli operai in un'ottica politica*
22. Enea Cerquetti, *Educazione e tempo libero*
23. Duccio Demetrio, *Alfabetizzazione degli adulti e classe operaia. Analisi e strumenti per una didattica dell'alfabeto*
24. Paola Belpassi Bernardi, *Educazione di adulti e programma politico. Il metodo Freire nel Cile della DC e di Unidad Popular*
25. Ada Pioli (a cura di), *Educazione degli hundicappati. Teoria e pratica*

26. Carol Chomsky, *Imparare la sintassi. Uno studio con bambini di una scuola elementare*
27. Emanuele Banfi (a cura di), *Pedagogia del linguaggio adulto*
28. Lucia Lumbelli (a cura di), *La voglia di conoscere*
29. Egle Becchi, Giorgio Chiari, Maria Ippolito, Silvia Begetti Finzi, *Tempo pieno e scuola elementare*
30. Ada Pioli (a cura di), *Educazione permanente dell'handicap*
31. Maud Mannoni, Guy Seligmann, *Pedagogia deistituzionalizzata del ?diverso?*
32. Irène Lézine, *Interazione educativa nella prima età. Modelli osservativi dello sviluppo infantile in famiglia e al nido*
33. Guido Martinotti, Roberto Moscati, *Lavorare nell'università oggi. Esperienze di attività didattica e di ricerca nella crisi dell'istruzione superiore*
34. Giacomo Stella, Francesco Nardocci (a cura di), *Il bambino inventa la scrittura. L'alfabetizzazione in una prospettiva piagetiana*
35. Paola Belpassi Bernardi, *Pedagogia adattata a scuola. Instituzioni formative e transmissione culturale in Guinea-Bissau*
36. Norberto Bottani, *Le politiche per l'infanzia. Asilo nido, scuola materna, famiglia e intervento pubblico nell'educazione infantile.*
37. Egle Becchi, Benedetto Vertecchi (a cura di), *Manuale critico della sperimentazione e della ricerca/ educativa.* Scritti di G. Ballanti, L. Bernardi, L. Calonghi, G. Cives, G. Domenici, M. Gattullo, L. Genovese, F. Ghilardi, S. Sanizsa, L. Lumbelli, R. Maragliano, G. Pontecorvo, J. P. Pourtois, A. Schizzerotto, L. Tornatore, A. Zuliani
38. Maria Teresa Balboni Brizza, Annalisa Zanini, *Il museo conosciuto. Appunti di museologia per insegnanti con una antologia di esperienze didattiche di musei italiani*
39. Giorgio Franchi, *L'istruzione come sistema. Tre saggi sulle trasformazioni del sistema di istruzione*
40. Anna Bondioli, Susanna Mantovani (a cura di), *Manuale critico dell'asilo nido*
41. L. Genovese, S. Kanizsa (a cura di), *Manuale della gestione della classe nella scuola dell'obbligo*
42. Valeria Ugazio (a cura di), *Manuale di psicologia educativa. Prima infanzia*
43. Laura Cipollone (a cura di), *Bambine e donne in educazione.* Scritti di E. Becchi, E. Beseghi, M. Callari Galli, L. Cipollone, E. Cocever, V. Cosentino, M.A. Geneth, P. Ghedini, G. Petrelli, A.M. Piussi, A. Tantini, L. Trevisan.
44. Thelma Harms, Deborah Crer Reid, Richard M. Clifford, *Scala per la valutazione dell'asilo nido*

214. *A inovação educacional*, coleção coordenada por Vincerezo Cesareo

Seção 1 – Série instrumentos educacionais

1. Luigi Anolli, Susanna Mantovani (a cura di), *Giochi finalizzati e materiale strutturato*
2. Fioretta Mandelli (a cura di), *Educazione linguistica nella scuola dell'obbligo*
3. P. Bregani, A. Bottaa, R. Cerabolini, F. Cereda, A. Krauss, M. Levi, M. Mauri, R. Vella, *Far per finta. Il gioco di finzione nella scuola materna*
4. Cie – Centro per l'innovazione educativa – Comune di Milano, *Aggiornamento nella scuola dell'infanzia. Esperienze di formazione in servizio*
5. Cie – Centro per l'innovazione educativa – Comune di Milano, *Schedario di unità didaattiche*, a cura di Nuccia Storti. Vol. I, *Proposte di lavoro per obiettivi nel I e II ciclo della scuola elementare.* Vol. II, *Proposte di lavoro per oietivi nel raccordo e nella scuola media.*
6. Fabrizio Pasquali (a cura di), *Impariamo a costruire. Itinerari didattici per la scuola di base. L'utilizzo delle risorse della formazione professionale nella scuola dell'obbligo*
7. N. Arabi, T. Baussola, M. G. Di Pietro Guarino, M. Garuti, G. Macaluso, L. Marletta, P. Pacifico, M. Tagliavini, F. Vasapolli, M. Vasile, *L'emotività a scuola. Una proposta di autosservazione dei processi relazionali*

Seção 2 – Série estudos e documentos

1. R. Pasini, M. Reguzzoni S. J. (a org. di), *La città a scuola. Prospettive di educazione permanente nelle grandi aree urbane*

2. Dario Varin (a cura di), *Ecologia psicologica e organizzazione dell'ambiente nella scuola materna*
3. Franca Quartapelle (a cura di), *L'insegnamento delle lingue straniere agli adulti*
4. Vincenzo Cesareo, Mario Reguzzoni (a cura di), *Tendenze di struzione nei paesi occidentali.*
5. Vincenzo Cesareo, Cesare Scurati (a cura di), *Infanzia e continuità educativa*
6. Ettore Caracciolo, Francesco Rovetto (a cura di), *Handicap: nuove metodologie per il ritardo mentale*
7. Comune di Milano – Settore Educazione, *Chi l'ha detto che a Milano non e'è il mare?*
8. Vincenzo Cesareo, Nuccia Storti (a cura di), *Oltre l'obbligo. Ente locale e formazione*